인도유럽어의 기원은 어디인가?

언어고고학

콜린 렌프류 지음 | 김현권 옮김

에피스테메
EPISTEME

언어고고학

- 인도유럽어의 기원은 어디인가? -

지은이 / 콜린 렌프류
옮긴이 / 김현권
펴낸이 / 김외숙

펴낸곳 / 한국방송통신대학교출판문화원
　　　　주소　서울특별시 종로구 이화장길 54 (우03088)
　　　　대표전화　1644-1232　팩스 (02)741-4570
　　　　http://press.knou.ac.kr
　　　　출판등록　1982. 6. 7. 제1-491호

초판 1쇄 펴낸날 / 2017년 11월 23일

책값은 뒤표지에 있습니다.
ISBN 978-89-20-02856-4　03700

출판위원장 / 장종수
편집 / 전준섭 · 김경민
편집 디자인 / 홍익 m&b
표지 디자인 / 최원혁

　■ 잘못 만들어진 책은 바꾸어 드립니다.

옮긴이의 말

이 책은 영국의 고고학자 Colin Renfrew의 *Archaeology and Language: The Puzzle of Indo-European Origins*(London: Jonathan Cape, 1987)를 번역한 것이다. 이 책의 제목대로 이 책은 인도유럽어 기원의 수수께끼를 해명해 보려고 연구한 내용을 담고 있다. 선사시대 인도유럽어의 기원, 발생지(원거주지), 민족의 이동과 분화 그리고 현대의 언어 분포를 설명하는 중요한 방법론을 제공한다.

저자는 이 책을 크게 서론에 해당하는 장(제1~5장)과 본론에 해당하는 장(제6~10장)으로 나누어 주요 내용을 설명하고 논평한다. 전반부에서는 인도유럽 조어 문제에 대해 오늘날 널리 적용하는 두 가지 접근방법을 간단히 지적한다. 최초의 선사 인도유럽 조어를 고찰하면서 언어 형성과 발달을 다루는 역사언어학의 초기 발달사를 개관하고, 인도유럽 조어 문제에 대한 대답으로서 언어적 증거에 기초한 언어학적 대답을 평가한다. 그리고 고고학적 증거에 기초하여 주민이동을 주장한 학설을 진지하게 평가한다. 언어구조, 즉 어휘, 문법, 음성변화, 언어 분지에 기초한 전통적인 언어학적 접근과 특정 역사적 유물 및 다른 종류의 인공물과 민족군을 동일시하는 견해에 기초한 전통적인 고고학적 접근방법에 대한 비판적 논의이다.

후반부에서 저자는 선사 인도유럽 조어 문제를 해결하는 방법의 일환으로 현대언어학의 발달과 현대고고학의 발달로 생긴 새로운 방법을 통해서 이 문제를 해결하려고 시도한다. 현대언어학과 고고학은 선사 인도유럽 조어 문제 해결에 새로운 기회를 제공하기 때문에 이 문제에 대한 일반적이고 이론적인 원리와 모델을 설정하여 해결이 가능하다고 주장하고 그것을 개진한다. 제5장과 제6장에서는 이 원리를 꽤 일반적인 용어로 논의하고, 제7장에서 선사 인도유럽 조어 문제에 적용하여 새로운 대안으로 제안하고 적용한다. 렘프류는 언어－농경의 가설이 인도유럽어 문제 해결에 타당하다고 주장한다. 그리고 언어분산과 분지가 파상 모형을 따라 유럽에 농경민이 수세대에 걸쳐 끊임없이 이주를 하면서 이루어졌다고 말한다. 점진적이고 지속적인 이주의 결과로 주민이 새로이 확산되고, 이러한 인구 확산에 따라 언어도 확산되었다.

인도유럽어의 기원과 관련해서 그는 기원전 6000년경에 동부 아나톨리아의 동부와 남동부의 인근 지역에 초기 선사 인도유럽어 조어를 말하던 선사 주민이 있었다고 주장한다. 이 초기 선사 인도유럽어의 확산과 농경 채택은 밀접한 연관성을 지니며, 이를 잘 정리한 인구학적 과정과 연계시킨다. 유목은 적어도 기원전 3000년 이후 러시아 초원지대 서부에서 발달했으며, 최초의 단계는 농경과 유목의 혼합경제였다. 김부타스(M. Gimbutas)의 쿠르간(kurgan) 문화설은 러시아 남부 초원지대가 원거주지라고 가정하는데, 렘프류는 그 후대의 제2차 원거주지로 본다. 러시아 스텝 서부와 동유럽 여러 곳의 유목경제는 유럽 전체의 언어분포를 설명하는 데에는 약점이 있기 때문이다. 다른 한편으로 이러한 원거주지 설정과 기원은 러시아 언어학자 감크레리츠(T. V. Gamkrelidze)와 이바노프(V. V. Ivanov)의 최근 연구와도 부합한다. 초기 선사 인도유럽 조어는 기원전 7000년에 동부 아나톨리아에서 사용하였다고 보는 이 가설은 인도유럽의 음운체계 발달과 문법구조의 변화에 대한 새로운 이론에 입각해 있으며, 언어선사 고생물학의 최근 연구 성과를 이용한다. 이들은 원거주지를 동부 아나톨리아로 설정하고, 셈어와 관련하여 교류 및 접촉을 언급한다.

이 책의 방법론은 인도유럽어족의 문제 어군(예컨대 켈트어, 인도이란어)에 대한 새로운 해석과 아울러, 현재 아프리카의 반투어족과 폴리네시아어족 등의 문어 전통이 없는, 구어로만 존재하는 언어들의 발생과 분산, 분지, 이동 등을 언어학적으로뿐만 아니라 문명사적인 관점에서도 밝히는 데 적용한다. "인도유럽어 문제에 대한 이 책의 논의가 반투어 연구에도 확실히 적용할 수 있는 일반적 유효성이 있다고 생각한다." 반투어에 언어 확산에 작용하는 인구학적 과정을 우선 적용하면, 생업경제와 기술, 특히 철제 무기의 발달에 힘입어 확산되고 분지되었다. 폴리네시아어의 경우 엘리트 지배 모형이 적용되는 사례로서 초기 식민지배에 의한 언어 교체와 함께 생업/인구학적 모형을 적용하는 것이 다소 타당하다. 반드시 인도유럽어족의 설명 모형이 문자 그대로 적용되는 것은 아니지만 그 일반적 패턴은 적절하고 타당한 듯이 보인다.

마지막으로 렌프류는 언어의 선사와 관련하여 언어의 기원 문제를 논의한다. 약 4만 년 전 슈퍼지능 인간(homo sapiens sapiens)의 출현을 현대적 의미의 인간지능과 이에 따른 행동 패턴의 변화로 이야기하므로 학자들은 분절언어 출현을 이 시기와 동일시하려는 경향이 있다. 그래서 모든 지역에서 일어난 언어 분화가 약 4만 년 전부터 진행된 것으로 추측한다. 슈퍼지능 인간의 지리적 확산에 대한 역사적, 고고학적 연구는 형질인류학과 상부 구석기의 물질문화와 관련지으면 비교적 쉽게 설명할 수 있다.

이러한 언어고고학적 연구는 역사비교언어학의 방법적 한계를 보완하는 중요한 의미를 갖는다. 전통적으로 문헌 이전 시기의 언어사 연구는 오로지 비교방법과 재구(再構)에 의해 역사를 구성하였지만, 이렇게 재구한 공통 조어는 인간, 역사, 사회, 문화적 토대를 가늠하기가 힘들다. 즉 이 공통 조어를 누가, 언제, 어디서, 어떤 사회 조직과 문화 환경에서 사용하였는지를 정확히 말하기가 어렵다는 뜻이다. 언어는 특정 화자들이 일정 시기에 일정한 지리적 공간에서 공동체 사회 내에서 생업을 유지하면서 의사소통의 도구로 사용하기 때문에 언어 외적인 조건을 배제하고서는 연구가 어렵다. 그래서 언어의 역사와 그 진화를 인류문명사의 거대한 기획 아래서 조명함으로써 언어선사 연구에 새로운 지평을 개척한 것으로 평가할 수 있다. 구/신석기, 청동기, 철기의 삼시대(三時代) 구분과 수렵채취, 농경의 전파, 유목 등의 생업조건, 기마, 등자, 전차 등의 기술 혁신과 발전, Y염색체 분석 및 인구학적 해석에 의한 인구분산과 이동, 고고학적 발견과 진화에 대한 사회고고학적인 해석, 방사성 탄소연대 측정법의 도입, 인류학적 방법의 도입 등의 다양한 분야의 성과를 언어학의 성과와 접목하여 언어사 연구의 방법 혁신을 이룬 것과 새로운 해석 등은 이 책이 기여한 공적이다. 아울러 이와 같은 추적에 기초하여 인류의 언어기원 문제도 고고학적으로 탐색할 수 있다는 가능성을 제시한다.

이 연구는 인문학에서 학제적 연구를 어떻게 이용하고 활용하는지를 명확하게 잘 보여 주고 있다. 인문학의 여러 분야, 즉 언어학, 인류학, 고고학, 사회학, 역사학, 인구학, 사회경제사, 농업사, 기술사, 신경생리학, 고생물학, 지리학 및 지질학, 물리학 등의 다양한 방법을 사용하여 선사 언어와 더 나아가 어족을 포괄하는 거대어족(macrofamily)의 설정, 즉 언어기원의 문제를 다룸으로써 결과적으로 인류의 발생과 진화, 문화/문명사의 거대담론으로 이어진다.

이러한 복합적이고 학제적인 연구를 한민족의 기원에 적용해 보면 어떨까? 아직 한국어의 기원과 계통, 그리고 한민족의 발생지와 이들의 이동 경로가 명백히 밝혀지지 않고 있는데, 이는 방법론의 부재 때문이 아닌가 생각된다. 한민족의 원거주지, 이동과 교류의 경로를 추적하면 우리 민족이 사용한 한국어의 기원을 알 수 있지 않을까? 선사 한국어의 계통과 역사와 문화, 제도, 신화는 이 거대담론의 일부가 될 것이다. 인류사 연구의 한 지류로서 한반도에 거주하는 한민족의 역사와 언어를 연구하는 일이야말로 시급한 문제가 아닐 수 없다. 영국 케임브리지대학의 맥도널드(McDonald) 고고학 연구소의 30여 년간의 연구를 요약해서 잘 보여 주는 이 연구의 시각은 국내 한민족의 기원과 선사, 언어의 기원과 원거주지, 교류 및 경로를 밝혀 주는 주요한 방법론적 시사를 갖는다고 하겠다.

감사의 말

필자가 이 책을 쓰는 데 많은 사람이 기여했으며, 저서의 구상이 구체화되기 시작했을 때를 즈음해서 1973년과 1978년에 두 편의 논문을 발표한 이래로 수많은 친구, 동료와 다년간 토론을 하면서 큰 도움을 받았다. 그들 중에서도 필자에게 큰 자극을 준 분들께 사의를 표하고 싶다.

알렉산더(John Alexander) 박사, 알친(Raymond Allchin) 박사, 반(Paul Bahn) 박사, 빈포드(Lewis Binford) 교수, 카발리스포르차(L. L. Cavalli-Sforza) 교수, 차드윅(John Chadwick) 박사, 챔피언(Sara & Timothy Champion) 박사 부부, 콜렛(David Collett) 박사, 크로스랜드(R. A. Crossland) 교수, 드물(M. Jean-Paul Demoule) 씨, 도버(Kenneth Dover) 교수, 프렌치(David French) 박사, 겔너(Ernest Gellner) 교수, 고르기예프(V. I. Georgiev) 교수, 게르셰비치(I. Gershevitch) 박사, 호크스(Christopher Hawkes) 교수, 후드(Sinclair Hood) 씨, 가미토(Teresa Judice Gamito) 박사, 라이언스(John Lyons) 경, 매슈스(Peter Matthews) 교수, 메리맨(N. J. Merriman) 씨, 무리(Roger Moorey) 박사, 노먼(K. R. Norman) 박사, 페인(Sebastian Payne) 씨, 레이(John Ray) 씨, 리드(Robert C. Reed) 박사, 렌프류(Jane M. Renfrew) 박사, 로스(Anne Ross) 박사, 롤런드(M. J. Rowlands) 박사, 셰넌(Stephen Shennan) 박사, 셰라트(Andrew Sherratt) 박사, 워렌(Elizabeth Warren) 부인, 워렌(Peter Warren) 교수, 윌리엄(Patrick Sims William) 박사이다. 라이언스 경을 비롯하여 레이 씨, 무리 박사, 렌프류 박사, 스캐어(Chris Scarre) 박사, 셰넌 박사 등 이 모든 분들이 이 책을 읽고,

고견을 제시하고 바로잡아 주었다. 물론 이분들이 모두 이 책의 내용에 전적으로 동의하는 것은 아니라는 점은 두말할 필요가 없다.

존(Jose John) 부인은 최종본을 대부분 입력해 주었고, 페인(Malcolm Payne) 씨는 몇몇 그림을 다시 그려 주었다. 스캐어 박사는 도판을 모으는 데 크게 도와주었고, 코텀(Jenny Cottom) 부인은 이 책을 편집, 출판하기까지 인내심을 갖고 기술적으로 잘 살펴봐 주었다. 이에 특별히 감사를 드린다.

김부타스(Marija Gimbutas) 교수의 연구는 필자에게 큰 자극이 되었기에 감사를 드린다. 최근 몇 년간 인도유럽어의 기원을 누구보다도 먼저 아주 일관되게 열심히 연구해 온 분이다. 인도유럽어에 대한 필자의 견해와는 차이가 있다는 것은 알지만, 그가 필자에게 보여 준 우정과, 그분의 견해에서 받은 지적 흥분에 고마울 따름이다.

필자의 부친도 언어에 대해 예리한 안목을 지닌 학도였다. 필자의 서가에 그분이 보던 보드머와 호그번(Bodmer & Hogben)이 지은 『언어의 베틀(*The Loom of Language*)』이 꽂혀 있었는데, 거기 메모를 보면 네 번이나 읽으셨다. 아버지는 그 책의 논의를 무척 재미나게 읽었을 테고, 분명 예리하게 비판했을 것이다. 깊은 애정과 감사의 마음으로 아버지를 추념하면서 이 책을 바친다.

그림과 사진을 이 책에 게재할 수 있게 허락해 주신 다음의 분들과 기관에 심심한 사의를 표한다.

그림 2.3과 4.2: 런던 고고학연구소(Institute of Archaeology); 그림 2.4: 셰넌(Stephen Shennan) 박사; 그림 2.6: 김부타스(Marija Gimbutas) 교수; 그림 3.4와 7.9: 멜라트(James Mellaart) 씨; 그림 3.6: 후커(J. T. Hooker) 박사; 그림 3.7: 홉커크(Peter Hopkirk) 씨[출처: 『실크로드의 이국 악마들(*Foreign Devils on the Silk Road*)』, 존 머리(John

Murray) 출판사]; 그림 5.3: 클라크(D. R. Clark) 박사; 그림 7.2와 7.3: 조해리(D. Zohary) 교수; 그림 7.4와 8.2: 클라크(J. G. D. Clark) 교수; 그림 7.5: 키네스(Ian Kinnes) 박사; 그림 7.6과 8.3: 피곳(Stuart Piggott) 박사; 그림 9.1: 뒤발(Paul-Marie Duval) 교수; 그림 11.1과 11.3: 제닝스(J. D. Jennings) 교수.

주: 논의의 신뢰성을 위해 가급적 원본 지도나 그림을 실었다.

차례

그림 차례

표 차례

유럽의 비인도유럽어

바스크어
헝가리아어
에스토니아어
코카서스어
피노우글어

유럽과 아시아의 인도유럽어

인도이란어		아르메니아어
슬라브어		알바니아어
게르만어		켈트어
로망어/공통 이탈리아어		(선켈트어)
발틱어		(토카라어)
그리스어(선그리스어)		(히타이트어)

근대세계의 주요 어족
(출처: Lehmann)

인도유럽어족	시노티벳어족
아프로아시아어족	드라비다어족
알타이어족	오스트로아시아어족
피노우글어족	

세이렌 요정들은 무슨 노래를 했는가?

언어는 인간의 창조물 가운데 가장 놀랄 만하고 특징적인 것이다. 인간은 발화능력뿐만 아니라 언어 사용으로 생겨나는 추론능력이 개발되어야 비로소 완전한 인간이 되는 것 같다. 오늘날 많은 고고학자의 주장에 따르면, 이 언어능력이 발현된 시기는 완전한 현생인류로 볼 수 있는 슈퍼지능 인간(Homo sapiens sapiens)의 출현과 확실히 관계가 있다.

하지만 최근에 고고학자들이 일반적으로 언어 기원이나 문자만 있고 소멸한 언어의 기원을 이야기한 바는 거의 없다는 점은 주목할 만하다. 고고학의 초기에는 언어 기원은 주요 관심사였고, 켈트인, 그리스인, 북아메리카 부족의 이동을 추정하여 이동을 나타내는 기록 표지를 조사하고 그들의 발생 기원을 추적하려고 한 학자들이 많았다. 이들이 흔히 특수한 토기나 매장 형식을 선사 부족들의 인정할 만한 명확한 표시로 간주하고, 이들을 다양한 언어를 사용한 최초의 화자로 추정하여 극히 단순한 결론을 내리곤 했다. 이들 지역을 그린 선사 지도는 대부분 문제의 언어 명칭으로만 확인되는 민족의 이동 경로를 굵은 화살표로 빽빽이 표시했다. 이 지도는 문외한의 눈에는 마치 언어들이 지도의 이곳저곳으로 흩어져 나간 것처럼 보였다.

정의상 선사시대의 언어에 대해 확실히 말할 수 있는 것은 없다는 점을 인정해야 한다. 이것은 이 책뿐만 아니라 이 책이 비판하는 책들도 지닌 어쩔 수 없는 한계이기도 하다. 현재 사용되는 언어를 직접 체험하고, 언어 화자가 기록한 언어나 화자와 접촉한 자들이 기록으로 남긴 언어를 경험할 수도 있다. 그러나 선사 언어에 대한 직접적 증거는 거의 없다. 그렇지만 선사 언어에 접근하는 방법이 전혀 없는 것은 아니다. 토머스 브라운(Thomas Browne) 경의 말을 빌리면 이렇다.[1]

"세이렌(Sirens) 요정들이 무슨 노래를 불렀는지, 아킬레우스가 여성들 사이에 몸을 숨겼을 때 무슨 이름을 사용했는지, 이 문제는 난해하지만 추정이 전혀 불가능한 것만은 아니다."

선사시대란 용어는 '문자 사용 이전의'를 의미하며, 이는 오늘날 우리가 알 수 있는 지식에 엄격히 한계가 있다는 것을 함의하지만, 이를 전혀 알 수 없다는 의미는 아니다. 프랑스어와 에스파냐어 사이에, 폴리네시아어족의 몇몇 언어 사이에 서로 밀접한 관계가 있다는 것은 이미 확실한 사실이다. 언어들 사이의 관계는 역사적 원인이 있고, 이것은 기록으로 입증할 수 있다. 예컨대 광활한 로마 제국의 영토에 라틴어를 퍼뜨린 로마인의 역할 같은 것을 들 수 있다. 다른 언어의 경우에도 이 관계를 설명하고, 다른 종류의 간접적 증거로 그 관계를 설득력 있게 증명할 수 있다. 예컨대 폴리네시아 고고학은 오늘날 인간이 최초로 거주했던 섬들의 연대를 추정해서 제시한다. 많은 경우 고고학적 증거와 언어적 증거가 잘 조화되기 때문에 식민지배의 분명한 패턴을 제시하고, 이 패턴으로 관찰한 언어들의 관계를 만족스레 설명한다. 예컨대 1500년에 태평양의 여러 지역에 어떤 언어들이 사용되었는지는 직접적 증거가 없기 때문에 정확히 증명할 수는 없지만, 다른 종류의 간접적 증거로 뒷받침하면 거기에 대한 개요를 어느 정도 제시할 수 있다.

여러분은 '알게 뭐야? 죽은 지 오래된 사람들이 무슨 언어를 사용했는지가 도대체 왜 문제되는가?'라고 질문을 던질 수도 있다. 햄릿이 그 배우에게 물었듯이[2] "도대체 헤큐버가 그에게 무엇이고, 그가 헤큐버에게 뭐길래 그가 그녀를 위해 그토록 슬피 운다는 말이오?" 처음에는 그렇게 생각할 수도 있다. 하지만 언어와 민족의 정체성(identity)은 서로 관계가 밀접해서 말하는 언어보다 더 인간적인 것은 찾아볼 수 없다. 오늘날 아주 보편적으로 언어와 국가 정체성을 동일시한다. 개인의 인종적 친족성은 확인 가능한 신체 특징보다는 언어로 훨씬 더 확실하게 결정된다. 플랑드르인과 왈로니인 어느 한 종족이 선거의 승패를 좌우한다거나, 웨일스 민족주의자와 바스크 분리주의자들이 폭탄을 던진다거나, 최근의 스리랑카의 사례에서 보는 것처럼 세계 도처에서 무엇보다도 언어와 문화의 차이로 인해서 학살이 계속 자행되고 있다. 흔히 이 차이는 종교일 수도 있다. 언어뿐만 아니라 종교도 민족 정체성과 인종 정체성의 기본 요소이기 때문이다. 그리하여 우리가 근대 세계의 기원에 관심을 가지려면, 먼저 과거 사회의 성질을 이해해야 한다. 과거 사회는 이들 옛 민족의 사회조직과 자기 정체성 의식을 내포하며, 이는 곧 인종과 언어의 문제와 직결된다.

지난 20여 년간 고고학은 고고학적 기록에서 관찰되는 변화를 주로 인구이동(migration)으로 설명한 선대의 고고학 작업을 상당히 비우호적 시각으로 바라보았다. 과거에 아주 조심스레 연구한 특수 토기가 반드시 특정 민족 집단에 대한 확실한 지표가 아니라는 것을 이제 알게 되었다.

인구 변화 없이도 토기 항아리가 거래되거나 제조 양식을 들여올 수 있다. 또한 사회 집단이 반드시 언어 집단과 일치하지 않는다는 사실도 알게 되었으며, 고고학적 기록 변화는 외부 영향의 결과, 즉 인구이동으로 일어난 것이 아니라 해당 사회 내부에서 국지적(局地的)으로 일어난 변화의 결과라는 점도 또한 알게 되었다.

그간의 이 모든 사정으로 50년 전에 유행하던 고고학 연구는 인기가 떨어졌다. 당시 선구적 학자들은 『그리스인의 도래(*The Coming of the Greeks*)』, 『유럽의 선사 인구이동(*Prehistoric Migrations in Europe*)』과 같은 제목으로 책을 저술했다.[3] 오늘날 지중해 동부에 출현한 도시사회와 같은 인류사의 주요 발전은 사회적 요인과 경제적 요인이 상호작용한 산물이며, 민족 집단의 이주를 단지 입증하는 것만으로는 일반적으로 이를 적절히 해명할 수 없다는 점을 이제 잘 이해한다.

그렇지만 우리는 이 중요한 사실을 쓸데없는 것과 함께 도매금으로 한꺼번에 폐기해야 하는가? 인류사의 주요한 대부분의 발전의 원동력이 되는 사회적 요인과 경제적 요인을 탐구하는 것은 타당하지만, 민족 정체성과 인종 정체성(따라서 언어 정체성)의 문제도 흔히 사회 현실의 중요 요소가 아닌가?

이 책은 이 주장이 진정 옳다는 견해를 피력하고, 소수의 눈에 띄는 예외를 제외하고 최근 고고학자들이 과거 모습의 추적에서 언어 증거를 제대로 설명하지 못했다는 점을 주장하고자 한다. 물론 여기에는 타당한 이유가 있다. 선사 유럽에 대한 열린 관심으로 예컨대 고든 차일드(V. Gordon Childe)는 1926년에 『아리야족(*The Aryans*)』을[4] 출간했다. 또한 이 관심사와 더불어 당파 정치의 목적으로 역사적 증거를 이용하려는 (그리고 이를 왜곡하려는) 훨씬 더 극단적 성향도 나타났다. 독일의 히틀러와 민족사회주의 운동은 게르만인이 지배 종족임을 아무 근거도 없이 부당하게 주장하면서 구스타프 코씬나(Gustav Kossinna)[5] 같은 학자가 내세운 유럽의 선사 언어의 기원에 대한 소박한 설명을 최대한 악용하였다. 대부분의 당시 고고학자들은 선사 언어와 문화에 대한 그럴싸한 이론이 인종 우월성을 과시하는 군국적 선전으로 변질되고, 그들과 다른 인종으로 간주된 수백만 명의 유태인을 집단적으로 학살하는 가공의 간접환원법(reductio ad absurdum)으로 변질된 것을 보고 아연실색했다. 그런데 고고학자들이 그처럼 민감한 주제를 외면했다는 것은 다소 놀라운 사실이다. 차일드는 『아리야족』에서 인종 우월성을 증명하는 아무 증거도 제시하지 않았고, 언어, 문화와 인종 분류를 아주 신중하게 구별했지만, 그는 이 저서를 언급하지 않고 회피했다.

그렇지만 그 후 고고학에서 인종적 설명은 퇴조했는데, 그것은 초기 연구가 대부분 두개골의 크기 측정에 기초한 인종 유형의 가설을 이용했고, 부정확하고 통계적으로 전혀 타당하지 않은 것으로 밝혀졌기 때문이다. 두개골측량학(craniometry)은 인간의 두개골 크기를 측정하고 연구하는 분야로서 최근 수년간 골상학(Phrenology)만큼이나 학계에서 대단한 인기를 누렸다. 소수의 형질인류학자들은 선사 인류의 두개골에 근거해서 종족 간의 친족관계를 논할 수 있다고 생각했다. 그러나 그 작업은 오늘날에 와서 각 개인의 전체 측정치를 이용하여 전체 모집단(母集團)을 비교하는 분류학적 연구로 대체되면서 훨씬 더 정교한 컴퓨터가 이를 처리한다. 그러한 작업에서 역사적 결론을 끌어내는 것이 분명 이론적으로는 가능할지 몰라도 실제로 그럴 수 있다는 것을 확신하기에는 필자는 개인적으로 유보적이다. 마찬가지로 고대 주민의 혈액군(血液群) 연구도 몇몇 경우에 이 혈액군은 보존된 유골을 이용해서 결정할 수도 있기 때문에 유용할 수는 있다. 그렇지만 이러한 연구는 미래의 연구계획이다. 현재로서는 과거 1만여 년에 걸친 두개골 연구에 기초한 인종 집단이나 인종적 친족성에 대한 어떠한 가설적 주장도 아주 심각한 의심의 눈길로 관망하는 것이 안전하다. 인종인류학은 독일어 용어로는 Rassenkunde인데, 이를 부인하는 것이 타당하다. 이 말은 현대 생물인류학이 과거 인류의 신체관계와 친족관계를 연구하는 방법을 개발하지 못할 것이라는 의미는 아니다. 그것은 이제 단지 그러한 연구의 기초 작업이 닦였다는 것과, 현재로서는 결론이 거의 신뢰성이 없다는 것을 함의한다.

그런데 언어고고학(linguistic archaeology)은 1920, 1930년대의 저서들로부터 별로 달갑지 않은 명칭을 얻었다. 그것은 여러 면에서 불행했다. 왜냐하면 당시의 많은 접근방법과 결론이 현재로는 설득력이 없지만, 제기한 질문들은 타당했고, 몇몇 통찰력은 전적으로 견실했기 때문이다. 고든 차일드의 『아리야족』을 오늘날 다시 읽어 보면, 그가 제기한 질문은 지금도 여전히 타당하고, 그 대부분이 여전히 미해결된 상태라는 것을 알 수 있다.

그리하여 우리는 그러한 논의가 제2차 세계대전 말에 얻었던 오명—이는 이해가 가고, 다소 정당하기도 하다—을 얻지 않고서도 몇 가지 새로운 문제와 더불어 옛 문제들을 재론할 때가 되었다고 생각한다.

고고학은 인종, 종족 집단, 선사 인구이동의 문제에만 몰두하는 것에서 벗어나 고대사회의 생태, 기술, 경제 기반, 사회조직을 보다 확실한 권위를 가지고 정확히 서술하는 법을 배웠다. 이제 고고학은 고대 공동체의 이데올로기에도 관심을 갖기 시작했다. 종교, 계급, 지위, 집단 정체성을 표현하는 방식에도 관심을 가지며, 여기에서 언어 문제는 매우 중요하다. 우리는 언어에 대한 과거의 선입견을 던져 버리고, 이를 새롭게 접근할 수 있다. 인구집단의 이동을 입증하기 위해 과거에 개진했던 증거는 부적절하여 폐기했기 때문에 실제로 인간집단이 이동할 때 발견할 수 있는 지표가 무엇인지를 새롭게 질문할 수 있다. 과정주의 고고학파(processual school)[1960년과 1970년대의 신고고학자(New Archaeologist)를 계승하는 후학들은 새로 개명해야 할 것 같은데, 신고고학은 이제 더 이상 새로운 것이 아니기 때문이다]의 주장은 때로는 오해도 받았다. 그 누구도 인구이동이 없었다거나 일어나지 않았다고 주장하지는 않는다. 오히려 추정되는 인구 이동을 입증하기 위해서는 이전에 개진했던 증거가 많은 경우 이러한 작업에 부적절했다는 것이 문제의 핵심이다. 지금이 과정주의 고고학파와 협력하면서 이러한 문제를 재고할 적절한 시점이라고 생각한다.

이 책에서 언어 변화와 관련되는 고고학적 증거를 이해하기 위해 몇 가지 유효한 원리를 개진할 것이다. 필자가 관심을 가진 전문 분야는 유럽과 서아시아의 언어이지만, 여기서 개진한 일반적 논제는 다른 지역의 선사 언어의 발달, 예컨대 아프리카의 반투어(Bantu languages)를 연구하는 데에도 유효할 것으로 기대한다.

우리가 제안하는 유럽어에 대한 해결책은 놀라운 것이지만, 그것은 현 세계에 함의하는 바가 있다. 예컨대 많은 고고학자들은 오늘날 영국과 아일랜드의 최초의 켈트 주민이 기원전 2000년에 유럽 그 어딘가에 있었던 원거주지(源居住地)에서 이 지역으로 들어왔다고 믿는다. 또 다른 학자들은 이보다 1500년 이후에 들어온 시기를 더 선호한다. 이들 견해에 대해 필자는 그 시기에는 아무 증거가 없고, 켈트어는 이보다 훨씬 이전에 이미 현재의 켈트어 사용 지역에 조어(祖語)로 사용되었다고 주장한다. 이 주장은 영국과 아일랜드의 신석기—거석문화인과 아일랜드의 통로식 거석묘지 예술기이다—와 그 이후의 선사 단계의 충돌을 방지하는 효과가 있다. 이러한 우리 생각을 받아들인다면, 그것은 영국과 아일랜드의 기원은 엄청나게 더 오래되었다는 것을 의미한다. (그리고 일반적으로 유럽의 다른 지역도 역시 그처럼 오래되었다는 것을 이 책에서 주장한다.) 일반적으로 생각하는 것보다 이 땅들은 수천 년이나 더 오랫동안 우리 영토였고, 또한 우리 조상의 땅이었다. 그렇다면 아일랜드인의 고유 속성, 에스파냐인의 고유 속성, 영국인의 고유 속성을 정의하는 많은 특징은 더욱 오랜 과거로 거슬러 올라간다. 몇 년 전에 존 마이어스(John Myres) 경은 『그리스인은 누구였는가?(Who were the Greeks?)』에서 제기한 질문에 이들은 "끊임없이 형성되고 있던"[6] 자들이라는 아주 명석한 대답을 제시한 바 있다. 이와 같은 대답이 유럽의 다른 많은 지역에도 역시 해당된다는 것을 이제 갓 알기 시작했다. 우리 생각으로는 이것은 근본적인 관점의 변화이며, 이 관점 변화와 더불어 흥미로운 함축 의미가 많을 것으로 본다.

뒤에 나오는 서론의 장(章)에서 최초의 선사 유럽어를 고찰하면서 언어 형성과 발달을 다루는 역사언어학(그리고 이와 성격이 거의 동일한 비교문헌학)의 초기 발달사를 개관할 것이다. 최초로 제시한 해답은 기본적으로 언어학적인 것으로서, 언어에서 끌어낸 증거에 기초한 것임을 알 수 있다. 금세기 초에 학자들은 고고학적 증거를 열정적으로 탐구했고, 주민 이동을 주장한 학설을 진지하게 평가했다. 이들은 기본적으로 오늘날 여전히 널리 적용되는 두 가지 접근방법이다. 다시 말해서 (어휘, 문법, 음성의 변화에 기반을 두는) 전통적 언어학적 접근과 (특정 역사적 유물 및 다른 부류의 발견물과, 추정된 종족 집단을 동일시하는 견해를 기반으로 한) 전통적 고고학적 접근이다.

그 뒤의 여러 장에서 우리는 현대언어학과 현행의 과정주의 고고학이 서로 통합될 수 있는 새로운 기회라고 주장할 것이다. 지난 20년간 언어학의 발달 덕택에 언어 기원에 대한 상당히 복잡한 견해들이 표명되었고, 이들은 인도유럽어뿐만 아니라 다른 언어에도 적용할 수 있다. 또한 현대고고학은 특정 유물군(전통적 표현으로는 '문화')과, 다른 언어를 사용하는 특정 화자 집단을 서로 일치시키지 않는다. 이제 우리는 인구 변동과 언어 변화가 서로 연계되는 조건을 고려하고, 일정 지역에 사용되는 언어가 왜 변하는지에 대한 이유도 고찰한다. 오늘날의 고고학은 인구 밀도와 역동적 문화변동 같은 문제를 20여 년 전보다 훨씬 더 상세히 고찰할 수 있을 만큼 잘 무장했다. 비록 이처럼 새로운 언어학적 접근과 고고학적 접근의 종합을 보다 설득력 있게 제시하지는 못했지만, 몇몇 연구

방향만은 확실히 정했고, 이들을 추적할 수 있게 되었다. 이 책의 논의를 위해 선택한 언어 사례의 출처는 거의 모두 인도유럽어 연구에 국한되지만, 언어와 고고학의 관계를 지배하는 원리는 보편적이다. 제5장과 제6장에서 이 원리를 꽤 일반적인 용어로 논의한 후에, 제7장 인도유럽어 문제에 대한 새로운 해결책으로 이를 제안하고 적용하고자 한다.

이처럼 제안된 해결책은 거의 모든 인도유럽어의 공통 기원(그리고 그 후의 언어 분리)을 일반적으로 학자들이 가정하는 시기보다 훨씬 더 이른 시기를 가정하기 때문에 원시 인도유럽사회(Proto-Indo-European society)란 개념은 아주 의미심장한 의미를 지닌다. 이 개념은 최근 뛰어난 프랑스 신화학자 조르주 뒤메질(George Dumézil)과 그 제자들이 더욱 발전시킨 바 있다. 인도유럽사회의 많은 특징, 즉 뒤메질이 기본적으로 인도유럽적인 것으로 묘사한 특징은, 초기 인도유럽어 화자들이 해당 지역으로 아주 일찌감치 이동한 시기 — 우리가 주장한 시기 — 보다는 훨씬 후대에 이들 사회에 출현했다는 것을 증명하고자 한다. 오늘날 흔히 근본적으로 인도유럽적인 특징이라고 주장하는, 사회구조상에 드러나는 많은 일치점은 사실상 나란히 동시에 진화한 현상이라는 것을 주장할 것이다. 그것은 이와 동일한 사회 형태가 동 시기의 비인도유럽어의 다른 언어사회에서도 실제로 관찰될 수 있기 때문이다. 그렇다면 그것이 함의하는 바는 인도유럽사회의 구조와 조직의 인도유럽적 근간이라는 주장은 현대의 신화라는 것이다. 이 결론을 받아들인다면, 그것은 유럽의 다른 지역의 언어와 고고학의 이해뿐만 아니라 초기 문학과 종교를 이해하는 데에도 아주 중요하다.

이들 문제는 대단히 큰 주제이고, 현재로서는 완전히 만족스러운 대답은 분명히 제시할 수 없다. 현재 우리가 할 수 있는 바는 지금까지 제시한 대부분의 해결책이 매우 미비하다는 것을 보여 주는 것이다. 하지만 새로운 접근방법을 제안하려면 또 다른 방법론이 필요하며, 그 후에 의미 있는 중요한 연구가 전개될 것이다. 우리는 이 책에서 바로 이러한 작업을 시도하려고 한다.

제1장

인도유럽 조어 문제의 개요

1786년에 한 영국인 법관이 인디아 캘커타(Calcutta, 現 Kolkata)의 고등
법원에 재직하면서 아주 이색적인 발견을 하였다. 그는 윌리엄 존스 경
(Sir William Jones)으로 법관이 되기 전에 동양학자로서 교육을 받았다. 그
는 캘커타에 부임하기 3년 전에 산스크리트어 연구에 착수했다. 산스크리
트어는 인디아의 가장 초기의 종교와 문학 텍스트를 기록한 언어로서, 이
들 텍스트는 대부분 기원후 4~6세기에 걸쳐 기록되었다. 이 시기의 산스
크리트어는 서양 르네상스 시대의 라틴어처럼 구어로는 사용되지 않았고,
학문과 문학을 기록하는 문어로만 사용되었다. 존스 경은 벵골 아시아학
회(Asiatic Society of Bengal)의 '3주년 기념 연설'에서 그가 관찰한 사실을
간단히 보고했는데, 이는 역사언어학사의 전환점이자 인도유럽어학의 획
기적인 전환점이 되었다.[1]

"산스크리트어는 오래되었지만, 놀라운 구조를 가지고 있으며, 그리스어보다 더 완벽하고, 라틴어보다 더 풍부하며, 이 두 언어보다 더욱 정교하고 세련된 언어입니다. 하지만 동사 어근이나 문법 형태를 보면, 우연히 생겨날 가능성은 조금도 없을 만큼 이 두 고전어와 밀접한 친근성(親近性)이 있습니다. 이 친근성은 정말 너무나 가까워서 문헌학자가 이 세 언어를 동일한 공통 기원에서 유래한 것으로 생각하지 않고는 이들을 함께 연구할 수 없을 지경입니다. 마찬가지로 고트어와 켈트어에 다른 개별어가 조금 섞여 있지만, 이 두 언어가 산스크리트어와 기원이 동일하다고 가정할 수 있는, 그리 강력하지는 않지만 비슷한 근거가 있습니다. 또한 만약 이 자리에서 페르시아의 고대 유물에 관한 어떤 문제라도 논의가 가능한 것이라고 하면, 고대 페르시아어도 이들과 같은 어족에 포함할 수 있을 것입니다."

수대에 걸쳐 언어학자들은 이처럼 예리한 관찰을 수많은 주요 저작에서 더욱 깊이 천착하고 분석했으며, 윌리엄 존스 경의 관찰이 타당했다는 데는 의심의 여지가 없다. 그는 그리스어와 라틴어를 비교하여 문법 구조의 유사성이 어휘부 단어의 유사성만큼이나 중요하다는 것을 알았다. 그는 당시 이미 사어(死語)가 되었지만 거의 비슷한 시기에 번성했던 세 언어인 그리스어, 라틴어, 산스크리트어를 정확히 비교했고, 북유럽의 두 언어 고트어(게르만어의 전신)와 켈트어를 논의에 끌어들여 이들도 고대 이란 문헌인 『아베스타(*Avesta*)』 찬가를 기록한 고대 이란어(페르시아어)[2]와 비교했다.

윌리엄 존스 경은 이들 언어의 유사성이 우연한 일치가 아니라 아주 놀랄 만큼 비슷하다는 것을 알았다. 이들은 모두 서로 관계가 있으며, 이 관계를 설명하는 가장 분명한 근거(차후 살펴보겠지만, 이것만이 유일한 설명은 아니다)는 이들 언어가 모두 하나의 공통 기원 언어에서 유래한다는 것이다.

　언어들이 서로 관계가 있다는 개념은 새로운 것이 아니었다. 많은 현대 유럽어, 예컨대 이탈리아어, 프랑스어, 에스파냐어, 포르투갈어는 어휘와 문법구조의 두 차원에서 서로 관계가 있다는 점은 오래전에 인지되었다. 이 사례에서는 이 친근관계를 해명하는 것이 그리 어려운 일이 아니었다. 이들 언어의 공통 기원은 라틴어였고, 라틴어는 물론 오늘날에도 현존하며, 윌리엄 존스 경의 시대에도 로마 가톨릭 교회뿐만 아니라 많은 학술서에도 활발하게 사용되던 언어였기 때문이다. 소수의 학자들은 라틴어와 산스크리트어의 유사점을 이미 인지하고 있었지만, 이처럼 다양한 언어를 이런 방식으로 함께 연결 짓는 것은 무척 대담한 시도였다. 고트어는 몇몇 언어, 예컨대 독일어와 네덜란드어의 공통 기원으로 쉬이 간주되었으며, 오늘날 게르만어(Germanic)로 부르는 언어가 기원이다. 산스크리트어도 벌써 힌디어(그리고 우르두어)와 다른 많은 인디아어, 예컨대 신디어, 네팔어, 뱅골어, 신할라어를 포함한 여러 언어의 조어(祖語)로 이해되었다. 존스 경이 실시했던 언어 비교는 최근 학자들이 동사 '지다', '나르다'의 현재형을 이용하여 만든 〈표 1〉[3]처럼 정리할 수 있다.

▌표 1 ▌ 동사 '나르다'의 비교

영어	산스크리트어	그리스어 (도리스)	라틴어	고대 고지 독일어	고대 슬라브어
I bear	bharami	phero	fero	biru	bera
(thou bearest)	bharasi	phereis	fers	biris	berasi
he bears	bharati	pherei	fert	birit	beretu
we bear	bharamas	pheromes	ferimus	berames	beremu
you bear	bharata	pherete	fertis	beret	berete
they bear	bharanti	pheronti	ferunt	berant	beratu

〈표 1〉은 동사뿐만 아니라 활용형도 매우 유사하다는 것을 보여 준다. 또한 언어학의 기본 원리인 음성 추이(sound shift)도 반영한다. 한 언어의 자음(그리고 모음)이 다른 언어의 자음(그리고 모음)과 아주 일관되게 체계적 차이를 보인다. 예컨대 라틴어 frater와 영어 brother의 대응(對應)에서 라틴어 단어의 f는 게르만어 단어의 b와 대응한다.

이 사실은 정말 놀라운 발견이다. 유럽의 몇몇 언어가 라틴어에서 유래하는 것은 별로 놀랄 일이 아니다. 다른 유럽어(예컨대 오늘날의 슬라브어)가 로망어와 관계가 있고, 게르만어와 그리스어가 연관성이 있다는 점에는 기꺼이 동의하지만, 이 모든 유럽어가 인디아와 이란의 많은 언어와 관계가 있다는 것은 유럽과 서아시아 역사에 대한 우리 지식으로는 간단히 예측할 수 없었다. 유럽, 이란, 인디아의 중간에는 광활한 넓은 지역이 있으며, 유럽어와는 전혀 다른 언어가 사용되고 있었기 때문이다. 이 5개 언어와 수많은 다른 언어가 어떻게, 왜 서로 관계가 있는 것일까? 1813년에 영국학자 토머스 영(Thomas Young)[4]은 이처럼 아주 널리 분산되었지만 서로 관계가 있는 언어군을 **인도유럽어**(Indo-European)로 지칭했고, 때로는 **인도게르만어**(Indo-Germanic)란 용어도 이와 같은 의미로 사용되었다. 그러면 이 언어들의 관계의 기저에 깔린 역사적 실체는 무엇인가? 이들 언어는 어디에서 유래하는가? 이들은 이동한 단일 민족에서 기원하는가? 아니면 이와는 전혀 다른 설명이 필요한가? 이것이 인도유럽 조어 문제이며, 아직도 만족스러운 해답을 찾지 못한 수수께끼이다. 이 문제는 이 책의 중심 주제이며, 유럽과 아시아 선사(先史)의 핵심 문제이기도 하다. 이러한 언어 분포를 초래한 것이 초기 선사 주민의 주요한 이동이었다면, 이 인구이동은 고고학적 기록에 반영되고, 고고학자의 진술 속에 포함되어야 한다. 반면에 주민이동이 거기에 대한 타당한 설명이 아니라면, 이들 언어의 유사성은 다양한 지역의 접촉, 아마도 교역과 배우자의 교환을 통해 교류한 결과로 생겨난 것이며, 고고학적 기록을 적절히 해석하고 잘 설명해야 한다. 이처럼 관련된 언어들의 관계를 설명하는 언어 선사나 기록 문헌은 거의 전무하다. 이것이 유럽 선사 연구에서 계속 야기된 가장 주목할 문제였다.

문제는 유럽과 인디아의 주민에 대한 관심으로 그치지 않는다. 오늘날 북아메리카의 대부분의 주민은 영어를 사용하고, 남아메리카의 많은 주민은 에스파냐어나 포르투갈어를 사용한다. 인도유럽어는 유럽 식민제국이 지배한 모든 곳에서 사용되고 있다. 물론 식민시대에 이들 언어가 지구상에 확산된 메커니즘은 만족스럽게 설명할 수 있지만, 유럽과 유럽의 각 지역에 최초로 확산된 언어 분포를 설명하는 것은 훨씬 더 어렵다.

역사적 정보 결여를 메워 주는 단 하나의 예외가 있는데, 그 출처는 놀라운 것이다. 그것은 인디아의 『리그베다 찬가(Hymns of the Rigveda)』이다.[5] 이 종교 문헌은 후세에 와서 14세기에 기록되었지만, 6세기의 고전 산스크리트어 문헌보다 훨씬 이른 시기의 언어형, 즉 일반적으로 베다 산스크리트어(Vedic Sanskrit)나 간단히 베다어(Vedic)로 불리는 언어로 기록되었다. 기원전 1000년 이전에 수집, 편찬되고, 브라흐만 스승에게서 제자에게 놀라울 정도로 정확하게 구전으로 전수, 보존되었고, 이 베다어를 더 이상 이해할 수도 없고 산스크리트어조차 사용되지 않던 시기에 기록하기 시작했다. 『리그베다』에 나오는 지명(地名)은 일반적으로 편잡 지방과 관련이 있고, 찬가는 호전적인 **아리야족**(Arya)이 적(敵) 다샤(Dasya)를 이기게 도와 달라고 신들에게 호소하는 내용이다. 말과 전차 이야기가 대단히 많아서 다수의 주석가가 이 구절 중 상당수를 영웅적 유목 부족인 **아리야족**이 그 땅을 최초로 정복한 내용으로 결론지었다. 그러나 이 해석은 찬가에 언급된 **아리야족**이 북부 인디아나 파키스탄에 침입한 것으로 가정하지만, 그러한 결론이 『베다찬가』에 왜 필요한 것인지는 밝히고 있지 않다.

윌리엄 존스 경의 초기 관찰 이후에 곧 프리드리히 폰 슐레겔(Friedrich von Schlegel)⁶과 프란츠 보프(Franz Bopp)⁷ 같은 역사언어학자가 훨씬 더 체계적으로 이들 언어를 연구했고, 그 결과 50년이 채 지나지 않아 비교언어학의 토대가 닦였다.

언어사 해석은 분명 이처럼 단정적으로 표명할 수는 없다. 윌리엄 존스 경이 자신의 발견을 글로 쓸 당시만 해도 성경에 나오는 천지창조 설명(과 연대)을 문자 그대로 믿어야 하던 시대였다. 어셔(Usher) 추기경의 해석에 따르면, 이 세상은 기원전 4004년에 창조되었다. 물론 이 기간은 인간 언어나 문화가 발달하기에 그리 충분한 시간은 아니다. 수백만 년이 넘는 인간 발달의 연대와 더불어 진화론은 1850년에 찰스 다윈(Charles Darwin)의 『종의 기원(*The Origin of Species*)』⁸의 출간과 함께 비로소 탄생했다.

그때까지 서아시아의 언어 기원은 성경의 신화에 근거해서 설명했다. 창세기에 나오는 노아의 세 아들 햄, 셈, 야벳 이야기⁹는 선사시대의 초기 언어 분화를 설명하는 것으로 널리 공인받았다. 그래서 아프리카의 언어는 햄어로, 레반트(Levant)의 언어는 셈어로, 북부의 언어는 야벳어로 불렀다. 이처럼 비합리적이고 순진한 용어가 오늘날에도 **셈어군**(Semitic group)이라는 관례적 명칭에도 남아 있다. 물론 오늘날 아라비아어는 근동의 주요 언어이며, 아람어(Aramaic. 그리스도 당시 그곳에 사용되던 언어), 히브리어, 아카드어(Akkadian. 아시리아 제국의 언어)가 포함된 지역의 선사 언어들— 모두 셈어에 속한다— 과 관계가 있다.

윌리엄 존스 경의 발견 여파로 인도유럽어 연구 초기에 언어학자들은 당시 알려진 여러 다른 인도유럽어의 비교문법과 어휘 연구에 정력을 쏟았다. 그러나 인도유럽어의 분포에 대한 설명은 이보다 훨씬 더 피상적인 수준이었다.

사정이 그렇게 된 것은 어쩔 수 없는 일이었다. 고고학, 특히 선사 고고학은 19세기 중엽까지는 과학으로 제대로 발달하지 못했기 때문이다. 대부분의 근동 고고학자들은 당시에 갓 밝혀지기 시작한 위대한 고대 문명의 유적에 아주 자연스레 몰두했고, 금세기까지 더욱 희소한 선사 유적의 연구에는 시간을 거의 할애하지 않았다. 물론 플린더스 페트리(Flinders Petrie) 경이 이집트에서 이룩한 독창적 대업적처럼 괄목할 만한 예외도 있었다. 19세기 유럽의 탁월한 고고학적 연구는 대부분 각 지역의 문화 연쇄 발달에 국한되었고, 선사고고학과 언어 재구(再構)의 잠정적 관계처럼 아주 가설적인 주제는 그다지 자세히 탐구하지 않았다.

19세기 중엽에 이 주제를 둘러싼 전체 연구는 새로운 국면에 접어들었다. 이는 고고학적 연구라기보다는 언어학적 연구였고, 그것도 전혀 새로운 방식의 언어학적 연구였다. 각기 다른 인도유럽어의 유사성은 일반적으로 그리스어, 라틴어, 산스크리트어보다 더욱 오래되고, 심지어 『리그베다』보다도 더 오래된 단일 조어(祖語)에서 유래하는 것으로 가정했다. 독일학자들이 명명했듯이 Ursprache(원시어) 또는 오늘날의 Proto-Indo-European(인도유럽 공통조어)은 인도유럽어의 구체적 동계 단어(cognate. 서로 관련된 단어)의 공통성을 연구하면 재구할 수 있다고 믿었다. 예컨대 영어 birch, 독일어 birke, 리투아니아어 berzas, 고대 슬로베니아어 breža, 산스크리트어 bhurja를 비교하면, 인도유럽어의 공통조어에 자작나무를 가리키는 원시 단어가 있었을 것이라는 것을 의미한다. 음성 변화 규칙을 통해서 이 단어는 *bhergh-로 재구할 수 있다. 별 표시 *는 실제 알려진 언어에서는 직접 확인되지 않은 재구된 원시 단어임을 가리키는 규약이다.

그 당시에 언어학자들이 제안한 것은 인도유럽 공통조어(共通祖語)의 어휘, 때로는 원시 공통 어휘부(protolexicon)로 불리는 어휘를 이런 방식으로 구축하면, 이 조어를 사용한 주민의 가상적 원거주지, 즉 독일학자들이 Urheimat(원고향)로 부른 곳에서 분산 이동하기 전에 그들이 살던 세계와 주위 환경을 어느 정도 분명히 재구할 수 있다고 한 점이다.

이 방법은 1859년에 아돌프 픽테(Adolphe Pictet)가[10] 명료하게 제시했다. 그는 소멸한 선사생물을 연구하는 자연사에서 유추하여 이 접근방법을 **언어선사 고생물학**(linguistic paleontology)으로 명명했다. 그 후 언어학자들은 예컨대 여러 종류의 나무를 가리키는 공통의 인도유럽어 단어들을 이용하여 추정된 **원고향**(Urheimat)의 모습을 그리기 시작했다. 공통의 동물 용어(예컨대 양, 염소, 황소, 암소, 말)를 목록화하고, 이로부터 원거주지 경제는 농업이 아니라 이동 유목에 근간을 둔 경제로 추정하기도 했다. 이와 같은 주장에 입각하여 잠정적인 원거주지가 제시되었는데, 그중에서 중앙아시아와 북유럽은 학자들이 가장 선호하는 곳이었다. 1890년에 오토 슈라더(Otto Schrader)[11]는 인도유럽 공통조어의 원거주지로 적합한 곳은 카르파티아산맥으로부터 중앙아시아에 이르는 남부 러시아 초원지대라는 영향력 있는 주장을 개진했다. 그곳은 적어도 스키티아인(Scythians) 이래로 이동 유목이 관행으로 행하던 곳이었기 때문이다. 그렇지만 그는 아무런 고고학적 증거를 논거로 제시하지 않았다. 이때까지 제안된 주장은 모두 기본적으로 오직 언어학적 증거에만 기초한 것이었다.

19세기 후반에 인도유럽인의 인종 우월성이란 개념이 나타나기 시작했다. 이것은 푸른 눈과 금발머리를 가진 아리야족이란 개념과 연계되었고, 이들의 원거주지도 북유럽, 예컨대 독일, 스칸디나비아, 리투아니아의 그 어디일 것이라고 가정했다. 이 이론은 제2차 세계대전 후까지 몇몇 분야에서 널리 개진되었고, 심지어 어떤 분야에서는 그 후에도 계속 주장했다.

금세기에 접어들면서 인도유럽 공통조어가 물론 선사시대에 사용된 것은 분명하지만, 인도유럽어의 기원 문제는 주로 언어학적 증거에 근거해서 해결해야 하는 것으로 여겼다. 하지만 선사고고학의 발달과 더불어 선사 시대로부터 남아 있는 유물 증거가 이 기원 문제를 조금이라도 해명할 수 있기 때문에 어쩔 수 없이 그것을 엄밀히 조사하지 않으면 안 되었다. 이러한 연구를 체계적으로 수행한 고고학자는 구스타프 코씬나 (Gustav Kossinna)였다.[12] 그는 1902년에 「고고학적 해결책으로서의 인도유럽어 문제(Die indoeuropäische Frage archäologisch beantwortet)」라는 논문을 발표했다. 그는 이용 가능한 선사 자료를 고찰하고, 새김무늬 토기(Corded Ware)로 부르는 특색 있는 토기와, 이와 연관된 다른 유물이 나타내는 추정된 주민집단은 인도유럽인이며, 이들은 독일에서 사방으로 분산 이동한 것으로 결론지었다. 그리하여 그는 인도유럽어의 북부 독일 원거주지설을 제시했다. 코씬나는 사실상 선사 민족(따라서 그들의 언어)과 토기 유형을 동일시한 최초의 학자였고, 그는 이 이론을 기반으로 오늘날까지 활발히 논의하는 학설을 창시했다.

그러한 접근방법을 주장한 가장 영향력 있는 주창자는 고든 차일드 (V. Gordon Childe)였고,[13] 그는 1915년에 이 주장을 담은 최초의 논문 「미니아스 도자의 연대와 기원(On the date and origin of Minyan Ware)」을 발표했다.[14] 차일드는 그리스 중기 청동기(기원전 1900년경)를 특징짓는 이 구운 토기는 그리스어 사용자들이 최초로 그리스에 도착한 표지로 인정할 수 있다고 주장했다. 차일드는 고고학으로 전향하기 이전에 문헌학을 공부했고, 1925년에 방대한 유럽 선사의 종합적 연구서[15] 『유럽 문명의 여명(The Dawn of European Civilization)』을 출간했다. 그는 고고학과 문헌학의 두 접근방법을 그 이듬해 발표한 『아리야족(The Aryans)』에서 결합했다. 그는 이 저서에서 최초의 원거주지의 지위에 대한 네 경쟁 학자의 주요 견해를 개관했다. 그러고는 아시아, 중부 유럽, 북유럽, 남부 러시아설을 주장하는 고고학적 논거를 검토하고, 이 네 지역 중 마지막의 남부 러시아설을 확고히 지지했다. 사실상 차일드는 고고학적 증거를 『유럽 문명의 여명』보다 『아리야족』에서 훨씬 소홀하게 다루었는데, 『아리야족』은 기본적으로는 1916년에 옥스퍼드대학에서 쓴 문학사 논문[16]이 아닌가 하는 의심이 들 정도이다.

앞에서 언급했듯이 후에 유럽 학문을 오염한 지나친 인종적 사고가 후에 가서 아주 극성을 부렸지만, 그가 『아리야족』에서 당시의 형질인류학에 극히 제한적으로 의존하고 있음을 너무 경솔히 판단해서는 안 된다. 그는 이 책의 마지막 문단에서 밝힌 견해에 유감을 표명했다.[17]

"이와 동시에 최초의 아리야족이 북유럽족(Nordics)이라는 사실은 중요하다. 그 민족의 신체적 특질 덕택에 우세한 힘을 지닌다는 단 한 가지 이유만으로 문명이 훨씬 더 진보한 민족을 정복하고, 이 신체 유형의 특징이 거의 사라진 지역에 그들의 언어를 퍼뜨렸다. 이는 게르만주의자의 찬사에 내재한 진리이다. 즉 북유럽족의 뛰어난 신체 덕택에 이들은 우수한 언어 매개자로 적응되었다."

후에 차일드는 『아리야족』에서 시도했던 접근방법을 거부했지만, 여전히 인도유럽어의 기원 문제에 깊이 몰입해 있었다. 그는 전후[18]에 쓴 『유럽의 선사 주민이동(Prehistoric Migrations in Europe)』에서 이 문제를 재론하면서 고고학적 증거를 놀랄 정도로 능숙하게 다루었다. 그렇지만 이번에는 원거주지로 남부 러시아의 초원지대를 더 이상 옹호하지 않았다. 그는 이제 두개골 측정에서 끌어낸 어떠한 추론도 완전히 거부했지만, 인도유럽 공통조어의 단어에 근거한 언어선사 고생물학적 접근방법이 원거주지에 유익한 정보를 제공한다는 사실만은 계속 받아들였다. 그는 인도유럽어가 후기 청동기에 가서 중부 유럽과 북유럽에 도달한 것으로 간주하고, 아나톨리아(Anatolia) 기원설을 선호했다.

그 후 몇 년간은 주로 고고학적 증거를 기반으로 중요한 종합적 이론들[19]이 주장되었는데, 그중에 페드로 보시김페라(Pedro Bosch-Gimpera), 쟈코모 데보토(Giacomo Devoto), 휴 헨켄(Hugh Hencken)의 종합적 가설이 있다. 최근의 가장 영향력 있는 고고학적 연구로는 의심할 여지없이 로스앤젤레스 소재 캘리포니아대학의 마리야 김부타스(Marija Gimbutas) 교수가 있다. 그녀는 1970년 이래 여러 편의 논문을 발표하고,[20] 인도유럽어의 원거주지를 남부 러시아 초원지대로 주장했는데, 이는 과거에 차일드가 주장했던 이론과 아주 흡사하다. 물론 김부타스는 훨씬 많은 고고학적 자료를 토대로 연구했다. 그녀는 인도유럽 조어를 사용하는 화자들의 물질적 집적(集積)을 가리키기 위해 **쿠르간 문화**(Kurgan culture)라는 용어를 사용했다. 이것은 그 지역에서 사용한 선사시대의 매장 언덕을 지칭하는 배로 문화(Barrow culture)이다. 1970년에 김부타스는 다음과 같이 썼다.[21]

"끊임없이 축적되는 고고학적 발견으로 사실상 인도유럽어의 원거주지를 중부 유럽이나 북유럽, 발칸반도로 간주한 초기 이론은 배제된다. 쿠르간 문화는 인도유럽 조어에 대해 남아 있는 유일한 후보지이다. 공통 단어로 재구되는 인도유럽인의 가설적 모체(母體) 문화에 상응하는 신석기와 금석병용기의 문화는 없다. 즉 광대한 영토 확장이나 정복으로 영향을 받은 전 지역은 없으며, 아주 초기의 역사 자료와 문화 연속체로는 인도유럽어 화자의 존재가 증명되지 않는다."

김부타스는 차일드와 그 이전의 슈라더의 연구를 기반으로 언어선사 고생물학에서 얻은 논거, 즉 그녀가 언급하는 **공통 단어들**을 상당히 강조했다. 그녀는 원거주지 이론을 더욱 발전시켜 나가는 과정에서 특히 유의미한 특징, 예컨대 쿠르간(매장 언덕)이나, 코씬나의 초기 논문 이래로 고고학자들의 관심을 크게 끌었던 특징인 새김무늬 토기를 크게 중요시했다. 그녀의 연구는 최근의 고고학적 자료와 여러 동유럽어로 기록된 문헌을 아주 자유롭게 다루면서 고고학적 접근방법을 선도하는 주창자로 오늘날 널리 인정받고 있다.

하지만 우리가 보기에 쿠르간 이론의 기초를 근본적으로 재검토해야 한다. 중요한 문제는 기존에 알려진 다양한 인도유럽어 동계 단어에 기초해서 인도유럽 공통조어를 재구하는 것이 과연 어느 정도 타당한가 하는 것이다. 분명히 픽테와 슈라더가 주장한 바대로, 명사(언어선사 고생물학은 동사나 형용사는 거의 이용하지 않는다)를 선사 인도유럽인의 원거주지, 즉 원고향을 알려 주는 타당한 목록으로 사용할 수 있을지는 의심스럽다. 또한 현대고고학도 광범위한 지역에 걸쳐 출현하는 새로운 토기 양식이 반드시 전체 주민이동이나 유목 전사(戰士)의 정복을 나타내는 징표라는 것을 쉽게 받아들이지 않는다. 초기의 선사 인도유럽인을 말하려면 반드시 이동 유목민을 다루는 가정은 분명 재고해야 한다. 이러한 문제 제기는 더 일반적이고 근본적인 문제로 귀결된다. 즉 우리가 어군으로 분류하는 서로 관련 있는 언어의 출현을 언어학적 용어로 어떻게 설명하느냐 하는 것이다. 즉 어떤 역사적 정황에서 특정 지역의 언어가 다른 언어로 대체되는가? 이처럼 중요한 사실을 명백히 설명하려면 이 언어 대체 과정이 고고학적 기록에 남긴 흔적을 지속적으로 고찰해야 한다.

인도유럽인의 원거주지를 탐색하는 과정에서 이용하는 논증이 순환론에 근거할 위험성이 실제로 존재한다. 위에 인용한 구절에서 김부타스 교수는 "공통 단어로 재구되는 인도유럽인의 가설적 모체(母體) 문화"라고 말하고, 차일드는 『선사 주민이동』에서 이와 유사한 출발점을 이용하지만, 언어선사 고생물학자들은 고고학자에게 크게 의존해서 결론을 끌어내고 있다는 점을 간과해서는 안 된다. 그래서 파울 프리드리히(Paul Friedrich)는 언어선사 고생물의 연대 설정에 가장 철저히 이용되는 인도유럽 공통조어의 계통수(系統樹)를 고찰하면서 이처럼 논평했다.[22]

"이 짧은 연구는 대강 말해서 기원전 4000~3100년의 서부 카스피해와 카르파티아산맥 사이에 펼쳐진 초원, 삼림, 구릉의 넓은 지대에 분산된 것으로 추정되는, 인도유럽 조어를 사용한 화자들의 언어와 문화 체계의 극히 일부만을 다룬다."

그의 가정은 아주 의심스럽다. 인도유럽어의 기원 문제에 대한 구체적 해결책을 이처럼 완벽하게 선택했다면, 그것은 수목 명칭의 기원에 대한 분석과 여기서 끌어낸 결론에 큰 영향을 미치기 마련이다. 이 이론이 그것이 근거로 삼는 역사 재구와 일치하는 것은 놀라운 일이 아니다. 역사언어학이 고고학에 근거를 두는 것은 타당하지만, 고고학적 해석이 언어 분석에 근거를 둔다는 것은 상당히 우려할 만한 이유가 있다. 이 두 학문은 상대방의 학문이 믿을 만한 독자적 증거를 기반으로 결론을 제시한다고 생각하겠지만, 실제로는 어느 한 분야의 연구는 다른 분야의 작업이 끝나는 곳에서 시작한다. 이 두 학문은 각기 다른 학문에 의지하여 자기 주장을 펼치고 있는 것이다.

제2장

고고학과 인도유럽어

한 언어나 어군의 초기 기원을 탐구하려는 학자들은 연구하는 곳이 세계의 어느 지역이든지 분명하고도 가장 실질적 문제에 직면한다. 즉 언어나 어군의 초기형을 제대로 기록한 적합한 문헌이 없다는 것을 피할 수 없다는 점이다. 과거의 언어를 직접 알 수 있는 것은 그 언어가 이따금 문헌으로 기록되기 때문이다. 과거의 어떤 언어든 제대로 연구하려면 문자의 존재는 필수불가결하다. 그러나 문헌 작성의 관행과 일관된 부호 체계, 즉 문자 발달은 복잡한 사회에서만 볼 수 있다. 보통은 국가적 특성을 지닌 중앙정부가 있는 도시사회에서나 볼 수 있다. 다른 말로 하자면, 글쓰기는 문명의 특징이다. 거의 모든 경우, 아주 초기의 문헌은 인류학자들이 국가적 조직을 지닌 사회, 진정으로 도시문명을 지닌 사회에서 작업하는 서기관들(또는 사제)이 기록한다.

그렇지만 당시 화자들이 초기의 언어를 기록으로 정착시키지 않았지만, 그 언어를 단편적으로나마 일별할 수 있는 방법이 몇 가지 있다. 예컨대 문자가 있는 국가의 역사가나 지리학자는 이따금 이웃 문맹국가의 관습과 어휘에 대한 기록을 남겨 놓기도 한다. 그리스와 로마 세계의 주변에 있는 비문자 사회—그리스인이 **야만인**으로 부른 공동체—의 언어를 조금이나마 알 수 있는 것도 이러한 방식으로 기록한 덕택이다. 켈트인에 대한 관념은 때로 상상으로 가득 찬 것이지만, 켈트어가 자연스레 출발한 지점은 그리스와 로마 저술가들이 제시한 모습이다. 이처럼 선사 시기의 켈트어를 설명하려면, 소수의 어휘뿐만 아니라 켈트 영토 내의 정확한 민족 명칭이나 지명도 포함된다(제9장 참조). 고전시대의 남부 러시아 초원지대의 이동 유목민인 스키티아인의 언어를 희미하게나마 알 수 있는 것도 역시 이와 유사하게 전해 내려온 지식 덕택이다.

또한 강 명칭을 포함해서 지명은 원래의 명칭이 잊힌 지 오래되어도 일정 지역에 계속 사용되기 때문에 문자가 있기 훨씬 이전의 어휘가 구전으로 전승될 수도 있고, 원래의 언어형이 소실된 지 세월이 한참 흐른 후에 글로 기록될 수도 있다.

경우에 따라 과거 언어 상태의 상당히 많은 부분이 구전(口傳)을 통해 유지될 수도 있다. 글로 쓴 노트를 비망록으로 사용하는 현대 독자는 과거 세대가 오직 기억에만 의존하여 방대한 텍스트를 보존한 것을 거의 상상하기 힘들다. 하지만 오늘날 호메로스의 서사시가 글로 기록되기 전에 수세기 동안 구전으로 아주 온전히 보존된 것을 잘 알 수 있고, 아일랜드 서사시도 역시 이와 같은 방식으로 보존되었다. 일반적으로 전문 시인이나 사제가 낭송하는 노래 형식의 구전문학에 대한 최근 연구는 유고슬라비아, 아프리카와 그 외의 지역에서 구어 텍스트와 기록 언어가 어떤 방식으로, 얼마나 효율적으로 잘 전해 내려왔는지를 보여 준다.[1] 인디아의 『베다 찬가』는 이에 대한 가장 괄목할 만한 사례이다. 이 찬가는 사용되지 않는 개별 단어의 의미와 심지어 전체 구절의 의미가 모호해질 때까지 낭송되었고, 수 세기에 걸쳐 전해 내려왔다. 단지 수 세기가 지난 뒤에야 문자로 처음으로 기록되었고, 그 이후에 문헌 전체가 기록되었다. 만약 글로 기록되지 않았더라면 완전히 소실되었을 아주 초기의 언어형 전체가 기록된 것이다.

그렇지만 베다어의 경우는 정확히 전달할 중요 의무를 지닌 구전이 성전(聖典)이었기에 더욱 엄격했다. 구전은 아주 이따금 구전되지 않았더라면 완전히 소실되었을 언어의 중요 증거를 보존한다. 어떤 언어든지 그 기원을 연구하는 초기 연구가 당면하는 핵심 딜레마는 언어가 문자로 정착되기까지 길잡이로 판단할 직접적인 언어 증거가 거의 없다는 사실이다. 사회가 오랜 기간 발달한 후에 문자 체계가 만들어질 때까지 정의상 언어 기원은 거의 연구할 수 없다.

인도유럽어를 연구한 초기 학자들도 오늘날의 학자들처럼 이 같은 문제에 봉착했다. 그러나 19세기 중엽이 되어서 당시까지 지배적이었던, 언어 기원에 대해 환상적이고 자의적인 사변에 대한 대안이 출현했다. 고대의 인간상이 확립되면서,[2] 인류에게는 아주 기나긴 선사가 있었으며, 인류의 기원은 성서학자들이 천지창조를 기원전 4004년으로 설정했던 명목상의 시기보다 수천 년 전으로 훨씬 더 거슬러 올라간다는 것이 명백해졌다. 그 결과 덴마크 고고학자들이 삼 시대 체계를 발전시켜 유럽과 근동의 선사 시기를 석기 사용, 청동 가공, 철제 생산의 시대로 나누고, 아주 까마득한 과거를 유의미하게 기술함으로써 선사학이 탄생했다. 물론 선사는 문자를 이용할 수 없는 과거 시기의 인간사회도 알려 주지만, 문자사회와 (더욱 정중하게 표현하면) 특히 비문자사회도 다룬다. 혁신적으로 발달하는 과학적 기법을 이용하여 이들 사회의 물질 유물을 연구하면서 유럽과 그 외의 지역을 최초로 점유한 민족의 기원을 연구하기 위해 이들 민족을 식별하고, 이용 가능한 문헌을 통해서 고대사회가 더 확실히 잘 아는 후대사회로 어떻게 진보했는지를 이해할 수 있다는 희망도 가졌다. 선사 유적이 인지되어 연구되고, 연대가 밝혀지고, 선사 분묘 매장지가 발견되고, 선사 취락이 발굴되면서 선사사회의 생업, 취락, 교역을 알게 되었고, 또한 이들의 사회제도와 종교도 알 수 있다는 인식이 싹텄다.

이처럼 풍부한 고고학적 기록은 지난 세기에 와서 속속들이 잘 이해되고 해석되었으며, 선사 민족과 그들의 이동과 상호작용에 대한 정보가 제공되었지만, 이들이 사용한 언어는 왜 확실하게 추론하지 못했는가? 이것이 이 책의 핵심 질문이다. 상당히 많은 선행 연구에는 비판적이지만, 이 질문에 대해 우리가 얻고자 하는 해답은 전적으로 부정적인 것만은 아니다.

물론 선사사회에 속하는 인공물만 별도로 고려한다면, 집적된 유물에서 얻을 수 있는 언어적 의미란 거의 없다. 이들이 문자로 기록된 정보를 지니지 않는다면, '울퉁불퉁한 거친 돌들이 말하게' 할 수 있는 방법은 없다. 미기록 언어를 연구할 때는, 현재 알고 이해하는 지식을 기반으로 미지의 것을 추적해 가는 과정이 필수적이다. 정확히 어떤 방법을 이용하여 이 작업을 어느 정도 수행할 수 있는지가 문제의 핵심이다. 하지만 먼저 고고학적 원자료로 눈을 돌려 후대 학자들이 그것을 어떤 방식으로 이용했는지를 검토해 보면 유익할 것이다.

과거의 패턴

선사고고학의 전체 주제는 과거의 고고학적 기록에는 패턴화가 있다는 관찰에 의거해 있다. 물론 이처럼 말하는 것은 특정 시기와 장소의 인간집단은 자기 나름의 독자적 생활을 영위하며, 이 생활은 당시 이용 가능한 기술력(技術力)과 관련 있다는 의견을 피력하는 것이다. 이와 같은 생활방식은 인공물, 가옥 유적과 고고학자들이 발견한 다른 모든 물질문화의 모습에 반영되어 있다. 선사고고학의 연구 초기에 초점은 이 문화 패턴의 연대기적 측면에 맞춰져 있었다. 즉 구석기 시대에는 깨진 석기가 사용되었고, 농경 발달과 함께 토기를 포함한 새로운 일련의 도구가 개발되었다는 것 등이 그것이다.

하지만 금세기 초에[3] 시간의 패턴화뿐만 아니라 중요한 공간의 패턴화도 있다는 인식이 생겨났다. 일정 시기에 서로 다른 도구 집합, 예컨대 서로 다른 종류의 토기가 인근 지역에도 일관되게 발견된다는 사실이 지적되었다. 때때로 이들은 경제적으로 각기 다른 생활방식을 반영한다는 것, 즉 어떤 도구 집합은 정착 농경민의 것이고, 또 다른 도구는 이동 유목 집단에 속한다는 것이다. 그렇지만 인근 지역의 도구 집합이 반드시 똑같은 환경에 적응한 결과 생겨난 것은 아니라는 점도 역시 인식되었다. 예컨대 선사 초기의 정착 농경민에게 속하는 확연히 다른 두 사물이 동일 권역 내에서도 발견될 수 있다. 지리학자와 인류학자, 특히 독일의 **문화권**(Kulturkreis) 학파에 속하는 학자들은 아프리카, 아메리카, 태평양과 그 외의 대륙의 비도시 지역의 부족집단에서, 전혀 다른 인공물을 가진 다른 부족이 서로 인접해서 사는 현대적 사례를 보고했다.

그리하여 고고학적 발굴지에서 출토된 유물 집합을 같이 비교하여 이들이 각기 다른 민족의 소유물인지 아닌지를 조사하는 것이 자연스러운 일이 되었다. 이런 추론 방식은 금세기 초엽에 구스타프 코씬나가 개발했고, 1929년에 고든 차일드가 훨씬 더 분명한 방법론으로 확립했다.[4] 그는 **문화**(culture)란 용어를 어느 지역의 고고학적 발굴지에 반복적으로 출현하는 인공물 집합에 적용하고, 고고학적 문화를 민족지학적(民族誌學的) 의미의 민족(people)과 동일시했다. 첫눈에 보기에도 이 방법은 뛰어난 생각으로 간주되었고, 차일드의 방법은 이들 **민족**의 기원과 이동을 논의하는 길을 터주었으며,[5] 또한 이들의 언어에 대한 직접적 증거는 아니지만 그들의 언어 기원과 이동도 논의할 수 있게 되었다.

이처럼 분명한 것처럼 보이는 진일보된 연구는 실제로는 아주 복잡하고도 문제성 있는 추론 과정을 은폐하고 있다. 민족이란 개념은 많은 경우, 종족(ethnicity) 문제 전체와 결부되는 것만큼이나 결코 단순한 개념이 아니기 때문이다. 이런 방식으로 재구성한 민족과 언어를 동일시하면 더욱 위험하다. 뒤에 가서 우리는 차일드와 그 외의 고고학자들이 인도유럽 문화에 대해 제시한 해결책을 거부하는데, 그것은 이 문제 해결에 이용한 추론 방법이 만족스럽지 않기 때문이다.

원자료: 기원전 1000년의 유럽

유럽 최초의 문자사회는 그리스인과 로마인이었다. 따라서 유럽어의 기원을 탐구하려면, 그리스어, 라틴어와 당시 언어에서 조사를 시작하는 것이 이치에 맞다. 왜냐하면 적어도 여기서는 언어와 고고학적 유물을 서로 결부하여 연구할 수 있기 때문이다. 이 방식은 이 분야에 종사하는 대부분 학자의 연구의 출발점이었다. 금세기에 와서 더욱 이른 초기 선사의 인도유럽어가 유럽과 서아시아에 알려지기 시작했다.

그리스인과 로마인이 남겨 놓은 물질적 유적은 물론 르네상스 이래로 알려져 있고, 연구도 깊이 진척되었다. 이 연구는 먼저 주로 기립유물, 예컨대 주요 조각 작품과, 애초에는 **에트루스칸**(Etruscan)으로 불렸던 이탈리아 에트루리아의 무덤에서 출토된 적색과 흑색 화병에 국한한 것이었다. 그 후에 이들 출토품 중 가장 정교한 제품은 실제로는 그리스인이 만들었고, 이탈리아로 수출되어 에트루리아인의 무덤에 매장되었다는 사실을 깨닫게 되었다.

19세기 후반에 한 독일학자가 올림피아를 발굴하면서 고전기 이전의 그리스인에 대한 연구가 실질적으로 시작되었다.[6] 하지만 그리스 고고학이 발달하면서 기원전 5세기와 4세기 그리스 문명의 전성기 이전에, 가장 초기의 그리스 명문(銘文)과 동시대인 상고대(Archaic period)가 이미 있었다는 사실이 분명해졌고, 또 이 상고대 이전에 그리스 문명의 형성기가 있었다는 사실이 밝혀졌다. 이 형성기는 대부분 그림 장식이 없고, 직사 각형 양식으로 풍부하게 장식된 토기로 특징지어지는 시기이다. 이러한 이유로 그것은 기하학적 토기로 명명되었다. 이 기하학적 토기와 그 이전의 원시 기하학적 토기는 기원전 10~8세기 그리스의 주종을 이루는 토기 출토품이며, 이들과 함께 그리스 문명의 형성 단계를 여실히 잘 보여 주는 다른 풍부한 유물도 분묘와 취락에서 출토되었다.[7]

원시 기하학적 토기의 시기 이전인 기원전 11세기에 그리스 문명의

❙그림 2.1❙ 기원전 750년경 테라에서 출토된 높이 77cm의 기하학적 토기 (출처: Finley).

암흑기가 장기간 지속되었는데, 고고학 연구는 이제 와서 겨우 이 암흑기를 명확히 설명하기 시작했다. 이 암흑기 이전 시대는 미케네 문명이었고, 우리가 아는 바대로 이 문명의 서기관은 초기 형태의 그리스어로 글을 기록했다.

물론 로마도 유럽 초기의 또 다른 위대한 문자 문명이었다. 로마 제국의 특징적 토기와 다른 유물은 수 세기 동안 친숙히 잘 알려졌지만, 고고학은 지난 세기에 와서 초기의 로마를 자세히 밝혀내기 시작했다.[8] 고고학적으로 볼 때 로마의 기원은 라티움의 초기 철기시대로 거슬러 올라가며, 이는 후에 로마에 멸망한 북부의 에트루리아 경쟁 문명의 기원이 에트루리아 철기시대로 거슬러 올라가는 것과도 같다. 아펜니노 청동기에서 발생한, 이탈리아 철기시대의 이 복합 사회의 형성 과정은 현재 활발히 연구 중이다.[9]

초기 그리스와 로마 시대에 알프스산맥의 북부와 서부에 고전작가들이 골인 또는 켈트인으로 부른 부족 집단이 있었다. 고고학자의 과제는

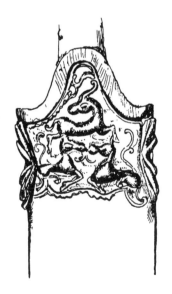

┃ 그림 2.2 ┃ 라텐느에서 발굴된 새김 장식이 있는 칼집(기원전 300년경). 라텐느에서 출토된 유물에는 일반적으로 켈트인과 관련된 예술양식과 문화 두 가지 명칭을 사용한다(출처: Vouga).

당시 거주자들이 사용하던 물질문화와 켈트인이 사용하던 인공물의 정체를 확인하는 꽤나 직접적인 작업이었던 것 같다.

1872년에 스웨덴 고고학자 힐데브란트(Hildebrand)는 알프스 북부 지역에서 발굴한 고고학적 유물을 이용하여 로마 이전의 철기시대를 두 단계로 나누었는데, 오스트리아와 스위스의 중요한 고고학적 발굴지의 이름을 따서 명명한 할슈타트 문화(Hallstadt culture)와 라텐느 문화(La Tène culture)가 그것이다. 이 철기시대의 두 단계는 대부분 기원전 1000년의 기간이다. 라텐느 문화의 유물 중에는 철제 칼이 있는데, 어떤 것은 휘황찬란하게 장식된 칼집이 있으며, 그 예술양식은 프랑스와 독일의 수장(首長) 무덤에서 출토한 유물과 비견된다. 영국학자 어거스터스 프랭크스(Agustus Franks)[10]가 라텐느 문화의 지리적 경계를 최초로 인식하고, 그것을 카이사르(Caesar) 같은 고전작가와 지리학자 스트라본(Strabo)이 묘사한 켈트인인 것으로 확인했다. 그 후 1871년에 프랑스 고고학자 가브리엘 모르티예(Gabriel Mortillet)가 북부 이탈리아에서 출토된 칼, 창살, 브로치와 프랑스 아를(Arles)에서 출토된 유물의 유사성을 지적했다. 그는 이들 북부 이탈리아의 출토품이 이탈리아를 침략한 켈트인의 장비라고 주장했다. 리비우스(Livius)를 포함한 다수의 고전작가가 이들에 관해 기록한 글이 있다. 고전작가들이 묘사한 켈트인은 고고학적으로 정체가 확인되며, 이들의 문화는 켈트인에게만 특유한 예술양식으로 인식되어 발굴지 라텐느의 명칭을 따라서 일반적으로 별도 명칭으로 명명되었다. 고전작가들이 묘사한 켈트인과 골인이 사용한 언어는 **켈트어**로 분류되었다. 이는 아주 타당한 것이지만, **켈트**(Celtic)란 용어는 오늘날 네 가지의 다른 의미로 사용된다는 점을 지적해야겠다. 즉 그리스인과 로마인이 켈트로 부른 민족, 언어군, 고고학적 문화, 예술양식을 가리킨다(이처럼 중첩된 명칭은 실제로 의미가 약간 다르다. 이들을 동일시함으로써 야기되는 실질적인 문제와 개념은 제9장에서 논의할 것이다).

켈트인의 기원은 물론 탐구되었지만, 그들의 기원에 대한 가정, 즉 인종 집단, 언어군, 문화와 예술양식의 기원이 모두 동일하다는 가정은 명시적으로는 거의 아무 문제가 없었다. 당시 유행하던 문화 변동 모형은 기본적으로는 이주자 모형(migrationist model)이었다. 그리하여 고고학자들도 어쩔 수 없이 켈트인의 **이동 물결**이라고 이야기했다. 라텐느 문화에 선행하는 할슈타트 문화 역시 켈트어를 사용한 사람들이라는 견해에는 학자들이 대체로 동의한다. 그렇다면 문제는 이 할슈타트 문화 이전의 청동기 선조격인, 일반적으로 **골호장지 문화**(Urnfield culture)로 부르는 문화가 과연 이주 문화인가 하는 것이다. 최초의 켈트어 화자들이 서유럽으로 이주해 들어온 것인지 아니면 그보다 훨씬 이전에 선재하던 고고학적 문화인지가 문제이다.

고전작가들이 중부 유럽와 북유럽의 부족 집단, 구체적으로 말해서 켈트인과 골인의 동부 지역에 거주하던 또 다른 부족 집단을 **게르만인**이라는 명칭으로 불렀다. 현재의 독일과 스칸디나비아 일부를 광범위하게 점유하는 지역에서 출토된 유물은 서부의 동시대 부족 집단의 유물과 여러 가지로 유사하지만, **켈트인**의 놀랄 만한 라텐느 예술양식은 그리 잘 출현하지 않으며, 더욱 이남의 남부와 서부에서 발견되는 눈부시게 풍요하고 웅장한 무덤—여기서는 고전 세계와의 접촉이 더욱더 강하게 느껴진다—은 아예 출현하지 않는다. 반면 더 동쪽에 있던 (흑해 북부에) 트라케인(오늘날 불가리아)과 스키티아인은 자기네 족장을 풍부한 부장품과 함께 구릉지 무덤에 매장했다. 무덤 내부의 금제품에는 흔히 켈트 지역의 라텐느 예술양식—애초에는 여기에 영향을 미쳤을 수도 있다—과 관련된 생생한 동물 장식도 있다.

이들이 기원전 1000년의 유럽 철기시대[11] 고고학의 주요 요소이다. 고고학자들은 이들을 연구하고는 이 지역에서 가장 일찍이 확실히 입증된 인도유럽어를 사용하는 집단과 결부 지었다.

유럽 전역을 통해 철기시대의 사회는 호전적 사회였다는 점을 지적해야겠다. 왕족과 수장은 화려하게 장식된 칼과 다른 무기와 함께 매장되었고, 후기 철기시대에는 전차가 전쟁에 널리 이용되었다. 그리하여 이들 유물에는 특히 풍부한 매장지의 영웅사회(英雄社會)의 모습을 엿볼 수 있다. 호메로스 서사시나 아일랜드의 초기 켈트 문헌, 카이사르의 골 정복 이야기에서 그 모습을 찾아볼 수 있다.

이 민족은 모두 어디서 왔으며, 다양한 인도유럽 화자들이 공유하는 기저 언어 사회의 기원은 어디인가? 이 질문에 대답하려면 당연히 이보다 더욱 이른 까마득한 과거로 회귀해야 한다.

원자료: 유럽의 더욱 이른 초기 선사

기원전 1000년 이전에 그리스인, 로마인, 에트루리아인, 켈트인, 게르만인이 있기 이전에, 기나긴 유럽 선사의 무문자(無文字) 시대가 펼쳐져 있다. 고고학이 발견한 것처럼 인도유럽 조어 문제의 해결책을 찾는다면, 이 무문자 시대의 물질유물에 대한 해석에서 해결책을 강구해야 한다. 초기 고고학자들은 무문자 선사시대를 다른 여러 지역에서 관찰되는 물질문화 변동을 설명하는 주민 이동으로 고찰했다. 오늘날의 경향은 이주주의자나 분산주의자 시각을 그리 고려하지 않는다. 그러나 주요 생활양식의 변화를 반영하는 물질 기록의 변화가 분명히 있으므로 이를 설명해야 한다. 이 책에서는 유럽 선사를 체계적으로 자세히 설명할 수는 없지만,[12] 이러한 물질문화 변동이 진정 깊은 의미를 지니거나 이 분야 학자들에게 포착되었기 때문에 관련되는 변화를 언급하는 것이 좋겠다. 동시에 현재 선사학자들이 연구하는 몇 가지 문제도 지적하는 것이 합리적이다.

멀리 과거로 되돌아가면, 현재 유럽에서 증거가 확보된 최초의 인류는 약 8만 5,000년 전에 유럽 지역으로 들어왔다. 이 최초의 인류는 간단한 날카로운 도구를 만들었는데, 그 사례는 헝가리의 베르테스죌뢰스 (Vertesszöllös)에서 발굴되었다. 인류의 기원은 이보다 훨씬 더 유구한 선사를 지니는데, 탄자니아 올두바이 고르지(Olduvai Gorge)에서 발굴된 초기 인류가 사용하던 도구와 유사하다. 그 후 손도끼로 알려진 보다 세련된 도구가 유럽에서 사용되었다. 이 도구 제조자들의 화석 유골은 예전에는 **직립 유인원**(Pithecanthropus erectus, 곧추서서 걷는 직립 유인원)으로 분류되었고, 오늘날에는 **직립 인간**(Homo erectus)으로 명명되었다. 약 8만 5,000년 전에 약간 다른 도구군, 즉 일련의 도구가 제작되었는데, 이들은 손도끼가 아니라 떨어져 나온 돌 파편을 사용했다는 점에서 크게 부각되었다. 이것은 중기 구석기(Mousterian)로 명명되었고, 석기 제조자들은 네안데르탈인으로서 오늘날 **네안데르탈 지능인간**(Homo sapiens neanderthalensis)으로 분류된다. 기원전 33000년경에 비로소 완전한 현생인류로 볼 수 있는 **슈퍼지능 인간**(Homo sapiens sapiens)이 서유럽에 출현했는데, 이들은 돌 파편보다는 돌날(blades)에 더욱 가까운 석기를 사용했다.

이와 같은 근본적인 변화가 어떻게 일어났는지, 현생 인류가 어떻게 유럽 땅에 정착하게 되었는지는 아직 불분명하다. 유럽의 인간종(種)은 아프리카나 근동에서 단순한 이동 과정을 통해 유럽에 들어왔고, 그 결과 거기에 선재하던 네안데르탈 주민을 점차 대체했을 가능성이 있다. 그렇지 않다면 **슈퍼지능 인간**은 훨씬 더 광범위한 지역에 걸쳐 일어난 변화 과정의 결과로 출현했고, 유럽은 그러한 최초의 인류가 출현한 지역일 수도 있다. 이 문제는 현재 탐구 중인 가장 흥미로운 문제이다. 빙하기 말엽의 최후 온난기에 남부 영국을 포함하여 대부분의 유럽은 신체적으로는 현생 인류와 구별할 수 없는 수렵채취민이 점유해 있었을 가능성이 아주 크다.

기원전 8000년경 빙하기 말엽에 빙상이 북으로 후퇴하면서 북유럽에는 확연히 다른 풍경이 연출되었고, 이로 인해 다양한 인류 집단은 자연을 달리 이용하는 방식이 필요하게 되었다. 이를 집단적으로 때로 중석기로 부르며, 주된 경제 기반은 사냥과 채집뿐만 아니라 해양과 강의 어족 자원이었다. 이들 수렵채취민이 이용한 도구군에는 세석기로 불리는 특징적인 많은 작은 칼날(세석인, 細石刃)이 포함된다. 이 물질군의 세부 모습은 지역에 따라 아주 다르지만, 당시 유럽에서 각기 다른 문화(고든 차일드가 사용한 의미로)를 구성했다고 감히 말할 수 있다. 현재의 고고학 연구 수준에서 가장 흥미로운 문제는 인류발달사의 어느 시점에서 문화적으로 그처럼 다른 집단이 각기 다른 인공물 집합을 가지고 출현했는지, 정확히 이들을 어떻게 해석해야 하는지 하는 것이다. 현재로는 그러한 문화의 분화가 후기 구석기(Upper Paleolithic)에 일어났다는 것, 즉 해부학적으로 볼 때 현생 인류의 출현 직후에 일어났다는 것이다.

　유럽의 모든 지역에 극히 중요한 변화가 각기 일어났는데, 북부보다는 남부에서 그 변화가 더 일찍이 찾아왔다. 그것은 곡물 재배와 가축 사육에 기반을 둔 농경의 발달이다.

　유럽에서 일어난 농경 발달은 주요 논의 사항이다. 초기 선사농경이 유럽에 정착한 것은 기원전 6000년경 그리스이고, 그 후 곧 서부 지중해에도 농경이 출현했다. 기원전 3000년경 유럽 북부의 극단 지역을 제외한 거의 모든 유럽은 아주 다양한 공동체가 점유해 있었고, 이들은 거의 대부분 농경에 의존했다(이 신경제는 유럽의 자생 동식물이 아닌 외래종을 일부 재배했는데, 이것이 인구가 새로 유입된 결과인지 아니면 그 지역의 기존 주민의 농경 채택으로 생겨난 결과인지는 제7장에서 자세히 고찰할 것이다). 이들 공동체는 농경 방식, 사회조직, 기념물(혹시 이런 것이 있다면), 토기, 장구 등이 서로 아주 달랐다. 더욱이 이 시기에 남동 유럽에는 구리 야금술이 이미 발달해 있었으며, 이베리아반도에도 갓 시작되었다. 유럽에 구리 야금술이 어떻게 시작되었는지는 논란이 분분한 문제이다. 필자는 구리 야금술이 기원전 4000년경에 지역마다 독자적으로 일어난 기술 발달이라고 주장한다. 청동을 만드는 합금 요소로 주석을 사용한 것은 기원전 2500년 이후였다. 이처럼 특색 있는 기술 진보는 중요한 듯이 보인다. 왜냐하면 당시 주요 교역망은 유럽을 건너 이루어졌고, 이 교역에는 구리, 청동, 주석(추론에 따르면)이 중요한 역할을 했기 때문이다.

간략한 유럽 선사는 분명하고 광범위하게 일어난 발달 중 몇 가지만을 언급할 수 있다. 특히 서부와 서북부 유럽에서 눈에 띄는 발달은 거대한 돌로 집단 매장 기념물을 만드는 관습이었다. 즉 아주 인상적인 거석묘(巨石墓) 건립 관습이다. 이 거석묘는 우리 논의의 일부인데, 그것은 거석묘를 이주나 인구이동, 다시 말해 **거석묘 건립자**로 설명하기 때문이다. 그 후의 거석묘 발달은 문화의 전파 과정에서 기인한다. 즉 근동의 더욱 문명화된 나라의 영향이다. 그러나 방사성 탄소 연대측정법에 따르면, 이 설명은 더 이상 지지하기 어렵다. 그것은 지금까지 연구된 거석묘의 초기 사례는 브르타뉴에서도 발견되기 때문이다.

오늘날 더욱 선호하는 가정은 거석묘의 유럽 지역 기원설이다. 하지

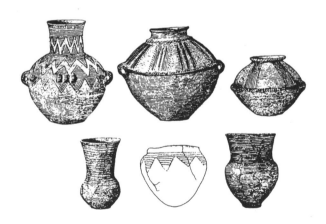

┃그림 2.3┃ 북유럽과 동유럽의 새김무늬 토기(출처: Childe).

만 이 유럽 지역 기원설은 왜 이 매장 기념물이 이베리아에서 브리태인, 덴마크까지 대서양 연안을 따라 발견되고, 중부 유럽과 동유럽에서는 발견되지 않는지는 제대로 설명하지 못한다. 독자적 기원설은 잘 확정된 듯이 보이지만, 그 과정에는 여전히 수수께끼 같은 점이 있고, 설명할 사항이 아직 많이 남아 있다.

유럽의 신석기 말엽, 간단히 말해서 기원전 3000년 직후 청동기가 갓 사용되던 시기에 매장 풍습과 관련된 새로운 토기 형태가 광범위하게 출현했다. 북유럽과 동유럽에서는 새로운 종류의 토기와 때로는 손잡이 구멍이 있는 날씬한 돌도끼—이는 때로 전투 도끼(battle axe)로도 불린다—가 부장된 단독 매장지(이전의 집단 매장과 대조된다)가 낮은 구릉이나 봉분 아래서 발견되었다. 이 토기는 흔히 섬유끈 자국으로 장식되어 새김무늬 토기로 불린다. 중부 유럽과 서유럽에서 기원전 2600년경부터 다소 다른 매장 기법이 발견되는데, 이것 역시 둥근 봉분으로 덮인 단독 매장법이다. 특징적인 매장품은 손잡이가 없는 속이 깊숙한 토기, 즉 마시

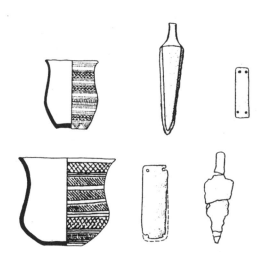

▮그림 2.4▮ 비커형 토기, 끝이 뾰족한 구리 단검, 궁수의 손목 보호대를 보여 주는 브리태인과 헝가리의 비커 유물 복합체(출처: Shennan).

는 컵이나 비커와, 일반적으로 손잡이가 박힌 동단검과 그 외의 특징 있는 도구들이다.

이 비커류는 과거에도 있었고, 오늘날에도 여전히 남아 있는데, 때로는 이주해 들어온 이주민의 표지로 간주되었다. 이에 대한 더 최근의 대안은 이 매장 분묘가 뛰어난 부장품과 함께 흔히 교역망으로 이용되는 사회 접촉과 교류망에서 기인한다는 주장이다. 이 교역 교류망에서 유력자는 소유한 부장품을 가지고 고위층의 특권을 과시한다. 분명히 그 후 초기 청동기에는 더욱 풍부한 매장지들이 발견되고, 비싼 귀중품을 호사스럽게 사용한 데서 보듯이 새로운 사회위계가 출현한 것이 분명하다. 사회위계의 출현 과정은 현재 유럽 선사의 가장 활발한 논의 주제이며, 각기 다른 이론에서 다양한 접근방법으로 다룬다. 필자의 생각으로 가장 설득력 있는 주장은 사회 자체의 내적 작용에 의해 위계가 출현한 것으로 보는 설명이지만, 이 설명 내에도 상이한 견해들이 제시되었다.

여기서 매장과 인공 부장품 사용의 발달 과정을 지적한 까닭은 이들이 인도유럽어 자체를 고찰할 때 흔히 같이 논의되기 때문이고, 어떤 광범위한 사회현상에 대한 고고학적 기록을 조사하는 것이 당연하기 때문이다. 이 현상을 유럽 지역에 들어온 새로운 민족의 유입과 동일시하면, 그것은 설명에 필요한 준비 요인이 있기 때문이다.

이러한 고고학적 발달이 중부 유럽과 북유럽에 일어난 시기와 거의 때를 같이하여 전혀 다른 놀라운 변화가 에게해에서 일어났다. 기원전 2000년경에 크레타에서 궁전사회가 출현했는데, 곧 미노스(Minos) 문명이다. 미노스 문명은 국가사회(state society)와 연관되는 문자를 사용한 관료제를 보여 준다. 이것이 유럽 최초의 문명이었고, 그 이후 잠시 공백기를 거친 후 에게 문명은 적어도 부분적으로는 문자를 사용한 도시사회의 발상지가 되었다.

완전한 유럽 청동기의 발달은 일반적으로 그 이전의 비커 단계와 당대의 단계와 연속성은 있지만, 후기 청동기의 새로운 매장 풍습은 상당히 넓은 중부 유럽과 이곳을 넘어서도 발견된다. 새 매장 풍습은 화장으로서, 큰 항아리나 단지에 재와 부장품을 매장하는 방식이다. 이 매장 형태를 지닌 사회는 집단적으로 **골호장지 문화**(Urnfield culture)로 지칭되었고, 이는 앞의 매장 형태가 **봉분 문화**(Tumulus culture)로 불리는 것과도 같다. 분명히 때로 골호장지 문화를 가졌던 사람들의 기원이 유럽 지역의 외부라고도 하지만, 이렇게 말하면 매장 풍습을 과장하는 것이고, 또 이전 시기와의 연속성을 간과해서도 안 된다는 점에서 많은 연구자의 의견이 한결같이 일치한다. 다시 말하지만, 이러한 변화를 이해하고, 이들을 설명하는 것이 역사가의 임무로 생각된다. 그 이전의 방법적 설명 틀, 즉 이주와 분산을 강조하는 설명이 어떤 점에서 오류인지를 찾는 것은 체계적인 대안적 설명을 어렵게 찾는 것보다 더욱 쉽다.

　기원전 1000년경에 철제 기술이 최초로 그리스와 남동 유럽에서 아주 대규모로 출현했다. 이것은 할슈타트 철기시대에 남부 프랑스와 독일에 족장사회가 출현했음을 알리는 표지였고, 유력자는 웅장한 매장지에 묻혔다. 그러나 기원전 6000년경에 최초의 그리스 식민지가 프랑스 남부 해안의 마쌀리아(마르세유)에 세워졌고, 그 이후로 더 많은 수입 제품이 이 부유한 매장지에서 출토되었다. 초기의 켈트 족장과 그들의 선조는 영토에 들어오는 물품을 통제하고 부와 권력을 쟁취했다는 것은 충분히 납득된다. 그렇지만 이러한 접촉은 지중해의 문자사회와, 다양한 고전작가들이 언급하는 북부의 **야만족**의 족장사회의 상호작용이 있었음을 단면적으로 보여 준다. 이들을 역사의 빛 속에 드러내어 그들의 언어를 직접 알려 주는 것은 이러한 상호작용과 기록이다.

　이 시기 이후 문자는 유럽 전역에 퍼졌고, 로마 제국의 패망기에 약간 후퇴했지만 문자는 생존했고, 우리는 그 시기 이후 현재까지 사용되는 인도유럽어에 대해 조금이나마 알게 되었다.

고고학과 인도유럽인: 초기 학설의 종합

인도유럽 조어 문제를 고찰한 거의 모든 언어학자가 후세의 기록으로 알려진 인도유럽어의 조상 언어인 인도유럽 조어가 유래한 특정 기점, 즉 원거주지(또는 원고향)를 제시할 수 있다고 생각했다. 단 한 사람의 예외는 러시아 학자 트루베츠코이(Troubetzkoy)였는데, 그는 인도유럽 공통조어라는 개념 자체를 부정했다. 최근에 장 폴 드물(Jean Paul Demoule)이 그와 비슷한 주장을 제시한 바 있다. 우리 가정(假定)에 대한 그러한 비판적 연구는 이 문제의 해결책을 찾자면 필요하다. 이러한 눈에 띄는 예외를 제외하면, 현재 이용 가능한 이론들이 설정하는 **원고향**의 위치는 대개가 다르다. 원고향은 인도유럽 공통조어를 사용하는 사람들이 여러 경로로 흩어져서 이곳을 떠나기 전에 살았던 곳으로 추정되는 지역이다. 이들 이론은 또한 인구가 분산된 시기나 연대도 각기 달리 추정한다.

　　현재 인도유럽어가 분포하는 지역 동부에 원거주지가 있었다는 주장은 최근 러시아 언어학자 감크레리츠(Gamkrelidze)와 이바노프(Ivanov)가 1983년에 논문을 발표하기 전까지는 확실하게 제시된 바 없었다.[13] 1927년에 세이스(A. H. Sayce)는 아나톨리아에 히타이트 제국이 존재했다는 것[14]을 최초로 인지한 학자로서, 인도유럽어가 발달한 곳이 소아시아라고 주장했다. 하지만 그는 유럽에서 발견되는 상세한 고고학적 증거로 주장을 입증하지 못했고, 그것은 간단한 언어지리학적 연습과도 같은 것이었다. 1930년에 라흐미 다르(Lachmi Dhar)의 인디아 기원설도[15] 역시 이와 똑같이 말할 수 있다. 가장 흥미 있는 아시아 기원설의 주장자는 서부 투르케스탄 기원설을 지지하는 빌헤름 코퍼스(Wilhelm Koppers)로서,[16] 그의 주장은 인도유럽어와 알타이어와의 잠정적 유사성에 기초한 것이었다. 그러나 이 주장도 언제, 어떻게 인구가 분산되었는지를 상세히 분석하지 않았다. 그러한 주장은 대개 말(horse)의 중요성을 강조하는데,

1949년에 빌헬름 슈미트(Wilhelm Schmidt)가 이를 다시 계승했다.[17] 그는 식민 물결파가 두 차례에 걸쳐 동부에서 유럽으로 밀려왔다고 주장했다. 그의 견해는 흥미롭지만, 언제 인구가 이동했는지, 어디서 시작되었는지가 불확실하다. 고고학적 증거를 고찰하는 곳에서도 아시아 원거주지설에 대한 사례를 자세히 개진하지 못했다.

서유럽은 원거주지로서 고려된 바가 전혀 없었고, 남유럽은 최근 디아코노프(Diakonov)의 논문[18]이 발표되기 전까지는 그리 심각하게 고려되지 않았다. 실제로 그 후의 대부분의 주장은 최초로 코씬나가 개진한 북부-중부 유럽설을 따르든가, 차일드를 계승한 슈라더의 동유럽과 초원지대 주변지설을 따르든가 했다. 단지 한두 학자만이 실제로 북유럽설(리투아니아)을 채택했지만, 그 주장은 북부-중부 유럽설과 흡사하여 이들을 함께 분류할 수 있다.

하지만 원거주지에 대한 주요한 두 경쟁 이론을 고찰하기 전에, 1932년에 헤르베르트 퀸(Herbert Kühn)이 제안하고,[19] 1958년에 구스타프 슈반테스(Gustav Schwantes)가 계승한 흥미로운 주장[20]을 잠시 언급해야겠다. 구석기 시대로 되돌아가서, 구체적으로 말해 족히 기원전 10000년 이전의 막델레니아 문화(Magdelenian culture)로 되돌아가 적정 원거주지와 부합하는 문화를 발견해야 한다는 주장이다. 그는 원시 인도유럽 문화의 원뿌리를 오리냑 문화(Aurignacian culture)로 되돌아가 거기서 찾아야 한다고 제안했다. 이 문화는 오늘날 기원전 30000년경에 기원하는 것으로 본다. 그렇지만 인도유럽 조어의 동부 어군에 대한 설명은 빠져 있고, 단지 서부 어군에만 고찰을 국한하고 있다.

북부-중부 유럽설은 코씬나가 1902년에 제안하여[21] 그 후 곧 정교하게 체계화한 이론인데, 그는 구체적인 고고학적 자료를 다수 수집하여 자세히 다루고, 특정 토기 형태의 분산을 인구집단의 이동 지표로 최초로 이용한 학자였다. 그는 독일과 폴란드의 선사 농경민이 사용한 아주 초

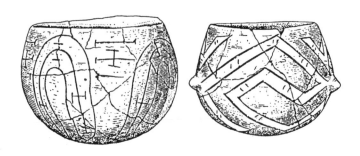

┃그림 2.5 ┃ 선형 장식 토기(출처: Kilian and Kahlke).

기의 토기로 간주되는 선형 토기(토기를 굽기 전에 표면에 곡선의 흠을 내고 장식한 토기)에 관심을 가졌다. 그는 이론을 좀 더 체계적으로 다듬고, 이 선형 토기가 북유럽에서 기원하는 것으로 보았다. 이들 농경민은 북부에서 내려온 인도유럽인의 압박으로 남부로 이동하고, 마침내 동부로 이동했는데, 이 선형 토기 사용 주민이 동부 인도유럽어, 예컨대 페르시아어와 인디아어를 사용한 인도이란인의 조상이 된 것으로 보았다. 북유럽에서 들어온 것으로 추정된 이들 주민의 이동과 확장으로 인구가 더욱 광범위하게 분산되었고, 이들 중에는 새김무늬 토기로 알려진, 줄로 장식한 토기를 만든 사람도 있었다는 것이다.

이러한 코씬나의 접근방법은 여러 면에서 오늘날 그리 만족스러운 것은 아니지만, 그가 선사 자료에 아주 해박했다는 점은 부인할 수 없다. 그는 민족집단의 이주와 이동을 추적하려고 최초로 특정 유형의 인공물, 즉 토기 형태와 장식 양식을 다루었다. 그 후 곧 고든 차일드가 이러한 일반적 접근방법을 계승했고, 이는 오늘날도 광범위하게 사용되고 있다.

오늘날 많은 언어학자가 선호하는 다른 주요 이론은 남부 러시아 원거주지설이다. 그 최초의 사례는 슈라더가 언어학적 기반에 입각하여 제시한 이론이며,[22] 1926년에 차일드가 『아리아족』에서도 제안한 이론이다. 차일드는 서슴없이 남부 러시아 초원지대를 초기 인도유럽인의 원거

주지로 설정했다.[23]

"유럽의 다른 모든 지역을 살펴보았으므로 남부 러시아 초원지대를 살펴보기로 하자. 기후와 그곳의 물리지리적 특징은 슈라더가 그처럼 확신에 차서 주장했듯이, 언어선사 고생물학이 추론한 바대로 아리야족의 요람이 갖는 특징과 놀랄 만큼 잘 일치한다. 그곳의 후빙하기 인류가 남긴 가장 초기의 관련 유물도 마찬가지로 문헌학자들이 기술한 원시 아리야 문화와 놀랄 정도로 잘 조화되는 문화를 보여 준다. 문제의 유물은 거의 모두가 붉은 황토(황토 분묘)로 덮인 언덕, 즉 **쿠르간**을 형성하는 쪼그라든 해골이 담긴 무덤들에서 출토된 것이다. 여기에 매장된 사람들은 일반적으로 키가 크고, 머리가 길쭉하고, 턱이 곧고, 코가 좁은 사람들, 한마디로 북유럽인이었다. 하지만 이들 가운데는 소수의 단두인도 있었다.

가장 보잘것없는 쿠르간에서 나온 고고학적 자료는 빈약하고 거칠지만, 카스피해에서 드니에프르강에 이르기까지 전 지역에 걸쳐 꽤나 균일하고 … 무엇보다도 초원지대의 북유럽인은 이동 유목민이었다. 그것은 동물 뼈가 **쿠르간**에서 발견되었기 때문이다. 유골은 양과 소의 뼈뿐만 아니라 아리야족에만 특이한 네발짐승인 말뼈도 포함되어 있었다. … 나아가 황토 분묘의 사람들은 아리야족처럼 바퀴 달린 마차도 있었으며, 사륜마차의 진흙 모형도 이들 분묘에서 발견되었다. …

앞 장에서 살펴보았듯이 오늘날 우리가 아리야 문화로 인지하는 북유럽 문화의 특징과 상징은 구멍 난 전투 도끼이다. 아주 특이한 이 무기의 출처는 이제 다른 곳이 아닌 바로 남부 러시아인 것으로 설명된다."

그는 아리야족의 이주[24]에 대해 이처럼 계속하여 논의를 이어갔다.

"그러한 이동과 확산은 심지어 게르만 학자들도 수용했다. 인구 확산으로 전투 도끼 사용 민족은 트로이와 동부 발칸까지 이르게 되었다. … 하지만 가장 수가 많고 난폭한 침략자 집단은 줄로 장식한 장식 토기를 사용한 자들이었다. 이들의 출발지는 도네츠(Donetz) 계곡 부근이며, 그러한 장식 토기가 이곳의 가장 오래된 고분층에서 발견된다. 그 종족은 거기를 떠나 트란실바니아로 향했을 것이다. … 따라서 코씬나의 이주설은 뒤집을 수 있다."

마지막에 나오는 이처럼 강한 차일드의 문장은 그가 연구한 바를 아주 정확하게 요약했다. 코씬나가 이용했던 추론의 많은 부분은 차일드가 이어받았다. 중부 유럽과 북유럽에서 서부와 남부로 인도유럽어가 확산되는 그 이후의 과정은 코씬나가 제안한 개요를 대부분 따른다. 근본적 차이에 대해 차일드는 이들이 남부 러시아 초원지대에서 동부 방향이 아니라 서부 방향으로 이동했다는 것과 단독 분묘/새김무늬 토기/전투 도끼를 사용한 민족이라는 것인데, 이는 코씬나가 주장한 바와 동일하다. 또한 이런 방식으로 차일드의 선사 인도유럽인은 말하자면 아나톨리아, 이란, 인디아에 훨씬 쉽게 접근할 수 있었다. 이 점에서 코씬나의 견해는 아주 모호하고 처음부터 정확성이 떨어지는 것으로 보인다. 더욱이 차일드는 이주 과정에서 말(馬)의 역할이 중요함을 강조했고, 유목경제와 초기 인도유럽인의 분산을 연결짓기도 했다.

다른 다양한 연구자가 차일드의 이론을 더욱 발전시키고 체계화했다. 1933년에 폴란드 학자 타데우츠 술리미르스키(Tadeusz Sulimirski)는 새김무늬 토기 문화에 대한 초원지대 원거주지설을 지지했다.[25] 차일드는 이 문제를 1949년에 『유럽의 선사 이주(Prehistoric Migrations in Europe)』[26] 에서 재론했고, 이 책에서는 유럽의 후기 청동기에 인도유럽인은 말이 끄는 마차와 전투마를 이용했다는 견해에 더욱 경도되었다. 그는 후기 청동기의 **골호장지** 집단을 이주 과정의 주요 요인으로 확정했다. 이제 와서 그는 최초의 원거주지 위치에 대해서는 훨씬 더 유동적이 되었다.

초원지대 원거주지설에 대한 가장 영향력 있는 최초의 주창자는 마리야 김부타스였다. 그녀의 **쿠르간설**(Kurgan theory)은 차일드의 이론처럼 언어선사 고생물학과 다른 논거로 예측되는 원시 인도유럽 문화는 흑해와 볼가강의 초원지대에서 발견되는 아주 동질적인 쿠르간 분묘와 동일하다는 견해에 근거해 있다. 그녀는 쿠르간 문화의 변별적 특징이 순동기 말엽 동부 러시아에 널리 산재해 있었다고 주장했다. 그녀는 이 견해를 1956년에 처음 발표한 후 1968, 1970, 1973, 1979년에 계속해서 논문을 발표했으며, 동유럽의 고고학적 자료뿐만 아니라 러시아 자료도 거의 완전히 파악하여 논거를 상세히 제시했다.[27] 그녀는 1970년의 논문에서 쿠르간 확장을 〈그림 2.6〉에 제시한 지도를 이용해서 예시했다. 연속적인 쿠르간 이동 **확산파**가 일어났고, 제4차 확산파는 유고슬라비아의 부체돌 문화(Vučedol culture)에 영향을 미쳤다. 이는 종형(鐘形) 비커(Bell Beaker) 사용 민족이 더욱 전개한 유럽의 **쿠르간화**에도 아주 중요하다.[28]

> "부체돌 권역의 분지로서 종형 비커 문화 복합체는 쿠르간 특징을 계승했다. 기원전 3000년 후반부의 종형 비커 민족은 유랑하는 기마족이고 궁수들이었는데, 이는 그들의 삼촌이나 사촌, 즉 북유럽과 북부 흑해 지역의 카타콤 무덤을 사용한 민족과도 거의 흡사하다. 이들이 지중해의 여러 섬과 중부 유럽 및 서유럽으로부터 영국 제도와 에스파냐에 이르는 넓은 지역에 분산하면서 이동 확산과 파괴의 시기는 종말을 맞이했다."

나아가 그녀는 1973년 논문에서 유럽의 청동기 발달을 쿠르간인과 결부 지었다.[29]

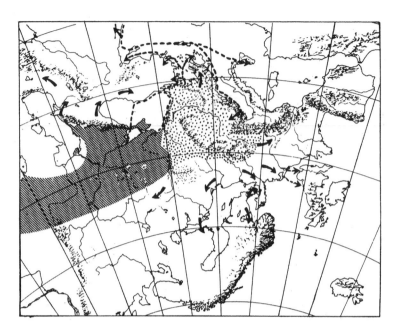

┃그림 2.6 ┃ 김부타스가 가장 초기의 인도유럽어 화자들의 거주지로 확인한 쿠
르간 문화의 원거주지(빗금 부분). 점으로 표시한 지역은 '기원전
4000~3500년경에 침입한 지역'을 나타낸다. 화살표는 기원전 2500년경
이후에 잠정적으로 이동한 경로를 나타낸다(출처: Gimbutas).

"유럽 대륙에 청동 야금술의 급속한 전파는 기동력 있는 인도유럽인
에서 기원한다. 청동무기, 예컨대 단검과 비늘창과, 가늘고 날카로운 청
동 도끼는 철퇴, 보석 같은 귀한 돌로 만든 전투 도끼, 부싯돌 화살촉 등
과 함께 쿠르간족의 이동 경로와 일치한다. 필자가 가정하듯이, 쿠르간
이란 명칭은 기원전 5000년, 4000년, 3000년의 인도유럽 문화를 대표하
는 격변을 일으킨 유럽 문화 복합체이다."

많은 학자는 이 문제에 대한 김부타스의 견해를 추종했다. 일례를 들
면 스튜어트 피곳(Stuart Pigott)의 『고대 유럽(*Ancient Europe*)』 같은 것이

다.[30]

코씬나의 중부 유럽과 북유럽의 원거주지설과 특히 차일드와 김부타스의 남부 러시아설은 오늘날 가장 영향력 있는 입장이지만, 다른 주목할 만한 이론도 분명히 존재한다. 1960년에 보시김페라는 초기 신석기로 되돌아가서 인도유럽인의 중부 유럽 형성설을 주장했고, 후기 신석기의 다양한 다뉴브 문화의 분화가 인도유럽인의 분산에서 기인하는 것으로 보았다. 최근의 다른 주요 연구는 쟈코모 데보토가 1962년에 발표한 연구로서, 그는 최초의 원거주지에 대해서는 그리 명확한 결론은 내리지 않았다.

이처럼 이들 대부분의 초기 연구는 예컨대 헨켄의 조사처럼 유럽에서 발굴된 고고학적 자료에 대한 아주 철저한 지식에 기반을 두고 있지만(고든 차일드나 마리야 김부타스의 백과사전적 지식에 필적할 만한 사람은 거의 없다), 모든 학자가 거의 예외 없이 슈라더와 코씬나 시대의 몇몇 가정에 근거를 두고 있다. 하지만 현재 이들의 가정에 의문을 제기할 필요성이 있다. 이들의 가정이 거부된다면, 이는 곧 이것에서 도출한 결론이 대부분 오류라는 것을 의미한다. 이는 또한 유럽 선사와 유럽 주민의 기원에 대한 이해에 상당히 중요한 결과를 초래한다. 하지만 이러한 재조사를 비판적으로 착수하기 전에 현재 이용 가능한 아주 이른 선사 초기의 인도유럽어에 대한 증거를 면밀히 검토하는 것이 좋겠다.

제 3 장

소멸한 언어와 잊힌 문자: 인도유럽어, 과거와 현재

서쪽으로는 아일랜드나 브리타니, 동쪽으로는 인디아와 파키스탄과 같이 서로 멀리 떨어진 나라에서 쓰이는 인도유럽어(인도게르만어) 사이의 친근 관계는 일반적으로 공통 기원에서 유래하는 것으로 가정해 왔다. 이 결론은 **계통수**(系統樹) 이론에서 도출된 것이다. 물론 그렇다고 **파상**(波狀) 이론이 예견하는 바처럼 차용어와 언어들 간의 각기 다른 특징을 받아들이면 언어들이 수렴한다는 점도 부정하지 않는다. 오늘날 인도유럽어는 생물적, 계통적 연관성은 전혀 없고, 언어들끼리 오랫동안 계속 접촉하면서 서로 닮게 되었다고 주장한 트루베츠코이처럼 극단적으로 주장하는 학자는 거의 없다. 게다가 인도유럽어족이라는 것은 실제로 존재하지도 않으며, 언어들 간의 유사성은 사실 그리 중요하지 않은 우연한 특징일 뿐이라고 주장한 프랑스 고고학자 장 폴 드뮐[1]의 말에 동의할 학자는 더욱 없을 것이다.

만일 인도유럽어의 기원을 설명하려는 최근의 시도들을 비판하고, 보다 근거가 충분한 대안 설명을 제시하려면, 인도유럽어, 특히 그중에서 도 고대로부터 기록 문헌으로 남아 있는 언어들 간의 유사성을 보다 면밀 하게 살펴볼 필요가 있다.

여기에서 고대 인디아의 종교찬가(『리그베다』) 연구와 이에 대응하는 고대 이란의 찬가(『아베스타』) 연구와 더불어 이 문제에 대한 우리 인식을 바꾸어 놓았던 획기적인 발견이 큰 도움이 된다.[2] 이 두 권의 문헌을 연 구하면 그 기록 방식이 매우 낭만적이며, 고고학적 발견이 전혀 예상하지 못하는 방식으로 이 분야의 우리 지식이 어떻게 향상될 수 있었는지 여실 히 드러난다. 이제껏 해독이 불가능한 문자로 쓰인 미지의 언어를 발견하 는 작업보다 더 신비롭고 흥미진진한 일도 없으며, 그런 문자를 해독하고 그 문자로 기록된 언어를 번역하는 후속 작업보다 더 극적인 학문적 진보 도 거의 없다.

1. 페르시아 왕의 언어

17세기에 초기 유럽 여행자들이 최초로 이란을 조직적으로 탐사했을 때, 알렉산드로스 대왕이 정복한 위대한 페르시아 제국은 오직 헤로도토스 같 은 고전작가의 저술을 통해서 알려졌다.[3] 그는 알렉산드로스 대왕이 정복 하기 약 260년 전에 일어난 페르시아 전쟁을 상세히 기록했다. 당시 다리 우스(Darius) 대제와 후계자 크세르케스(Xerxes) 왕은 아테네와 그리스의 신흥세력을 두 차례나 무너뜨릴 뻔했다.

페르시아 제국의 역사는 그리스어 자료를 통해 기록으로 잘 남아 있지만, 근본적으로는 어떠한 사실도 제대로 알려지거나 이해되지 않았다. 1621년이 되어 페르시아에 부임한 에스파냐 대사가 페르시아 궁전터 중앙에서 파르샤(Pārśa＝Persepolis) 유적지를 발견했다. 그는 기원전 5세기 초반 사람들의 생활과 의복의 생생한 모습을 보여 주는 석면부조를 다루었다. 이어서 그는 페르시아 제국의 언어로 쓰인 명문도 기술했는데, 그때까지만 해도 그 언어는 학자들이 전혀 알지 못하던 인도유럽어였다.[4]

"검은 벽옥에 놀라운 명문이 새겨져 있었다. 새겨진 문자는 여전히 선명하고 번뜩이며, 그토록 오래 된 연대에도 불구하고 우리를 놀라게 할 정도로 훼손된 곳이나 파손된 것이 없다. 그 문자는 칼둔어(Chaldean)도 아니고 히브리어, 그리스어, 아랍어도 아니며, 그렇다고 지금 존재하거나 이제껏 존재한 것으로 밝힐 수 있는 그 어느 민족의 언어도 아니다. 글자체는 삼각형이며, 피라미드나 작은 오벨리스크 형태를 띠고 있으며, 위치와 배열만 다를 뿐 모두 일치한다. 그러나 만들어진 복합 문자들은 비범할 정도로 결정적이고 변별적이다."

이 문자를 두고 훗날 학자들이 cuneiform(쐐기문자)으로 불렀는데, 이는 말 그대로 '쐐기 모양'을 뜻한다. 오늘날 이 문자 체계는 기원전 3000년 직후 근동 지역에 최초의 문명을 건설한 수메르인이 발명한 것으로 알려져 있다. 많은 근동 언어에서 이 문자는 형태를 수정해서 널리 사용되었고, 그중 몇몇 언어는 셈어군에 속한다. 이 쐐기문자는 이탈리아 학자인 피에트로 델라 발레(Pietro della Valle)가 파르샤를 직접 방문하여 1658년에 출간한 서한에서 처음으로 조명되었다. 파르샤의 왕궁터와 그 밖의 지역에서 발견된 찬란한 명문은 훗날 학자들에 의해 출판되었다. 이 언어는 마침내 영국 동인도회사의 모험심에 찬 사무관 헨리 롤린슨(Henry Rawlinson)이 해독했다. 그는 1835년에서 1837년까지 페르시아에 근무

┃그림 3.1 ┃ 8세기 파르샤에 기록된 고대 페르샤 설형문자 명문(출처: Niebuhr).

하는 동안에 베히스툰 절벽에 새겨진 다리우스 왕의 석면부조를 모두 탁본으로 뜨는 대단한 업적을 이루었다. 그 후에 이전 학자들의 해독기술과 (고대 페르시아 명문이 새겨지고 수백 년이 흐른 후 문자로 정착된) 조로아스터교 경전 『아베스타』의 언어 지식에 기초해서 그는 1839년경에 마침내 쐐기문자를 해독했다. 이후 연구자들이 그의 쐐기문자 해독을 개선했지만, 1846년경에 이 쐐기문자는 사실상 완전히 해독되고 번역된 상태였다. 이 성과는 그보다 약 24년 전에 유명한 로제타석 해독에 성공한 장 프랑수아 샹폴리옹(Jean-François Champollion)의 위대한 업적에 비견할 만큼 대단한 것이었다. 샹폴리옹의 로제타석(Rosetta Stone) 해독으로 근대학자들은 고대 이집트인의 상형문자를 처음으로 읽을 수 있었다. 샹폴리옹의 해독 덕택에 고대 이집트 문헌에 접근하는 길이 열리고, 이집트학의 기반이 닦인 것처럼, 롤린슨이 쐐기문자 해독에 성공하면서 쐐기문자 연구는 첫 진일보를 내디뎠고, 고대 근동의 초기 문헌 해독 작업이 개시되었다.[5]

롤린슨은 다리우스 왕의 궁정어였던 고대 페르시아어를 기록한 쐐기문자로 바위에 새겨진 명문을 가지고 작업했다. 하지만 그의 해독은 이보다 훨씬 더 큰 중요한 의미가 있었다. 왜냐하면 이 시기에 근동 지방의 발굴 작업이 대대적으로 이루어지면서 엄청나게 많은 점토판이 발견되었기 때문이었다. 이 중에는 메소포타미아 문명이 낳은 고대 도시의 궁정문서고와 신전도 있었다. 이들은 다양한 언어로 기록되었지만, 대부분은 쐐기문자 형태로 기록되었다. 게다가 롤린슨이 연구한 암석 벽면에 새겨진 명문은 동일한 텍스트를 세 가지 언어로 쓴 것이었다. 기원전 520년에 베히스툰에서 다리우스 왕은 자신의 왕위 즉위를 둘러싸고 일어난 사건에 대해 각기 다른 세 유형의 쐐기문자로 공문서를 기록했다. 반란을 진압하고 승리한 다리우스 왕을 묘사한 부조를 보면, 바라보는 이의 오른쪽에는 엘람어(Elamite)로 텍스트를 기록하고, 왼쪽에는 바빌로니아어(Babylonian), 즉 악카드어 텍스트가 있고, 하단부에는 새로운 유형의 쐐기문자로 각자(刻字)된 고대 페르시아어를 기록한 텍스트가 있다. 다리우스 왕은 이 새로운 쐐기문자에 대해 다음처럼 쓰고 있다. "짐은 아리야어에 대해 과거에 없던 다른 종류의 문자를 제정했다." 기원전 518년에 이 부조 확장으로 엘람어 텍스트가 훼손되자 과거 텍스트와 동일한 제2의 엘람어 텍스트가 추가되었다. 이 언어는 남서부 이란의 수사 지방어였다. 엘람어는 오늘날 유럽의 바스크어처럼 인접어와 전혀 관계가 없고, 지금껏 알려진 그어떤 언어와도 다른 언어이다. 반면 바빌로니아어는 잘 알려진 셈어족에 속했기 때문에 (히브리어를 포함한) 다른 셈어들과, 이 세 언어로 기록된 명문이 제공한 이해에 바탕하여 바빌로니아 쐐기문자는 곧 해독되고, 쐐기문자로 기록된 고대 페르시아어도 번역되었다.

롤린슨이 고대 페르시아어를 해독함으로써 바빌로니아어와, 그와 관련된 아시리아어(Assyrian)도 해독하는 길이 열렸고, 고대 근동의 상당히 많은 문헌이 독해되었다. 우리 흥미를 끄는 다른 두 언어가 또한 쐐기문자로 쓰였는데, 히타이트어(Hittite)와 후르리어(Hurrian)이다. 모리스 포프(Maurice Pope)는 다양한 쐐기문자의 발달 과정 연구에 착수했다(〈표 2〉 참조).[6]

여기서 주목할 것은 〈표 2〉의 계통수가 각기 다른 문자들이 어떻게

| 표 2 | 설형문자의 계보

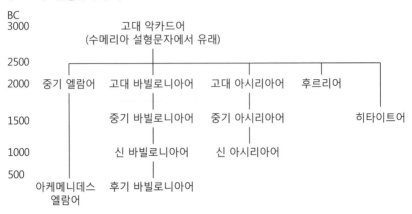

서로 연관되는지를 보여 줄 뿐이지 언어들의 상호관계를 나타내 주지는 않는다는 점이다. 그리스인과 로마인 이후에, 이와 유사한 도표가 우리가 사용하는 알파벳 문자에서 유래하는 문자들의 관계를 나타내기 위해 만들어졌다. 그리스인은 페니키아인에게서 전해진 알파벳을 발전시켰다. 페니키아인의 언어는 인도유럽어족이 아니라 히브리어, 바빌로니아어, 아시리아어와 함께 셈어군의 언어이다.

인도유럽어의 관점에서 볼 때, 롤린슨의 업적은 고대 페르시아어를 발견한 것이었다. 이 언어는 라틴어가 프랑스어와 이탈리아어의 조어인 것처럼 근대 페르시아어의 조어이다. 그리고 고대 페르시아어와 근대 페르시아어의 두 언어 중간 어느 시기에 로마 시대에 페르시아를 지배했던 파르티아 왕조와 사산 왕조의 언어들이 속하는 중기 페르시아어가 위치한다. 『아베스타』를 기록한 언어는 고대 페르시아어의 자매어이며, 『아베스타』 찬가는 아주 후대에 와서 문자로 정착되었지만, 다리우스 왕을 포함하여 페르시아 왕조만큼 먼 과거로 거슬러 올라간다. 인디아의 찬가 『리그베다』가 그러하듯이, 그것은 첫 수 세기 동안에는 구전으로 보전되었다.

잘 알려진 인도유럽어 중에 고대 그리스어와 라틴어, 서사시로 쓰인 고대 켈트어와『리그베다』를 기록한 베다 산스크리트어,『아베스타』가 쓰인 고대 페르시아어는 모두 사어(死語)가 되었다. 다시 말해서 이 언어들은 생존한 사람들이 더 이상 모어(母語)로 사용하지 않는다. 그렇지만 학자들이나 사제들은 그 사어를 각기 다른 방식으로 모두 기억했다. 따라서 이들은 결코 완전히 사라진 것은 아니었다. 페르시아 쐐기문자 해독으로 상실되어 없어진 첫 인도유럽어가 빛을 보게 되었다. 그러나 고대 근동 연구의 중요성에도 불구하고, 이는 전혀 뜻밖의 결과는 아니었다. 정작 빛을 본 것은 근대 페르시아어와 중기 페르시아어의 조어였고,『아베스타』를 기록한 고대 페르시아어의 자매어였다. 게다가 쐐기문자가 해독되기 전에 그리스어 자료로부터 페르시아 왕의 이름을 포함한 페르시아 제국에 관한 지식이 상당히 풍부하게 이미 알려져 있었지만, 그 후의 쐐기문자 해독으로 밝혀진 지식은 더 엄청나게 많았다.

이란어에 관한 논의를 이용해 인도유럽어족 중 인도이란어군 개념을 다시 도입하려고 한다. 고대 이란어라는 용어는『아베스타』의 찬가를 기록한 언어와 쐐기문자 명문을 기록한 언어 둘 모두를 의미한다. 인도이란어군의 다른 어파에는『리그베다』를 기록한 베다어가 있는데, 산스크리트어는 여기서 발달했고, 산스크리트어를 통해 근대 인디아어가 생겨났다.[7]

┃표 3 ┃ 인도이란어의 가상적 발달

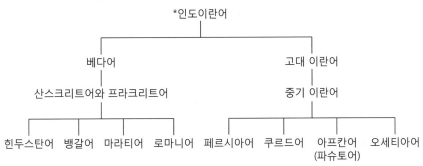

2. 히타이트어와 아나톨리아 제어의 발견

인도유럽어의 연구사는 뜻밖의 지역인 아나톨리아(지금의 터키)와 완전히 사라져 버린 히타이트 문명으로 발길을 안내한다. 성서의 여러 곳에서 북부 시리아에 사는 것으로 언급된 히타이트인은 오랫동안 정체가 모호한 부족으로 알려진 반면 아시리아인은 기원전 8세기경 북부 메소포타미아에 번성했다. 무수한 부조와 당시까지 알려지지 않았던 상형문자로 된 많은 명문이 19세기 후반에 북부 시리아뿐만 아니라 아나톨리아에서도 출현하기 시작했다. 1880년에 젊은 영국학자 아키발드 헨리 세이스(Archibald Henry Sayce)는 런던의 영국 성서고고학회에서 강연[8]을 하면서 명문을 포함한 이 유물들이 지금은 잊힌 아나톨리아 제국, 즉 히타이트 제국에 속한다는 사뭇 대담한 주장을 했다. 그는 고대 이집트인의 상형문자 명문에 헤타인(Heta)과 벌인 전쟁이 빈번히 언급되고 있음을 지적했는데, 성서에 등장하는 '하티인(Hatti)의 땅'은 이집트어로 읽으면 헤타이이다. 파라오 투트모시스(Thutmosis) 3세는 기원전 15세기에 히타이트인에게 조공을 바

┃그림 3.2┃ 카르슈미시 발굴지에서 나온 히타이트 상형문자 명문 탁본
(출처: Akurgal).

쳤지만, 람세스(Rameses) 2세는 현재 시리아 지역인 카데시(Kadesh)에서 히타이트인과 벌인 전투에서 승리를 거두었다고 한다. 히타이트 제국에 대한 세이스의 주장은 처음에는 전혀 신뢰성이 없었고, 이처럼 추정된 관계가 일반적인 동의를 얻지 못했지만, 고고학은 새로운 발견 성과를 가지고 이 문제에 다시 개입했다.

1891년에 영국 고고학자인 플린더스 페트리(Flinders Petrie) 경 역시 고대 이집트 통치자 중 가장 유별나고 개성이 독특한 파라오이자 아크나텐(Akhnaten)이란 이름으로 더 잘 알려진 이단자 아메노피스(Ame-nophis=Amentohep) 4세의 수도에서 대대적인 발굴 작업에 착수했다. 이 파라오는 고대 이집트의 전통적인 제신을 모두 제쳐 두고 그 대신 유일신인 태양신을 섬겼다. 그는 개혁 프로그램의 일부로 아마르나에 새 수도를 건설했다. 1887년에 페트리는 그 수도 소재지의 마을 사람들의 안내로 우연히 점토판이 대량으로 쌓여 있는 왕실문서고를 발견했다. 그 점토판의 연대는 주로 기원전 1370~1350년으로, 아마르나가 임시 수도로 있던 기간이었다(그 후 아크나텐 왕의 후계자가 선조의 다신교로 복귀하면서 수도 아마르나를 버리고 떠났다).

이 왕실문서고에는 파라오의 외교 서한이 보관되어 있었고, 그 점토판은 쐐기문자로 기록되었다. 기록언어는 롤린슨이 해독했던 베히스툰의 페르시아 명문에 쓰인 세 언어 중 하나인 바빌로니아어(악카드어)로서 고대 근동의 외교어였다. 그 서한에는 히타이트 전사들이 매우 광활한 이집트 제국의 북쪽 국경을 넘어서 현재의 시리아 지역을 습격한 설명이 많이 나온다. '하티의 왕' 숩필루리우마스(Suppiluliumas)가 왕위 즉위를 경축하기 위해 아크나톤 왕에게 보낸 점토판도 있었다. 왕실문서고에서 발견된 다양한 점토판을 통해 세이스의 주장이 옳았다는 것과, 히타이트는 실제로 시리아뿐만 아니라 아나톨리아의 강대국이었음이 명확히 드러났다. 나중에 밝혀진 사실이지만, 히타이트인은 아나톨리아에 왕권을 확립한 후에 실제로 오랫동안 시리아에도 영향력을 미쳤다.

아마르나 점토판 중에 특히 두 편의 서한이 사람들의 관심을 끌었는데, 도저히 이해할 수 없는 미지의 언어로 기록되었기 때문이다. 문자는 쐐기문자여서 읽을 수는 있었지만, 그렇게 읽으면 전혀 해석이 되지 않았다. 이 서한은 미지 지역인 아르자와를 다스리는 왕에게 보낸 것이었다. 1893년에 한 프랑스 고고학자가 북부와 중부 아나톨리아의 할리스(Halys) 강변에 위치한 인상적인 보가즈쾨이(Boghazköy) 발굴지에서도 미지의 아르자와어로 명확히 쓰인 점토판 파편을 발굴했다. 1906년에 독일의 고고학자인 후고 빙클러(Hugo Winckler)가 보가즈쾨이 발굴에 착수했고, 곧 약 1만 점의 점토판이 소장된 문서고를 발견하는 쾌거를 이루었다.[9] 이 점토판 중 일부는 악카드어(바빌로니아어)로 쓰였기 때문에 곧바로 읽을 수 있었다. 그 점토판 덕택에 빙클러는 세이스가 그토록 날카롭게 주장했던 히타이트 제국의 수도와, 이집트 파라오와 서신을 왕래했던 왕들의 매장지를 보가즈쾨이에서 발견했다는 사실이 분명해졌다. 보가즈쾨이는 왕실문서고와 함께 기원전 1200년경에 파괴되었고, 그 후 약 400년 동안 점령되었다. 악카드어는 왕실문서고의 점토판을 기록한 언어 중 한 언어에 불과했고, 다른 언어도 여럿 있었다. 그중 하나가 많은 점토판에 기록된 불가해한 아르자와어였는데, 그 후 학자들은 이를 곧 히타이트어로 개명했다.

1915년에 체코학자 베드리치 흐로츠니(Bedřich Hrozný) 박사의 「히타이트어 문제 해결책(The solution of Hittite problem)」이라는 뛰어난 논문이 『독일 동양학회 발표집(Communications of the German Orient Society)』에 실렸다.[10] 그는 오스트리아 제국 군대의 현역 장교로 복무했던 까닭에 신기하게도 제1차 세계대전의 와중에도 그 문제를 깊이 천착할 수 있었다. 군무를 면제해 주었던 상관의 아량 덕택에 흐로츠니는 문헌학 사상 가장 뛰어난 공적을 세웠다. 이처럼 이때껏 알려지지 않았던 미지의

히타이트어 해독은 1917년에 책으로 출판되었고, 서문의 첫 문장은 이와 같다.[11]

"이 작업은 지금까지 신비에 감춰져 있던 히타이트인의 언어가 지니는 성질과 구조를 확립하고, 이 언어를 해독하는 일이다. … 전체적으로 볼 때 히타이트어는 인도유럽어라는 사실이 드러날 것이다."

이 주장은 처음에는 학계에서 놀라움과 함께 불신을 받았다. 그러나 흐로즈니가 착수한 작업은 근거가 충분했기 때문에 히타이트어 해독과 해석은 당연히 훗날 학자들에 의해 개선은 되었지만 보편적으로 인정을 받았다.

일부 히타이트어 단어는 인도유럽어로 아주 쉽게 인지된다. 예컨대 히타이트어 water는 '물'을 뜻하고, genu는 (라틴어 genu처럼) '무릎'을 뜻하고, kwis는 (라틴어 quis처럼) '누구'를 뜻한다. 하지만 실제로는 히타이트어 어휘의 절대 다수는 비인도유럽어였다. 인도유럽어와의 관계는 여러 문법 구조의 측면에서 볼 때 더욱 분명해진다. 예컨대 명사 곡용을 보면, 격어미가 그리스어, 라틴어의 격어미와 매우 유사하며, 일부 동사 활용도 그리스어 동사 활용과 매우 유사하다.

그 후 곧 히타이트어가 (페르시아어와 인디아어 계열이 속한) 인도유럽어족의 **사템**(satem)어군이 지닌 가장 명백한 특징이 없다는 사실이 인지되면서 그것이 라틴어, 그리스어, 켈트어, 독일어와 함께 인도유럽어족의 **켄툼**(centum)어군에 속한다는 결론이 내려졌다. 하지만 이 방언군 분류는 지나치게 단순화된 것이고, 오늘날에 와서 히타이트어는 일반적으로 인도유럽어족의 별개 어파(語派)를 대표하는 것으로 인정받고 있다. 왕실문서고의 발견과 함께 쐐기문자 히타이트어가 해독되면서 히타이트 제국의 역사를 상당수 명료하게 밝힐 수 있었고, 고대세계의 주요 문명

유럽의 비인도유럽어

- ▨ 바스크어
- ▥ 헝가리아어
- ▦ 에스토니아어
- ▨ 코카서스어
- ▨ 피노우글어

▌그림 3.3 ▌ 유럽과 아시아의 주요 인도유럽어군(빗금 부분). 몇몇 소멸된 인도유럽
어(히타이트어, 토카라어)도 표시했다.

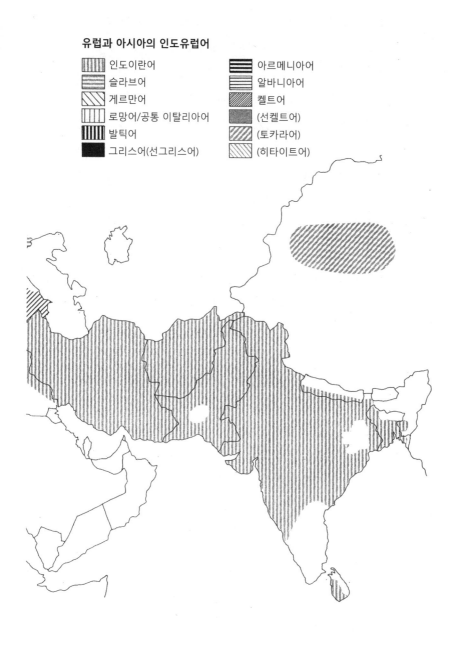

유럽과 아시아의 인도유럽어

인도이란어		아르메니아어	
슬라브어		알바니아어	
게르만어		켈트어	
로망어/공통 이탈리아어		(선켈트어)	
발틱어		(토카라어)	
그리스어(선그리스어)		(히타이트어)	

하나가 역사의 조명을 받았다.

　보가즈쾨이 문서고에는 각기 다른 8개[12]의 언어를 한데 사용한 텍스트가 보관되어 있었다. 앞에서 (1) 악카드어, (2) 쐐기문자 히타이트어는 언급했다. (3) 거기에는 수메르 문명의 아주 오랜 고대어로서, 최초로 쐐기문자를 발명하고 기원전 1200년경에 이미 사어가 되었지만 여전히 연구되던 수메르어 텍스트도 있었다. 또 다른 언어로는 (4) 후르리어가 있었는데, 이 언어는 인도유럽어도 아니고 그렇다고 셈어도 아니다. 이 언어는 오늘날 북부 시리아와 북부 이라크 지역, 히타이트 제국 동쪽의 미탄니 제국에서 사용되던 언어였다.

　세이스가 히타이트어로 확인했던 석조 기념비에 새겨진 히타이트어 상형문자는 일부 인장과 날인에 나타나지만, 보가즈쾨이 문서고에는 발견되지 않았다. 히타이트어 상형문자는 당연히 그 자체로 별개의 상징 기호였기 때문에 이집트 상형문자와 비교해도 별반 도움이 되지 않았다. 1947년에 터키의 카라테페에서 히타이트어 상형문자뿐만 아니라 (잘 알려진 셈어의 하나인) 페니키아어로 쓰인 이개어 명문이 발견되면서 히타이트어 연구는 제대로 진척되었다. 상형문자로 기록된 히타이트어는 바위새김과 석조 기념비에 주로 등장하는 문자일 뿐만 아니라 앗수르 발굴 작업 때 납띠에 새겨진 인장과 일곱 글자에도 발견되었다. 그 문자를 해독해 보니 문제의 언어는 보가즈쾨이 점토판에서 발견된 언어의 방언인 (5) 루위어(Luwian)라는 것이 드러났다. 루위어는 히타이트어와 관계가 밀접한데, 아마도 서부 아나톨리아에서 사용되었던 것 같다. 이 언어는 고전시대에 그 지역의 언어 중 하나인 리키아어(Lycian)의 조상어로 생각된다. 점토판 기록 중에 (6) 팔라이어(Palaic)라는 언어도 나타난다. 히타이트어와 루위어처럼 이 언어도 인도유럽어족에 속한다. 히타이트어, 팔라이어, 루위어의 세 언어는 상형문자 히타이트어와 함께 일반적으로 인도유럽어족의 아나톨리아어군[13]으로 분류된다.

이 모든 사실은 얼핏 복잡해 보이지만, 이는 하투샤스(Hattusas)라는 히타이트 제국의 수도가 지녔던 권력과 중요성을 반영하는 것일 뿐이다. 앞에서 살펴본 것처럼 당시 수메르어가 학문어였듯이 악카드어는 고대 근동의 외교어였기에 악카드어로 기록된 점토판의 발견은 그리 놀랄 일이 아니었다. 그리고 후르리어는 기원전 1400년경 미탄니 제국의 왕이 이집트 파라오 아메노피스 3세에게 보낸 (아르마나 문서고에서 발견된) 중요 서한을 통해 학자들에게 이미 알려져 있었다. 당시 인도유럽어 연구에서 정말 중요한 사건은 인도유럽어족에 속하리라고는 생각지도 못했던 전혀 새로운 아나톨리아어군의 발견이었다. 게다가 히타이트어는 지금껏 보존된 인도유럽어의 가장 초기 사례, 즉 아주 초기의 인도유럽어 명문을 보여 주었다. 흐로츠니의 히타이트어 해독과 함께 보가즈쾨이의 발굴로 인도유럽어 연구는 크게 발달했지만, 히타이트어가 이해되기 전인 1902년에는 코씬나[14]가 설정한 인도유럽어 원거주지에 대한 당시의 전반적 견해

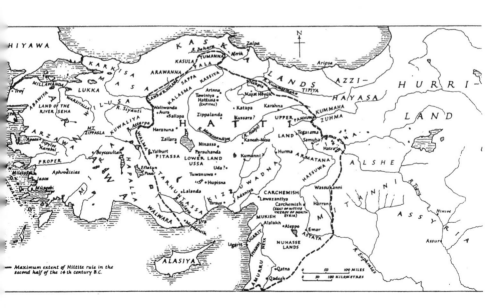

❚ 그림 3.4 ❚ 기원전 2000년의 아나톨리아와 주변지 지도(출처: Mellaart).

는 크게 바뀌지 않았다.

이러한 이유로 (7) 하투샤스 문서고에서 발견된 언어는 각별히 흥미롭다. 이 언어는 오늘날 하티어(Hattic/Hattian), 원시 히타이트어(Proto-Hittite)로 불리는데, 이 언어는 유익한 역사적 문제를 제기한다. 이 언어는 인도유럽어는 아니며, 주로 제의(祭儀) 텍스트에 나타난다. 히타이트어 텍스트는 암송자가 hattili, 즉 '하티의 언어로' 말할 것이라고 이따금 분명히 말하고, 뒤이어 오늘날의 하티어로 기록된 문장이 나온다. 이것은 점토판에 기록된 다른 언어도 똑같이 준수하는 형식적 절차이다. 오늘날의 루위어도 이처럼 부사 luwili(루위어로)로 문장을 시작하고, 후르리어 점토판의 문장도 부사 hurlili(후르리어로)로 시작한다. 하지만 히타이트어로 기록된 문장은 명백히 말할 필요가 있을 때만 부사 nesili(네사어로)나 nasili(나사어로)로 문장을 시작하는 것이 의미심장하다.

여기에 진짜 혼란이 생겨난다. 즉 (우리가 명명한 대로) 히타이트인은 수도를 하투샤스로 불렀고, 이집트 파라오와의 서신 왕래에서 그 왕국은 '하티인의 땅'으로 지칭했다. 게다가 히타이트 제국의 후계자들은 기원전 10~8세기까지 오늘날의 북부 시리아에서 '상형문자 히타이트어'를 명문에 새겼다. 성서에서는 이들을 '헷족속'(Hitties)으로 불렀다. 오늘날은 전혀 다른 두 언어를 가리키기 위해 비슷한 두 변이형 **히타이트어**(Hittite)와 **하티어**(Hattic)를 사용하지만, 이 두 명칭은 본질적으로 같은 용어이다.

이러한 문제를 일반적으로 설명하는 주장은 (우리가 명명한 대로) 히타이트인은 인도유럽어를 말하던 민족이었고, 인도유럽어 원거주지의 북쪽으로 나와서 아나톨리아로 유입된 이주민이라는 것이었다. 그들이 원거주지의 북서부에서 나와 보스포루스 해협을 건너 아나톨리아에 도달했는지 또는 북동부에서 나와 카프카스산맥을 넘어 아나톨리아에 왔는지는 여러 대안적 이론이 있다. 이들 이론에 따르면, 하티어로 불리는 비인도유럽어를 쓰던 민족은 그 지역에 원래 거주하던 토착민이다. 그렇다면 (그들 주장대로라면) 인도유럽인이 이주하면서 히타이트어, 루위어, 팔라이어도 함께 들어왔을 것이다. 필자의 판단에는 이들 주장 대부분은 (인도유럽어인) 히타이트어가 보가즈쾨이나 하투샤스 문서고의 연대보다 불과 몇 세기 전에 아나톨리아에 도입되었다는 가정에 근거를 둔다(제8장 참조).

이와 관련하여 종종 제기되는 또 다른 논점은 히타이트 제국 왕들의 이름이 인도유럽어가 아니며, 신전의 제신의 명칭도 역시 인도유럽어로 인정할 수 없다는 것이다. 하지만 엘리트 지배 과정에 의해 새로운 언어가 어느 지역에 유입될 때(제5장 참조), 새 엘리트 계층의 언어는 유입 언어이고, 절대 다수 사람들의 언어는 토착어인 것이 정상이다. 그렇다면 상황에 따라 아마도 한두 언어만이 살아남았을 것이다. 점토판에는 nesili, 즉 '히타이트어로' 된 단어와 hattili, 즉 '하티어로' 된 단어 중 어느 것이 더 시기가 빠른지를 알려 주는 것이 없다. 게다가 네사(Nesa)의 언어(우리 용어로는 히타이트어)가 명백하게 하티인의 언어(하티어)를 대체한 하투샤스의 경우만 제외하면, 두 언어 중 어느 한 언어가 반드시 연대적으로 이르다고 볼 필요는 없다. 이런 상황은 역내의 이주, 즉 인접 강대국에 의한 소규모 정복으로 생긴 것일 수도 있기 때문에, 이주 자체만을 볼 때 장거리 이동이나 이주 이론이 반드시 필요한 것은 아니다.

또한 문제의 언어 화자들이 그 언어를 사용하던 원래의 지방인 네사는 일부 학자[15]가 카네시와 같은 곳이라고 의견을 제시한 점에 주목해야 한다. 카네시는 카이세리 인근에 있는 오늘날의 퀼테페(Kültepe), 고전시대의 카파도키아의 가이사랴(Caesarea)이다. 메소포샤미아 북부의 앗수르에 설치된 교역 거점의 주요 기록보관소인 문서고가 이 네사에서 발견되었는데, 그 연대는 대개 기원전 19세기로 거슬러 올라간다. 그 기록들은 쐐기문자와 (셈어인) 아시리아어로 작성되었다. 학자들은 이 점토판에서 발견되는 이름이 히타이트어에서 기원하는 것이라고 주장했다. 이 주장에 얼마나 무게를 둘지는 아직 불분명하지만, 인도유럽어에 속한 히타이트어가 적어도 기원전 1900년에 이미 아나톨리아에서 사용되었다는 사실을 암시한다.

이 모든 사실은 정말 복잡하기 때문에 복잡한 것으로 보일 뿐이다! 그러나 전체 개요는 분명하기에 아나톨리아어군을 다음과 같이 적시할 수 있다.[16]

┃표 4┃ 아나톨리아어군

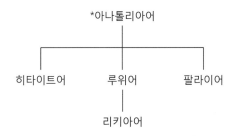

3. 그리스인 이전

'그리스인은 과연 누구였는가?'라는 질문[17]은 오랜 세월 동안 고전학계의 논쟁 가운데 하나였다. 지금까지 남아 있는, 유럽어로 쓰인 가장 초기의 문헌 중 하나인 호메로스의 서사시는 그 해답을 찾는 분명한 출발점이었다. 호메로스의 서사시와 그 밖의 다른 초기 그리스 문헌은 영웅시대, 즉 미케네의 왕이자 트로이 전쟁의 영웅인 아가멤논 시대에 관한 분명한 그림을 던져 주었다. 이 찬란한 시대가 지나가고, 기원전 1000년경 거의 알려진 바가 없는 암흑시대가 있었던 것 같다. 이 시대로부터 고전 그리스라는 철기문명이 출현했다. 그리스의 등장 초기에 부족 이동에 대한 이야기가 고전작가의 작품에 나오는데, 그리스어의 여러 방언과 그 사용 지역은 이 초기 부족들의 추정된 이동 경로와 일치하는 것으로 간주되었다. 맨 먼저 도리스인이 침입하여 남부 그리스로 이동했으며, 그 후 이오니아 그리스인이 확산되면서 에게해의 여러 섬, 특히 동부의 섬에 방언 사용자들이 거주하게 되었다. 어쨌든 이러한 설명이 당시에 유행하였고, 인도유럽어족의 한 어파로 인정된 그리스어를 사용하던 그리스인이 기원전 1000년 직전에 그리스에 들어왔다는 가정은 널리 받아들여졌다.

고고학은 아가멤논 전설의 고향인 미케네에서 하인리히 슐리만(Heinrich Schliemann)이 발굴한 흥미진진한 발굴 이야기에 관여했다. 그는 거기서 1874년에 고전 지리학자이자 여행작가인 파우사니아스(Pausanias)가 제시한 말을 따라 사자문(獅子門) 내부를 발굴했고, 현재 유명하게 된 환상(環狀) 무덤을 발견했다. 그 내부에는 여섯 개의 지주가 받치고 있는 무덤들이 있었는데, 열아홉 구의 개인 유해와 함께 풍부한 용품, 검과 무기, 술잔, 금 장신구, 섬세한 금면(金面) 마스크 따위가 있었다. 이 마스크는 아마도 사자(死者)의 마스크였을 것이다. 그 마스크는 미케네 통치자들을 나타내는 것이라고 합리적으로 추론할 수 있기 때문이다. 슐리만은 그중에서 가장 정교한 마스크를 아가멤논의 마스크로 명명했다.

슐리만의 발견은 큰 반향을 불러일으켰다. 이 모든 유물의 연대에 관해 대논란이 벌어졌다. 슐리만은 그리스인 이전의 선사시대 유물이라고 주장했고, 그가 발견한 문명을 미케네 문명으로 명명했다. 이 주장에 의문을 품은 학자들이 있었는데, 일부 학자는 이 유물들을 고전시대 이후의 비잔틴 시대 유물로 생각했고, 또 다른 학자들은 아예 모조품으로 생각했다. 마침내 슐리만의 견해가 널리 받아들여졌고, 그가 발굴한 수직통로 무덤에서 출토된 보물의 연대는 기원전 1600년경으로 추정되었다. 이들은 오늘날 아테네 국립박물관에 보관되어 있다. 그러면 미케네 문명의 기원은 과연 무엇인가? 그리고 어떻게 이 문명이 암흑시대를 지난 후에 그리스 문명과 관계를 맺었을까? 많은 학자가 미케네 문명을 선그리스어

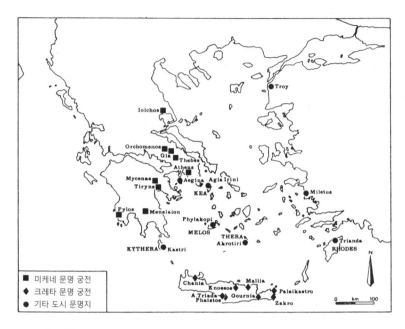

┃그림 3.5 ┃ 미노스 문명과 미케네 문명 발굴지가 있는 에게해 지도

(pre-Greek)나 아마도 선인도유럽어(pre-Indo-European) 시기로 가정했지만, 여기에 의문을 품은 학자도 있었다.

이 이야기의 다음 단계는 에게해 크레타 섬에서 전개되었다. 이곳은 영국 고고학자 아서 에번스(Arthur Evans) 경이 발굴한 장소였다. 수년 동안 그는 선사시대의 에게해에 고전 그리스인의 알파벳보다 더 앞서는 문자체계가 있었다는 흥미로운 지적을 연구해 왔다. 이제껏 그 지적은 주로 크레타 섬과 그리스 본토의 인장석(印章石: 진흙을 눌러서 개인 인장으로 사용한 새김돌)에서 발견된 상징기호와 짧은 명문 분석에서 나온 것이었다. 1895년에 그는 「크레타 그림문자와 선(先) 페니키아 문자(Cretan pictographs and the pre-Phoenician script)」라는 논문을 발표했고, 1901년에 북부 크레타의 크노소스에서 발굴 작업에 착수했다.

에번스는 단번에 괄목할 만한 대성공을 거두었다. 발굴을 시작한 지

몇 주 만에 근동의 많은 점토판 문서고와 같은 방식으로 건축된, 왕궁의 행정 업무를 기록한 점토판 문서고를 발견했다. 그러나 그가 발굴한 점토판들은 그가 이전 논문에서 연구해 온 것과 관계가 있었지만, 근동의 점토판과는 전혀 다른 문자로 기록되어 있었다. 사실 한 가지 문자가 아니라 세 가지 또는 그 이상의 문자로 기록되어 있었다.[18] 곧 기원전 2000년 직후에 기호로 구성된 문자, 즉 그림문자가 발달했다는 사실이 분명해졌다. 이 그림문자는 보통 크레타 상형문자로 불렸다. 대략 기원전 1600년경부터 이 문자는 여기에서 발달한 또 다른 문자로 서서히 대체되었다. 에번스는 이 문자를 선형문자 A(Linear A)로 불렀다. 이 문자는 기원전 1450년경 이후에 아주 유사하지만 또 다른 문자로 대체되었는데, 그는 이를 선형문자 B(Linear B)로 불렀다. 그런데 발굴 작업을 시작하면서 발견한 중요한 고문서는 선형문자 B로 쓰여 있었다. 에번스는 당시 크레타의 통치자가 미노스 왕이고, 궁정이 크노소스에 있었다는 초기 그리스 전설을 상기하여 그가 발견한 선사 크레타 문명을 **미노스 문명**으로 불렀다. 그후 크노소스 문서고에서 발견된 문자는 보통 미노스 선형문자 B로 명명되었다.

이들 문자의 해독 작업은 결코 쉬운 일은 아니었다. 그가 발견한 점토판에 필요한 전사(轉寫)를 곧바로 발표하지 못하면서 해독 작업은 제대로 진척되지 않았다. 더 많은 선형문자 A로 쓰인 점토판이 크레타의 다른 미노스 궁터에서 발굴되었지만, 꽤 오랫동안 미노스 선형문자 B로 쓰인 점토판은 더 이상 발견되지 않았다.

미노스 선형문자 B로 쓰인 점토판 파편들이 그리스 본토, 특히 미케네의 여러 지역에서 발굴되기 시작했다. 1939년에 미국 고고학자인 칼 블리겐(Carl Blegen)이 서부 그리스의 전설상의 필로스(Pylos)에서 아가멤논의 친구인 네스토르 왕의 궁정터로 추정되는 곳을 발굴하는 작업에 착수했고, 운이 좋게도 거기서 기원전 약 1200년에 유래하는 선형문자 B로 기록된 점토판이 보관된 또 다른 문서고를 발견했다. 이 점토판들은 이차대전 이후에 발표되었고, 많은 학자가 이들을 분석하면서 해독에 진일보를 이루기 시작했다. 그 점토판은 왕궁의 회계장부라는 사실이 알려졌고, 그 수리 체계를 분석하면서 또한 (굴절어처럼) 단어 어미가 변하는 방식도 탐구했다. 이는 그 언어의 성질은 차치하고 이 문자를 어떻게 읽는지도 알기도 전에 얻은 성과였다. 기호 수가 모두 87개라는 점 때문에 이 언어가 확실히 고전 그리스어처럼 알파벳 문자가 아니라는 것이 분명했다. 게다가 중국의 그림문자나 여타 상형문자처럼 각 단어의 기호도 다르고, 수많은 기호로 구성된 문자도 아니었다. 그 대신 (쐐기문자를 포함하여) 보다 발달된 세계의 문자가 대부분 그러하듯이 그 문자는 한 기호가 한 음성을 나타내는 **음절문자**였다.

영국 건축가이자 전문가 수준의 고전학자였던 마이클 벤트리스(Michael Ventris)는 선형문자 B의 해독에 혁혁한 공을 세웠다. 친구이자 협력자였던 존 차드윅(John Chadwick)[19]이 『선형문자 B의 해독(*The Decipherment of Linear B*)』에서 해독에 얽힌 이야기를 잘 보여 준다. 벤트리스는 흔히 암호 해독가들이 신호교환의 실험적 해독 과정에 사용하는 분석 기술을 일부 사용했다. 종종 고유명사—이 경우에는 크노소스의 명칭—의 해독을 시작할 때 그러듯이, 그는 해독에 진전을 보자 해독되는 단어들을 먼저 에트루리아어와 맞춰 보고, 그다음에는 그리스어와 맞춰 보았다. 놀랍게도 그가 해독에서 얻은 단어들을 그리스어로 간주했더니 뜻이 제대로 통했다. 해독 작업에 가속도가 붙자 이윽고 1952년에 벤트리스는 기호 전체의 음절 구조 해독에 성공했고, 차드윅의 협조를 받아 필로스와 크노소스 점토판의 상당수를 이해할 수 있었다.

늘 그러하듯이 그의 선형문자 B의 해독은 논쟁을 불러일으켰고, 일부 학자는 벤트리스가 주장하듯이 선형문자 B로 기록된 점토판의 언어가 그리스어의 초기 형태라는 사실을 받아들이기를 거부했다. 이후 더 많은

```
a-pi-no-e-wi[-jo]  ka-ke-we ta-ra-si-ja  e-ko-te

to-ri-jo BRONZE M1 N2 e-do-mo-ne-u BRONZE M1 N

mi-ka-ri-jo BRONZE M1 N2 pu-ra-ta BRONZE M1 N2

u-wa-ta BRONZE M1 N2 ka-ta-wa BRONZE M1 N2


. a-ta-ra-si-jo  ka-ke-we

wi-ti-mi-jo 1 ma-no-u-ro 1 a-we-ke-se-u 1


to-so-de  do-e-ro

pe-re-qo-no-jo  2 ai-ki-e-wo 2 mi-ka-ri-jo-jo 1

pu-ra-ta-o  1
```

▌ 그림 3.6 ▌ 미케네 그리스어: 필로스에서 출토된 미노스 선형문자 B로 기록된 점토판 텍스트. 마이클 벤트리스의 해독을 전사, 병기(출처: Hooker).

연구가 진행되면서 그의 그리스어 해석은 타당한 것으로 여겨졌고, 지금 이 해석은 보편적으로 인정받고 있다. 정말 점토판의 많은 표제어(標題語)는 그리스어 초기 형태로 완벽하게 이해되었다. 가장 초기의 것 중 하나는 이처럼 전사된다.[20]

PU-RO i-je-re-ja do-e-ra e-ne-ka ku-ru-so-jo i-je-ro-jo
WOMEN 14

이는 다음과 같이 전사된다(WOMEN 14 표제어는 그림문자로 제시되고, '여자들'과 '수사 14'를 의미하는 것으로 해석된다).

PYLO(S) *iereias doulae eneka chrusoio ierio*('여자들' 14)
필로스에서, 여사제들의 노예들은 신성한 금으로: 14명의 여자들

그 외의 다른 독해가 뒤를 이었고, 곧 미케네 그리스어의 문법과 통사법 연구가 가능해졌으며, 그 독해를 기반으로 크노소스와 필로스 사회

조직을 더 깊이 연구할 수 있었다.

아주 놀라운 점은 후대에 크노소스 왕궁을 이용하던 시기에 이곳의 기록 언어가 그리스어의 초기 형태였다는 사실이다. 이는 아서 에번스(1940년에 타계) 경에게는 놀라운 사실이었을 것이다. 그는 언제나 그리스 본토의 미케네 문명이 크레타섬의 미노스 문명에서 파생된 것으로 주장해 왔기 때문이다. 그렇다면 미노스인이 어떻게 그리스어를 기록할 수 있었던가? 이 그리스어는 미케네인 후손의 언어이니 말이다. 그렇다면 이 그리스어가 미케네인의 언어라고 추정할 수 있을까?

선형문자 A는 당시 미노스의 영향하에 있던 그리스 도서에서 사용되었다는 표시가 있지만, 기원전 1450년경까지 그리스 본토만큼 그리 광범위하게 퍼지지는 않았더라도 초기 크레타 궁정에서 사용되었던 미노스 선형문자 A에 해답이 있음이 틀림없다. 음절 구조의 기호가 선형문자 B의 기호와 매우 유사했기 때문에 그것이 어떤 음성을 나타내는지는 추측할 수 있었지만, 선형문자 A는 그리스어로는 제대로 독해될 수 없었고, 그래서 그때까지 독해가 제대로 되지 않은 상태였다. 이처럼 드러난 명문은 이제껏 우리가 아는 언어로도 뜻이 통하지 않았다. 특히 사이러스 고든(Cyrus Gordon)[21] 같은 일부 학자는 미노스 그리스어, 즉 선형문자 A가 셈어군에 속한다고 주장했지만, 여태까지 이런 주장은 그다지 확신을 주지 못했다.

오늘날 미노스인은 자신의 언어를 적는 고유의 문자 체계를 진정 개발한 것으로 보인다. 즉 처음에는 상형문자를, 그다음에는 선형문자 A를 개발했을 것으로 보인다. 또한 크레타섬은 기원전 1450년경 전후로 그리스 본토에서 출병한 무리에 의해 정복당했고, 크노소스에 있는 왕궁에서 그 섬을 다스렸을 가능성이 있다. 이런 관점에서 보면, 새로운 미케네 엘리트층이 현존하던 선형문자 A를 자신들의 미케네 그리스어에 맞게 고쳐 선형문자 B를 새로이 만들어 냈을 것이다. 기존 문자 체계와 새로이 만든 문자는 그리스 본토에서도 역시 채택되었을 것이고, 필로스에서 발견되는 것과 같은 문서고에도 보관되었을 것이다.

이러한 모든 사항은 인도유럽어 연구에 중요한 함의를 갖는다. 미케네인은 기원전 1400년경에 이미 인도유럽어족 내에서 개별어로서 상당히 분화된 그리스어를 실제로 말했던 것이 이제 분명해졌다. 그리스어가 인도유럽어에서 기원한다는 것을 탐색하는 작업은 미케네 문명의 기원과 그 선행 문명을 이해하는 일과 직결된다.

그리하여 인도유럽어의 계통수를 가설적으로 재구하면, 그리스어파는 단지 이 조어의 직계 형태가 된다.

▌표 5 ▌ 그리스어파

고전시대의 그리스어는 중세기에도 계속 사용되었고, 비잔틴 제국의 수도인 콘스탄티노플에서는 궁정어로서, 그리스 정교회에서는 제의어로서 살아남았다. 근대 그리스어는 이들의 직계어이다. 물론 1922년에 그리스와 터키 사이에 인구가 서로 교류할 때까지 그리스어가 아나톨리아의 여러 지역에서 사용되었지만, 라틴어처럼 별개의 하위 어군으로 더 이상 분화되지 않았다. 알렉산드로스 대제 이후에 그리스어는 분지되기 시작했지만, 대부분의 지역에서는 결국 다른 지역어로 교체되었다. 그렇지만 그리스어의 한 형태는 남부 이탈리아 지역에서 여전히 사용되었는데, 이곳은 고전시대의 식민지배지 가운데 끝까지 식민지로 남은 곳이었기 때문이다.

4. 중국의 대사막

네 번째 상실된 인도유럽어의 발견은 히타이트어를 발견한 것보다 훨씬 더 예측을 불허했다. 분명 이 발견은 고대 페르시아어나 미케네 그리스어를 해독한 것보다 훨씬 더 이상한 일이었다. 이 두 언어는 모두 우리가 익히 잘 아는, 현재까지 사용되는 후손어가 있고, 어느 정도 서로 유사해서 근대어에 비추어 해석할 수 있다. 하지만 토카라어(Tocharian)의 경우는 분명 그렇지 않았다.

19세기 후반에 와서야 비로소 여행자와 탐험가들은 지구상에서 거의 조사되지 않은 지역 — 당시도 그랬지만 지금도 여전히 그런 곳이다 — 을 탐사하기 시작했다.[22] 이 지역은 이란과 동부 투르크메니아, 카라쿰 사막과 옥수스강의 동부, 사마르칸드와 소비에트령 투르케스탄의 동부, 알타

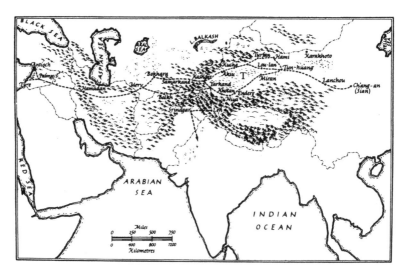

┃그림 3.7┃ 고대 실크로드 지도. 토카라어 명문이 발견된 유적지(특히 쿠차, 코탄, 돈황)가 있는 중국 투르케스탄의 타클라마칸 사막(T로 표시)을 나타낸 지도(출처: Hopkirk).

이산맥과 파미르고원의 동부를 지나 중국 국경 직전에서 마지막 실크로드 기착지로 이어지는 지방으로 해서, 오늘날 신장 자치주인 중국령 투르케스탄으로 들어간다. 거기서 티벳의 북쪽과, 몽고와 고비 사막의 남쪽으로 한동안 뛰어난 도시문명을 건설했던 오아시스들이 위치한 반면에 북쪽과 사방으로는 오로지 유목민만 거주하던 건조한 초원지대가 있다.

이 오아시스들 근처에 잊힌 도시들이 반쯤 모래로 덮인 채로 묻혀 있었고, 오직 목재와 유기물만이 사막의 건조한 기후에서 놀랄 정도로 잘 보존되어 있었다. 이곳은 수백 년 된 종이, 목재, 직물이 엄청난 양으로 보존된 세계적으로 극히 드문 지역 중 하나였다. 그런데 특히 이집트처럼 다른 대사막의 변경지에만 이와 유사한, 삭아 없어지는 자료의 문서고가 보존되었다.

금세기에 접어들면서 상당수의 학자가 이 지방으로, 특히 타림 분지와 근처의 여러 오아시스로 탐사를 감행했다. 이들 중 가장 뛰어난 탐사자로 헝가리 태생의 동양학자 아우렐 슈타인(Aurel Stein)이 있었다. 하지만 그는 흥미 있는 문자와 언어를 발견한 최초의 인물은 아니었다. 그는 부다페스트에서 교육을 마치고, 여러 대학을 전전하다가 한때 대영박물관에서 일하기도 했다. 그 후 1886년에 러홀(Lahore)의 동양학대학 학장에 취임했다. 거기서 그는 수차례에 걸쳐 아시아 탐사를 개시했고, 그 공로로 훗날 기사 작위를 수여받았다. 그가 거둔 뛰어난 최고의 업적은 1907년에 오아시스 도시 돈황에서 '천불동(千佛洞) 석굴'을 발견한 것이었다. 그가 1907년에 돈황을 처음 방문했을 때, 그곳은 중국 서부 접경의 번성하던 도시였다.[23] 그곳의 불교 공동체는 비록 작았지만, 많은 선사와 승려가 동굴을 돌보고 있었다. 이들 중 도교 승려 왕원록(Wang Tao-Shih)이 있었다. 그는 1900년에 한 동굴의 벽면 탱화를 닦다가 회반죽 벽의 갈라진 틈새를 발견했고, 틈새 사이로 밀실이 드러났다. 그 밀실은 벽으로 막아 놓은 서재로서 고대문헌이 가득 차 있었다. 그는 이 발견이 엄청난 것을 두려워하여 다시 벽을 막았지만, 슈타인은 그를 설득해서 벽을 다시 허물고, 상당수의 문헌을 팔라고 설득했다. 이렇게 구입한 문서 중에는 중국어와 다른 언어로 쓰인 5세기경의 불교 문헌, 티베트어 필사본, 그 밖에 주로 기원후 7~8세기의 것으로 추정되는 다양한 문자와 언어로 기록된 문헌이 있었다. 그 이후 이들 문헌의 중요성을 즉각 판단할 수 있는 감식안을 지닌 프랑스의 저명한 동양학자 폴 펠리요(Paul Pelliot)가 돈황을 방문했고, 엄청난 분량의 수고(手稿)를 역시 수집해 갔다.

이 자료들과, 그보다 몇 년 앞서 서쪽으로 몇 마일 떨어진 마을에서 발견한 소규모의 문헌 조사로부터, 기존에 알려진 다양한 문자와 언어로 기록된 방대한 기록 자료 중에 그때까지 전혀 그 존재를 인식하지 못했던 관련된 두 언어로 쓰인 문헌이 포함되어 있다는 사실이 밝혀졌다.

각 문화와 개별어가 하나의 명칭을 가져야 한다는 것은 고고학의 불행한 관례이다. 그래서 중요한 새로운 발견에 최초로 부여한 명칭이 결코 적절하지 않다는 사실이 종종 입증되기도 한다. 특히 불행한 것은 언어가 충분히 이해되기도 전에 그 언어의 이름을 명명한 경우이다. 왜냐하면 그 언어를 해독하면, 그 명칭이 제대로 지어진 것이 아니라는 사실을 보여 주는 당혹스러운 증거가 나타나기 때문이다. 이러한 선례를 이미 **히타이트어**에서 보았다. 히타이트인 자신은 '히타이트어'라는 이름을, 오늘날 우리가 '하티어'로 부를 수밖에 없는 전혀 다른 언어에 적용했다. 이와 마찬가지로, 문헌학자들은 처음에는 중국 투르케스탄에서 새로 발견한 이 언어의 기록자를, 기원전 2세기에 박트리아(이란 동부)의 그리스 지방수장을 정복한 부족으로 간주했는데, 고전작가 스트라본**24**이 이 부족을 언급하고 있었기 때문이다. 이 부족은 토카라인(Tocharoi)이었다. 이 때문에 타림 분지의 이 언어는 임의로 잘못 선택한 부적절한 명칭을 가졌고, 오늘날 **토카라어**로 알려졌다.

아우렐 슈타인이 찾아낸 자료뿐만 아니라 그륀베델(Grünwedel)과

폰 르 코크(von le Coq)[25]가 수행한 투르판(Turfan, 吐魯番)의 발굴 작업을 통해 확보한 엄청난 분량의 문헌 자료도 곧 해독되었다. 토카라어로 된 수고자료[26]는 주로 브라흐미(Brahmi) 문자 유형에 속하는 북부 인디아 알파벳으로 기록되었는데, 상당수의 자료가 산스크리트어 원본의 번역 자료임이 밝혀졌다. 실제로 그중 일부는 이 두 언어로 기록되었다. 기록 연대는 기원후 7~8세기였고, 사원의 서한과 해설을 담고 있다. 텍스트는 야자수 잎과 때로는 한지(漢紙)에 쓰였고, 그중에는 목판에 먹물로 쓴 대상(隊商) 허가증도 있었다.

두 종류의 토카라어[27] 중에서 종종 토카라어 A로 부르는 첫 언어는 카라샤르(Karashahr)와 투르판 마을에서 발견된 텍스트를 통해 알려졌기 때문에 투르판어(Turfanian)라고도 불린다. 다른 언어는 토카라어 B인데, 쿠차(Koucha, 龜玆)에서 주로 발견된 텍스트를 통해 알려졌기 때문에 일반적으로 쿠차어(Kouchean)로도 불린다. 슈타인이 돈황 석굴에서 찾은 기록의 일부는 이 언어로 기록되었다.

이 두 토카라어는 인도유럽어족과 연관 지을 만한 몇 가지 문법 특징이 있다.[28] 토카라어는 그 동계어와는 지리적으로 너무 떨어져 있기 때문에 어휘는 인도유럽어족의 다른 어파와의 긴밀한 관계를 보여 주지 못하지만, 부분적으로는 관계가 나타난다. 그 관계는 특히 수사(數詞)에 나타나는데, 투르판어와 쿠차어 수사는 다음과 같다.

1: sas, se	2: wu, wi	3: tre, trai
4: stwar, stwer	5: pan, pis	6: sak, skas
7: spat, sukt	8: okat, okt	9: nu, nu
10: sak, sak	100: kant, kante	

이들 언어가 유럽의 극동 지방에 분포하므로 동부 인도유럽어처

럼 **사템**어군에 포함되는 것으로 추정하지만, 100을 가리키는 단어[kant, kante]를 보면 대부분의 유럽어처럼 **켄툼**어군에 속한다. 이 사실로 사템어군과 켄툼어군의 구분에 대한 신뢰가 다소 손상되었다. 이 구분은 오늘날 대부분의 단순한 유형학적 분류와 마찬가지로 지나치게 단순화된 것이어서 그다지 큰 중요성은 없는 것으로 생각된다.

토카라어 화자들은 분명 중국인과 접촉했을 것이고, 이 기록 자료는 중국의 당나라 시대의 것이다. 이미 기원전 4세기부터 중국 기록에는 서부 국경 지대에서 흉노족으로 불리는 말썽 많은 유목 집단이 언급되고 있다. 훗날 서구학자들은 이들을 훈족(Huns)으로 그 정체를 확인했다. 중국 문헌에 따르면, 흉노족은 기원전 2세기에 위에치(Yü-chi, 月氏)라는 다른 민족을 밀어내며 서부로 이동했다. 일부 학자[29]는 이들을 인도유럽어에 속한 토카라어를 사용한 민족과 동일시했다. 이 주장은 가설이기는 하지만, 중국의 역사 기록이 언젠가 이 두 언어를 사용한 토카라인에 더 많은 빛을 던져 줄 것이라는 희망이 있음을 상기시켜 준다. 인도유럽어 문제를 다루는 대부분의 학자는 토카라어를 인도유럽어 중 가장 극동에 분포하는 언어로 간주하므로 이 언어의 증거를 별로 중요하게 생각하지 않는 경향이 있다. 어떤 의미에서 이는 사실이다. 오랫동안 잊힌 이 토카라어를 알 수 있었던 것은 돈황이 광활한 초원지대의 도시문화와 문자문화를 지닌 오아시스 도시였기 때문이다. 분명한 흔적을 일체 남기지 않은 인도유럽어를 사용한 다른 인구집단도 그 중간의 넓은 지역에 있었을 가능성이 아주 크다.

이 토카라어는 일반적으로 인도유럽어족의 하위 어군을 구성하는 것으로 간주된다.

5. 유럽의 언어

주요 유럽어군에 대한 계통수 도표는 다음과 같다.

1) 이탈릭어군(Italic languages)[30]

초기 이탈릭어군은 저명한 학자들이 꽤 깊이 연구했다.[31] 라틴어 외에도 굽비오 청동판에 새겨진 환상적인 긴 텍스트를 기록한 움브리아어가 있다.[32] 또한 에트루리아어[33]도 꽤 환상적인 주제이다. 이 언어는 외견상으로 비인도유럽어처럼 보이기 때문에 이 책의 이론에 따르면, 아마도 인접 인도유럽어보다 더 오랫동안 이탈리아에 있었던 것 같다. 또한 오직 짧은 명문을 통해 알려진 시칠리아 언어들이 포함된 언어군이 있다.

로망어(Romance)는 모두 라틴어에서 유래한다. 스위스의 로망슈어(Romansch), 카탈루냐어, 사르디니아어를 비롯하여 라틴어에서 유래하는 다른 언어도 있다. 오스카어 및 움브리아어와 라틴어의 관계는 별도의 논의가 필요한 문제이며, 북동부 이탈리아의 베네치아어와의 관계도 역시 논의가 필요하다. 이 모든 언어는 기원후 1~2세기경에 라틴어에 합병되었다.

┃표 6 ┃ 이탈리아어군

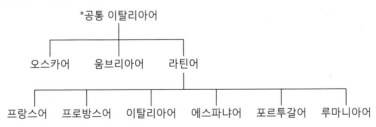

2) 켈트어군(Celtic languages)

주요 켈트어는 〈표 7〉과 같이 일련의 관계로 요약되지만, 일부 언어 관계
는 논란이 있다.

┃표 7┃ 켈트어군

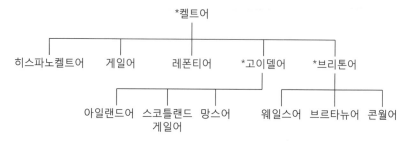

3) 게르만어군(Germanic languages)

게르만어군은 복잡한 어군을 형성한다.[34] 알려진 최초의 게르만어는 기원

┃표 8┃ 게르만어군

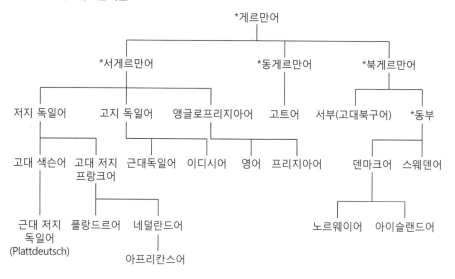

후 4세기경에 작성된 성서의 고트어 번역본이며, 그 일부는 지금까지 남아 있다.

4) 슬라브어군(Slavic languages)

슬라브어군의 구분은 다음과 같이 도식으로 작성할 수 있다.[35] 교회 슬라브어는 기원후 9세기경에 최초로 기록되었다.

∥ 표 9 ∥ 슬라브어군

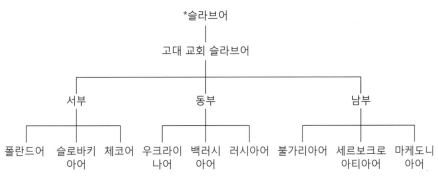

5) 발트어군(Baltic languages)

지금껏 알려진 리투아니아어로 쓰인 최초의 문헌은 1515년경으로 거슬러 올라가며, 발트어의 기원은 입증된 것이 별로 없다[에스토니아어는 계통이 전혀 다른 핀우글어군에 속한다. 다음 7) 참조].

∥ 표 10 ∥ 발트어군

6) 일리리아어(Illyrian)

그 나머지 유럽의 주요 인도유럽어는 사실 이 표제하에 분류될 수 있다(트라케어와 다키아어는 뒤에 가서 다룰 것이다). 고전시대에 일리리아어로 쓰인 문헌 중 지금까지 남아 있는 것은 없다. 다만 그리스 문헌이 지금의 유고슬라비아와 알바니아에 거주한 일리리아인을 언급한 것만 있을 뿐이다. 근대 알바니아어는 고대 일리리아어에서 발달했거나 트라케어에서 전해 내려왔을 가능성이 있다.

7) 유럽의 비인도유럽어

유럽 내의 인도유럽어의 기원을 이해하는 열쇠는 인도유럽어가 접촉한 초기의 비인도유럽어에서 발견된다. 이 언어들은 다른 언어보다는 그리 잘 알려져 있지 않으며, 일부 언어학자는 여기에 여러 언어를 포함하려고 한다. 특히 널리 알려진 고대어 두 가지가 이 범주에 속한다.

    에트루리아어(Etruscan)는 중부 이탈리아의 고대어로서 초기 라틴어와 동시대에 사용되던 언어였다. 라틴어가 기원전 1세기쯤 지배적으로 사용되었지만, 라틴어는 라티움의 언어였고, 에트루리아어는 에트루리아의 언어였다. 에트루리아어는 유럽의 다른 언어와 분명 관계가 없기 때문에 항상 신비스러운 언어로 여겨졌다. 문자는 아무 문제를 제기하지 않는다. 그것은 에트루리아어가 그리스인과 로마인이 사용하던 알파벳, 즉 본래 페니키아인에게서 유래한 것과 같은 알파벳을 사용했기 때문이다. 이 언어는 해독할 수 있을 만큼 많은 텍스트가 보존되지 않았기 때문에(또한 이 개어로 된 텍스트도 거의 없다) 지금까지 극히 일부만 이해된 상태이다. 물론 에트루리아어의 기원에 관한 많은 가설[36]이 있는데, 그중 가장 인기 있는 가설은 두 가지이다. 첫 번째 가설은 (많은 현대 언어학자가 생각하는 것처럼) 에트루리아어가 토착어라는 것이고, 두 번째 가설은 그리스 역사가 헤로도토스가 제시한 것처럼 기원전 1000년경 서부 아나톨리아의 리디아에서 들어온 이주민이 이탈리아로 가져왔다는 것인데, 후자 가설은 인도유럽어의 기원을 암시하는 듯이 생각된다.

바스크어는 북부 에스파냐에서 사용되는 언어로서 현재 번창하는 언어이다. 이 언어 역시 밀접한 친근관계[37]가 없으며, 그렇기 때문에 이 언어는 많은 억측을 낳고 있다.

이탈리아의 에트루리아어처럼 이베리아어(Iberian) 역시 에스파냐의 또 다른 비인도유럽어지만, 고전시대 이후로는 생존하지 못했다.

에스토니아어는 핀란드어와 관계가 매우 밀접하며, 둘 다 헝가리어와 관계가 있다. 이 언어들은 모두 우랄어족의 핀우글어군을 형성한다. 헝가리어를 말하던 마자르인이 9세기 말에 헝가리 평원에 도래한 사실은 역사기록으로 남아 있다(제8장 참조). 에트루리아어, 바스크어, 이베리아어는 각기 그 지역의 선사시대까지 거슬러 올라가는 조상어가 있지만, 헝가리어는 그 이전에 사용되던 언어를 대체한 언어이다. 이러한 이유로 헝가리어는 여러 면에서 유럽의 초기 언어에 관한 논의에는 별로 유효하지 않다.

6. 유럽과 아시아의 중간 지역

그리스어처럼 단일어로서 인도유럽어족의 한 어군을 형성하는 주요 인도유럽어는 아르메니아어이다. 이 언어는 때로 트라케프리기아어(Thraco-Phrygian)[38]로 분류되지만, 이 명칭은 유럽의 남동부 모서리의 트라케의 언어와 서부 아나톨리아의 언어와 관계가 있는 것처럼 보이므로 부적절한 용어이다. 고전시대의 트라케는 오늘날의 북부 에게해의 그리스 동부 속주(nomos)와 불가리아로 나뉜다. 여기에는 유럽 내에 속하는 근대 터키의 일부 소지역도 포함된다. 트라케어로 쓰인 현존 기록은 호메로스 시대로부터 중세에 이르기까지 모두 약 25개의 단어뿐이다. 이 트라케어는 의심할 여지없이 로마 점령 이전의 오늘날의 루마니아에서 사용되던 언어와도 관계가 깊다. 이 지역은 로마의 다키아 속주가 되었는데, 그 지역의 초기 언어는 다키아어였다.

프리기아어[39]는 그리스 시대에 아나톨리아의 프리기아 속주에서 사용되던 언어로서, 기원전 6세기경에서 유래하는 약 25개의 명문과 기원후 3세기에 유래하는 100여 개의 명문을 통해 알려졌다. 이 명문은 그리스 알파벳으로 기록되었다. 문헌학적으로 볼 때, 프리기아어의 지위는 모호하며, 트라케어와 다키아어와 같은 범주에 분류되는지 아주 불분명하다. 최근 연구에 따르면, 프리기아어는 그리스어와 더욱 가깝다.

물론 아르메니아어는 아르메니아공화국에서 사용되는 언어이다. 뿐만 아니라 이웃 국가인 조지아(Skartovelo)와 북서부 이란, 터키의 북동부 속령(vilayet)에서도 사용된다. 따라서 아르메니아어는 아나톨리아 극동에 위치하며, 다키아어나 트라케어는 차치하고 프리기아어와 연결할 만한 아무 근거가 없다. 하지만 인도유럽어 연구는 주민 이동의 관점에서 보려는 경향 때문에 다음처럼 서술하고 있다.[40]

"아르메니아인은 유럽 남동부에서 출발하여 헬레스폰토스를 가로질러 프리기아인(호메로스에 나오는 트로이아인)과 함께 소아시아로 들어와 기원전 8~6세기에 흑해 극동 지역의 현재 원거주지에 도달하였다."

실제로 아르메니아어를 서부 아나톨리아나 트라케와 연결 지을 만한 아주 명백한 이유는 없다. 언어학자들이 제시한 믿을 만한 설명에 따르면, 아르메니아어의 특징은 기원전 1000년에 그 지역에 사용되던 비인도유럽어인 우랄투(Urartu) 문명의 언어에서 유래하는 것이라고 한다. 그 문명의 중심지는 동부 아나톨리아의 반(Van) 호수 지역이며, 그래서 때로는 우랄투어(Urartian)라고도 한다. 그렇다면 이 언어는 거의 1000년 전에 보가즈쾨이의 점토판에 쓰인 비인도유럽어 중의 한 언어의 후손어인 후르리어로 생각된다. 점토판의 일부 텍스트가 hattili(하티어로)로 시작되는 것처럼, 몇몇 텍스트는 hurlili(후르리어로)로 문두를 시작한다.

후르리어는 기원전 2000년 가장 널리 팽창하던 때에는 중부 아나톨리아의 깊숙한 내륙, 즉 시리아, 팔레스타인, 메소포타미아와, 서부 이란에도 사용되었다. 후르리어에 인도유럽어 단어가 있다는 사실은 주목할 만큼 흥미롭다. 실제로 일부 언어학자는, 후르리어가 사용되던 미탄니 제국의 왕 이름이 인도유럽어 명칭이라고 지적해 왔다. 다시 말해서 이 인명을 초기 인도이란어로 해석하면, 일관된 의미를 지닌다는 것이다. 왜냐하면 기원전 15~14세기에 인도유럽어식 인명을 지닌 미탄니 제국의 왕들은 아메노피스 3세와 그의 아들 아크나텐에게 보낸 서한을 통해 알려졌기 때문이다. 이 서한들은 텔 엘아마르나에 있는 국외 공관문서고에서 발견되었다. 하지만 가장 신빙성 있는 증거가 보가즈쾨이에서 발견된 점토판에 나타나는데, 이 증거는 그곳 문서고에서 제8의 언어가 발견되리라는 징후를 보여 준다. 그 점토판은 우리가 히타이트어로 부르는 인도유럽어로 기록되었다. 이는 기원전 14세기에서 유래하는 굉장한 텍스트로서 전차를 끄는 말을 조련하는 내용을 담고 있다.[41] 그것은 키쿨리(Kikkuli)라는 사람이 작성했다고 하는데, 그는 미탄니 제국에서 온 후르리인이었다. 이 텍스트에는 학자들이 후르리어에서 차용했을 것으로 추정하는 전문용어가 있다. 이 용어의 일부는 분명 인도이란어와 관계가 있는 언어에서 파생된 것이다. 예를 들어 '9회전 경마코스'라는 뜻의 용어 nawartanni wasannasya는 산스크리트어 재구형 navartane vasanasya와 비교할 수 있다. aika-(1), tera-(3), panza-(5), satta-(7), na-(9) 같은 수사는 이런 방식으로 출현한다.

이 마술(馬術) 용어를 실제로 후르리어로 기록한 것으로 가정하면 꽤 설득력이 있다. (필자는 그 용어 출처가 보가즈쾨이에서 발견된 히타이트어 텍스트이기 때문에 사실은 히타이트인의 땅에서 기록되었고, 그렇기 때문에 후르리어 마술 용어에서 유래하는 것이 아니라고 주장한다.) 만일 아마르나 서한에 나오는 미탄니 왕[42]의 인도유럽어 인명과 함께 이 마술서의 말의 조련과 관련된 7~8개의 특수 용어를 증거로 수용하면, 의미심장한 역사적 추론을 도출할 수 있다.[43] 왜냐하면 언어학자들은 이 단어들이 언어학적으로 히타이트어보다는 인도이란어와 유사하다는 것, 다시 말해서 히타이트어보다는 북부 인디아의 『리그베다』를 기록한 베다 산스크리트어와 서부 이란의 『아베스타』를 기록한 고대 페르시아어와 더 유사하다는 데 동의하기 때문이다. 하지만 보가즈쾨이 점토판은 우리가 확보한 그 어떤 직접적 증거보다 수 세기나 앞선다. 이처럼 많은 언어학자가 널리 제기하는 주장을 따른다면, 미탄니 지역의 후르리인은 분명히 이 마술 용어가 유래하는 언어 사용집단과 이미 밀접한 관계를 맺고 있었다.[44] 심지어 일부 학자는 더 나아가 후르리인이 그 언어를 말하는 민족에 정복당한 것이라고도 한다. 이 주장은 아마도 미탄니 제국의 왕의 이름을 설명해 줄지도 모른다. 만약 이 신흥 엘리트층이 당시로서는 최신 기술인 전차를 사용해서 정복했다는 가설을 후속으로 제시하면, 미탄니 제국 출신의 그 후르리인이 히타이트 제국의 왕을 위해 기록한 점토판에 이 엘리트층의 말 조련 용어가 출현하는 것은 당연한 일이다. 아마도 그러한 제안은 아주 쉽게 할 수 있다. 분명 매우 한정된 소수의 단어에 기초한 것이지만, 실제로 기원전 1400년경이라는 아주 이른 시기에 또 다른 초기 인도유럽어의 증거가 될 수도 있다는 점에서는 중요한 것이다.

7. 인도유럽 '어족'

이 장에서 살펴본 증거를 한데 모아 이제 계통수 모형에 근거해서 가능한 언어관계의 도표[45](〈표 11〉)를 그릴 수 있다. 하위 어군의 다양한 어파가 있다는 주장은 대부분의 경우 이 어파의 언어들이 문법과 어휘 두 층위에서 아주 유사하다는 점에서 꽤 설득력이 있다. 앞에서 살펴보았듯이 언어학자들이 인도유럽어로서 이 어파들이 지닌 전체적 연계를 정당화하는 일반적 친근관계는 널리 인정하지만, 어파들 간에 드러나는 중요 사실을 지적하는 것은 훨씬 더 어렵다. 관례적으로 쓰는 별표는 특정 언어가 실제 텍스트로 기록되었다기보다는 추론되거나 재구되었다는 것을 함의한다. 미탄니 제국의 왕들이 사용한 것으로 가정되는 언어 존재는 단지 몇몇 개인 이름과 소수 단어를 기반으로 한 추론에 지나지 않기 때문에 도표에는 없다.

하지만 이 도표는 이용 가능한 증거를 단지 해석적으로 요약한 것이라는 사실에 주목해야 한다. 이 도표는 여러 측면에서 비판받겠지만, 보다 더 자세한 증거를 가지고 추가로 논의할 여지가 있는 주요 제목을 상기시켜 준다.

▌표 11 ▌ 인도유럽어족

제4장

원거주지 문제

지금까지 인도유럽인의 최초의 **원거주지**를 정하기 위해 시도한 다양한 연구의 근거가 정말 타당한지 더욱 심각하게 질문해야 할 때가 되었다. 우리는 앞에서 이미 이들이 타당한 근거가 없다는 점을 지적했다. 이 주제를 다룬 글들은 발상이 훌륭하고 적절한 논쟁이 상당히 많지만, 타당한 체계적 이론이 아직 개진된 바가 없다고 생각한다. 이 장에서 우리는 오늘날 대부분의 학자가 위험한 견해에 빠져 있다고 주장한다. 이들은 재구된 소수의 인도유럽 공통조어의 어휘라는 개념을 지나치게 신봉하고, 이 어휘에 기초해서 최초의 원거주지를 말로 그림을 그리는 듯이 설정한다. 이들은 일정한 토기 형태나 물질적 유물집합을 인간집단과 직접 동일시하고, 특정 언어나 어군과도 일치하는 것으로 너무나도 쉽게 가정한다. 하지만 이들은 왜 이 모든 언어나 화자가 유럽과 서아시아를 수차례의 이주를 통해서 그렇게 끝없이 방황하고, 오늘날 관찰되는 언어 패턴을 형성하게 되었는지는 설득력 있게 설명하지 못했다. 뒤에 가서 우리는 이처럼 특수한 난제를 해결할 수 있는 몇 가지 제안을 할 작정이다. 이 주제를 다룬 대부분의 권위자는 이러한 제안에 이견이 분분할 것으로 생각한다. 이 제안은 몇 가지 점에서 이 주제를 다루는 대부분의 견해와는 다르기 때문이다.

첫째, 몇 가지 일반적이고 중요한 사항을 재론하는 것이 좋겠다. 우선 1888년에 위대한 언어학자 막스 뮐러(Max Müller)가 말한 바[1]처럼 인도유럽은 민족이나 인간집단이 아니라 언어를 가리킨다는 점이다. 물론 언어를 말하는 사람이란 의미 그 이상의 의미로 인도유럽인이나 아리야족이라고 말하는 것은 부당하다. 이는 곧 필자가 오직 한 언어, 예컨대 셈어를 말하면서 성장했고 그 후 인도유럽어를 배웠다면, 진정한 의미에서 인도유럽인이 된 것은 아니다. 자녀를 둔 필자가 원래 셈어를 말했고 문화 배경은 다르지만 필자가 배운 인도유럽어가 우리 자녀의 제1언어가 되면 그들은 인도유럽인이다.

그렇다면 이러한 의미에서 인도유럽 문화라고 말하는 것은 옳지 않다. 또한 켈트, 게르만, 이탤릭 같은 용어도 이처럼 언어로 정의한다면, 켈트 문화, 게르만 문화, 이탤릭 문화라고 말하는 것은 잘못이다. 언어와 문화의 기원에 대한 엄청난 혼동은 언어와 문화를 제대로 구별하지 않기 때문에 생겨났다. 물론 언어와 문화는 흔히 함께 간다. 근대 유럽의 국가 정부에서 흔히 국경을 넘어가면 언어가 변하고, 때로는 전체 생활양식과 신념과 종교 체계도 거기에 따라 변한다. 그렇지만 반드시 그런 것만은 아니다. 확연히 다른 문화를 지닌 인간집단도 동일 언어를 말할 수 있고, 반대로 근본적으로 생활양식이 같은 지역에서도 다른 언어가 사용될 수 있다.

무엇보다도 인종과 언어를 일치시키는 것은 큰 실수이다. 인종(race)이란 용어는 물론 과거에 지나치게 남용되었고, 아주 흔히 그것이 정확히 무엇을 의미하는지 매우 불명확하다. 물론 중국인, 프랑스인, 나이지리아인을 일렬로 나란히 세워 보면, 그들은 확실히 각자 다른 모습으로 보인다(여기에서도 정의에 신중해야 한다. 왜냐하면 피부가 검은 프랑스인도 많고, 얼굴이 흰 나이지리아인도 있기 때문이다).

그러나 유럽과 서아시아를 고찰하면, 형질인류학적으로 볼 때 이들이 서로 다른 종족이었는지는 그리 분명하지 않다. 그렇지만 통계적으로 유의미한 층위에서 출신 국가나 혈통과 관련 있는 신체 특징도 실제로 있다. 예컨대 스웨덴인은 이탈리아인보다는 금발과 파란 눈을 가질 확률이 훨씬 더 크다. 신체의 혈액군을 외형적인 신체 특징처럼 연구할 수도 있겠지만, 인종의 개념을 정확히 정의하기란 극히 어렵다.[2]

고고학자들이 생전에 늘 하는 일이지만, 골격만 다룰 때는 특히 이 난점은 대단히 커진다. 현재로서는 골격 치수의 집합을 과학적으로 수용하는 방식도 없고, 일정 측정치의 신체나 두개골을 특정 인종에 할당할 방법도 없다. 각기 다른 민족의 시운율 특징을 비교하여 이를 근거로 추론할 수도 있겠지만, 이것도 유의미한 인종 특징은 아니다. 인간집단을 유의미하고 타당하게 구별할 수 있는 반복 출현하는 유효한 골격 패턴이 있다면, 선사 인종을 계속 연구할 수 있다. 하지만 이 접근방법을 무시하는 이유는 인종주의에 따른 결과를 혐오해서가 아니라 실제 자료와 부합하지 않기 때문이다.

언어, 인종, 문화를 명확히 분리하는 데 의견을 같이한다면, 인도유럽 조어 문제를 고찰하는 출발점은 언제나 언어 연구여야 한다. 인도유럽어 연구는 상당히 중요한 학문적 성과가 있고, 비교언어학의 기법은 정교하고, 깊이 천착되어 있다. 언어의 성질을 과감하게 새로이 진술하려고 해도 언어학에 전문적으로 정통하지 않은 고고학자로서는 큰 의미가 없다. 그러나 언어를 말하는 인간집단과 그 분포를 만들어 낸 역사적 정황을 이야기하려면, 고고학은 당연히 입지를 갖는다. 필자는 이러한 문제를 이 책에서 추적하고자 한다.

1. 원시 공통 어휘부의 유혹

인도유럽어의 기원 문제를 둘러싸고 일어나는 큰 혼란은 언어가 정확한 역사 재구와 최초의 원거주지의 위치 확인에 필요한 모든 증거를 그 자체 내에 포함하고 있다는 생각에서 유래한다. 언어재구의 **비교방법**(제1장에서 지적한 바 있다)에 대한 열광으로 친족관계가 있는 단어(동계 단어)가 다른 두 언어에서 발견되면, 이 두 언어의 개념적 조상이 되는 공통 조어에 원초적 기원이 되는 단어가 있다는 생각을 했다. 인도유럽 조어는 이런 방식으로 재구되었고, 그 조어는 곧 기원이 되는 **원고향**(Urheimat)의 원주민이 사용한 최초의 **원시어**(Ursprache)라는 것이다. 이것이 그 이름도 거창한 언어선사 고생물학의 방법이며, 이를 이용하여 **원주민**(Urvolk)이 가졌던 실제의 어휘집, 즉 원시 공통 어휘부(protolexicon)를 설정했다.

언어학의 비교방법에는 여전히 귀중하고 중요한 사실이 많고, 이 접근방법은 인도유럽어의 친족관계를 연구하는 가장 유용한 방법이다. 그러나 다음 장에서 살펴보겠지만, 언어선사 고생물학의 기초가 된 언어 변화의 **수지 모형**(family model)은 오늘날 보기에는 너무 단순한 것처럼 보인다. 차용어(인접하는 이웃언어에서 들여온 단어)가 일단 어느 언어에 획득되면, 이 차용어를 인지할 수는 있지만, 차용어의 인지가 언제나 쉬운 것만은 아니다. 하지만 분명 공통의 차용어가 예컨대 기원후 1세기에 두 언어에 유입되었다고 할 때, 이들은 수 세기 이전이나 수십 세기 이전에 사용된 개념뿐인 공통조어의 어휘에 대해서는 통찰을 얻지 못한다. 그렇지만 언어 변화의 **파상 모형**(wave model)은 이와 전혀 다른 모습을 보여준다.

연관된 단어를 가진 언어들이 지리적으로 멀리 떨어져 있다면, 언어선사 고생물학자는 다른 언어가 이 단어를 차용하는 것이 불가능하다고 주장한다. 예컨대 아일랜드어 ri(왕)는 라틴어 rex, 산스크리트어 raja

와 동계 단어이지만, 이들 언어가 지리적으로 아주 멀리 떨어져 있으므로 '왕'을 가리키는 단어는 [차용될 수 없으므로] 원시 공통 어휘부에 있었다고 주장할 것이다.

언어선사 고생물학의 기본 원리는 인도유럽인이 원시 공통 어휘부에 있는 특정 사물의 명칭은 언어 분석 결과 드러나며, 인도유럽인은 그 사물을 잘 알고 있었을 것이라는 가정에서 출발한다.

그리하여 윈프레드 레만(Winfred Lehmann)도 뛰어난 최근 연구에서 이처럼 말한다.[3]

"인도유럽 사회의 일상생활을 좇아가면, '짐승, 암소, 양, 염소, 돼지, 개, 말, 늑대, 곰, 거위, 오리, 벌, 오리나무, 자작나무, 버드나무, 낱알' 같은 단어를 발견할 수 있다. 곡식이나 채소를 가리키는 구체적 단어가 없다는 것은 동물의 고기가 주된 양식이었다는 것을 의미한다."

일고의 가치도 없는 이 주장으로 인해 원시 인도유럽인이 유목민이었다는 생각을 하게 만든다. 이 방법은 심지어 연대 추정에도 이용되었다. 레만의 글을 다시 인용한다.[4]

"인디아처럼 공동체가 번성한 시기는 논란이 줄어든다. 금속을 가리키는 단어를 재구하면, 인도유럽 공통조어의 어휘에 속하는 것은 '쇠'는 차치하고 '은', '금' 같은 단어도 없고, 심지어 '금속, 청동, 구리'를 가리키는 일반적인 용어도 거의 없다. 예를 들면 라틴어 aes '구리, 청동', ar '놋쇠, 구리'(이는 근대 영어 ore가 된다), 산스크리트어 ayas '청동'(후에 '구리') 같은 것이다. 이 어휘들에 근거해서 우리는 인도유럽 사회를 후기 신석기로 규정한다. 다행히도 고고학적 발견으로 이 공동체는 기원전 5000년 흑해 북부의 문화로 파악되었다."

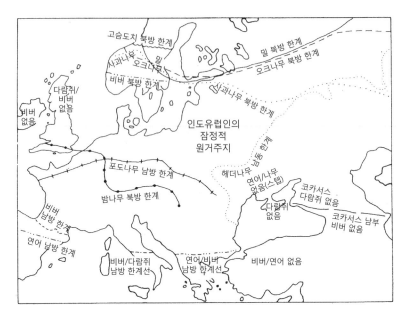

┃그림 4.1 ┃ 유럽의 다양한 동식물 분포 한계: 인도유럽인의 원거주지에 대한 언어 선사 고생물학의 증거(출처: Mann and Kilian).

　　언어선사 고생물학의 방법은 자연환경의 특징에 초점을 맞추어 원거주지의 위치를 정하는 데도 이용되었다. 원시 공통 어휘부에는 동식물의 명칭도 있었다. 언어선사 고생물학의 일반원리를 적용하면, 인도유럽인은 이 동식물을 잘 알았다고 결론을 내린다. 그렇다면 유럽이나 아시아의 어느 지역에 이 동식물종이 수천 년 전에 서식했다는 것을 증명하고, 그곳이 유일한 서식지로 판명되어 원거주지라고 주장하면 원거주지 문제는 해결될 것이다.

　　하지만 불행히도 문제는 그리 간단하지 않다. 이 방법은 많은 반론에 부딪힌다. 첫째, 새로운 산물을 만들어 내는 기술 혁신이나 발견은 그 산물과 함께 흔히 명칭을 갖는다. '바퀴', '수레', '구리', '청동'을 가리키는 단어가 몇몇 언어에서 발견될 때, 이들 단어에 관심은 가질 수 있겠지만, 그것이 반드시 그 언어의 기원을 알려 주는 것은 아니다. 이 상황에서 그 단어를 차용어라고 추측할 수도 있다.

둘째, 잘 알려진 바대로 단어의 의미는 변한다. 언어 혁신이 일어나면, 흔히 단어 형태는 원형대로 유지되지만, 전혀 다른 의미로 사용되기도 한다. 좋은 예가 영어 car('carriage')이다. 이 단어는 200~300년 전에는 지금과 완전히 다른 의미를 지녔다. 거의 60년 전에 프레이저(J. Fraser)는 논거가 확실한 논문에서 지적했듯이,[5] 몇몇 학자처럼 어떤 단어가 영어 mead(벌꿀주)와 대응하고, '술취하다'란 의미의 어근에서 파생된 동사형이 산스크리트어와 그리스어에 있기 때문에 인도유럽인은 독주(毒酒)를 잘 알았다고 가정할 수는 없다. 프레이저가 지적한 바대로, '마시다'를 의미하는 동사는 흔히 모든 종류의 주류에 이전되었다. 슬라브어 pivo는 라틴어 bibere(마시다)와 동계 단어이고, 원래는 '음료'를 뜻했지만, 지금은 슬라브어에서 '맥주'를 뜻한다.

이와 유사한 문제가 제도(制度)에도 적용된다. 학자들은 '아버지, 어머니, 형제, 자매, 아들, 딸, 며느리'를 가리키는 친족용어는 인도유럽 조어의 친족 체계를 가리켜 주며, 아들의 아내인 며느리와는 아주 친하게 지냈지만, 남성과 처가와는 별로 친하지 않았다고 주장했다. 그러나 영국 사회인류학자 잭 구디(Jack Goody)는 그러한 추론이 타당하지 않다고 설득력 있게 주장했다.[6]

또한 학자들은 원거주지의 왕권 제도의 표지인 '왕'이란 동계 단어가 여러 인도유럽어에 있다는 사실을 지적했다. 그러나 그 반대의 결론도 또한 개진되었다. 레만의 말을 다시 인용해 본다.[7]

"더 큰 사회집단의 수장(首長)을 가리키는 일반적 용어가 없으므로 인도유럽 공동체의 사회조직은 규모가 작았다고 결론지을 수 있다. 라틴어 regere(다스리다)와 관련 있는, '지도자, 지배자'를 가리키는 단어는 라틴어 rex, 아일랜드어 ri, 산스크리트어 raj이지만, 다른 방언에는 또 다른 용어인 그리스어 basileus, 고대 영어 cyning로도 나타난다. 따라서 인도유럽 공동체의 가족 체계는 아주 발달했지만, 사회정치 조직은 고도로 발달하지 않은 것으로 가정할 수 있다."

하지만 이는 매우 위험하기 짝이 없는 답변으로 보인다. 왜냐하면 모든 인도유럽어에서 동계 단어로 나타나는 친족어는 정말 소수이기 때문이다. 스튜어트 피곳은 케이스(A. B. Keith)의 말[8]을 인용하면서 이 점을 아주 제대로 지적했다. "언어 증거를 지나치게 문자대로만 받아들이면, 최초의 인도유럽 화자들에게는 '우유'가 아니라 '버터'가 있었고, '비(rain)'와 '손(hands)'이 아니라 '눈(snow)'과 '발(feet)'이 있었던 것으로 결론을 내릴 수도 있다."

생물종의 지리적 분포는 가장 활발하게 개진된 주장이지만, 이것 역시 함정이 있다. 인도유럽어에서 동계 명칭을 지닌 다양한 수목종이 서식하는 경계를 지도상에 그리는 것만으로, 몇몇 학자가 주장하듯이[9] 인도유럽 공통조어의 경계를 설정할 수 있는 것은 아니다. 여러 방언과 지방에 동계 단어나 심지어 동일 단어가 있어도 이들 어휘가 모두 같은 사물을 가리키는 것은 아니다. 영국의 robin(울새)은 미국의 robin(개똥지바퀴)과 다르다. 따라서 '자작나무'(birch)나 '너도밤나무'(beech)와 관련된 어휘가 여러 인도유럽어에서 발견되지만, 이들이 유래하는 인도유럽 공통조어의 원시 공통 어휘의 의미가 실제로 같았다고는 볼 수 없다.

실제로 식물 분포도에서 현재 특정 수목의 서식 경계를 살펴보더라도 서식지 경계 내의 언어에 이 수목 용어가 있고, 서식지 경계 밖의 언어에는 그 존재조차 모르는 수목 명칭이 없다는 것은 별로 놀라운 일은 아니다. 원시 인도유럽인이 정말 그 해당 지역에서 기원한다면, 언어선사 고생물학자들이 제안하듯이 현대 용어의 기원이 되는 원시 공통 어휘부에도 그 용어가 있을 수 있다. 그러나 서식지 경계 밖에 최초의 원거주지가 있고, 여러 영토 주민이 이동하면서 인도유럽어를 사용한 것으로 가정하면, 이들이 이동한 후 그 서식지에 필요한 어휘를 새로이 만들려고 했거나, 과거에 아주 다른 의미로 사용하던 어휘를 그대로 사용했을 수도 있다(미국으로 이주한 주민이 원래 사용하던 단어 robin을 신세계로 가지고 건너간 것처럼). 아니면 단어를 새로 만들어 언어 변화의 파상 모형에 따라 전체 영토권에 퍼트렸을 수도 있다. 그 어느 방법이든 문제의 동식물 용어가 발견되는 영토는 그 생물종의 자연서식지 한계를 훨씬 넘어서는 곳까지는 확산되지 않고, 그 서식지 내의 용어는 상당히 통일되었을 것이다.

프레이저가 그의 논문에서 이 점을 잘 지적했는데,[10] 여기서 자세히 인용할 가치가 있다.

"본인은 이미 인도게르만인이 말과 암소를 잘 알고 있었다는 사실에 지나치게 큰 의미를 부여했다는 점을 지적했다. 우리는 이 인도게르만어 단어의 정확한 의미를 실제로 모른다. 이들이 가축이었는지 야생 동물이었는지도 모른다. 이러한 이유로 인도게르만인의 최초의 원거주지를 결정할 목적으로 이 명칭을 제대로 확실하게 사용하는지는 알기 어렵다. 이와 똑같은 난점이 언어선사 고생물학자들이 이용한 어원자료에도 나타난다. 우리는 끊임없이 인도게르만인이 너도밤나무와 자작나무를 알았다고 들었으며, 원고향을 설정하려는 시도도 수없이 많았다는 것을 안다. 그러나 엄밀히 말해서 이들이 과연 이 나무들을 정말 알았는지는 모른다. 우리가 아는 바로는 그들의 어휘에 이 두 단어가 있었다는 것, 역사적 인도게르만어에 나오는 이 두 단어의 후기 형태가 일반적으로 beech와 birch였다는 것이다. 하지만 영어 beech(너도밤나무)와 동계 단어인 그리스어 [ὀξύα]는 오크나무(oak)를 가리키는 명칭이었다는 점에 유의해야 한다. 이 단어는 의미가 변화한 유일한 사례는 아니라고 가정해야 한다. 화자들이 살던 고향을 떠나 새로운 환경으로 이주하면서 고향에서 잘 알던 사물 명칭을 새로운 환경에 있는 새 사물에 적용한다면, 너도밤나무와 자작나무로 인도게르만인의 원고향을 알 수 있다고 주장한다는 것은 논리적 악순환이다."

원거주지를 정하기 위해 수차례 이용된 단어는 극소수이다. 파울 프리드리히(Paul Friedrich)는 『인도유럽 조어의 수목(*Proto-Indo-European Trees*)』[11]에서 아주 광범위한 조사를 통해 수목 명칭의 근거를 제시했다. 동물은 앞에서 간략하게 언급했다. 차일드는 『아리야족』에서 오토 슈라더의 저서에서 빌려온 상당히 많은 어휘 목록을 제시했다.[12] 필자는 임의로 선별하지 않도록 유의하면서 차일드가 목록화한 단어를 아래에 인용했다. 그는 산스크리트어, 그리스어, 라틴어, 켈트어, 튜톤어, 리투아니아어, 토카라어, 아르메니아어의 대응 형태(이것이 있는 경우에)를 이어서 제시했다.

신, 아버지, 어머니, 아들, 딸, 형제, 자매, 아버지의 형제(삼촌), 손자 또는 조카, 사위, 며느리, 시아버지, 시어머니, 시삼촌, 시숙모, 남편, 아내, 과부, 가장, 씨족, 이장, ?동기(형제자매), ?부족 또는 종족, 왕, 개, 소, 양, 염소, 말, 돼지, 숫소, 암소, 거세말, 가축, 치즈, 지방, 버터, 곡식, 빵, 고랑, 쟁기, 벌꿀술, 구리, 금, 은, 칼날, 송곳, 던지는 돌, 활시위, 단검, 창, 칼, 도끼, 대패, 마차 또는 바퀴, 바퀴축, 바퀴통, 멍에, 배, 노, 집, 문틀, 문, 기둥, 흙벽

이 단어 목록을 가지고 가장 빈번하게 내세운 주장은 식물 명칭보다

는 동물 명칭이 더 많다는 것과, 원시 인도유럽인의 생업이 유목경제였다는 것이다. 그러나 이 견해는 불행히도 유목에 대한 아주 순진한 견해에 기초해 있다. 유목경제는 가축/동물을 강조하지만, 농업이 출현한 후에 등장했다는 것은 현재 확고한 사실이다. 유목이 구석기와 중석기의 수렵채취와 신석기 농업의 중간 단계라는 견해는 오늘날 철저히 부정된다. 모든 곳에서 유목민은 농경민과 공생하며(제6장 참조), 그들이 먹는 대부분의 양식은 농산물이다. 사회인류학자 프레데릭 바르트(Frederik Barth)는 『남부 페르시아의 유목민(*Nomads of South Persia*)』에서 바쎄리족(Basseri)을 기술하면서 다음과 같이 지적한다.[13]

> "바쎄리족의 일용 양식은 농산물이며, 어떤 족속은 적어도 그 일부를 직접 생산한다. 곡류 작물과 특히 밀은 하계 거주지에 도착하면 맨 먼저 재배하고, 떠나기 전에 지은 농사를 추수한다. 그렇지 않으면 유목민이 도달하기 전에 그 지역의 마을 거주민이 작물을 재배하여 그 삯을 받는다. … 상당히 많은 생필품은 거래를 통해 구하며, 밀가루는 가장 중요한 식품이며, 끼니마다 비발효빵을 만들어 먹는다. 그리고 설탕, 차, 대추야자, 과일, 채소도 역시 중요하다. 대부분의 바쎄리족은 그 산물의 전부나 거의 대부분을 교역을 통해 구한다."

물론 모든 유목민 집단이 바쎄리족처럼 상업경제를 영위했다고 주장할 수 없다. 어떤 집단은 유제품을 더욱 중시했을 것이고, 또 다른 집단은 소의 피를 마셨을 것이다. 그러나 이동 유목민도 모두 농경으로 생산한 재배작물을 사용했다는 기저의 중요 사항은 여전히 변함이 없다.

그리하여 인도유럽어에 동계 단어 명칭을 지닌 동물종이 많이 나오기 때문에 원래부터 동물이 식물보다 이들의 경제에 훨씬 더 중요한 역할을 했다고 주장하는 것은 아주 순진한 생각이다. 만일 원시 인도유럽인이 길들인 양, 염소, 소를 잘 알았다면, 밀, 보리, 콩과 또한 다른 동물도 알고 있었음이 분명하다. 오늘날 인도유럽어에 이 생물종을 가리키는 공통 단어가 없다면, 이를 달리 설명해야 한다. 이 점을 받아들이면, 동계 단어 명칭 중 동물 명칭이 훨씬 많은 것은 기본적으로 언어적 요인으로 생긴 현상으로 봐야 하며, 원래의 원주민이 살던 자연환경에 그같은 동물종이 서식했다는 것을 알려 주는 특징으로 봐서는 안 된다. 그 전체 주장이 무너지면, 인도유럽 유목민의 신화는 모두 근거를 상실한다.

자연환경에 대한 많은 주장도 마찬가지로 근거가 희박하다. 추정된 원시 공통 어휘부에 포도나무와 올리브나무 같은 지중해성 식물의 어휘가 없다는 사실이 중요하게 지적되었다. 그러나 만일 이 식물 어휘가 공통 어휘부에 있었더라도 이 식물종을 볼 수 없는 지역에 이 단어가 계속 사용된 것으로 기대할 수는 없다. 중부 유럽과 북유럽의 재배 포도나무는 비교적 후대에 개발된 품종으로 알려져 있기 때문이다. 따라서 이들 지역의 선사 언어에 그 용어가 없다는 것이 논란거리가 될 수 없다.

나아가서 이 모든 논의 과정에 우리는 어느 한 시기를 대상으로 하는 것이 아니라 아주 유구한 시간을 상대한다는 점을 망각했다고 주장할 수 있다. 따라서 기존 언어로부터 특정 시기의 공통 조어를 재구한다는 것은 지나치게 야심찬 일이다. 언어학자 언스트 풀그램(Ernst Pulgram)은 이 생각을 희화화하여, 프레이저의 뒤를 이어서 놀랄 만한 귀류법을 제안했다.[14]

"로망어 증거에만 의존해서 라틴어를 재구하고, 그리스어, 켈트어, 게르만어, 다른 고대 인도유럽 방언을 무시하고 배제하거나, 공통 로망어의 어휘에서 라틴어 화자(이들을 라틴족으로 불러야 한다고 생각하는데, 애국 성향이나 정치 성향에 따라 어느 종족에 귀속할 수 있기 때문이다)의 문화에 대한 결론을 끌어낸다면, 자칫 잘못된 결과를 초래할 수도 있다. 즉 공통 로망어 regem(왕)과 imperatorem(황제)은 라틴족이 왕이나 황제 치하의 군주제에서 살았다는 것을 알려 주고[그러면 라틴공화국을 나타내는 rem publicam(공무)은 어떻게 봐야 할까?], 모든 로망어에는 프랑스어 prêtre(사제), évêque(주교)와 동계 단어가 있으므로 라틴족은 기독교인이었고, 프랑스어 bière(맥주), tabac(담배), café(커피)와 동계 단어가 공통 로망어에 있으므로 카이사르 군대가 길거리 카페에서 맥주를 마시고 담배를 피우는 모습이 머리에 떠오르고, 모든 로망어에 cheval(말), caballo, cal 등의 동물명칭과 guerre(전쟁), guerra 같은 '전쟁' 어휘가 있고, 라틴족이 caballum(말), guerram(전쟁)을 사용했으므로 분명 호전적인 무장 기마족이었다고 하는 등."

물론 '말'과 '전쟁'을 가리키는 라틴어는 실제로 equus와 bellum이다. 이처럼 신기하지만 무의미한 재구는 언어선사 고생물학의 위험성을 예시한 것에 지나지 않는다.

이러한 주장을 하는 의도는 뛰어난 언어학자들이 특정 단어의 역사를 연구하고, 이를 수단으로 언어의 친근관계를 밝히는 비교방법을 비판하려는 것이 아니다. 우리는 개진된 많은 언어학적 주장에 담긴 아주 풍부한 지식을 알기를 희망한다. 우리가 비판하는 것은 추정된 역사적 결론을 끌어내기 위해 그러한 자료를 아주 순진하게 이용했기 때문이다. 분명 학식 있는 언어학자가 산스크리트어 ratha(수레)가 '바퀴'를 가리키는 라틴어 rota와 동계 단어라고 하는 것은 흥미롭고, 역사적으로 해명할 필요도 있다. 그러나 그것은 이 두 동계 단어가 인도유럽인이 최초의 원거주지에서 바퀴 달린 마차(또는 바퀴 달린 수레)를 이용했다는 것을 말해 준다는 주장과는 전혀 별개의 문제이다.

인도유럽인의 원거주지가 남부 러시아라는 데는 충분한 논거가 있겠지만, 언어선사 고생물학의 발견은 그러한 논거가 되지 못한다. 마치 이 논거가 이미 다른 많은 원거주지에 맞게끔 수정된 것이기나 한 것처럼 이는 거의 모든 원거주지설에 적용될 수도 있다. 현재의 인도유럽어 분포는 원고향으로부터 원시 조어를 말하는 원시주민의 확산이 아니라 일련의 전체 과정을 겪은 후에 생겨난 최후의 결과로 봐야 한다. 비교언어학의 방법은 이 전체 과정의 연구에 큰 기대를 하겠지만, 원시 공통 어휘부를 구축하는 것만이 거기에 대한 가장 유용한 기여는 아닐 것이다.

2. 새로운 집단의 형성: 새김무늬 토기와 종형 비커

인도유럽인의 원거주지 주창자들의 첫 번째 실수는 언어선사 고생물학이라는 흐르는 모래를 기반으로 사고한 것이고, 두 번째 실수는 고고학적인 것이다. 이 문제는 유럽 선사의 많은 부분과 세계의 선사 전체를 괴롭혔다. 즉 어떤 지역에 출현하는 새로운 토기양식이나 새로운 유물이 발견되면 그것은 새로운 인간집단의 발달이나 심지어 그들의 도래를 가리키는 것으로 결론을 내렸다. 현재의 고고학은 이와 같은 종류의 **이주주의자적** 사고에서 완전히 벗어나 있다. 아마도 가장 생생한 사례는 흥미로운 새김무늬 토기인과 비커인이다. 이 두 사례는 기본적으로 남부 러시아 원거주지설을 주장하는 학자들과 중부 유럽이나 북유럽설을 강조하는 학자들의 주장과 관련이 있다. 제2장에서 살펴본 바대로, 비커는 새김 장식이 있는 마시는 식기이며, 아주 특징적인 비커 형태이다. 그중 가장 유명한 것은 그 모양을 본떠 명명한 종형(鐘形) 비커이다. 프랑스인은 이를 campaniforme로 부른다. 방사성 탄소 연대측정법에 따르면, 후기 신석기 말인 기원전 2300년경에 서유럽의 많은 지역에서 무덤들이 발견되는데, 거기에는 개인 유골과 특이한 잔, 정체를 알아볼 수 있는 식기 세트에 속하는 다양한 부장품이 들어 있었다.

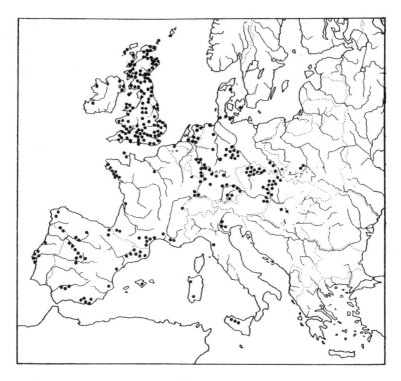

▌그림 4.2 ▌ 유럽의 종형 비커 분포(출처: Childe).

　사실상 흔히 이 부장품은 돌화살촉과 때로는 궁수의 손목 보호대로 해석되는 구멍이 뚫린 석재 물건이었다. 따라서 이들이 궁수였다는 제안은 근거가 충분한 것 같다. 때로는 동제 단검도 있었고, 경우에 따라 금귀걸이 같은 금속 제품도 있었다. 이들은 이 문제의 지역에서 가장 일찍 출토된 금속 제품이었다. 하지만 이들이 말을 탔다는 확실한 증거는 없지만, 적어도 서유럽에 말뼈가 최초로 출현한 것이 종형 비커와 관계가 있음을 알려 주는 표지가 있다.[15] 많은 고고학 연구에는 비커 매장지의 유물지도가 나온다. 예컨대 〈그림 4.2〉는 고든 차일드의 1949년 지도이다.[16]

　비커 유물군의 기원에는 많은 학설이 있다. 비록 오늘날 고고학자들 가운데는 비커 혁신을 독자적 기원으로 보려는 경향이 있지만, 발견된 다양한 유물 사이에는 모종의 관계가 있다는 결론은 피하기 어렵다. 1920년대는 대부분의 이들 유물의 변화가 주민 이동으로 생겨난 것으로 생각하던 시기였고, 이 시기의 모든 유물은 비커인(Beaker Folk)이 만든 제품으로 인정되었다. 이들 비커인은 인종적으로 다른 종족이다. 다시 말해서 두개골 치수를 보면, 분명 단두인(단두의 원형 머리를 가진 사람)으로 추정된다. 그 후 이 종족의 기원이 서쪽 이베리아인지, 동쪽 헝가리나 유고슬라비아인지, 북쪽 스칸디나비아인지 논란에 휩싸였다. 이러한 고고학적 증거의 차이를 더욱 상세히 설명하기 위해 체계적 이론이 발표되었다. 독일 고고학자 에드바르트 장그마이스터(Edward Sangmeister)는 **역류**(Reflux, Rückstrom) 이론을 제시했다. 그에 따르면, 비커인과 이들이 만든 물건은 먼저 에스파냐에서 제조되어 유럽 전체를 건너 이동했고, 그 후 역류[17]가 일어나서 중부 유럽의 다양한 특징이 이베리아반도로 거꾸로 흘러들어 갔다.

1966년에 그레이엄 클라크(Graham Clark) 교수는 「브리태인 선사의 침략 가설(The invasion hypothesis in Britain prehistory)」이란 영향력 있는 논문을 발표했고, 그처럼 신랄한 비판자조차도 비커 매장 풍습을 지닌 사람들이 유럽대륙에서 브리태인으로 이주했다는 생각을 가졌다.[18] 하지만 1977년에 영국 고고학자 스테판 셔넌(Stephan Shennan)은 「종형 비커와 중부 유럽의 환경: 새로운 접근(Bell beakers and their context in central Europe: A new approach)」이란 박사학위 논문[19]에서 새로운 개념군을 제시했다. 그는 비커 유물군을 **지위 장구 세트**(status kits)로 봐야 한다고 제안했다. 즉 이는 공동체의 고위층 인물이 소장하는 물품 집합이며, 지위를 드러내어 과시하고, 더 출세하기 위해 이용한 물건들이라는 것이다. 지난 15년간 고고학자들은 공동체의 유력자들이 지위를 행사하고 유지하려면 물질 자산이 중요하다는 사실을 확실히 깨달았다. 이 기본 개념은 아주 초창기 고고학으로 거슬러 올라간다. 당시 고고학자들은 발굴한 유골이 금과 호박제품처럼 비싼 부장품과 함께 출토되면 이 유골은 수장이나 **왕족**의 것으로 인정했다. 비커 매장지에 함께 매장된 부장품은 그 후의 초기 청동기 부장품만큼 수가 많거나 인상적이지는 않지만, 대부분의 발견 지역에서 함께 출토된 귀중한 부장품은 매장 당시의 개인의 위세를 과시하는 신경향을 나타낸다.

이러한 셰넌의 접근방법은 고고학자들이 사회적 관점에서 사고하려는 경향이 커졌다는 것을 잘 보여 준다. 브리태인의 비커 매장지는, 후기 신석기에 거대한 헨지 기념물로 대변되는 의례 활동이 활발했던 시기 이후에 출현한다. 스톤헨지(Stonehenge)는 이 가운데 가장 유명한 것이지만 (거대한 원형 바위들이 그 후에 세워지기는 한다), 애버베리(Avebury) 같은 또 다른 거대한 헨지 기념물도 있다. 우리는 1979년에 후기 신석기 사회를 **집단 지향 군장제로**[20] 생각할 수 있다는 견해를 제시했다. 이 집단 군장제에서는 당시 사회의 핵심 권력은 이 사회의 집단적인 거대한 작품으로 표현된다. 집단 군장제는 그 후의 초기 청동기의 **개인 군장제**와는 대조되며, 개인 군장제에서는 함께 출토되는 풍부한 부장품은 특히나 개인과 더 잘 어울린다. 셰넌은 위세를 지닌 귀중한 부장품과 더불어 비커 매장지의 출현을 이러한 변화 과정의 일부로 간주하고, 신석기와 초기 청동기 사이에 브리태인 사회에 일어난 변화로 볼 수 있다고 주장했다. 또한 비커인과 **부장품 세트**의 개념이 중부 유럽과 북유럽(또한 브리태인까지)으로 급속히 확산되었으며, 지역 수장은 인근 지역의 행태(行態)를 모방하여 유행하는 부장품을 경쟁하듯이 과시했을 것이라고 주장했다.[21]

"그렇다면 청동기 초의 종형 비커 단계에서 중부 유럽과 서유럽 전체를 잇는 아주 유의미한 접촉 패턴을 보는데, 많은 지역 상황이 서로 매우 다르지만 제의(祭儀)와 이데올로기를 포함하여 다양한 영역이 기본적으로 혁신되고, 확산되어 채택되던 시기였다."

과거의 주민 이주와 확산설 대신에, 많은 사례를 대등 정체의 상호작용으로 설명했는데, 여기서는 우위를 다투기 어려운 여러 지역공동체가 함께 상호작용한다. 이러한 방식으로 **핵심 지역**, 즉 새로운 **양식 권역**이 생겨나고, 새로운 물결이 퍼지면서 전파된다. 이와 같은 사태가 종형 비커인에게 일어났다. 중부 유럽과 북유럽과 그 이후 곧 브리태인에 출현한 사회 체제는 이처럼 새로운 체제였다. 영국 고고학자인 알라스데르 휘틀(Alasdair Whittle)은 (특별히 브리태인을 언급하면서) 이처럼 썼다.[22]

1. 기원전 3000년 중반에 환경과 자원에 중요한 변화가 일어났고, 이것은 그 후의 경제, 취락, 사회에 영향을 미친 듯 보인다. 이 변화로 기초 자원을 쟁취하려는 경쟁이 특히 남부 영국에서 벌어졌다.
2. 종형 비커는 종족적 현상도 아니고, 기본적으로 새로운 현상도 아니다. 이 견해를 경험적으로 증명하려면 세부 사항, 특히 취락 증거에 관심을 가져야 하지만, 주요 목적은 이 현상을 다른 방식으로 해석하는 것이다.
3. 여기서 이 현상은 더 폭넓게 장기간에 걸쳐 일어난 사회변동 과정으로 간주된다. 이 변동 과정에서 공동체의 결속 욕구는 부족 자원을 얻으려고 경쟁하는 가운데서 대부분 개인의 지위 획득으로 변했다. 이 시기의 많은 다른 특징도 이러한 변동 과정을 예시해 준다. 이러한 의미에서 비커 현상의 구체적 내용은 특별한 관심사는 아니며, 단지 그것이 갖는 광범한 기능만이 관심사가 된다.

이 견해는 오늘날 브리태인의 신고고학 연구 전체의 중심에 있다. 신고고학적 연구는 경제, 사회조직, 이데올로기를 그 상호작용과 함께 고찰한다. 물론 신고고학은 그 후 곧 아주 세부적으로 개진되었다. 스위스 고고학자 알랭 갈레(Alain Gallay)[23]는 이 견해를 아주 타당성 있게 검토했다. 이들 연구의 전반적 결과는 비커 현상의 중요성을 인정하고, 이 현상을 당시 유럽사회에서 일어난 중요한 변화를 알리는 징조로 보았다. 이 변화는 부분적으로 새로운 야금술의 영향과도 관련 있고, 상업 관행의 발달과도 관계가 깊다.

이 모든 것은 유럽에 새로운 상호작용의 망이 구축되었다는 것을 의미하며, 이들 때문에 새로운 관념(그리고 새로운 종류의 경쟁과 힘겨루기)이 탄생했다는 것을 의미한다. 이것을 전파 과정으로 말하는 것은 타당하지만, 중요한 전파 중심지는 없었다. 서로 필적하는 사람들 사이에, 대등 정치 체제 사이에 상호작용이 이루어진 것이다. 따라서 인종적 영향이라는 낡은 개념도 거부하고, 대규모 인구가 이동했다는 주장도 없다. 또한 흔히 매장 구릉지나 고분의 비커 매장지에서 볼 수 있는, 엘리트의 외부 유입설을 주장할 필요도 없다. 이들은 아마도 지역 출신의 엘리트였으며, 일부 엘리트는 상호 교환망을 통해 더 큰 위세를 얻었고, 몇몇 경우에는 이들의 용품이 이웃나라에서 이미 사용되던 물건이라는 것을 보여 준다. 이들은 이웃나라에서 용품을 들여오면서 자기들 용품도 추가로 넣기도 했을 것이다. 또한 이들의 이웃나라도 이러한 생각을 했을 것이다. 그리하여 전반적 상호작용의 망은 있었겠지만, 단일한 혁신 지점은 확인할 수 없다.[24]

이러한 상황에서(제6장에서 전개한 논의의 관점에서) 주민 이동을 지지할 만한 특별한 논거는 없다. 각 지역의 인구 구성은 대부분 변하지 않았고, 대부분의 경우 지역 엘리트는 그 지역 출신이었다. 차용어를 채택할 기회는 아주 많았다. 신문물과 신기술의 습득으로 차용어의 채택 범위가 아주 넓어졌다. 당시에 구축된 더욱 강력해진 소통망은 언어 혁신의 확산을 더욱 촉진했다. 이 상황에서 새로운 언어, 예컨대 심지어 인도유럽어도 원거주지에서 확산되는 시점은 아니었을 것이다. 이 상호작용 과정에 개입한 사람들은 특별히 '유랑적일' 것도 없고, 비커인 엘리트도 자유분방한 방랑자로 볼 아무 논거도 없다.

이 주장은 이 시기에 쿠르간족이 침입했다거나 새로운 쿠르간족의 언어가 이 문제의 권역으로 확산되었다는 견해를 무너뜨릴 만큼 상당한 파괴력이 있는 것으로 생각된다. 분명 비커인 엘리트는 때로는 구릉지 분묘 아래 매장되었는데, 이 언덕 분묘를 러시아어로 **쿠르간**(kurgan)이란 용어로 지칭한다. 하지만 그래서 무엇을 하려는 것인가? 진정 이처럼 특별한 매장 특징을 남부 러시아로부터 배운 것이라면, 쿠르간은 단지 흥미로운 차용어일 뿐, 그 이외의 다른 언어적 함축 의미는 없을 것이다. 실제로 매장 구릉지 아래 집단적으로 매장하는 관습은 서부에서 2,000여 년 동안 행해져 내려왔으며, 개별 매장용 비커 매장지가 이 지역에 최초로 출현한 것은 아니다.

이와 견줄 만한 주장을 북유럽의 새김무늬 토기 문화에도 적용할 수 있다. 매장지, 보통은 개별 매장지가 구릉 아래에 출현하는 넓은 지역이 있고, 사자(死者)가 새김무늬 토기나 때로는 **전투 도끼**(즉 구멍난 석기 도끼)를 가지고 묻혔다는 것은 분명하다. 1969년에 체코 고고학자인 에브젠 네우스투프니(Evzen Neustupny)는 「새김무늬토기 문화의 경제(The economy of the corded ware)」[25]라는 설득력 있고 영향력 있는 논문을 썼다. 이 논문은 이들이 신석기 유럽의 농경사회 경제와는 다른 경제를 이용한 이동 유목민이었다는 통설은 타당한 논거가 없다고 주장했다. 그리고 1981년에 이 분야 전문가인 동독의 알렉산더 호이슬러(Alexander Häusler)는 새김무늬 토기 문화의 동부 기원설의 논거를 상세히 검토하고, 지역 기원설을 단호하게 주장하면서 역시 인도유럽 조어 문제를 다루었다.[26]

최근에 영국 고고학자인 크리스토퍼 틸리(Christopher Tilley)가 사회 이데올로기적 접근방법을 스칸디나비아의 새김무늬 토기/전투 도끼 문화에 적용했다. 그는 중기 신석기 TRB(Trichterbecher＝깔때기 비커) 문화와 그 후의 BAC(Battle Axe/Corded Ware) 군(群) 사이에 과도기적 전이 과정이 있었다고 주장했다. 틸리는 이처럼 강조한다.[27]

"TRB와 BAC는 곡류 기반 경제가 특징이며, 이는 수렵, 어로, 채취, 축산으로 보완되었다. … TRB의 제4단계에서 모든 토기의 디자인 양식은 간소화되고, 어느 단계에 가서 무덤 제의 활동의 중추적 역할이 끝나면서 BAC로 바뀌었다. 매장 관습에서 최초로 개인 권위가 드러나고, 정교한 제의 환경에 대한 증거는 장례 행사에 거의 나타나지 않는다. 소규모의 부장품은 사자와 함께 출토되지만 위계 차별은 없었다."

새김무늬 토기에 대한 틸리의 접근은 어떤 면에서 비커인에 대한 세년의 견해와 아주 다르지만, 이들은 근본적인 농경 관습의 변화도, 유입자의 침략도 고려하지 않는다. 이 두 학자는 모두 주로 사회적 용어로 설명했다.

이들 두 연구는 어느 것도 지역집단이 생물학적으로 확실히 구별될 가능성은 배제하지 않는다는 점에 유의해야 한다. 스위스 형질인류학자 맹크(R. Menk)는 스위스의 비커 사용 주민이 당대의 다른 문화의 사람들과는 실제로 달랐다는 견해를 제시했다. 하지만 그는 이처럼 지적한다.[28]

"새김무늬 토기 문화는 생물학적으로 이질적이다. 핵심 지역의 지역집단(중부 독일, 체코슬로바키아, 폴란드)은 아주 동질적 권역을 형성한다. 이 권역은 우크라이나의 쿠르간 주민들의 집단과는 아무런 생물적 친족관계가 없다."

우리가 보기에 더 나은 방법을 개발할 때까지 형질인류학에서 끌어낸 결론을 지나치게 중시해서는 안 된다. 언제든 생물학적으로 다소 구별되는 지역 집단이 존재한다는 것은 별로 놀라운 일이 아니다.

비커 문화와 새김무늬 토기 문화에 대한 이러한 결론이 함축하는 전반적 의미는 상당히 크다. 주요 문화 복합체가 지역 요인의 상호작용을 통해 어떻게 생겨났는지 살펴보았다. 상호작용의 망을 통해 이들은 광범한 지역에 영향을 미쳤고, 그 결과 새로운 관념과 이들을 표현하는 새로운 방식을 채택했을 것이다. 우리가 살펴본 어떤 사례도 어느 시기에 언어가 교체되는 적극적 과정이 특별히 일어났음을 시사해 주지 않는다. 이러한 결론은 또한 소위 골호장지 문화와 다른 아주 광범한 문화 복합체가 출현하는 후기 청동기와 철기시대에도 매우 중요하다. 또한 켈트인과 게르만인에 대한 이해에도 매우 중요하다(제9장 참조).

3. 인구 변화의 역동성

우리가 살펴본 바대로 기존의 원거주지 이론은 새로운 문화 복합체의 출현과 새로운 언어군의 도래를 동일시하는 근본적 오류를 범했으며, 이들은 부당하게도 원거주지를 물리적으로 기술하기 위해 언어선사 고생물학의 자료에 의존했다. 불행히도 이 이론들은 또한 세 번째의 불리한 결점이 있다. 즉 이와 같은 인구확산이 왜 일어났는지를 분명하고 적절하게 구체적으로 설명하지 못했다.

코씬나가 활동하던 옛 시절에는, 원시 인도유럽인의 타고난 인종 우월성으로 어느 시기까지 영토를 확장할 수 있었고, 대부분의 유럽과 북부 인디아를 정복했다고 한다. 그것은 고민스럽고 진솔한 생각이지만, 우수한 인종과 같은 개념은 다행히도 오늘날 거의 통용되지 않는다. 그러나 그러한 설득력 없는 전제를 받아들이더라도 이 이론은 내적으로 부적합한 점이 있다. 이들은 왜 인도유럽인이 특정 시기를 선택해서 흩어져야 했는지를 설명하지 못한다. 다른 식으로 말하자면, 이 이론은 인도유럽인이 운명적 행로를 향해 먼길을 떠나기 전에 왜 그토록 오래 남부 러시아 초원지대에서 사람들의 눈을 피해 숨어 있었는가 하는 문제이다. 전후(戰後)의 어느 학자도 그러한 주장을 내세운 적이 없었고, 오늘날 이러한 주장을 심각히 받아들일 필요도 없다. 그러면 이들은 왜 추정된 원거주지에서 벗어나 흩어졌는가?

두 가지 가능한 주민 이동의 메커니즘을 제시할 수 있다. 첫째는 인구학적 메커니즘이다. 즉 대량의 인구 이주나 유의미한 기술 진보가 이루어졌고, 이것이 상당히 많은 인구를 증가시켰다는 것이다. 이 견해는 초기의 학자들이 경솔하게 채택했고, 벌 떼의 비유를 이용해 설명했다. 즉 인도유럽인이 그들의 북부 **벌통**에서 떼를 **지어** 이동했을 것이라는 것이다. 그러나 왜 **원거주지**의 인구밀도가 이웃 지역보다 훨씬 높았는지가 불분명하다. 이 설명은 간단히 적용할 수 있는 것이 아니다.

다른 주요 이론은 엘리트 지배이다. 몇몇 경우에 유입해 들어온 소수의 엘리트가 기존 체제를 철저히 통제하고, 이 체제를 접수하면서 때로 언어가 교체되기도 한다. 하지만 실제로 체제를 효과적으로 접수하려면 접수되는 사회에 위계구조가 있어야 한다. 브리태인의 후기 신석기 기념물은 군장사회가 있었다는 것을 의미하지만, 유럽 대륙의 증거에 따르면 항상 이와 동일한 결론을 내릴 수 없다. 더 근본적인 문제는 새로운 엘리트를 형성할 개별 집단에 위계사회 구조가 있어야 하는데, 거기에 필요한 정복과 새로운 엘리트 통치를 관찰하기는 어렵다. 그것은 사회구조가 기본적으로는 지위가 평등했던 이주민 집단에 의해 지배되었기 때문이다. 남부 러시아의 원거주지에 있던 **쿠르간** 집단 가운데 효과적인 계급사회와 군장사회의 사례는 실제로 주장할 수 없다. 김부타스 교수는 이를 훌륭히 설명했는데,[29] 예컨대 드니에프르강 하류 지방의 데레이프카(Dereivka)에 흔히 스레드니 스토크 II(Srednij Stog II) 문화로 명명되는 권역 내의 마을 취락을 사례로 들었다. 또한 미카일로프카(Mikhajlovka)를 포함하여 언덕의 성채 지대들도 있었다고 한다. 그녀는 주로 원거주지의 분묘가 많이 산재한 북부 코카서스의 동부 쿠반(Kuban) 지방에서 좀 떨어진 마이콥(Maikop) 무덤을 사례로 고찰했다. 김부타스는 발칸 반도의 황토 분묘를 쿠르간 이주민의 흔적으로 제시했지만, 이들이 특별히 고위층 엘리트 인사였는지는 불분명하다.

또한 쿠르간족이 호전적 전사로서 실제로 전투를 벌였던 요인이 무엇인지도 분명하지 않다. 인도유럽인의 **호전적 정신**에 의존하여 설명하던 과거 세대의 주장은 근거가 없다. 이 시기에 남부 러시아 초원지대에 말이 집중적으로 이용되었을 가능성은 아주 크고, 말을 기마용으로 사용한 증거도 실제로 있다. 말의 용도는 초원지대에는 굉장히 중요하지만, 이 시기에 말탄 기마전사들이 서부에 침입한 증거는 거의 없다. 그러한 사례는 후기 청동기 이전에는 결코 있을 수 없었다.

발표된 많은 글의 기저에 있는 중심 개념은 원거주지의 주민이 이동 유목민이었다는 것과, 이 유목민이 서쪽으로 이동하면서 적응에 훨씬 유리했다는 것이다. 하지만 이 견해에는 이동 유목이 동유럽과 중앙아시아의 초원지대에 아주 적합한 것만큼이나 유목사회가 중부 유럽 및 서유럽의 경제활동에도 아주 적합했다는 아주 잘못된 생각이 들어 있다.

유럽의 신석기 후기에 많은 지역에서 우유와 치즈의 사용 증가, 쟁기를 끄는 동물과 양모 및 가죽의 이용을 포함한 훨씬 더 집중적인 상업경제를 향한 움직임이 있었다. 앤드류 셰라트(Andrew Sheratt)[30]가 명명한 바대로 이것은 **이차산물 혁명**으로 그 전에 놀리던 지역을 더욱 집중적으로 경작하고, 기존에 이용하지 않던 고지대에서도 가축을 더 많이 방목했을 것이다. 마을에서 소 떼를 멀리 이동시켜 하계 목초지로 데려가는 이동 방목이 당시에 발달했을 것이다. 그러나 중부 유럽과 서유럽은 정상적 유목에는 실제로 적합하지 않은 곳이다. 그것은 전체 공동체가 하계에는 동계 거주지를 떠나 아주 먼 거리를 이동해야 했기 때문이다. 물론 이런 방식으로 이동 유목을 제대로 이용하지 않은 이유는 생업을 그럭저럭 꾸려 갈 수 있었기 때문이다. 정상적 유목경제는 일반적으로 농경제가 별로 정착하지 못한 곳에 운용되거나 아니면 (더욱 흔히는) 유목경제의 주변 지대에서 운용된다. 후기 신석기에 이동유목이 상당히 발달한 것은 실제로 유목 지역에서 잘 이용하지 않던 생태학적 틈새가 채워졌기 때문이다. 분명히 그것은 기존의 생업 패턴을 보완하는 것이지 대체한 것은 아니다.

더욱이 사회가 가축 자원을 더 널리 사용하는 쪽으로 발달한 것이 각 지역의 외부에서 촉발된 것으로 생각할 이유는 없다. 이제 지역마다 가축을 이용할 수 있었다. 실제로 일어난 그와 같은 발달은 지역적으로 자생한 집중화 과정으로 생각할 수 있다. 다시 말해서 이동 유목의 발달은 반드시 인간집단의 새로운 유입을 의미하지 않는다. 그리하여 이동 유목사회가 짧은 시기에 남부 러시아의 초원지대에서 발달한 것으로 볼 가능성은 충분하지만, 유목 발달 자체가 직접 또는 간접적으로 중부 유럽이나 남유럽에 영향을 크게 미친 것 같지는 않다.

또한 초원지대에서 이와 같은 유목생활 양식의 기원을 더욱 자세히 조사하는 것은 흥미가 있다. 초원지대의 유목경제는 어떻게 생겨났는가? 앞에서 지적한 바대로 유목은 언제나 농경인의 존재에 다소 의존한다. 이동 유목은 개념적으로 농경과 목축의 결합에서 발달했고, 여기서 이동 패턴은 더욱 생활이 어려운 초원지대 환경에 적합하게, 진정한 의미의 이동 유목에 맞게 적응된 것이다. 이 문제를 이런 식으로 생각하면, 쿠르간 유목민은 어떤 의미에서 일차적 혼합 농경제에서 발달한 이차적 성장의 결과라는 것이 분명하다. 그러면 일차적 혼합 농경인은 어디에 있었는가? 가장 명확한 후보지는 남부 러시아 초원지대의 서부 변경(邊境) 지대로서, 구체적으로는 루마니아의 쿠쿠테니(Cucuteni) 문화와 우크라이나의 트리폴리예(Tripolye) 문화이다.

펜실베이니아대학의 워드 굿이너프(Ward Goodenough) 교수는 이 사례를 설득력 있게 주장했다.[31]

> "초원지대가 정복된 후에 그곳은 어쩔 수 없이 외부 이주의 원천이 되었다. 정복되기 전 그곳은 황무지였고, 주변 사람이 황무지로 들어와 개간하고 이용할 수 있는 기술발전을 기다리고 있었다. …
>
> 지금까지 말한 바는 분명 전투 도끼나 쿠르간 문화는 기원전 3500년에 쿠쿠테니와 트리폴리예 주민 — 이들은 농경과 목축의 혼합 경제를 운용했다 — 이 점유한 지역의 접경지대에서 유래한다는 결론에 이른다."

굿이너프는 여기서 "더 오래된 유럽은, 더욱 생활이 힘든 초원지대 환경에 적응하는 과정으로서 이동 유목경제의 진화 배경"으로 사태를 올바로 관찰했다. 물론 이 견해는 **원거주지** 이론에는 혁명적 결과를 갖는다. 왜냐하면 그것은 서부 초원지대의 초기 식민지화는 서부로부터 일어났다는 것을 의미하기 때문이다. 이런 근거에서 서부 초원지대의 최초의 선사 인도유럽어는 서부 인접 지역의 농경민이 말하던 언어였음에 틀림없다.

4. 결론

이처럼 세 계통의 주장을 통해 우리는 원시 인도유럽인의 남부 러시아 원거주지설을 거부한다. 필자 생각으로는 원거주지 설정의 주요 실패 이유는 첫째 언어선사 고생물학에 무비판적으로 잘못 의존했기 때문이고, 둘째는 이주주의자적 시각이었기 때문이다. 셋째는 거기에 작용하는 과정을 아주 조심스레 고찰하지 않으려는 경향 때문이었다. 토기 양식과 언어군을 너무나 쉽게 일치시키고, 더구나 이를 빈번히 단순한 근거로 일치시켰기 때문이다.

이 비판적 논의는 검토 중인 연구들이 유효한 관찰을 많이 하고, 필요한 설명을 하지 못했다는 것을 의미하는 것은 아니다. 예컨대 김부타스 교수와 루마니아, 우크라이나의 동료 고고학자들은 이 지역의 초기 쿠쿠테니와 트리폴리예 문화 이후에, 초원지대의 토기 양식과 훨씬 공통성이 많은 토기 양식이 뒤이어 출현했음을 보여 준다. 초원지대에 새로운 이동 유목경제가 들어선 후, 초원지대의 경계가 서부의 개간이 가능한 지대로 더욱 서향(西向)으로 이동했을 수도 있다. 실제로 그곳의 혼합 농경에서 유목으로의 진화가 어떤 것이었는지를 고고학적 기록에서 볼 수 있다. 실제로 서쪽의 이웃나라도 당시 발달한 초원지대 문화의 특징을 분명 지녔다. **쿠르간 문화**는 몇몇 경우에는 주민 이동에 영향을 미칠 수 있었고, 또 다른 경우에는 이 영향으로 단지 서부의 변경 주민만이 초원지대의 관습을 받아들였을 것이다. 이 견해를 끝까지 주장하려면, 좀 더 상세히 연구해야 할 후속 과제가 많다. 하지만 유럽 전체의 관점에서 이 시기, 즉 기원전 3500~3000년경에 서유럽에서 중부 유럽으로 상당히 많은 인구가 실질적으로 이동했다고 믿기는 어렵다. 이는 인도유럽 공통조어 문제와 관련은 있겠지만, 이 문제의 해결책은 되지 못한다.

제5장

언어와 언어 변화

언어 연구는 지난 20년간 눈에 띄게 발달했으며, 언어 기원과 언어 발달에 연구의 초점을 맞춘 역사언어학이라는 더욱 세분된 하위 분야도 연구 문헌이 꽤 광범위하게 많다. 한정된 지면에 폭넓은 조사를 하기란 어렵고, 더욱이 고고학자로서 그렇게 하는 것이 무모하지만, 필자는 적어도 현재 다루는 주제에 특히 유용한 견해와 몇 가지 개념을 지적해 보고자 한다. 한 세기 이전 시대와 다르게 모든 사정이 크게 바뀌었다. 당시 대단히 명석한 언어학자들은 대부분이 독일학자였고, 당시에 알려진 모든 인도유럽어의 어휘와 문법을 철저히 비교하던 시기였다. 오늘날 우리는 언어학자들이 추론 과정에서 제한된 가정을 설정하고, 여기서 끌어낸 역사적 결론은 어쩔 수 없이 제약을 받을 수밖에 없다는 것을 안다. 하지만 언어학자들이 비교하는 각 언어를 이해해야 한다는 점을 십분 인정하면, 연구 성과를 크게 경탄하면서 심사숙고를 할 수 있다.

보다 최근의 사회언어학이 발달하기 전까지는 많은 언어학자가 개별어에 아주 단선적 견해를 갖는 경향이 있었다. 각 언어는 서로 달리 분화되는 것으로 생각하고, 언어의 사용 경계가 구별된다는 것이다. 그리고 언어는 잘 정의된 방식으로 변하고, 음성 변화는 아주 규칙적 패턴을 따르므로 법칙을 따른다고들 한다. 오늘날에는 일정 시기의 언어 내에서 일어나는 언어 변동(variation)을 더 중요하게 생각한다. 각기 다른 방언을 보여 주는 공간적 변동과 공동체 내의 사회적 변동으로 생기는 발음, 어휘, 문법 차이가 그것이다.

음운 규칙, 즉 시간에 따라 일어나는 음성 변화—이로 인해 인접 언어의 연관 단어들은 각기 모습이 확연히 달라진다—는 가장 먼저 인식되었다. 언어 간의 음성관계는 일정하다는 점이 아주 일찍 인식되었고, 언어학자들은 한 언어에서 다른 언어로 넘어가면서 나타나는 엄격한 규칙을 발견했다.[1] 예컨대 대부분의 인도유럽어 자음 p는 영어를 포함한 게르만어에는 f로 규칙적으로 대응한다.

- 라틴어   pes   영어   foot
- 라틴어   piscis   영어   fish
- 라틴어   pater   영어   father

또 게르만어 th는 친족관계가 있는 대부분의 다른 언어에는 t와 대응한다.[2]

- 라틴어   tres   영어   three
- 라틴어   tenuis   영어   thin
- 라틴어   tacere(조용하다)   고트어   thahan

게르만어 h는 친족관계가 있는 다른 언어에서는 k와 대응한다.

- 라틴어   centum   영어   hundres
- 라틴어   caput   영어   head
- 라틴어   cornu   영어   horn

친근관계가 있는 대부분의 언어들의 음성 차이 패턴은 전체적으로 일반적인 계열로 기술되며, 그 기저 관계를 아주 명백하게 보여 준다. 음성 변화는 이제 언어학에서 가장 철저히 기술되었지만, 아주 흥미롭게도 왜 음성 변화가 일어나는지 그 이유는 아직 정확히 밝히지 못하고 있다.

음성 변화로 야기되는 개별 단어의 형태 변화 외에도 의미 변화가 있다. 물론 시간이 지나면서 단어(예컨대 동사)의 문법 형태와 문장 구조에도 큰 변화가 일어난다. 이 모든 사실은 언어학의 일반적 사실이며, 이런 지식을 통해 다양한 언어의 관계가 이해된다. 언어의 친근관계를 이해하는 데 필요한 엄청난 지식을 지금 여기서 완전히 다 소화하려는 것은 아니지만, 언어의 친근관계를 결정하고, 언어학자들이 추구하는 역사적 재구를 더 풍부히 기술할 수 있는 것은 이와 같은 정밀한 연구 덕택이라는 점을 기억해야 한다.

그렇지만 언어의 일반적 분류는 주된 핵심 관심사이다. 초기에 언어들은 기본적으로 계통적(系統的) 모형에 의거해서 분류되었다. 즉 한 어족의 친근관계를 이용해서 프랑스어와 이탈리아어처럼 아주 유사한 언어는 한 어군으로 묶이고, 이 어군은 다시 더 큰 어족에 귀속된다. 언어의 유사성은 전적으로 친근관계에 의거해 고찰되었고, 언어의 전체 변화 모형은 1862년에 아우구스투스 슐라이허(Augustus Schleicher)[3]가 인도유럽어에 대해 설정한 수지 모형(Stammbaum model)으로 명료하게 표현되었다.

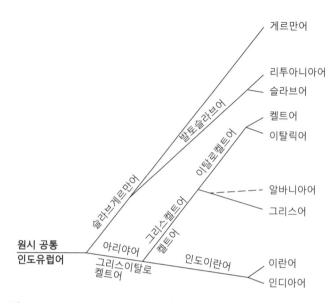

게르만어

리투아니아어

슬라브어

켈트어

이탈릭어

알바니아어

그리스어

이란어

인디아어

발토슬라브어

이탈로켈트어

슬라브게르만어

그리스켈트어

아리야어

인도이란어

원시 공통
인도유럽어

그리스이탈로
켈트어

▌그림 5.1 ▌ 인도유럽어의 수지 모형(출처: Schleicher and Lehmann).

　언어의 유사성은 이들 언어가 공통 기원에서 생겨났기 때문이라는 것을 가정했고, 아주 유사한 언어는 비교적 후기에 와서 분열되거나 분리된 것으로 이해되었다. 위의 수지 모형에서 주요 어군의 분지는 단지 2,000여 년 전의 상태에서 일어났고, (대부분의 어군에서) 언어가 더 분리되어 오늘날의 현대 인도유럽어가 생겨났다.

　수지 모형에서 언어가 분지되기까지는 그 전체 지역을 통해 비교적 동질적이라는 것을 가정한다. 그래서 각 언어의 분열이나 분리는 일정한 영토를 차지한 인간집단이 분리될 때 일어나며, 적어도 이들 중 일부는 새로운 고향을 찾아 떠난다. 언어나 화자들이 분리되어 더 이상 서로 접촉하지 않으면, 언어 차이가 크게 벌어진다는 것이 수지 모형의 공리이며, 다른 대부분의 변화 모형에서도 공리이다.

　물론 이 전체 모형은 찰스 다윈(Charles Darwin)의 진화론에 크게 영향을 받았고, 생물의 신종(新種) 생성에서 유추한 것이 분명하다. 언어가 분리된 후 달라지는 경향은 별개 종의 분리가 증가되는 유전적 표류 (genetic drift)에 비견된다. 언어 분리 시점에서 단어의 발음, 의미, 형태, 문법 배열은 동일할 수도 있다. 시간이 지나면서 분리된 언어의 단어는 소멸할 수도 있고, 새로운 단어가 생겨날 수도 있다. 단어의 발음과 문법 용법도 서서히 달라진다. 단어의 미세한 의미도 역시 언어학자들이 **의미 표류**(semantic drift)로 부르는 과정에 의해 서서히 변화한다.

언어 다양성의 기원에 대한 수지 모형을 따를 때, 비교방법을 이용하여 근대의 후손어가 제공하는 증거에 기초하여 과거의 언어형을 재구할 수 있다. 이는 앞에서 논의한 음운 변화의 규칙성을 이용하는 것이다. 이 음운 변화의 규칙성에 의해 단어의 음성 변화는 더욱 체계적으로 해석된다. 예컨대 프랑스어, 이탈리아어, 포르투갈어에서 '8'을 가리키는 수사를 보면, 이들은 첫눈에는 공통 기원에서 파생된 것으로 생각되지 않는다.[4]

- 프랑스어 huit, 이탈리아어 otto, 포르투갈어 oito

그러나 다른 단어를 더 수집하면, 이들이 공통 조어의 단어에서 파생된 것을 알 수 있다. 다음 단어를 예로 살펴보자.

- 우유: 프랑스어 lait, 이탈리아어 latte, 에스파냐어 leche,
  포르투갈어 leite
- 사실: 프랑스어 fait, 이탈리아어 fatto, 에스파냐어 heche,
  포르투갈어 feit

이들 단어의 초기형은 *okto, *lakte, *fatu로 재구할 수 있다. 여기서 별표는 실제로 관찰된 형태가 아니라 재구형임을 가리키는 관례적 표시이다. 이 경우 물론 재구 과정은 검증될 수 있다. 그것은 공통조어인 라틴어를 실제로 알기 때문이다. 이들 형태는 라틴어 명사 octo, lactem, factum과 비교된다.

언어선사 고생물학의 방법을 이용하여 재구된 단어의 어휘집, 즉 원시 공통 어휘부를 공통조어에 구축할 수 있다. 공통 어휘를 재구하려면 언어 변화의 수지 모형을 이용하는데, 그것은 마치 전통적 언어선사 고생물학자들이 동식물 화석의 다양한 종의 관계 확립에 진화론의 수지 모형을 이용하는 것과 같다.

하지만 미국 언어학자 레오나르드 블룸필드(Leonard Bloomfield)[5]는 다음 사항을 지적한다.

"비교방법은 각 언어 분지나 언어가 조어형에 대해 독자적 증언을 한다는 것, 그리고 친근관계가 있는 언어의 동일성이나 대응은 모어의 특징을 보여 준다는 것을 가정한다. 이는 첫째 조어를 사용한 공동체의 언어는 완전히 동질적이라는 것, 둘째 조어 공동체가 갑자기 명확하게 두세 자녀 공동체로 분열하여 상호 접촉을 완전히 상실했다고 가정하는 것과도 같다."

이 가정은 실제로 라틴어의 후손어의 동계 단어에도 적용된다. 라틴어에서 로망어로의 발달은 수지 모형을 적용한 전형적 사례이고, 가장 빈번히 인용되는 모범 사례라는 점을 기억해야 한다. 하지만 블룸필드는 이처럼 결론짓는다.[6]

"초기의 인도유럽어학자들은 수지 그림이 단지 비교방법을 진술한 것에 지나지 않는다는 점을 이해하지 못했다. 즉 조어가 동질적이고, 언어가 급격하고 분명하게 분열되었다는 것이 역사적 실체라는 점을 인정했다는 점이다."

비록 수지 모형이 아주 체계적이지만, 언어 변화가 일어나는 다양한 방법을 적절하게 고려하지 않았다는 것은 분명하다. 언어는 인접 언어로부터 사물을 가리키는 단어를 차용할 수 있다. 차용된 사물 어휘는 때로는 새로운 산물을 가리키기도 한다. 예컨대 단어 alchool은 증류 과정이 널리 알려지면서 많은 언어에 채택되었고, 접두사 al-을 가진 다른 단어들처럼 아랍어에서 차용되었다. 하지만 이런 식으로 확산되는 새로운 소비재를 가리키기 위해 반드시 신조어를 만들 필요는 없다. 예컨대, 게르만어는 라틴어에서 많은 단어를 차용했는데, 다음의 예는 그 일부이다.[7]

이 모든 단어가 차용된 후에 의미가 변하지 않고 정확히 그대로 유지되지 않는다는 점에 유의해야 한다. 그러나 각 단어의 관계는 분명하다. 500여 개의 단어 중 거의 모든 단어가 라틴어와 접촉하던 시기의 초기에

┃표 12┃ 라틴어에서 차용한 게르만어

라틴어	고대 영어	고대 고지 독일어	근대 영어	근대 게르만어
altare	altare	altari	altar	Altar
caseus	cese	kasi	cheese	Käse
cuppa	cuppe	chuph	cup	Kopf
milia	mil	mila	mile	Meile
moneta	mynet	munizza	mint	Münze
palma	palma	palma	palm	Palme
planta	plante	pflanza	plant	Pflanze
prunum	plume	pflumo	plum	Pflaume
tegula	tigele	ziagal	tile	Ziegel
vinum	win	win	wine	Wein

차용되었다는 점은 문헌상으로 증명된다. 이는 가장 단순한 형태의 수지 모형은 두 언어가 똑같이 나란히 발달할 수도 있음을 간과했다는 것을 잘 보여 준다. 보통 언어 화자가 인접 영토에 거주는 하지만, 언어는 반드시 '발생론적으로 연관되지' 않는다. 즉 언어들이 확산되더라도 반드시 공통 조어에서 유래하지 않는다는 말이다. 예컨대 인도유럽 조어에서 기원하는 북부 인디아의 언어는 이 공통 조어와 기원이 다른 드라비디아어족에 속하는 지역의 언어와 공통된 발달 표지를 보여 준다. 이 공통된 발달은 언어 간에 차용된 단어에도 보이며, 공유하는 문법 형태에도 나타난다.

독일 언어학자 요하네스 슈미트(Johannes Schmidt)[8]가 1872년에 파상설(波狀說)을 도입한 것은 이 난점을 해결하기 위한 것이었다. 어떤 언어 영역에 언어 변화가 물결처럼 퍼져 나가면, 각 언어 변화는 그 이전 변화가 미치지 못한 지역 곳곳에서 일어날 수 있다. 여기서 특정 단어와 단어 형태가 나타나는 지역을 더욱 세밀히 고찰할 필요가 있다. 이는 실제로 지도상에 선(등어선, isogoss)을 그려서 특정한 언어 특징이 달라지는 지역을 서로 구별하면 가능하다. 따라서 등어선(等語線)은 특정 언어 형태가 나타나는 지역을 포괄한다. 언어 변화의 물결이 계속 퍼지면 결과적으로 등어선 뭉치가 생겨난다. 그러한 언어 변화의 축적 효과는 상당히 크다. 특히 극단적 경우를 들어 보면, 한 방언이 인접 방언에 대해 정치적 우위나 상업적 우위를 점한다면, 이 중심 방언에 가장 근접한 방언은 고유의 특성을 잃고, 시간이 지나면 단지 그 중심 방언만을 사용하게 된다.

슈미트의 파상 모형은 인도유럽어에 적용될 수 있고, 이를 보여 주는 아주 간단한 그림은 〈그림 5.2〉에서 볼 수 있다. 여기서 모든 인도유럽어나 어군은 이들이 현재 사용되는 지역에서 수년에 걸쳐 분화한다.

단일 인도유럽 조어를 사용한 사람들이 최초로 어느 지역을 점유해서 그곳에서 언어를 사용했다고 상정할 수 있다. 조어가 지역적으로 다양하게 분화해서 생겨난 하위 어군에는 파상 모형을 적용할 수 있다. 이

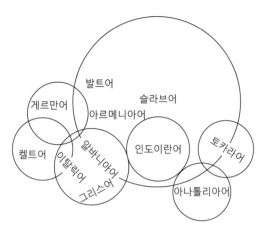

┃그림 5.2 ┃ 파상 모형에 따른 인도유럽어 분포(출처: Schmidt and Lehmann).

러한 방식으로 언어 지도의 패턴은 인간집단이 이동하지 않고서도 생겨날 수 있다. 물론 파상 모형을 이 방식 그대로는 받아들일 수 없고, 이 두 모형의 결합을 더 선호할 수도 있다. 이 두 모형을 결합하면, 우선 최초로 공통 조어가 분열하고, 이와 함께 사람들도 어느 정도 이동하고, 그 후 파상 메커니즘으로 후속 변화가 일어나서 언어가 계속 분리된다.

여기서 중요한 결과는 언어를 구체적이고 잘 정의된 실체로 생각해서는 안 된다는 점이다. 동일한 지역을 포괄하는 많은 등어선이 있을 때, 이들이 함께 만들어 내는 등어선 뭉치가 언어 경계가 된다고 봐야 한다. 등어선은 반드시 동일 선을 그리는 것은 아니다. 그리고 밀접한 둘 이상의 언어가 공유하지 않는 자질을, 이들 언어와 인접한 언어와는 공유할수 있다. 슈라더는 슈미트의 파상 모형에 기초해서 이 언어 자질을 약간 더 복잡하지만 개선된 그림으로 그렸다.[9] 세부적 유사점은 걱정할 필요가 없다. 요점은 이 선이 실제로 등어선이며, 수지 모형이 나타내는 것보다도 더욱 복잡한 언어관계를 보여 준다는 점이다.

우리가 선사시대의 초기 언어에 관심을 가진다면, 이 두 모형의 차이는 대단히 중요하다. 이 점은 과거의 역사언어학자들이 인도유럽어의 두 하위 대방언군을 각별히 중요하게 생각하여 구분한 데서도 예시된다. 이 두 방언군 구분의 기초는 동부 방언군의 자음 s와 서부 방언군의 자음 ch, h, k의 대응이다. 예컨대 이 구분은 '10'을 가리키는 다음 단어에서 관찰할 수 있다.[10]

- 동부: 산스크리트어 dasa, 고대 이란어 dasa, 아르메니아어 tasn, 고대 교회슬라브어 deseti, 리투아니아어 desimt
- 서부: 그리스어 deka, 라틴어 decem, 고대 아일랜드어 deich, 고트어 taihun

이 구분은 일반적으로 수사 '100'을 가리키는 단어 satem과 centum의 방언 구분으로 불린다. 동부 언어는 '100'을 가리키는 고대 이란어 satem의 이름을 따서 **사템어군**으로 부르고, 서부 언어는 라틴어 수사 centum을 따라 **켄툼어군**으로 명명했다. 이 방언군의 분류가 처음 제시되자 언어학자들은 인도유럽 공통조어를 사용한 화자가 두 집단으로 분할되고, 동부 방언군에서 언어 변화가 일어나 동부와 서부의 방언이 분화된 것으로 가정했다. 금세기 초반 수년까지 이 방언군은 〈표 13〉처럼 구분되었다.[11]

이처럼 깔끔한 일관된 지리적 분포는 선사 아나톨리아의 히타이트어 연구로 깨졌는데, 1915년에 히타이트 제국의 보가즈쾨이에서 발견된 점토판 명문의 해독 때문이었다(제3장 참조). 히타이트어는 **켄툼어**였고, 동부 어군과 서부 어군의 편리한 구분은 흔들렸다. 이 두 방언군의 구분은 금세기 초에 중국 투르케스탄에서 기원후 6~8세기에 분명 인도유럽어로 생각되는 언어로 작성된 불교문헌이 발견됨으로써 훨씬 더 큰 차질을 빚었다. 이 언어는 토카라어였고, 이 언어 역시 **켄툼어군**에 속했다. 동부와 서부의 선명한 언어 분열의 개념은 수지 모형에서는 멋지게 설명되었지

┃ 표 13 ┃ 사템과 켄툼 방언의 구분

서부 어군(centum)	동부 어군(satem)
게르만어	발트어
베네치아어	슬라브어
일리리아어	알바니아어
켈트어	트라케어
공통 이탈리아어	프리기아어
그리스어	아르메니아어
	이란어
	인디아어

만, 이 발견으로 타당성이 크게 약화되었고, **켄툼**과 **사템**의 차이는 오늘날 그리 큰 중요성이 없다.

하지만 이러한 변화는 파상 모형에 의거해서 방언지리학적 방식으로 생각하면 훨씬 더 쉽게 수용된다. 이 설명에 따르면, 수사 '100'에서 보듯이 k가 마찰음 s로 바뀐 언어 혁신이 중심지에서 확산되었고, 인도이란어, 아르메니아어, 알바니아어에서 마찰음 s(satem)가 되었고, 슬라브어와 발트어에서도 불완전하지만 마찰음으로 변화했다. 파상 모형에서 언어 혁신은 중심부에 국한되어 일어났고, 큰 물결의 주변부(토카라어, 게르만어, 켈트어)에는 더 초기의 원래 형태인 k(centum)는 변화하지 않고 남아 있다. 이러한 방식의 역사 재구는 수지 모형과 확연히 다르다. 이 방법론의 차이로 다른 재구형이 쉽사리 생겨날 수 있다는 것을 이 사례가 분명하게 예시해 준다.

이 사례는 또한 다른 중요한 점을 예시하는데, 즉 가능하면 연대기 또한 고려해야 한다는 점이다. 기록이 남아 있는 가장 초기의 인도유럽어 가운데 하나인 히타이트어는 켄툼어에 속하지만, 그것은 동부의 인도

이란어보다도 더 **중심부**에 위치한다. **켄툼어**에서 **사템어**로의 변화가 파상 모형을 따라 일어났다면, 그 변화는 더욱 후기에 일어났어야 한다.

파상 모형에서도 한 어군 내의 언어들의 공통조어를 가정하는 것이 일반적이다. 언어들은 시간이 지나면서 (접촉을 통한) 수렴 과정 (convergence)에 의해 더욱 유사해진다는 기본 개념을 더 깊이 천착할 수 있다. 이는 논리적으로 가능하다. 이는 실제로 1939년에 러시아 언어학자 트루베츠코이가 취한 흥미로운 입장이다. 그는 다수의 언어에 동일한 단어가 있다는 것은 이들 언어가 공통조어에서 전해 내려왔다는 것을 반드시 암시하는 것은 아니라고 주장했다.[12]

"그러면 인도게르만어의 개별어군이 파생된 단일한 공통 인도게르만 조어를 가정할 강력한 근거는 없다. 마찬가지로 인도게르만어군의 조상 어들이 원래는 각기 아주 다른 언어라는 것과, 끊임없는 접촉을 통해 동일한 언어가 되지는 않았지만, 상호 간의 영향과 차용으로 훨씬 더 유사하게 되었을 가능성이 크다."

트루베츠코이는 추정된 인도유럽 공통조어를 재구하려는 위험한 가정을 신랄하게 비판했다.[13]

"추정된 인도유럽 조어의 원거주지, 인종, 문화는 논의했지만, 그 민족은 결코 존재하지 않았을지도 모른다."

그 대신에 그는 다수의 언어학적 기준을 설정하고, 이로써 인도유럽 어를 인지할 수 있다고 하였다. 어떤 언어가 이 여섯 가지 기준을 충족하면, 그것은 인도유럽어로 간주될 수 있다. 그렇지 않다면 그것은 인도유럽어가 아니다[역주: 벵베니스트, PLG1(번역본) 3장, pp. 195-203 참조]. 그는 어떤 언어도 그렇게 [인도유럽어가] 되지 않았던 더 이른 시기를 가정하고, 인접 언어와의 점진적 접촉과 영향으로 실제로 필요조건이 충족되면서 언어가 많이 변화했고, 그러한 방식으로 그 후 인도유럽어가 **되었다**고 한다.

이는 멋진 논리이며, 이를 수지 모형에 대입하면 아주 시사적이다. 그것은 수지 모형과는 완전히 다르기 때문이다. 이처럼 지나칠 정도로 극단적으로 나가는 언어학자는 오늘날에는 거의 없다. 대부분의 언어학자는 언어들의 기본 구조의 유사성을 지적하는데, 언어의 구조적 요소는 단순한 단어 차용보다는 접촉을 통해 전파하거나 진화하기가 훨씬 더 어렵다. 필자는 계통적 관계가 없이 인접하는 언어는 어휘뿐만 아니라 문법 구조도 영향을 미칠 수 있다는 원리를 이미 제시한 바 있다. 트르베츠코이의 모형은, 언어 진화가 초기 역사언어학자들이 생각한 것보다는 훨씬 더 복잡한 과정이라는 것을 상기해 준다. 하지만 그의 모형에서 파상 모형과 공유하는 수렴의 개념이 비교방법이나 공통 어휘부의 재구에 얼마나 도움이 되는지 아닌지를 알려면 트루베츠코이처럼 극단적으로 갈 필요는 없다.

차용어와 언어 혁신은 언어선사 고생물학에 호의적이 아닌 것이 분명하다. 왜냐하면 여러 언어에서 동일 단어나 동계 단어를 발견했을 때, 이들 언어가 공통 조어에서 기원한다는 것을 수용하더라도 문제의 그 단어가 이미 그 공통 조어에 있었다고 가정할 수는 없기 때문이다. 그것은 언어 혁신의 결과 생겨난 산물일 가능성이 더 농후하다. 그리하여 〈표 12〉의 라틴어 단어는 다른 언어에서 차용되어 들어왔고, 어떤 단어는 라틴어에 일어난 언어 혁신으로 생겨났다. 이들은 그 후 게르만어에 차용되었을 것이다. 그리하여 각 단어의 인도유럽 공통조어의 재구형을 제시한다는 것은 분명 정당하지 못할 것이다. 하지만 차용어든 아니든 상당히 오래된 단어는, 이 단어나 파생어가 인접 언어에 발견되고, 규칙적 음성 변화로 변한 것으로 판명되면 정확한 판단을 할 수 있다. 예컨대 게르만어 Karl(Charlmagne에서 유래)은 공통 슬라브어에 차용되어 *Karl이 되었고, 이 슬라브어에서 러시아어 Korólj와 폴란드어 Král가 생겨났다. 이처럼 공통 슬라브어의 원시 형태로부터 규칙적으로 파생된 관련 단어들이 폴란드어와 러시아어에 있다는 것은 이들이 후대에 들어온 차용어가 아니라 공통 단어의 원형이 실제로 공통 슬라브어에 이미 있었음을 보여 주는 훌륭한 증거이다.

모든 인도유럽어에 어떤 사물을 가리키는 동일 단어를 발견했다고 해서 그것이 곧 공통 어휘부 내에 일정 위치가 있었다는 것을 보증하는 것은 아니다. 이들 단어 전체가 특히 기술혁신을 나타낼 때는 더욱 그렇다. 예컨대 과거에 없던 금속(주석이나 백금)이나 바퀴, 등자(鐙子) 같은 신산물이다. 현대적 사례를 제시하면, 페니실린이나 헬리콥터 같은 신기술 제품이 그 단어와 함께 거의 모든 언어에 알려진 것은 그리 놀랄 일이 아니다. 때로는 단어가 직접 차용되거나 **모사어**(calque)의 형태로 다른 언어에 사용되기도 한다. [예컨대 영어 telephone 대신에 사용되는 독일어 Fernspracher(=원격-화자)와 같은 것인데, telephone은 고대 그리스어 요소 (tele+phone)를 이용해서 후대에 만들어진 합성어이다.] 그리하여 과학으로서의 언어학이 발달하면서 신뢰성 있는 연구 절차로 이용된 비교방법이 불안정하게 되었음을 알 수 있다.

더욱 최근에 발달한 언어학의 성과는 언어 지역(linguistic area)의 개념인데, 이는 언어 형태의 공간 분포를 정밀히 연구한다. 여기서 언어 지역은 단일어의 공간 분포가 아니라 보다 큰 언어군 내의 관련 언어들의 특징의 분포를 가리킨다.[14] 그것은 언어 변동에 내재하는 역사적 관계보다는 일정 시기의 공간적 변동에 훨씬 더 관심을 갖는 분류학적 접근방법이다.

어떤 의미에서 수지 모형과 파상 모형은 둘 다 언어 분류에 대한 다른 접근방법을 보여 준다. 인도유럽 공통조어를 재구하려면, 공간 요인을 신중히 고려해야 한다. 블룸필드가 지적한 바처럼 말이다.[15]

"예컨대 게르만어, 발토슬라브어가 공통의 발달 시기를 거쳐 내려왔다면, 이들의 일치로 원시 인도유럽어 설정은 보장되지 않는다. 하지만 이들이 공통의 발달 시기를 거쳐 내려오지 않았다면, 수지 모형의 원리에서 볼 때 그 일치는 실제로 원시 인도유럽어 특징에 대한 확실한 증거가 된다."

이는 중요한 관찰인데, 왜냐하면 이것은 유의미한 공간적 함의를 갖기 때문이다. 사실상 공간상으로 아주 멀리 떨어진 언어들은 파상 형태의 언어 혁신이 확산되어서는 쉽게 비슷해지지 않기 때문에 수지 모형으로 설명할 수 있는 [계통적] 관계로 생각된다. 앞에서 지적했듯이, 그렇다 하더라도 분산 과정을 통해 확산된 신기술 혁신이 초래하는 거의 보편적인 차용 현상은 불가피하다. 또한 인도유럽 공통조어가 파상으로 확산된 결과 전 지역에 분산되었다고 생각할 수 있다. 그렇지만 앞으로 살펴보겠지만, 그러한 사례가 희귀한 것은 비인도유럽어가 사용되는 곳이 서아시아에 중간 지대로 끼어 있기 때문이다.

최근 언어 분류는 새로운 방향에서 연구되고 있다. 그 가운데 하나는 언어는 통사적 특징으로 분류된다는 것이다. 현재로는 어순(語順)에 각별한 관심을 갖는데, 이 어순은 다른 중요 특징과 상관이 있다. 동사−목적어(VO) 어순의 언어(어순이 동사가 목적어에 앞서는 언어)와 목적어−동사(OV) 어순의 언어의 대조를 유용하게 이용한다. 이 어순은 언어가 발달하면 변할 수 있는 특징으로 생각한다. 따라서 이 분류는 공시적이다. 즉 그것은 언어의 현재 특성에 관여하며, 그 이전 형태에는 직접 관여하지 않는다. 미국 언어학자 윈프레드 레만[16]은 라틴어와 고대 영어에는 OV 구문이 많다는 것을 지적했다. 그에 따르면 인도유럽 공통조어의 어순은 OV인데, 히타이트어, 베다 산스크리트어, 그리스어로 쓰인 가장 옛 인도유럽 문헌에서 볼 수 있기 때문이다. 하지만 오늘날 아시아어파(인도아리야어, 아르메니아어)도 구조상 OV인 반면 남부 유럽어(알바니아어, 그리스어, 로망어, 켈트어)의 어순은 일관되게 VO이다. 반면 북부 인도유럽어(페르시아어, 슬라브어, 발트어, 게르만어)는 일관되지는 않지만 어순이 VO이다. 이러한 관찰은 언어 변화를 더 깊이 이해할 수 있는 새로운 연구 분야이지만, 현재로서는 분명한 결론을 제시하지 못하고 있다.[17]

최근에 나온 또 다른 연구 경향은 사회언어학의 발달이다.[18] 즉 언어 변동과 언어의 사회적 차이 관계에 대한 연구이다. 이는 언어 변화 일반을 이해하는 데 매우 유효하다. 왜냐하면 새로운 단어는 처음에는 인구집단을 통해 균질적으로 확산되지만, 특정 사회 집단에 채택되면 다른 집단으로 확산되기 때문이다. 그것은 특히나 두 언어가 동일 지역에서 사용될 때 타당하다. 이 현상은 일반적으로 많은 사람이 이동한 결과 나타나고, 그 과정에서 이 사람들 중 일부, 특히 자녀가 이언어 병용자가 될 확률이 크다. 언어학자들은 흔히 정복자나 특권 집단이 사용하는 상위어 또는 지배어와, 피지배 민족이나 하류층의 이민자가 사용하는 하위어를 구별한다. 블룸필드는 이에 대한 중요한 일반화를 이처럼 시도했다.[19]

"모든 경우에 하위어가 상위어로부터 압도적으로 많은 것을 차용한다. 따라서 상위어가 생존하면, 상위어는 소수의 문화적 차용어—이것을 인접 언어에서 빌려 올 수도 있다—를 제외하고는 과거 상태로 남아 있다. 로망어는 로마 정복 이전에는 그 영토의 토착어로부터 오직 소수의 문화 차용어만 차용했다. 영어는 브리태인의 켈트어로부터 단지 소수의 문화 차용어만 차용해 왔다. … 정복의 경우, 생존한 상위어에 남아 있는 문화 차용어는 주로 지명이다. …

반면 하위어가 생존하면, 그것은 수많은 차용어 내에 투쟁의 흔적을 간직한다. 영어가 노르만 프랑스어와 엄청난 수의 반(半)식자어(라틴어-프랑스어) 어휘층을 지닌 것은 이를 보여 주는 고전적 실례이다."

하지만 생존하지 못한 (하위) 언어가 어휘와 발음 두 층위에서 생존한 (상위) 언어에 영향을 미칠 수 있다. 그러한 경우 소멸된 (하위) 언어는 기층어(substratum)로 불리는데, 이 기층어는 생존한 언어에 때로 그 흔적을 남기기도 한다.

또한 언어는 의사소통을 위해서뿐만 아니라 때로는 타인을 배제하기 위해서도 사용된다는 점을 강조해야겠다. 언어는 민족성[20]과 집단의식의 중요 요소이다. 언어 경계는 의도적으로 유지될 수 있으며, 특정 사회의 영토 경계로 결정된다. 따라서 사회조직의 성질은 언어의 공간 행태를 결정하는 주요 역할을 할 수 있다.

이러한 일반화는 상당히 흥미가 있고, 언어적 요인과 사회적 요인의 관계는 고고학자에게는 실제로 유효하다. 왜냐하면 선사시대에 사용된 언어에 대한 (문제의 그 시기로부터) 직접적 증거는 없지만, 과거 사회의 조직에 대한 증거는 있기 때문이다.

역사언어학 분야의 또 다른 최근 성과는 특정 언어와 어군의 역사적 이해에도 잠재적으로 아주 유효하다. 그것은 언어연대학(glotto-chronology)으로 알려진 접근방법이다.[21] 기본 개념은 아주 간단하다. 그것은 동일 어족의 언어들이 분리되는 시점으로부터 공통 조어에서 떨어져 나온 시간이 오래될수록 분화 정도가 심하다는 것이다.

사실상 언어는 어휘의 관점에서 볼 때 각기 다르다. 왜냐하면 더 이상 사용되지 않고 새로운 단어로 교체되는 단어가 있기 때문이다. 그래서 언어가 분리되거나 분열되는 시기에 어휘가 동일한 두 언어가 시간이 지나면서 단어 소실이나 혁신으로 더욱 달라지는 것이다. 언어연대학의 주

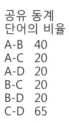

공유 동계
단어의 비율
A-B 40
A-C 20
A-D 20
B-C 20
B-D 20
C-D 65

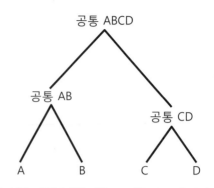

▮그림 5.3▮ 언어계통의 역사 추정을 위한 어휘통계학 이용. 고비율의 동계 단어는 어족 친근성의 밀접한 관계를 의미한다(출처: Clark).

창자인 모리스 스와데시(Morris Swadesh)는 한 언어의 핵심 기본 단어는 소실이 일정 비율로 일어난다고 주장했다.[22]

친근관계가 있는 두 언어의 분열 시기를 결정하려고 할 때, 언어연대학자가 이용하는 절차는 고찰 중인 언어들의 등가 단어의 목록을 작성하고, 그 유사성에 근거해서 (기존의 알려진 음성 변화의 규칙을 고려하여) 동계 단어로 보이거나 동계 단어로 알려진 단어쌍을 조사한다. 그 후에 이들이 공통 조어로부터 전해 내려온 것으로 가정하고, 고찰 중인 두 언어의 단어형이 다르면 원래의 단어가 두 언어 중 어느 한 언어(또는 두 언어)에서 소실되었기 때문에 달라진 것으로 가정한다. 그래서 최초의 100개의 단어 목록에서 나타나는 동계 단어쌍의 수는 두 언어의 (핵심 기본 어휘를 유지하는) 친밀도에 대한 척도가 된다. 이와 반대로 달라진 단어쌍의 수는 단어의 소실 범위를 알려 주는 지표가 되며, 두 언어가 애당초 분리된 시점에 대한 척도가 된다.

원래의 언어연대학 연구[23]에서 고대 영어와 중기 영어, 플라우투스(Plautus)의 라틴어와 프랑스어, 고대 중국어와 근대 관화(官話, Mandarin)와 같은 다양한 언어의 단어쌍을 비교했다. 그 결론은 [핵심 기본 어휘의] 평균 유지율은 1,000년에 81%였다. 최초의 단어 목록을 〈표 14〉에 제시

┃표 14 ┃ 핵심 기본 어휘

1. 나	26. 뿌리	51. 유방	76. 비
2. 너	27. 짖다	52. 가슴	77. 돌
3. 우리	28. 피부	53. 간	78. 모래
4. 이것	29. 살	54. 마시다	79. 땅
5. 저것	30. 되	55. 먹다	80. 구름
6. 누구	31. 뼈	56. 물다	81. 연기
7. 무엇	32. 기름(고체)	57. 보다	82. 불
8. 아니다	33. 달걀	58. 들다	83. 재
9. 모두	34. 뿔	59. 알다	84. 타다
10. 많다	35. 꼬리	60. 자다	85. 통로
11. 하나	36. 깃털	61. 죽다	86. 산
12. 둘	37. 머리털	62. 죽이다	87. 붉은
13. 크다	38. 머리	63. 헤엄치다	88. 푸른
14. 길다	39. 귀	64. 날다	89. 노란
15. 작다	40. 눈	65. 걷다	90. 흰
16. 여자	41. 코	66. 오다	91. 검은
17. 남자	42. 입	67. 눕다	92. 밤
18. 사람	43. 이빨	68. 앉다	93. 뜨거운
19. 물고기	44. 혀	69. 서다	94. 추운
20. 새	45. 발톱	70. 주다	95. 가득 찬
21. 개	46. 발	71. 말하다	96. 새로운
22. 이	47. 무릎	72. 해	97. 좋은
23. 나무	48. 손	73. 달	98. 둥근
24. 씨앗	49. 배	74. 별	99. 마른
25. 나뭇잎	50. 목	75. 물	100. 이름

한 100개 단어로 줄였을 때, 그 유지율은 1,000년에 86%로 조정되었다.

　　이러한 논거와 표준 유지율을 지표로 이용해서 친근관계가 있는 두 언어의 분열 시기를 다음 가정을 이용해서 계산했다. 즉 각 언어는 1,000년에 걸쳐 공통 조어의 기본 어휘의 86%를 유지할 것이라는 가정이다.[24] 이 규칙은 우연에 의한 유사성이 약 8% 때까지 유효하다고 주장했다. 이

방법에 따르면 그 시간폭은 1만 1,700년이다.

이러한 논거를 바탕으로 언어 분리 시점을 다양하게 계산했다.[25] 에스파냐어와 포르투갈어는 기원후 1586년경에 분열했고, 이탈리아어와 프랑스어도 이와 거의 동일한 시기에 분열했으며, 루마니아어와 이탈리아어는 기원후 1130년에 분리되었다. 영어와 네덜란드어는 기원후 860년에 분열했고, 영어와 독일어는 기원후 590년에 분리되었다.

몇몇 언어학자는 이 계산법이 반드시 정확한 연대를 제시하는 것은 아니라는 근거에서 비판했다. 예컨대 게르만어는 이 언어연대법이 계산한 시기보다도 더 이른 시기에 분리되었다는 것은 잘 알려져 있다. 그러나 놀라운 것은 그러한 계산에서 나온 답이 어떤 경우에는 독자적 근거로 확립한 언어 분화 시기와 거의 근접한다는 점이다.

우리가 보기에 주요 세 가지 비판의 이유는 다음과 같다.

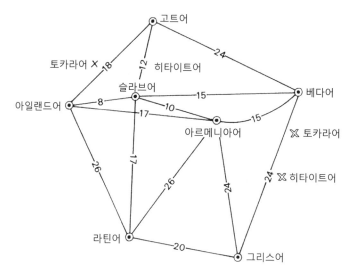

┃그림 5.4┃ 어휘통계학적 상관관계에 기초한 각 인도유럽어의 관계. 숫자는 언어쌍의 분화가 일어난 기원전 13세기 이전의 시간(단위 세기)(출처: Escalante and Swadesh).

첫째는 언어연대학의 모든 연구는 언어 변화의 수지 모형에 절대적으로 근거해서 계산한다는 점이다. 언어 차이는 분열 시기에 의해 결정되며, 그 외의 어떤 것에 의해서도 결정되지 않는다.

둘째는 위와 관련된 비판인데, 언어가 분열된 후에 두 언어의 차용어는 분명히 동계 단어의 수를 증가시킬 수밖에 없는데, 분열 이후의 시기를 과소평가한다는 점이다. 그러나 모든 차용어를 찾아내는 신뢰할 만한 수단—어느 것이 차용어인가 아닌가 하는—이 있더라도 첫 번째 반론은 여전히 유효하다.

셋째는 언어의 단어가 일정 비율로 소실된다고 가정할 최소한의 타당한 선험적 이유가 없다는 비판이다.[26] 그 반대로 사회언어학의 교훈은 사회적 요인—시간과 공간의 차이—이 언어 변화에 굉장히 유효한 요소라는 것을 가르쳐 준다. 인구밀도, 개인과 공동체에 흔히 일어나는 상호작용의 범위 같은 요인도 당연히 유효하다. 이동 집단의 언어 변화율은 정주 집단의 언어 변화율과는 아주 다를 수 있다. 어떤 사회집단은 자신의 고유한 정체성을 강조하려고 언어 차이를 의도적으로 이용한다. 사회가 교육체제 내에서 문헌 기록과 기록 문헌을 허용하는 이용 범위 역시 어휘 변화율에 매우 중요하다. 이러한 요인을 제외하더라도 멀리 떨어진 외딴섬의 언어처럼 고립된 언어는 이웃언어보다 더욱 보수적 경향이 있다.

언어연대학의 접근방법에 대한 또 다른 반대 이유는 언어에 따라 일정 비율로 남는 기본 어휘의 개념이다. 그렇지만 두 언어의 단어 의미는 정확하게 똑같지 않다. 예컨대 기본 어휘의 어떤 단어를 비교하는 다른 언어로 번역하면, 두 개의 유의어(near-synonym) 중 어느 하나를 선택하는데, 이들 중 한 단어는 원래 단어와 동계 단어이고 다른 단어는 동계 단어가 아니라면, 이 둘 중 어느 것을 골라야 하는가? 두 유의어 중 어느 단어를 선택하느냐에 따라 연대 계산에 큰 차이가 발생한다. 이러한 난점으로 지금까지 언어연대학 방법의 정당성이 약화되었고, 타당성조차 심각하게 의문시되었다.

그렇지만 스와데시와 그의 동료들은 적어도 실험할 만한 일반화된 방법을 제공했고, 필요하다면 폐기할 수도 있다. 그렇지만 이 제안은 흥미가 있는데, 그것은 언어 발달에서 그 이전 단계의 문헌 기록과 비교하는 직접적이고 간단한 분석 절차를 제공하기 때문이다. 이것은 문해(文解)를 함의하며, 일정 사회에 문해가 있다는 것은 언어 보수주의의 원천이다. 한마디로 언어연대학의 가정은 단순하지만, 단지 너무 강력해서 진리 검증 여부가 약할 뿐이다.

그럼에도 이 방법은 어떤 의미에서 역사언어학의 실질적 돌파구가 된다. 일부만 수정하면, 아주 귀중한 연구 도구가 될 수 있다. 왜냐하면 그것은 실제로 어휘통계학, 즉 어휘통계의 연구라는 훨씬 넓은 분야의 선구적 연구이기 때문이다.

많은 언어학자는 당연히 모든 언어의 정확하고 일정한 어휘 소실률을 수용하기 어렵다는 것을 안다. 두 언어의 기본 어휘에 남은 동계 단어의 높은 잔존율은 언어 근접성의 지표이고, 반면에 낮은 생존율은 언어 거리의 지표이다. 현대 학문인 수리분류학은 이 개념에 아주 익숙하다. 잔존하는 동계 단어쌍의 수를 유사성의 척도로 이용할 수 있다. 다양한 언어는 분류학자들이 **분류학적 거리**(taxonomic distance)[27]로 부르는 도구로도 분류할 수 있다. 이것은 동계 단어쌍에 근거를 둔 실습처럼 보인다.

하지만 언어연대학 그 자체로는 언어 변화의 성질이나 차용어의 존재 유무를 전제하지 않는다. 사실상 우리가 제안했듯이, 지리적으로 인접한 언어들이 거의 동시에 분열한 지리적으로 떨어진 언어들보다 분류학적 거리가 더 짧다고 기대한다. 이 접근방법도 그 자체로는 언어 분열에 대해 아무것도 가정하지 않는다. 비록 도출된 결론의 해석은 다를 수 있겠지만, 그것은 언어 변화에 대한 트루베츠코이의 모형에 따라 쉽게 적용될 수 있다. 인도유럽어처럼 큰 어족의 하위 어군이나 어파는 정상적으로는 어휘통계학적 접근으로도 밀접히 함께 분류할 수 있다. 왜냐하면 이들은 일반적으로 서로 아주 유사하기 때문이다. 언어연대학의 기법을 적용했을 때, 로망어군의 언어는 게르만어군의 언어보다 분리 시기가 훨씬 더 후대이지만, 언어 분열이 일어난 실제의 연대는 거의 알려 주지 않는다. 하지만 어휘의 관점에서 볼 때, 객관적으로 로망어군이 게르만어군보다 더욱 촘촘히 짜인 어군이라는 것을 보여 준다. 언어 연구와 비교에 대한 이 접근방법이 지닌 심각한 한계를 지적해야겠다. 지금까지 언어연대학은 개별 단어의 비교에만 국한되었고, 문법 구조는 전혀 고려하지 않았다는 점이다.

우리는 여기서 최근에 발달한 역사언어학의 몇몇 측면만 다루었을 뿐 분명 진행 중인 중요한 연구를 상당 부분 다루지 못했다. 아직 철저히 천착되지는 않았지만, 최근 구조주의 언어학의 발달도 역사 재구에 중요한 함의가 있다. 그러나 우리는 적어도 현대언어학이 한 세기 이전의 단순한 수지 모형과 얼마나 다른지를 이제 알기 시작했다. 언어고고학 연구는 그 어떤 연구든 이 점을 잘 명심해야 한다.

제6장

언어, 인구, 사회조직: 과정주의 접근

구체적 언어가 특정 지역에서 실제로 어떻게 사용되는가? 이것은 우리가 제기하는 근본적인 질문이다. 유럽과 그 외 지역의 여러 곳에 사용되는 언어 분포를 이해하려면, 일반적으로 고고학자들은 특정 언어와 구체적 토기군을 성급하게 일치시키고, 인구 이동과 선사 주민 이동의 복잡한 전체 시나리오를 작성하여 오늘날 문헌자료가 있는 역사시대의 언어 분포를 설명하려고 했다. 그러나 특정 지역에서 사용되는 언어가 어떻게 변화하는지에 대한 더욱 근본적인 질문에는 아무 문제를 제기하지 않았다. 이 문제에 대해 몇 가지 더욱 근본적인 타당한 견해를 제시하고, 고고학적 기록을 더욱 일관되게 사용하면 언어 선사에 대한 개념을 어느 정도 구축할 수 있을 것이다.

그러한 일반적 진술을 명시적 모형으로 제시한다면 훨씬 더 유용한 데, 이는 그러한 진술이 언어 변화 근저에 있는 기저의 역사적 과정에 관심을 집중할 때만 가능하다. 집단적으로 장거리를 이동하든 짧은 단거리를 드문드문 소수로 이동하든— 이는 전통적으로 인구 분산으로 부르는 현상이다— 단지 사람들의 이동만이 문제되는 것은 아니다. 각종 사회 집단이나 계층에는 각기 고유한 언어 변이체가 있고, 이들은 서로 독자적으로 변한다. 더욱이 한 지역 내의 공간적 변이체와 방언은 지적한 바대로 문제를 더욱 복잡하게 만든다.

이들 요인에 비추어 볼 때, 우리가 설정하려는 모형은 어느 것이나 다소 단순화되기 쉽다. 그러나 우리는 이 일반적 모형을 설정하려는 노력이 가치가 있다고 생각한다.[1] 왜냐하면 이 일반적 모형이 구축되면, 특정 언어 변화의 사례를 고찰할 때, 우리가 설정한 이 일반적 모형에 그것을 대입하면 관찰 언어 사실을 설명하는 데 도움을 주기 때문이다. 많은 경우에 이 모형은 실제로 도움이 된다. 현대고고학에서 일반화를 통해 이같은 모형을 설정하려는 작업을 과정주의적 접근(processual approach)이라고 한다. 이 과정주의적 접근은 설명을 명시적인 것으로 만들고, 설명의 약점과 강점을 밝혀 주는 효과적인 방식이다.

일정 지역 내의 언어 변화의 세 과정

우선 특정 지역에 언어가 사용되는 아주 기본적이고 일차적인 세 과정을 구별하는 것이 유용하다. 우리는 이 세 과정을 초기 식민화, 언어 교체, 지속적 발달로 부르려고 한다. 여기서 개진한 이론은 명확하지만, 다소 중요한 결론은 내리지 못한 상태이다.

1. 초기 식민지화(initial colonization)

첫째 과정은 예전에 사람이 살지 않던 미답지(未踏地)에 언어를 가지고 들어가면서 그 지역에 언어를 도입하는 과정이다. 이 과정은 북유럽에 덮여 있던 빙하가 녹아 사라졌을 때 일어났다. 예컨대 기원전 8000년경 중석기에 스칸디나비아반도는 (수렵채집민) 공동체에 의해 이 방식으로 식민화된 것이 확실하다. 또 다른 예를 들면, 남북 아메리카 대륙에는 최초의 수렵민이 기원전 10000년보다 훨씬 이전에 베링 해협을 건널 때까지 사람들이 거주하지 않은 듯하다. 대규모의 인간 식민화에 대한 가장 최근의 사례는 폴리네시아인데, 기원전 1300년경부터 소규모 집단이 폴리네시아의 여러 섬으로 이주했다. 고고학적 연구에 따르면, 하와이는 기원후 500년까지, 뉴질랜드는 기원후 1000년경까지 사람이 살지 않던 전인 미답지임이 밝혀졌다.

2. 언어 교체(replacement)

이는 특정 지역에 사용되는 언어가 다른 언어로 교체되는 과정이며, 언어 교체는 그 언어가 사용되는 타 지역, 필시 인접 지역에서 들어온 사람들에 의해 일어난다. 이는 오늘날 가장 익히 경험하는 언어 변화의 메커니즘이다. 왜냐하면 언어 교체는 금세기에 가장 효과적으로 일어난 과정이기 때문이다. 지난 500년간 유럽의 언어는 5개 대륙 가운데 오스트레일리아와 아메리카 두 대륙과, 아프리카와 아시아 두 대륙의 상당히 넓은 지역에서 다른 언어와 직접 교체되면서 퍼졌다. 이는 대부분의 고고학자가 초기의 언어 분포를 고찰할 때 이용하는 모형이다.

3. 지속적 발달(continuous development)

어떤 지역이든 언어에는 상호 충돌하는 경향이 작용한다. 먼저, 사회 내의 교육과정은 관습, 기술, 언어를 한 세대에서 다음 세대로 반복 전수하며, 수용된 규범에서 이탈하면 냉대를 받는다. 특수한 사회 메커니즘은 이와 같은 종류의 안정성을 강화하고, 특히 종교는 이 사회 메커니즘 중에서 가장 눈에 두드러진 것이다. 종교 경전은 『성서』나 초기 산스크리트어 문헌처럼 기록물이든, 초기 그리스의 호메로스 서사시나 인디아의 『베다 찬가』처럼 구전 전승이든, 흔히 아주 오랜 기간 변하지 않고 전해 내려온 것이다.

그 반대 경향은 언어 혁신이다. 언어는 이웃 언어로부터 단어를 차용하거나 신어(新語)를 만들어 내거나 새로운 표현 방식을 개발하거나 후대에 새로운 문법 형태를 만들면서 혁신된다.

언어의 안정과 혁신의 이 두 가지 대립 경향에 따라 언어 분화와 언어 수렴이 대조된다. 전자는 대부분 고립 상태에서 잘 일어나며, 생물학자의 생물학적 표류처럼 무작위적 과정으로 간주된다. 동일 언어를 사용하는 두 집단이 분리되어 접촉이 끊어지고 어휘와 표현 형태의 차이가 뚜렷하게 드러나면, 언어가 분명히 분화된 것이다. 좋은 사례는 폴리네시아인데, 여기서는 섬들이 서로 멀리 떨어져 있어 상호작용이 거의 없기 때문에 언어 분화의 결과가 특히 명백하게 드러난다(제11장 참조).

언어 수렴은 상호작용을 통해서 일어나며, 이를 통해 인접 지역의 언어들은 점차 공통점을 많이 갖게 된다. 하지만 흔히 또 다른 요인도 작용하는데, 두 가지나 그 이상의 언어를 말하는 놀라운 인간의 언어능력이다. 이는 아직 논의하지 않았지만, 개인이 모어뿐만 아니라 다른 언어를 사용하면 언어는 아주 급속히 수렴한다. 때로는 언어 수렴이 지나쳐서 두 언어가 실제 융합되어 새로운 혼합어를 생성하기도 한다. 이는 양친이 서로 다른 언어를 사용할 때 아주 흔히 일어난다. 때로는 어린아이가 피진어(pidgin)를 습득하여 이것이 일차 언어가 되기도 하는데, 그러한 혼합어를 크레올어(creole)라고 한다.[2]

인도유럽어의 사례에서 보듯이 언어 분포의 역사적 배경을 이해하려면, 이 세 과정을 모두 관여시킬 수도 있다. 초기 식민지화 과정은 고고학적으로 깊이 연구할 수 있다. 왜냐하면 문제의 지역을 잘 조사하면, 초기 식민화를 연구하는 고고학은 거의 언제나 아주 확실하기 때문이다. 셋째 과정은 연구하기가 가장 어려운데, 한 지역의 지속적 언어 발달이 외부적으로 (또는 고고학적으로) 눈에 확실히 드러나는 것이 없기 때문이다. 지속적으로 점유한 사태를 고고학적으로 밝힐 수 있는 많은 사례에서도 언어 발달 상황을 추론할 수는 있겠지만, 언어 발달의 변화율은 산정하기 어렵다. 물론 언어연대학은 단어의 소실 과정, 즉 언어 표류와 분기의 요인인 이 소실이 일정 비율로 이루어진다고 주장한다. 그러나 그러한 신빙성이 없는 주장은 믿기 어렵다. 언어 수렴을 계산할 때는 물질문화의 거래 상품이나 다른 접촉 표지가 상호작용을 보여 주는 데 도움이 된다. 그렇지만 그러한 것은 조사하기가 매우 어렵다. 반면 언어 교체는 일반화가 가능하고, 특정 지역의 언어를 다른 언어로 대체하는 상황을 더 조심스레 일반적 용어로 고찰할 수 있다. 지금까지 고고학자들은 특히 이 점에 실패했다.

언어 교체의 모형

고고학자들은 종종 한 지역의 언어가 다른 언어로 교체되는 것이 매우 자연스러운 현상인 양 이야기한다. 때로 과거 문헌을 읽어 보면, 예컨대 한 마을에서 사용되던 토기가 바뀔 때마다 이 문화 변화에 이어 곧 그 지역 주민이 완전히 바뀌고, 이와 함께 언어도 교체되는 것으로 생각한다. 그러나 인구집단은 그렇게 쉽게 교체되지 않으며 언어도 마찬가지이다. 과거 몇 년 사이에 고고학적 사고(思考)의 가장 놀라운 변화는 과거 한때 생각했던 것보다 대규모의 인구 이주가 훨씬 더 적었다는 것을 인식한 점이다. 그레이엄 클라크 교수는 1966년에 발표한「영국 선사의 침략 가설(The Invasion hypothesis in British prehistory)」이라는 논문3에서 브리태인에 농경이 전파된 이후로 로마정복 전까지 외세에 의한 대규모의 브리태인 침입은 한 차례 정도 있었을 뿐이며, 종형 토기의 영국 출현과 관련해서 그가 사례로 든 단 한 번의 예외조차 오늘날 대부분의 학자는 무시한다고 주장했다.4

이 논의는 단순히 이러저러한 토기 변화나 물질문화의 다른 측면의 변화가 인구 변화를 나타낸다는 것을 믿고 안 믿고를 주장하는 문제가 아니다. 우리는 인구 교체를 설명하기 위한 몇 가지 원칙이 필요하다. 사실 언어 교체가 일어날 법한 상황은 두세 가지 방식뿐이다. 이들은 모두 고고학적으로 연구할 수 있다. 물론 다른 종류의 토기나 그 외의 인공물의 출현을 인지하고, 이것을 비커인이나 기타 추정되는 이주민 집단의 도래로 간주하던 과거 방식보다는 분명 더 어렵기는 하지만 말이다.

모형 1: 인구/생업 모형

첫 번째 모형은 새로운 언어는 이 언어를 사용하는 많은 주민이 어느 지역으로 이동한 결과로 생겨난다고 상정한다. 이주민이 기존 주민을 반드시 무력으로 정복하는 것은 아니다. 실상은 이와 정반대이다. 그것은 이 모형에는 새로운 이주민이 군사 정복을 할 수 있을 만큼 고도로 조직화된 사회구조를 형성한 것으로 가정할 필요가 없기 때문이다. 또 이들이 원래 **호전적**이었다고 가정할 필요도 없다. 그것은 어떤 언어를 사용하는 이주민이 기존의 다른 언어 화자보다 군사적으로 더욱 우세하다고 생각할 근거가 없기 때문이다. 물론 한 집단이 우월한 기술을 이용하여 다른 집단을 지배할 수는 있는데, 이것이 훨씬 더 타당한 생각이다.

사람들이 이동하는 이유는 분명히 있는데, 대개는 자기 거주지보다 필요한 부족 자원을 더 손쉽게 확보할 수 있는 곳으로 이동해 간다. 우리가 말하는 농경민은 일반적으로 농경지 주민을 의미한다. 다른 조건이 모두 동일하다면, 농경민은 인구밀도가 높은 고밀도 지역에서 낮은 저밀도 지역으로 이동한다. 그러나 이 조건은 항상 동일하지 않으며, 인구도 문명이 뒤처진 지역에서 더 발전한 지역으로 이동한다. 이동하는 이주민은 일반적으로 기존 주민과 비교해 볼 때, 사회계층상 비교적 하류층에 속한 자들이다.

일반적으로 새로 들어온 이주민이 기존 주민을 대체하거나 이들보다 수가 많은 경우에는 신기술을 이용해야만 기존 주민을 대체할 수 있다. 이주민이 특수 기술이나 기량을 가지고 들어오지 않으면, 사실상 일반적으로 새로운 생업 방도가 없다면, 왜 이들이 기존 주민보다 생업을 더 잘 영위하는지를 설명할 수 없다. 이주민은 보통은 가용 자원이 고갈되어 어느 정도 생업에 위협을 받을 정도로 높은 인구밀도에 이미 도달한 상태에 있다. 그래서 새로 들어온 이주민이 큰 영향력을 행사하려면, 다른 자원을 효율적으로 활용하거나 기존 자원을 새로운 방식으로 이용해야 한다.

이 과정을 보여 주는 가장 분명하고 명확한 사례는 수렵채취민이 거주하던 기존 지역에 농경을 도입한 사건이다. 유럽의 수렵채취기의 인구밀도[5]는 $10km^2$당 평균 약 1명으로 추정된다. 최초의 농경 기술로는 유럽과 서아시아에서는 $1km^2$당 약 5명의 주민이 큰 어려움 없이 먹고 살수 있었다.[6] 따라서 농경 기술로 인구는 50배 증가했으며, 인구 증가율은 5,000%였다.

여기서 우리가 주장하는 바는, 대규모의 새로운 인구 분산을 논의할 때, 신기술이 거의 다른 모든 요인을 능가하는 아주 강력한 원인이라는 것이다. 물론 신기술의 진화가 곧 분명히 새로운 인구 분산을 의미하는 것은 아니라는 점도 다시 강조한다. 혁신 기술의 확산은 이미 익숙한 과정이며, 기존 인구도 일반적으로 신기술을 채택하여 적응력을 완벽히

갖춘다. 이 경우에 문제의 영토에서 사용되는 언어는 소수의 새 차용어는 받아들이지만, 언어는 완전히 교체되지 않는다. 그래서 언어 교체가 고도로 중앙집권화된 정치 조직이 없는 경우에 보통 일어난다는 것을 제안하고자 한다. 이때 도입된 신기술 자체로 인구밀도는 예전보다 훨씬 더 높아진다. 이는 최근 수 세기 동안 세계의 식민지배 과정—사실 보편적으로는 중앙집권적 조직을 통해 군사력이 동원되지만—에서 드러난 일반적 특징이다. 예컨대 아프리카 대륙의 반투어(Bantu languages)는 이와 같은 언어 교체 과정으로 언어가 확산된 경우로 생각된다[7](제11장 참조).

인구확산파 모형

여기서 어떤 구체적 형식의 인구/생업 모형이 언어 교체 설명에 적합한지를 생각해 보는 것이 유익할 것이다. 인구 증가와 관련한 신기술의 지리적 전파 방식은 미국 고고학자 앨버트 애머만(Albert Ammerman)과 공동 연구자인 이탈리아의 유전학자 루이기 카발리스포르차(Luigi Cavalli-Sforza)가 쓴 중요한 저작에 아주 명료하게 설명되었다[8]. 이들은 먼저 농경 확산을 설명하는 유용한 두 모형 중 어느 한 모형을 선택할 것을 제안했다. 그 중 한 모형은 인구분산 모형이다. 이것은 드문드문 흩어져 사는 수렵채취민이 농경을 실시하는 이웃 지역의 공동체와 접촉하는 모형이다. 그들은 이웃 공동체로부터 필요한 작물, 가축, 농경 지식을 배워서 농경을 시작한다. 또 다른 모형은 의도적 식민지화 모형인데, 이는 일정한 주민이 멀리 떨어진 다른 지역으로 가서 새 공동체를 건설하는 모형이다.

그런데 인구확산파 모형은 이 두 모형과는 크게 차이가 있다. 인구가 이동하지만, 단지 극히 가까운 지역으로 이동한다는 것이다. 이동한 새 땅에 농경을 실시하면 뒤이어 인구가 현저히 증가한다는 점에 주목한다. 이 저자들은 특정 지역의 인구 증가는 로지스 성장 패턴(logistic growth pattern) 곡선을 따른다고 하는데, 처음에는 인구가 급증하지만(실제로는

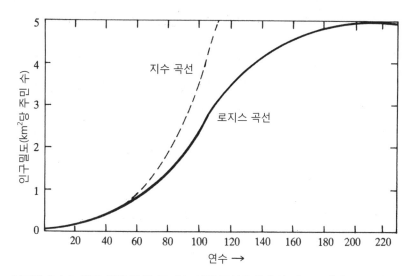

┃그림 6.1 ┃ 인구 성장 곡선. 로지스 성장 곡선하에서 인구는 1km²당 0.1명의 밀도
에서 시작하여 초기의 인구 성장률은 매년 약 3.9% 증가하며, 18년이
지나면 인구는 배가 된다. 1km²당 5명의 거주자는 포화 상태가 되었
다가 밀도가 영(零)이 될 때까지 감소한다. 인구 성장률이 초기 비율로
무한정 지속되면 지수 곡선(점선)이 생겨날 것이다(출처: Ammerman
and Cavalli-Sforza).

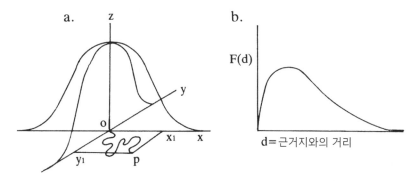

┃그림 6.2 ┃ 인구 확산과 모형
a) 이동 방향이 무작위적이라는 가정하에 x, y 두 좌표상의 이동거리 분
포. 개인은 이동 출발점(x=0, y=0)에서 출발하여 불규칙한 경로를 거
쳐 일정 시기에 기점 p에 도달한다.
b) 좌측의 분포면이 일차원 분포 곡선으로 변형되었다(출처: Ammerman
and Cavalli-Sforza).

제6장 언어, 인구, 사회조직: 과정주의 접근 | 151

기하급수적으로) 그 후의 인구 증가는 최대 밀도에서 점차 둔화되고, 농경이 새로 도입된 지역에 인구 포화 단계가 온다고 주장한다.

그 외에도 이들 두 학자는 지역 농경민이 때로 농경지를 수 km씩 바꾸며 이동하는데, 그것은 아마도 농경지 토양이 일시적으로 고갈되었기 때문에 이동하는 것으로 본다. 그렇지 않으면 각 세대의 후손이 부모 농경지에 그대로 정착하거나, 일부는 다른 지역으로 가서 농경에 편리한 농지를 찾기 위해 수 km를 이동하기도 한다. 그렇지만 이 인구 이동이 일정 방향으로 체계적으로 일어나는지 아닌지에 대해서는 특별한 견해가 없다. 그러한 점에서 이 이동은 무작위적이다. 애머만과 카발리스포르차는 이처럼 지적한다.[9]

"우리는 그러한 인구 증가 현상이 일정 지역에서 일어난 이동 모형과 일치하면, 인구확산파가 방사상(放射狀)으로 일정 비율로 전개된다는 점을 수리적으로 제시했다. 이 인구확산 방식은 **식민지배**와 구별될 수 있는데, 식민지배의 통상적 의미는 일정한 동질적 인구집단이 아주 멀리 떨어진 지역에 의도적으로 정착하는 것을 가리킨다. 널리 알려진 식민지배의 사례는 고전시대 그리스의 역사에 잘 기록되어 있다. 이와 대조적으로 인구확산파 모형에서는 인구는 보통 단거리에 걸쳐 서서히 지속적으로 확산, 팽창해 나간다."

그들이 말하는 인구확산파는 인구 증가의 물결이며, 신기술(이 경우는 농경 기술)이 잘 정착된 지역에서 일반적으로 방사상으로 퍼져 나가는 증식파형이다. 그러한 인구확산파는 〈그림 6.3〉에 제시되어 있다. 여기에서 농경민의 인구밀도는 1km²당 평균 5명으로 가정한다. 그리고 지역 점유의 초기 단계에서 인구 증가율은 18년마다 2배로 증가하는 것으로 가정한다. 한 세대의 지역적 이동거리는 25년에 18km이다. 이동 방향은 임

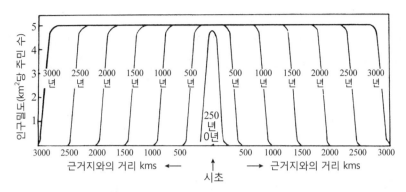

┃그림 6.3 ┃ 인구확산파의 컴퓨터 시뮬레이션. 곡선은 시초로부터 여러 시점의 인
구밀도와 함께 유럽 선사농경의 가상적 확산 기점으로부터의 거리를
나타낸다.

의적이고, 정주 이동거리를 가리킨다. 이 가정하에서 인구확산파는 매년
1km씩 이동한다.

이 모형이 기초한 수학적 계산을 자세히 산정할 필요는 없다. 이 모
형은 유전학적 통계로부터 끌어낸 명확한 수리 모형이라는 것으로 충분
하다. 이러한 기본 가정하에 결론은 엄밀하게 수리적으로 추론된다. 이는
이 모형이 옳다는 것을 말하려는 것이 아니다. 그러나 그것이 옳지 않다
면, 그 기본 가정에 무엇인가 틀린 것이 있다는 것을 의미한다.

분명 사람들은 수리적인 자동 장치처럼 행동하지 않으며, 문제의 특
정 지역은 이 모형이 단순히 가정하는 것처럼 동질적 환경이 아니다. 또
한 한 가족이 정주하는 농경지는 세대마다 정확히 18km를 이동하는 것
으로 가정하는 것도 비합리적이다. 그렇지만 여기에서는 사람들의 평균
적인 이동 행태를 말하는 것이다. 어떤 사람은 멀리 장거리를 이동하고,
어떤 사람은 그렇게 멀리 이동하지 않는다.

여기서 사람들이 멀리 있는 땅을 찾아가려는 욕구에 강하게 사로잡
혀 있음을 암시하는 것도 아니다. 각 세대의 평균 이동 거리는 오히려 그

렇게 멀지 않다. 또한 사람들이 항상 동일한 방향으로 이동한다는 것을 제안하는 것도 아니다. 이 모형의 현저한 특징은 이동 방향이 아주 임의적이라는 것, 즉 어느 방향으로도 이동할 수 있다는 것이다. 또한 전체적으로 이동한 결과를 두고 볼 때, 농경은 기존 경작지로부터 미경작된 외지로 비교적 일정 속도로 확산된다는 것이다.

우리는 이 이론이 초기의 언어 분산에 대한 우리 논의에 잠재적인 효과가 대단히 크다고 생각한다. 왜냐하면 여기에는 대규모 인구를 혁명적으로 급증시키는 과정이 있기 때문이다. 인구가 문제의 경작지를 넘어서 확산되지만, 사전에 계획한 것도 아니고, 아주 멀리 이동하는 것도 아니다. 실제로 개인의 평균 이동 방향은 무작위적이고, 이동 거리가 약 18킬로미터밖에 안 된다면, 그처럼 짧은 단거리 이동은 우리가 여기서 말하는 인구 이동에 해당하지 않는다.

물론 이 모형 자체는 인구 분산이 언어를 교체하는지 아닌지를 말해주지는 않는다. 우리가 할 일은 기존 지역에서 수렵채취민이 새로운 농경 기술을 택해서 농경 기술이 확산된 것이 아니라 인구확산 과정에 의해 농경이 실제로 확산되었는지에 대한 증거를 찾는 것이다. 이 확산 과정은 전반적으로 또 다른 영향을 미쳤을 것이다. 뒤에 가서 살펴보겠지만, 몇몇 경우에는 선사 농경민이 어느 지역에 도착했을 때는 수렵채취민이 때로 그 전통 지역에 이미 거주하고 있어서 그곳이 선사 농경민이 농사를 지으려고 선택한 곳도 아니라는 증거도 있다. 이 두 집단이 이따금 동일 식량 자원을 두고 다툰 경우도 있었겠지만, 그렇다고 이들이 반드시 먹을 것을 두고 싸움을 벌인 것도 아니다. 그러나 새로운 이주 농경민이 수렵채취민보다 50대 1로 수가 많은 경우, 이 두 집단은 서로 다른 언어를 사용하더라도 압도적으로 널리 사용되는 언어는 농경민의 언어였을 것으로 추정된다.

또한 주목할 것은 이 모형은 농경에만 국한된 모형의 내재적 특징이 아니라는 점이다. 이것은 실질적으로 고밀도의 인구를 급증시키는 토지 경작술을 지닌 모든 이동 집단에 적용된다. 이러한 이유로 이 모형은 유럽인의 도래로 아메리카 대륙에 (축산을 병행하는) 곡물재배 농경이 확산된 사례에도 정확히 적용된다. 물론 옥수수와 다른 토착 농작물에 기초한 농경이 그 이전에도 북아메리카 대륙의 여러 지역에 퍼져 있었다. 그러나 유럽의 농경 방식이 들어와서 많은 지역의 인구가 급증했다는 것은 분명하다. 최초의 이민자 유입으로 북아메리카는 처음에는 전통적인 방식으로 식민지화가 이루어졌다. 이들은 북아메리카 원주민과 평화적으로 뒤섞였고, 단순히 새로운 생업기술을 가진 농경민만은 아니었다. 인구확산파 모형으로는 생각할 수도 없는 중요 역할을 하는, 단결된 이민자 사회조직과 군사기술(철제 무기, 화기, 말)이 있었기에 사정은 훨씬 복잡하다.

유럽인이 신세계를 처음으로 식민지화한 과정은 분명 장거리 이주민의 경우이지만, 그 후의 인구확산 패턴은 아주 달랐다. 많은 연구를 통해 유럽 경제 및 생활 양식과 토착민의 경제 및 생활 양식의 **경계**(境界)[10]가 서부로 어떻게 이동했는지를 알 수 있다. 이 경우 복잡한 요인도 있었겠지만, 인구확산파 모형으로 이러한 이동 경제를 분석하는 것은 매우 타당하다.

이 모형은 고고학적으로 명확하게 알아볼 수 있다. 발굴을 통해 어떤 공동체가 농경제를 영위했는지 아니면 수렵채취에 기초했는지를 결정하는 것은 비교적 간단한 문제이다. 어느 지역의 최초 농경민이 사용한 물질적 도구는 일반적으로 잘 구별된다. 농경민은 흔히 토기를 사용하지만, 수렵채취민은 소수의 예외는 있지만[예컨대 일본의 조몬(Jomon) 문화] 토기를 거의 사용하지 않는다.

때로는 어느 지역의 선사 농경취락이, 거기에 거주하면서 이웃 부족으로부터 농경기술을 배운 자들에게 점령당했는지 아니면 이 선사 농경민이 새로이 이주해 온 사람인지는 간단히 결정할 수 없다. 그러나 때로는 수렵채취민과 농경민의 정착 패턴이 현저히 다를 수도 있다. 더욱이 어떤 경우에는 새로운 농경제를 따라 계속 사용하던 수렵채취민의 물질문화의 변모도 엿볼 수 있다. 그것은 원주민이 생존해서 농경을 채택했다는 표지이다. 반면 두 집단의 도구와 인공물이 서로 완전히 다르다면, 이는 곧 농경민이 이주민이라는 것과, 그 과정은 인구확산파 모형으로 (몇몇 경우에는) 아주 적절히 기술할 수 있다는 것을 의미한다.

　　제7장에서 우리는 이 모형을 이용해서 선사 인도유럽어나 인도유럽어가 유럽 전체에 분산된 과정의 메커니즘을 잠정적으로 제시해 보겠다.

모형 2: 엘리트 지배 모형

간단히 살펴보았듯이 인구확산파 모형은 언어 교체의 첫 번째 모형이며, 이는 인구와 생업 기술에 기초를 두고 있다. 그것은 상당한 인구밀도의 증가를 초래하는 새로운 생업 기술의 도입을 함의한다. 두 번째 언어 교체 모형은 둘 중 그 어느 것에도 기초하지 않은 전혀 다른 것이다.

　　이것은 다른 언어를 사용하는 고도로 조직된 비교적 작은 집단이 거주지 외부에서 들어오는 것을 가정하며, 효율적 군사력 덕택에 기존 인구를 실제로 지배하고 정복한 사람들이다. 이때 두 언어는 일정 기간 병존하며, 많은 주민, 즉 토착민과 이주민은 이언어 병용 화자가 된다. 어떤 경우에는 그 땅에 살던 주민은 원래 토착어를 계속 사용하고, 새로이 들어온 이주민은 동화되어 자기 언어를 잊어버리기도 한다. 또 어떤 경우에는 새로이 들어온 이주민의 언어가 널리 사용되고, 원주민 수는 많아도 그들의 언어가 소멸되기도 한다. 이것이 언어 교체이다.

　　이 모형은 이주 집단의 사회조직을 강조한다. 이주민의 수가 많지는 않지만, 기존 토착민을 효과적으로 종속하려면 인류학자들이 위계로 부르는 사회조직을 이미 갖추고 있어야 한다는 것이 우리의 주장이다. 즉 이들은 계층적 사회조직 또는 성층적 사회조직을 가져야 한다.[11] 때로 이들은 국가사회의 일원이 될 수도 있다. 다시 말해서 도시문명과 관련된 특징을 많이 가진 사회이다. 그러한 사회는 국가 수반이나 핵심 인물이 있으며, 국가는 일반적으로 군대의 힘으로 유지되고, 수도에 그 근거를 둔다. 취락도 위계가 있어서 도시 주변의 마을이나 소도시에는 지역 통치자가 있는 사회 체제이다. 사제, 전사뿐만 아니라 수공업자도 있고, 때로는 관료를 공문서로 통제한다. 그러한 사회가 계층화된 것은 각기 다른 사회계급과 계층이 있기 때문이다. 로마의 유럽 정복은 이런 종류의 조직적 계급사회가 이룩한 것이다. 첫 번째 모형과는 달리 이 모형에서 인구는 괄목할 만큼 증가하지 않는다.

또 다른 사례를 보면, 유입된 엘리트는 그처럼 복잡한 계층으로 조직되지는 않았다. 오히려 이들은 인류학자들이 가끔 **군장사회**(chiefdom society)로[12] 부르는 사회의 특징을 보여 준다. 군장사회에서는 다소 중앙집권적 조직은 있으나 흔히 국가와 연계되는 행정관료 조직은 없다. 이 사회는 일련의 차별화된 사회계층으로 분화되었지만, 수장과 가장 가까운 친족이 고위직을 차지한다. 경제적 관점에서 볼 때, 이 사회의 특징은 수공업 기술이 전문화되고, 사제나 전사와 같은 전문가도 일시적으로 있다.

우리는 이주해 들어온 소집단이 잘 조직화되면, 규모가 훨씬 더 큰 집단을 지배한다고 주장한다. 물론 이동해 들어온 이주민이 군사 기술도 다소 우위를 차지하면, 그것도 지배에 도움이 된다. 예컨대 이주민은 기마술을 잘 알고, 토착민이 기마술을 모르면, 이주민이 훨씬 유리하다. 이것이 신세계에서 에스파냐 정복자들이 성공한 비결이다. 그러나 사회조직은 군사기술보다 더욱 중요하다.

사회조직은 흔히 고고학적으로 분명히 드러나며, 발굴된 유물에 기초해서 위계사회임을 인식할 수 있는 다양한 표지가 있다. 취락 패턴은 중요한데, 거기에는 보통 권력의 중심이 있고, 고위층 인사에 대한 증거도 있다. 이들의 주거는 규모가 크고, 건축물의 품질은 아주 우수하다.

무엇보다도 인구 이동은 위험한 일이라는 것을 기억해야 한다. 어떤 영토로 이동해 들어가는 자들이 모형 1처럼 새로운 생태적 틈새를 찾지 못하거나 기본적 자원을 지키기 위해 기존의 토착민과 아주 효율적으로 경쟁하지 못하면, 이주민은 성공적으로 이동할 수 없다. 대부분의 언어 교체는 엘리트 지배 모형이나 앞의 모형의 범주에 속한다는 것이 우리의 주장이다.

모형 3: 체제 붕괴 모형

변화의 세 번째 모형은 체제 붕괴이다.[13] 초기의 국가사회는 대부분 그리 안정된 조직이 아니었다. 흔히 이들 사회는 급속히 성장했고, 어떤 면에서는 과도하게 분화된 측면이 있다. 몇몇 경우에 인구밀도는 점차 높아져서 조직의 상층부가 더 무거워져서 악천후로 흉작이 초래되거나 토양의 비옥도가 점차 사라져 발생하는 기근에 효과적으로 대처할 수 없다. 그들의 활동 행위는 다양화되는 대신에 초기의 국가사회나 사회 체제는 더 이상 긴장을 견딜 수 없을 정도로 더욱 악화되는 듯이 보인다. 중앙 권력은 통제력을 잃는다. 제의(祭儀)와 종교가 지배하는 철저한 권위에도 불구하고 이러한 상황에서는 빈번히 혼란이 일어난다. 수공기술자들은 중앙 행정의 지원을 더 이상 받지 못하고, 식량을 찾아 다른 곳으로 이동한다. 더욱이 재분배 제도에서 맞교환을 위해 이미 전문 산물—초기의 환금 작물에 해당한다—을 생산하던 농경민은 자기네에게 필요한 작물을 생산하는 경우에는 식량 생산이 매매나 교환용 소량의 편의식품(예컨대 포도주, 올리브기름)을 생산하는 것보다 유리하다는 것을 알게 된다. 이 경우에 농경민은 생업 농경으로 돌아서면 형편이 훨씬 나아지는 반면 전체 사회 체제의 효율성—이것이 전문 생산품에 맞춰 조정될 때는 최고조에 달하겠지만—은 떨어질 것이다. 이것이 위기를 더욱 악화시킨다.

그러한 사건의 패턴은 초기의 많은 문명과 국가에서 찾아볼 수 있으며, 과거에는 이들 국가와 문명의 몰락을 외부 침략, 즉 정복의 결과로 생각했다. 우리가 여기서 기술하려고 하는 것은 기원전 1110년 이후의 미케네 그리스나 기원후 890년 이후의 저지대 마야 문명이 경험한 **암흑기** 현상이다. 이들 사례와 다른 많은 사례에서는 사회의 조직 체계가 붕괴되었던 것 같다. 위의 각 사례에서 암흑기가 파괴적인 군대의 침략으로 도래

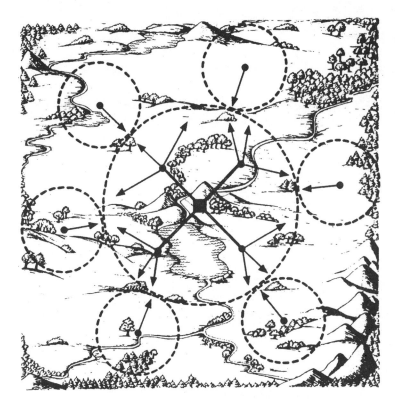

┃그림 6.4 ┃ 체제 붕괴: a) 체제 압력을 받은 중앙집권 체제가 외곽 지역까지 영토 경계를 확장한다. 중앙 집단은 경계 너머 있는 외곽의 지역 집단으로부터 끊임없이 압력을 받는다.

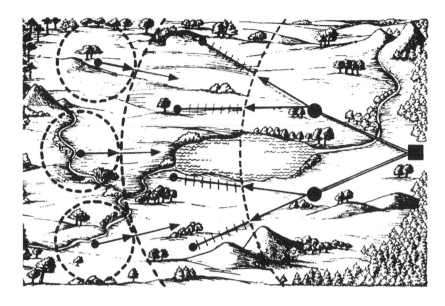

| 그림 6.5 | 체제 붕괴: b) 내부 위기를 꺾은 후 중앙권력은 외곽 지역에서 철수하고, 경계 지대의 소집단은 전진 기회를 포착함으로써 유리한 고지를 확보하고 외곽 지역을 장악한다.

한 것으로 가정했던 고고학자들은 이처럼 추정된 침략 파괴자에 대한 어떤 흔적도 발견하지 못했다.

그렇지만 체제 붕괴의 현상은 결과적으로 집단을 이동시키며, 이 집단 중 일부는 그 지역에서 사용되는 언어에 확실히 영향을 미친다. 왜냐하면 국가사회가 붕괴할 때, 국가의 국경 체제도 같이 붕괴하기 때문이다. 누구도 국경을 수비하지 않으며, 도시나 궁정을 방어할 군대도 대기하지 않는다. 무법천지가 될 가능성이 다분하며, 무장 집단이 이 상황을 이용하려고 조만간 출현할 것이다. 국경 지역에 아주 조직적인 집단이 국가의 군사력에 의해 유지되는 치안의 혼란을 막는다면, 이들은 이 새로운 무질서를 이용하여[14] 변방에서 영토의 심장부로 이동하려고 한다는 것을 예측할 수 있다. 그리하여 어떤 집단은 군사력 이동에 성공하여 모형 2에서 기술한 엘리트 지배와 아주 흡사한 과정을 통해 기존 주민을 굴복시킬 것이다.

체제가 붕괴하면, 붕괴에 뒤이어 이 집단은 변방에서 중심부로 이동하는 현상을 예측할 수 있다. 이 집단은 결국 전 영토에 걸쳐 국가를 구축하고 언어를 이식하면서 언어가 거의 교체되는 것을 볼 수 있다.

많은 경우 체제 붕괴 이후에 일어나는 괄목할 만한 언어 변화는 거의 없다. 저지대 마야(Maya Lowlands)의 경우, 언어 교체는 거의 없었던 것으로 생각되지만, 아즈텍족의 멕시코 지배와 그들의 언어인 나후아틀어(Nahuatl)의 지배적 이식은 대강 이 같은 방식으로 기존 국가 체제가 붕괴되면서 일어난 현상이다. 미케네 그리스에서 그리스어는 교체되지 않았지만, 지역 내 집단이 이동했고, 결과적으로 이전 거주민의 언어와 다른 방언이 채택되었다. 로마의 멸망은 분명 놀랄 만한 결과를 초래했다. 그 가운데 가장 중요한 결과는 군장사회의 수준에 이른 잘 조직된 집단이 영국 해협을 건너가 브리태인을 지배한 것이다. 그 이전 세기(즉 4세기)에 로마인이 색슨 해안의 성채로 알려져 있는 정교한 방어 체제를 구축했는데, 이러한 국경 수비 체제를 유지한 많은 증거가 있다. 이들이 더 이상 거기에 주둔하지 못하게 되자 위에 기술한 지역 내의 집단 이동이 일어났다. 즉 굳게 단결한 소집단들이 저지대 해안 국가에서 이동해서 들어왔다. 이 집단 이동은 언어적으로 아주 유의미한데, 그것은 결과적으로 앵글로색슨어가 들어왔기 때문이다. 로마 제국이 붕괴되기 전에 게르만어를 사용하던 소수의 주민이 이미 영국에 거주하고 있었을 가능성이 있다. 학자들은 로마인이 체제가 붕괴되기 전인 4세기에 영국에 도래해서 거기 언어를 일부 대체했고, 그것이 켈트어였다는 점에 일반적으로 동의한다. 그러나 로마 치하에서 주민 전체가 어느 정도로 켈트어를 라틴어로 교체했는지는 불분명하다. 로마 제국의 권력이 멸망하기 전에 색슨족 용병은 이미 영국에 있었고, 뒤이어 앵글로색슨어가 지배한 것은 일부 이들에게서 기인하기도 하지만, 혼란을 이용해서 그 후에 침입한 소집단에서도 기인할 수 있다.

이 모형의 장점은 그것이 첫눈에는 인구확산파 모형이나 엘리트 지배 모형에 속하지 않는 많은 언어 교체 사례—이들이 어떤 의미에서는 사실상 후자 모형의 범위에 포괄되기는 하지만—를 설명하는 데 이용된다는 점이다.

이동 요인과 유목

수많은 인구 이동 사례를 세 모형 중 어느 한 모형에 입각해서 고찰한다면, 이동 방식은 결정적으로 중요한 요인이다.

물론 항해술은 아주 멀리 떨어진 곳에 많은 식민지를 지배하는 데에 필수적 요인이다. 15~19세기에 지구상의 수많은 지역에 들어선 유럽의 식민지배는 당연히 지배 강국의 사회조직뿐만 아니라 조선술과 항해술의 발달 덕택이다. 또 다른 예를 들면, 영국과 아일랜드의 북유럽(Norse) 지배도 바이킹족의 그 유명한 좁고 긴 배를 이용한 항해선 개발 기술과 밀접한 관계가 있다.

육지에서는 시기에 따라 말이 아주 중요한 자원이었다. 그러나 이 말에 대해서는 혼동이 많았다. 수레를 끌고 짐을 나르는 동물로 말을 이용한 것과 기마용으로 말을 사용한 것 이 둘을 반드시 구별해야 한다. 기원전 3000년경에 오늘날의 서부 러시아에서 최초로 말을 길렀다는 흔적은 있지만, 이처럼 일찍부터 기마용 말을 타고 다녔다는 데 대한 결정적 증거는 없다.

우리에게 남아 있는 기마(騎馬)에 대한 가장 확실한 최초의 증거는 기원전 2000년 초에 말과 말을 탄 사람을 그린 그림이며, 기원전 1000년 이전에 제작한 말의 조각과 마구(馬具) 유물이다. 물론 뼈로 조각한 재갈이 슬로바키아와 헝가리에서 발견되어 기원전 2000년 이전에도 거기에서 기마를 했다는 사실을 알 수 있지만, 기원전 1600년경에 근동과 그리스에도 말이 끄는 마차가 있었고, 이보다 1,000년이나 더 이전에 말이나 소가 끄는 수레 흔적도 남아 있다.

말을 짐 나르는 동물로 기르면서 나타난 가장 중요한 결과는 이동이 좀 더 쉬운 유목경제의 발달에 문을 열어 주었다는 사실이다. 이동유목경제는 대부분 가축(양, 염소 또는 소)의 운용에 기반을 둔다. 여름과 겨울 사이에는 목초지로 가축 떼를 몰고 장거리를 이동하는데, 이 이동 거리가 너무 멀어 공동체 전체가 가축 떼와 함께 이동한다. 이것은 이동 방목과는 전혀 다른 생업 패턴이다. 이동 방목은 여름 방목지와 겨울 방목지의 거리가 훨씬 더 짧고(일반적으로 산간 지방에서는 고도차의 문제이다), 따라서 주된 공동체는 일 년 내내 같은 마을에 거주하면서 지낸다. 그러나 장거리 이동 시에는 전체 공동체가 모든 세간을 가지고 이동하며, 그러한 장거리 이동에는 짐을 나르는 동물이 필요했고, 이것이 초기에 말을 이용한 주 용도였을 것이다.

하지만 유목경제에는 일정한 농업이 병행된다는 점을 강조해야겠다.[15] 모든 유목민이 작물을 재배하지는 않았겠지만(그러나 아주 흔히 재배를 한다), 이들은 분명히 빵과 농산물이 필요했으며, 이 농산물을 가축의 산물과 교환했다. 고고학의 초기 시대에는 유목민이란 수렵채취민과 정착 농경민 사이에 존재했으며, 시대적으로 중간 시기라고 생각했다. 이 견해는 오늘날 더 이상 수용되지 않는다. 유목은 농업이 성공적으로 발달한 이후에 단지 이차적으로 발달했다. 유목민 경제는 일반적으로 농업사회와 공생하는 경제였다.

러시아 학자 이고르 디아코노프(Igor Diakonov)[16]는 최근에 이처럼 견해를 발표했다.

"유목은 가축을 타는 것, 즉 말을 타거나 낙타를 타는 것을 전제로 한다. 그러나 수레는 소에게는 적합하지 않다. 왜냐하면 소는 험난한 지형에는 소용이 없고, 아주 전문적으로 보살펴야 하기 때문이다. 근동에는 기원전 2000년까지 진정한 의미의 유목이 존재하지 않았다. 유목은 기원전 2000년까지 중앙아시아와 러시아의 유럽 초원지대에서는 행해지지 않았다."

다른 의미로 기마술의 발달은 아주 중요했다. 기마술은 군사적으로 아주 중요했는데, 말을 잘 타고 단결된 집단은 기마술 덕택에 엄청난 이점이 있었기 때문이다. 이는 **엘리트 지배 모형**을 생각나게 한다. 그리하여 철기시대 유럽사회 집단은 기마술(그리고 말)이 있었고, 이 기마술이 없었다면, 사회집단의 지배 전략은 크게 바뀌었을 것이란 점은 쉽게 상상이 간다.

기원후 1000년에 등자(鐙子)의 개발로 말을 탄 채로 전투하는 것이 훨씬 쉽고 안전해졌고, 이것도 지배 전략을 크게 바꾸는 효과를 초래했다. 기술사가인 린 화이트(Lynn White)[17]는 중기병(重騎兵)의 군사 행동이 등자(鐙子) 덕택에 가능했고, 나아가 심지어 유럽 중세의 장원계급 발흥도 등자 때문이라고 주장했다.

그보다 더 후세의 일이지만, 서남 아프리카 왕국에도 이 사실이 그대로 적용된다. 영국 사회인류학자 잭 구디[18]는 이처럼 쓰고 있다.

"말은 그 어떤 의미로도 고상한 동물이며, 귀족과 이들에게 딸린 자들만 보유한 동물이었다. 말을 귀족만이 보유한 것은 특수한 사회적 금지법 때문이 아니라 말이라는 파괴적 수단에 드는 막대한 투자 때문이었다. 말 문화라고 할 수 있는 기마 문화(騎馬文化)는 정치군사적인 기반이 있었다.

중세 유럽이나 지구상의 다른 대부분 지역처럼 서부 아프리카에서도 말은 보통 이동해 들어온 이주자로서 농경민의 토지를 지배한 정치적 지배계층의 자산이었다."

바퀴가 달린 수레, 즉 마차는 이동에 중요한 역할을 한다. 왜냐하면 유목민은 짐 나르는 동물이 운송할 만큼 적게 짐을 줄이는 생활양식을 개발했지만, 전통 농경민 집단은 바퀴가 달린 이 운송수단 없이는 장거리 이동이 실제로 불가능했기 때문이다. 티모디 챔피언(Timothy Champion)은 선사 후기 유럽의 대규모 인구 이동에서 사회조직 외에 이 요인이 얼마나 중요한지를 강조하고는, 다음과 같이 결론지었다.[19]

"선사 유럽의 인구가 아주 많이 증가하거나 주민이 농업을 심하게 약탈했을 가능성이 아주 희박하여 기원후 1000년 전까지는 이주가 모든 세대가 처한 위기를 해결하는 선호 방식이 아니었을 것이다."

그러면 이러한 요인이 선사시대에 언어 교체가 일어난 범위를 결정 짓는 기저의 근본 원인인가? 필자가 강조하려는 필수 사항은 현대고고학은 대규모의 집단 이동을 일상사로 더 이상 간주하지 않는다는 사실이다. 인구는 이동했지만, 단지 필요한 상황에서만 이동하며, 또한 오늘날 우리가 이해하는 그러한 조건에서만 일어난다. 바로 이 조건을 현대고고학이 탐구하려고 하는 것이다. 그것은 이주 조건이 잘 정의되고, 고고학적 기록으로 그 흔적이 분명히 남기 때문이다. 하지만 이러한 흔적의 발견은, 한때 개별 인종 집단을 가리키는 **명함**인 양 주장한 특정 토기 유형처럼 아주 단순하고 직접적이지 않다. 하지만 그것은 오히려 관련 공동체의 사회조직, 기술, 생업 양식에 대한 증거가 된다. 고든 차일드는 당시의 선사 고고학에 대해 이처럼 썼다.[20]

"그것[선사고고학]은 정치가 대신 문화를 이용하고, 전투 대신 인구 이동을 행위자로 이용함으로써 관례적인 정치군사 역사에 상응하는 선사를 이 고고학적 유물로부터 끌어내는 것을 목표로 한다."

그 이후 역사과학은 변화하여 사회의 기반 기술과 사회조직의 기본 특징에 더 큰 관심을 두었다. 현대의 역사는 위대한 인물의 공적과 사상에만 관심을 갖지 않는다. 차일드가 1957년에 이 글을 쓸 당시 그는 정말 한 가지 부당한 짓을 했다. 왜냐하면 1926년에 출간된 『아리야족』은 그러한 선사고고학의 견해를 확증했으면서도 그 자신은 기술 변화가 초기 선사사회에 미친 영향을 연구하는 선구자였기 때문이다. 그는 선사시대 경제발달의 지도적 인물이었고, 이 선사경제학은 사회인류학과 더불어 우리가 논의 중인 문제에 더욱 야심찬 접근방법, 특히 언어 교체라는 난제에 대한 접근방법을 제공했다.

언어 변화에 대한 다른 과정주의 모형

언어 변화와 언어 교체가 일어나는 과정을 고려할 때, 이와 관련 있는 다른 유효한 모형을 생각하는 것은 어렵지 않다. 아마도 이들 모형은 우리가 다루는 사례와 관계가 적은 것 같다. 왜냐하면 이들 모형은 인도유럽 조어 문제와 관련해서 제시된 것이 아니기 때문이다. 하지만 이 장은 언어 변화에 대한 더욱 일반적인 개요로 사용할 목적이므로 적어도 이들을 언급할 필요는 있다.

강제적 인구 대치

이것은 난민(難民) 현상이며, 큰 인구집단이 살던 영토를 떠나서 다른 영토로 이동하는 것인데, 인구/생업 모형의 결과가 아니라 원래 살던 영토에 적이 침략함으로써 어쩔 수 없이 이주한 경우이다. 어떤 상황에서 난민은 새로 이주한 땅에서 언어적으로 지배적인 주민이 되어서 사용하던 언어가 생존하는 경우도 있다.

물론 이는 인도유럽어 연구의 초기에 많은 학자가 채택한 모형이다. 인도유럽인이 서쪽으로 침입한 최초의 이유는 때로는 동쪽에서 이동한 다른 적대적인 부족들 때문이었다. 하지만 이 모형은 몇몇 사례에는 잘 적용되지만 신중하게 살펴봐야 할 모형이다. 예컨대 서로마 제국 멸망 후에 일어난 소위 이주 시기의 사례에서는 분명히 사실로 주장할 수 있다.

하지만 이 모형은 어떤 의미에서는 다소 이차적인 모형이다. 왜냐하면 이 가련한 난민이 이전에 살던 지역을 버리고 처음 떠난 것이지만, 그것은 어쨌든 사람들의 이동이므로 우리가 앞에서 개진한 언어 교체 모형 중 어느 모형으로 설명되기 때문이다(이주 시기의 경우, 로마 제국의 멸망은 인구 이동의 주요 원인이었다). 이 모형의 둘째 약점은 난민은 좀처럼 최후로 정착한 영토에서 지배집단이 되지 못한다는 것이다. 따라서 난민의 언어가 어느 사회의 지배적인 언어가 된다는 것은 극히 예외적이다.

정착과 이동 경계의 변화

농업과 유목의 두 가지 대조적인 (때로는 공생하는) 혼합경제가 안정적인 관계를 가지면서 나란히 확립되었을지라도 이 두 경제의 경계 지역은 시간이 지나면서 바뀔 수 있다. 사실상 그 경계선을 긋기란 쉽지 않은데, 그것은 두 경제 체제를 이용하는 지역들이 서로 겹치는 까닭이다. 유목민이 어느 목초지에서 다른 목초지로 이동하면 많은 농경지를 통과할 수도 있다.

하지만 그 경계 지대를 대강 정하는 방도를 발견한다고 가정할 때, 그 경계 지역은 시간이 지나면서 그 지역의 기후, 경제, 사회적 조건의 작용으로 변화할 것이라는 점은 자명하다. 이처럼 두 경제 체제의 경계 지역이 변하면, 과거 경계와 새로운 경계 사이의 지역에는 결국 언어가 변화할 것이다.

이 점은 여기서 보다 명시적으로 설명할 가치가 있다. 그것은 알다시피 신석기 말엽의 동유럽에 더욱 동쪽의 유목경제와 관련되는 물질문화가 있었다는 단서들이 나타나기 때문이다. 이것은 때로는 중부와 서유럽으로 유목민이 분산, 이동한 증거로 간주되기도 한다. 물론 이는 그러한 이동을 지지하는 증거이기도 하지만, 훨씬 더 풍부한 자료를 더욱 서부 지역들로부터 수집해야 한다. 타당한 옹호론을 펼치기 전에 동유럽의 물질문화는 여기서 제시한 모형으로도 분명 달리 해석할 수 있다.

그러한 이동과 정착의 상호작용이 일어나는 지역은 흔히 중국 역사에 결정적으로 타당하게 적용된다. 만리장성 자체는 이러한 의도로 구축되었고, 일반적으로 그 경계선은 중국 제국의 내륙 안으로 깊숙이 들어가지 않는다. 물론 때로는 그 이동과 정착의 상호 접촉이 아주 동쪽으로 이동하여 그 결과 엘리트 지배 모형이 되기도 한다. 그 결과 몽고의 원(元)나라와 그 후의 만주(滿洲) 왕조가 출현했다.

공여 인구와 수용 인구의 체제

다른 흥미로운 모형은 특정 종류의 엘리트 이동과 관련이 있다. 루이스 빈포드(Lewis Binford)는 농업의 기원에 대한 영향력 있는 「후기 홍적세 적응(Post-Pleistocene adaptations)」이라는 논문에서, 서로 인접하는 환경권을 점유한 두 종류 이상의 다른 사회문화 체제가 병존하는 상황을 논의했다. 그렇지만 두 체제의 경계 지대에서 인구가 이동하는 변화를 논의하는 것이 아니다. 이는 어떤 경우에는 방금 논의한 정착과 이동의 경계 변화 모형이 될 수도 있기 때문이다. 오히려 고찰할 가치가 있는 것은 인구가 급증하는 주민 집단과 경제가 경계를 넘어 인접 영토로 이동할 수 없는 상황이다.

빈포드가 보여 주듯이 그러한 상황에서는 흔히 오랜 기간에 걸쳐 인구가 급성장한 집단은 인구학상으로 볼 때 인구를 공여(供與)하는 집단이고, 다른 집단은 인구를 수용하는 집단이다. 그 결과 이주민 집단은 그리 역동적이지 않은 정체 지역으로 계속 침투해 들어간다.

이러한 과정이 근동의 농업 기원의 근저에 있든 그렇지 않든 간에, 빈포드가 당시 제안했듯이 근동의 셈어 발달은 장기간에 걸친 이주 과정의 결과로 간주할 수 있다. 이 경우 인구 공여 권역은 대개 아랍반도이고, 인구 수용 권역은 메소포타미아이다. 우리의 주장은 기원전 3000년 이후 셈어를 사용하는 집단이 메소포타미아로 빈번히 끊임없이 물밀듯이 밀려 들어와 거기에 정착했고, 마침내 수메르어 사용 인구를 능가했다는 것이다. 그러한 경우, 불안정한 시기에는 다수 주민이 사용하는 언어가 지배적 언어가 된다. 이는 실제로 아카드의 사르곤(Sargon) 왕조 출현과 함께 일어난 사건이다.

여기서 우리는 이 과정이 유럽에서 일어나지 않았다는 것을 주장하려는 것은 아니다. 그 반대로 그러한 과정이 선사 시기에 유럽에서 왜 일어났는지에 대한 증거가 없다는 것이다. 서부 러시아의 초원지대에 관한 앞의 정착과 이동 경계의 변화 모형은 제한된 고고학적 증거를 타당하게 충분히 설명할 수 있다. 그러나 이러한 모형도 가능하며, 그것이 셈어를 지배한 것과 관련이 있다는 점을 지적하는 것이 더 적절하다. 이처럼 이 두 문제 중 그 어느 것은 특수한 경우라고 주장할 수 없다는 것이다.

이제까지 언어 변화의 기저에 놓인 과정주의적 메커니즘을 살펴보았으므로 구체적 사례, 즉 인도유럽 조어 문제를 고찰하기로 하자. 우리는 이 장에서 대강 살펴본 원리를 이제 적용하려고 하는데, 우리가 언어고고학을 신중히 고려하면 그 원리는 세계의 모든 지역에도 똑같이 타당하게 적용된다.

제7장

유럽의 초기 언어 분산

앞 장에서는 인도유럽 조어 문제를 해결하기 위해 지금까지 시도한 거의 모든 연구에 대해 직접적이건 함축적이건 비판적인 입장을 취했다. 이는 그 문제가 해결이 불가능한 것을 의미하는가? 우리는 그렇게 생각하지 않는다. 앞에서 비판한 잘못된 가정을 설정하지 않으면, 거의 전 유럽을 통해 친근관계가 있는 언어들이 존재하는 것을 합당하게 설명할 수 있다고 믿는다. 그러나 우리가 이 설명을 검증하는 것은 더욱 어려운 문제이다.

1. 언어와 농경

우선 기원 직전이나 직후(그리스의 경우는 이보다 1,000여 년 더 이르다)의 몇 세기 동안 유럽의 인도유럽어를 살펴볼 때, 이들의 분포를 조사하면 유럽 전체가 인도유럽어를 실제로 사용했던 것으로 보인다. 단지 분명한 예외는 중부 유럽의 에트루리아어와, 아마도 에스파냐 반도의 동부 이베리아 지방을 포함해서 북부 에스파냐의 바스크어의 조상어일 것이다. 이 지역은 상당히 균질적인 광대한 지역이다.

트루베츠코이가 전개한 가능성, 즉 인도유럽어의 동질성은 단지 수렴의 결과로 생겨난 것일 뿐이라는 점은 이미 앞에서 논의했다. 이는 곧 서로 다른 지역의 친근관계가 없는 언어들이 접촉 과정을 통해 인도유럽어화되었다는 것을 의미한다. 그렇지만 대부분의 언어학자가 주장하듯이, 결론은 이 인도유럽어들의 공통 기원은 어느 정도는 수용해야 한다는 것이다. 이는 곧 관찰된 인도유럽어들의 동질성을 설명하려면 적어도 부분적으로는 수지 모형을 수용해야 한다는 것을 의미한다. 그렇다고 해서 파상 모형의 작용을 배제하자는 것은 아니다. 따라서 지금의 언어 패턴은 조상어의 영향과 더불어 차용어와 그 후 수천 년간에 걸쳐 공통의 문법형태가 남긴, 진정한 의미의 덧쓰기가 추가되어 생겨난 것이다.

어떤 역사적 실체가 이 모든 인도유럽어의 공통조어의 배후에 있는 것인가? 우리는 기원전 3500~3000년경의 쿠르간 분산설을 거부했고,

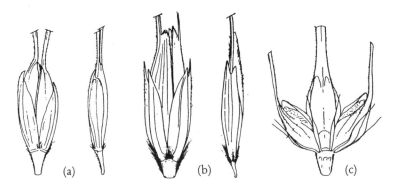

┃그림 7.1┃ a) 소맥, b) 일립, c) 육열보리. 유럽과 근동의 신석기 혁명의 기본 곡류 (출처: J. M. Renfrew).

새김무늬 토기 문화설, 종형 비커 문화설(기원전 2900~2000년경)도 거부했다. 이와 동일한 주장을 그 후에 일어난 언어 통일, 즉 후기 청동기의 골호장지 문화와 같이 인지 가능한 문화 복합체에도 적용할 수 있다. 이러한 각 문화 복합체가 언어 동질성을 함의하는 것으로 인식했더라도 이들 문화 복합체 중 그 어느 것도 유럽 전역에 적용하기에는 그렇게 광범위한 것은 아니다. 아마도 골호장지 문화도 그처럼 전체적으로 적용할 수 없을 것이다. 왜냐하면 그것은 기원전 1500년 이전에 인도유럽어 화자들이 그리스에 들어온 것은 설명할 수 없기 때문이다. 종형 비커 문화 복합체도 마찬가지로 남동 유럽에는 타당하지 않다. 거기에는 종형 비커가 나타나지 않기 때문이다. 꽤 가치가 있는 새김무늬 토기는 그리스에는 거의 나타나지 않고, 이탈리아에도 전혀 출현하지 않는다. 쿠르간 문화, 새김무늬 토기 문화, 종형 비커 문화를 모두 고려하는 아주 포괄적인 이론—김부타스 교수의 쿠르간 가설의 광범위한 분파로 간주되는 이론이다—만이 가능하다.

그렇다면 그 대안은 이보다 더욱 이른 시기로 거슬러 올라가는 것이다. 그렇다면 우리는 진정 유럽 전역에 근본적으로 영향을 미친 주요한 과정을 분명히 찾아낼 수 있다. 이 과정은 곧 농경을 채택한 문화이다.

유럽의 선사농경 문화의 기본을 형성하는 대부분의 작물 재배와 아마도 일부 동물 사육도 유럽 지역에 수입된 것이라는 견해가 오늘날 널리 받아들여지고 있다. 제인 렌프류(Jane Renfrew) 박사[1]는 『선사 고민족 식물학(*Palaeoethnobotany*)』에서 식물 수입에 대한 증거를 조사하고, 몇몇 곡물의 야생 원형이 남부 유럽의 이곳저곳에 재배한 가능성이 남아 있지만, 그녀가 내린 전체적인 결론은 농경제는 주된 수입 경제였다고 한다. 훨씬 초기 선사 단계의 곡물에 대한 아주 흥미로운 흔적이 그리스의 프랑크티 동굴(Franchthi Cave)에서 일부 발견된다.[2] 하지만 현재로서는 유럽 최초의 농경민은 기원전 6000년 이전에 그리스(그리고 크레타)

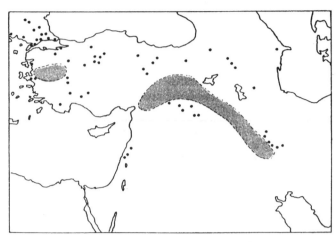

▌그림 7.2 ▐ 재배 일립의 야생 원형 트리티쿰 보에오티쿰(Triticum boeoticum)의
근대 근동 분포(출처: Zohary and J. M. Renfrew).

에 정착했다고 말하는 것이 더욱 확실하다. 그것은 콩이나 갈퀴나물 같
은 두류와 더불어 소맥, 일립소맥 같은 것을 재배하는 혼합 경제였다. 가
축은 주로 양과 염소를 길렀고, 소와 돼지는 처음에는 사육하지 않았다가
그후에 사육했다. 이 같은 사실은 마케도니아의 네아 니코메데이아(Nea
Nikomedeia), 테살로니아의 아르기싸 마굴라(Arggissa Maghoula), 크레타
의 크노소스, 남부 그리스의 프랑크티 동굴과 같이 완벽하게 조사된 발굴
지 연구에서 분명히 보고하고 있다.[3]

대부분의 유럽 농경 확산은 그리스에서 기원하는 것으로 보고, 그 확
산 과정은 추적할 수 있다. 하지만 이는 곧 인구가 분산했다는 것을 의미
하는 것은 아니다. 아주 산발적이지만, 유럽의 기존 수렵채취민은 필요한
동식물을 남동부 지역으로부터 획득하여 점차 농경을 채택해 나간 것으
로 상정할 수 있다. 이는 곧 인류학자들이 문화적응(acculturation)으로 부
르는 과정이다. 하지만 우리는 그 대신 유럽 농경은 제6장에서 기술한 인
구확산파 모형과 아주 흡사한 과정에 의해 확산되었다는 것을 제안하고

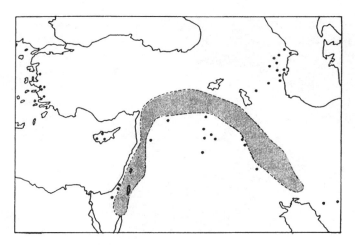

┃그림 7.3 ┃ 재배보리의 야생 원형 호르데움 스폰테네움(Hordeum sponteneum)
의 근대 근동 분포(출처: Zohary and J. M. Renfrew).

자 한다.

　이는 곧 농경이 실시되는 새로운 지역마다 인구집단이 지역 출신
의 토착 조상에서 유래한 것이 아니라는 것을 함의한다. 이들 인구집단
은 대부분 적응한 토착 집단이 아니라 대부분의 경우, 부모의 출생지에서
20~30마일 떨어진 곳에서 태어난 자녀 집단이다. 조직적인 이주를 가정
할 필요는 전혀 없다. 이 모형에서는 어느 누구도 생애를 통해 40~60km
이상은 이동하지 않는다.[4] 하지만 어느 한 지역에서 농경이 발달하면 인
구가 상당히 증가하기 때문에 결국은 유럽 전역에 새로운 농경제가 퍼졌
을 것이고, 나아가 새로이 증가한 인구가 상당한 규모로 유럽 전역으로
퍼졌을 것이다.

　유럽에 농경제가 도입된 과정은 기원전 6000년 이전에 크레타와 그
리스의 어느 지역에서 시작되었을 것이다. 더욱 정확성을 기하기 위해 우
리는 눈금이 있는 방사성 탄소 연대측정법을 사용해야 한다. 이를 이용할
경우, 농경은 기원전 6500년 이전의 어느 시기에 그리스에 도래한 것으로

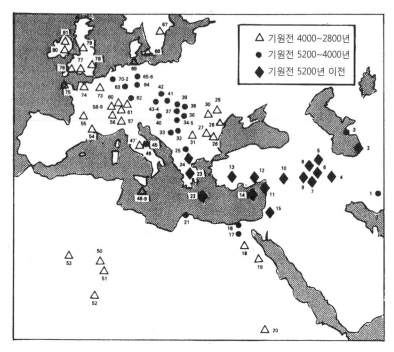

┃그림 7.4 ┃ 유럽의 농경제 확산에 대한 방사성 탄소 연대. 지도는 1965년까지 나온 결과에 대한 방사성 탄소 연대 분석에 의한 초기의 정주 농경지를 가리킨다. 연대는 비교정 방사성 탄소 연대이다(출처: J. D. G. Clark).

드러난다. 농경은 스코틀랜드 북단의 오크니 제도(Orkney Islands)까지 전파되었고, 기원전 3500년경에는 유럽 전역에 퍼졌다.[5]

유럽에 농경이 도래한 과정—많은 단계를 거치면서 중간중간에 단절되기도 하고, 급격히 진행되기도 했지만—을 단일 과정으로 간주하는 것은 아주 지당하다. 왜냐하면 만일 오크니에서 재배한 밀을 기원전 3000년 신석기로 간주하고, 그 종자를 매년 어느 곳에서 수확했는지를 질문하면, 반드시 그리스 초기 신석기로 거슬러 올라가는 선을 유럽 지도에 긋게 되고, 거기에서 서부 아나톨리아로 또다시 거슬러 올라가는 선을 그리게 된다. 이는 결정적으로 중요한 지적이다. 이와 같은 과정이 인류 조상에게도 실제로 적용되는지는 매우 불확실하다. 하지만 그것은 우리가 이 책에서 사실상 주장하는 바와 거의 일치한다. 이 입장은 밀과 그 외의 다른 종류의 작물(그리고 아마도 양과 염소의 조상)에도 적용된다.

인구확산과 모형에 따라 우리는 새로운 농경제로 인해 각 지역의 인구가 증가했고, 단 몇 세기에 걸쳐 아마도 1km²당 0.1명에서 1km²당 5~10명 정도로 증가했다고 주장한다. 이 모형은 단지 20~30km를 이동하는 단거리 인구 이동을 예측하는데,[6] 이러한 이동으로 농경민이 유럽 전역의 인구로 마침내 확산된 것이다. 이들은 선사 유럽의 최초의 농부들의 후예들이다.

사정이 그러하다면, 기원전 6000년경의 그리스의 선사 농경민의 언어가 유럽 전역을 통해 분산된 것으로 예측할 수 있다. 물론 이 분산 과정에서 언어는 변화했을 것이다. 그리스의 인접 지역에 사용된 선사 농경민의 언어는 그들의 농경 선조의 언어와 유사했을 것이다. 그러나 세월이 흘러감에 따라 이 두 지역이 분리되고 고립되면서 언어가 분화하여 방언이 생겨나고, 동계어였던 이들 방언은 수천 년간의 오랜 시간에 걸쳐 별개의 언어로 분화했을 것이다. 우리가 살펴보았듯이 이는 로마 제국 말기에 라틴어에서 실제로 일어났던 변화이다. 로마 제국 영토 내의 여러 다른 지방이 언어적으로 분화해서 각기 그 지방의 로망어가 되었다.[7] 몇 세기 후 더욱 북서부 그리스에 농경민이 도착하면서 선사 농경민의 언어는 그리스 조상들이 사용하던 언어와 이미 달라졌고, 거의 동시기에 다소 멀리 떨어진 그들의 자매 언어와도 차이가 생겨났을 것이다. 그리하여 각기 다른 동계어가 모두 발달했고, 결국에는 유럽 각지의 어군에 속하는 언어로 발달했을 것으로 쉽사리 상정할 수 있다.

그렇지만 지금까지 우리는 이미 먼저 거주하던 수렵채취민, 즉 중석기 인구를 완전히 무시했다. 어떤 관점에서 이들을 배제하면서도 루스 트링엄(Ruth Tringham)[8]이 주장한 것처럼, 이들은 선사 농경민과는 상당히 다른 생태적 지위를 이용했다는 것을 제안한다. 말하자면 그들의 지위를 그대로 온전히 고수했더라도 이들은 아마도 대부분의 지역에서 전인구의 약 1%밖에 되지 않는 극소수의 화자였을 것이다. 이들은 각 시기의 언어 상태에 단어와, 아마도 문법 특징도 추가했겠지만, 결국 언어적으로 점차 동화되었을 것이다.

경우에 따라 중석기의 인구밀도가 훨씬 더 높은 지역, 아마도 브리 타니나 포르투갈의 해안 지방[9]—이곳에서 발견된 패총은 상당히 번창했 던 중석기 사회를 암시한다—에서 이들은 언어적으로 한층 더 큰 기여를 했을 것이다. 또한 중석기의 토착 주민이 실제로 농경을 실시한 곳에서도 공동체 인구밀도가 상당히 증가했음을 보여 준다. 이 경우에 그 공동체의 언어는 생존할 가능성이 훨씬 더 높다. 이 모형에 입각해서 에트루리아어 나 바스크어 같이 역사 시기에 존재했던, 이따금 발견되는 이질적인 비인 도유럽어 사용 집단을 설명할 수 있고, 지금은 소멸되고 없지만 한때 일 시적으로 생존했던 다른 많은 언어도 설명할 수 있다.

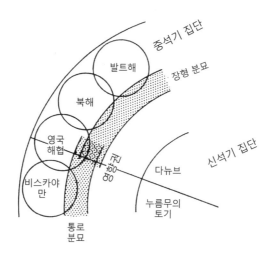

┃그림 7.5┃ '대서양안'의 북서 유럽의 기존 중석기 공동체에 농경이 미친 영향 (출처: Kinnes).

이러한 그림이 인도유럽어 분산의 개략적 모형이다. 이 모형은 우리가 광범한 언어 동질성을 발견한다면, 이 언어 동질성을 인구학적이고 경제적으로 설명해야 한다는 것을 예고한다. 그렇다면 유럽의 인도유럽어 기원은 그리스의 선사 농경민으로 거슬러 올라가고, 이들 농경민은 초기 형태의 인도유럽어를 말했을 것이다.

유럽의 혼합 농경과 인도유럽어의 상관관계는 지구상의 아주 광대한 지역에도 역시 적용된다는 점을 지적해야 한다. 거의 똑같은 과정이 오스트레일리아에도 일어났으며, 최초의 유럽 정착민이 길들인 동식물을 가지고 당시 수렵채취민만이 거주하던 아대륙(亞大陸)을 가로질러 급속히 퍼져 나갔다. 세계의 나머지 지역(그리고 오스트레일리아)에서도 이 모형은 제6장에서 설명한 다른 주요 과정인 엘리트 지배 모형과 중첩된다. 아메리카와 뉴질랜드에는 이미 토착 농경제가 있었지만, 새로운 유럽 농경제가 무력에 의해 사육동물과 함께 전파되었다. 하지만 원래의 모형이 지닌 많은 특징이 여전히 적용된다. 인구확산파 모형은 아메리카의 경계선을 따라 추적할 수 있고, 단 몇 세기 만에 이 확산파는 오늘날의 미합중국 전체로 퍼져 나갔다. 그 결과 인구밀도는 분명 급증했다. 이와 거의 똑같은 과정이 남아메리카의 국가들에도 실제로 적용된다. 페루 같은 내륙국가에는 이미 고도로 발달한 경제와 사회조직이 있었지만, 그 모습은 중앙아메리카와 마찬가지로 꽤 복잡하다. 물론 보편적으로 그렇지는 않지만, 곡물과 가축의 혼합 농경과, 인도유럽어의 관계를 대응시키는 것은 아주 놀라운 일이다. 셈어 화자들도 혼합 농경민이었고, 그 상관관계가 앞에 기술한 과정에서 역시 생겨난 산물이기 때문이다.

2. 유럽의 농경 확산

유럽의 선사 농경민이 초기 인도유럽어 또는 인도유럽어를 사용했다고 말하면 그것은 순수한 가정이다. 그 대안, 즉 단일어의 통일 상태는 더욱 더 과거로 거슬러 올라간다는 것을 제11장에서 논의할 것이다. 이 최초의 가정에 따라 유럽이 농경을 채택하게 된 과정을 더욱 세밀하게 탐구해 보자. 최근 수십 년간 고고학의 발달은 이에 대한 한층 더 면밀한 모습을 보여 준다.

먼저, 농경의 기원에는 학자들은 의견이 일치하지만, 그 확산 과정에는 고정 형식이 없다는 것을 이해해야 한다. 어떤 지역에는 농경이 도래하기 전에 이미 정주 공동체가 있었고, 때로는 잘 정착된 마을의 주민생활도 있었다. 다뉴브강가의 레펜스키 비르(Lepenski Vir) 발굴지[10] — 오늘날 유고슬라비아 지역에 있는 철문(Iron Gate)의 상부 지역 — 는 이와 같은 곳 가운데 하나이다. 적어도 마을에는 40여 채의 집이 있었고, 기원전 5000년경 당시 예술도 고유한 양식이 있었다. 이곳은 주로 다뉴브강의 어획 자원에 의존해 생활했고, 오늘날 중석기의 생업 근간으로 간주되는 생활 기반이 있었다.

고(故) 에릭 힉스(Eric Higgs)는 농경 채택을 아주 독창적으로 고찰하고, 유럽이 독자적으로 농경제 발달에 상당히 크게 기여했다는 점을 최초로 지적했다.[11] 유럽에서 소와 돼지는 별도로 사육했을 수도 있고, 양을 사육하는 별도의 중심지가 남부 프랑스에 있었을 가능성도 있다고 주장했다.[12]

그리하여 그리스 최초의 농경민은 동식물을 가지고 유럽에 들어왔고, 그 덕택에 유럽에 농경이 시작되면서 이들은 그곳의 특수 환경에 적응해 나갔을 것이다. 로버트 로든(Robert Rodden)은 네아 니코메데이아의 선사 농경촌락을 발굴한 학자로서, 그곳 가옥이 목재로 어떻게 건축되었는지를 보여 주었다. 벽은 윗가지에 흙벽을 바르는 중세 브리태인 방식과 별반 다르지 않게 벽에 진흙을 칠해서 끝마무리를 했다.[13] 이 방식은 아나톨리아의 차탈 회육(Çatal Hüyük)과 같이 더욱 동부 지역에서 사용된 밋밋한 흙벽돌을 사용한 것과는 다른 건축 방식이었다. 그가 지적하듯이 유럽의 농경 부락은 탁 트인 평원에 한 채 한 채가 독립가옥으로 이루어져 있다.

런던대학의 존 낸드리스(John Nandris)는 일차 온대 신석기[14]를 연구하면서 유럽의 온대 지역인 유고슬라비아와 인근 지역의 선사 농경 취락은 그리스의 농경 취락과는 여러 가지 점에서 다르다는 점을 강조했다. 앤드류 셰라트는 헝가리 대평원과 관련해서 이 점을 최초로 지적했다.[15] 이 두 학자는 지하수와 하천 범람이 이 지역을 특징짓는 요인이며, 그리스에서는 이를 거의 볼 수 없다는 점도 강조했다. 그리하여 지역마다 농경 기술을 채택하는 데는 일정하게 정해진 방식이 없었다. 어떤 면에서 새로운 땅을 점유한 자들은 각자가 독자적으로 농경의 성질과 그 지역에 적합한 농경 방식을 개발해서 터득해야만 했다. 이들은 일반적으로 조상이 이용했던 동식물과 농경법을 이용했겠지만, 자신의 고유 환경에 맞게 적응시켜야 했다. 그들은 새로운 농경 기술을 실험했고, 새로운 동식물은 풍토에 맞게 실험 재배해야 했다. 이들은 지역의 야생 동물을 사냥했고, 그 후에는 농경 관습을 바꾸었다. 그리하여 북유럽의 신석기는 그리스의 신석기와는 아주 달랐다. 그러나 이들 각 지역의 문화와 농경제는 인접 지역의 모체 경제가 변화한 것이라는 것은 알아볼 수 있다. 인구확산과를 기계적이고 진정한 피동적인 과정으로 간주하기보다는 농경민이 적극적으로 참여하여 활동한 일련의 전체적 **변화**로 보아야 한다. 이는 언어에도 역시 함축 의미를 갖는다. 하지만 각 지역의 경제가 초기 그리스까지는 축적이 가능한, 오랜 세월에 걸쳐 형성된 선대의 모체 경제의 변화라는 상황은 변함이 없다.

고고학자는 경제뿐만 아니라 공동체의 물질문화에도 관심을 가지며, 가능하면 사회구조와 이데올로기에도 관심을 가진다. 그리스의 선사 농경민은 석기, 예컨대 깨진 돌날, 갈은 석제 도구, 도끼 같은 것을 갖추고 있었다. 토기가 없던 짧은 시기를 거쳐서 이들은 이미 옷감을 짰고, 당연히 가옥도 지었다. 초기 신석기의 그리스에는 진흙을 구워 만든 작은 인물상이나 **조각상** ― 이들은 또한 발칸반도의 일차 온대 신석기에도 발견된다― 은 토착 의식(儀式)의 흔적이다. 다른 해석도 가능하지만, 필자는 이 견해에 동조한다. 또한 아주 이른 선사 농경기의 많은 동제품도 이따금 발견되는데, 초기 신석기의 그리스에서 동제품을 제조하기 위해 구리를 이용했다는 것은 아나톨리아와는 달리 보고된 바 없다. 농경제가 시작되기 전에 깨진 석기를 만드는 데 유용한 흑요석을 멜로스(Melos)섬에서 수입한 것은 분명히 배를 이용했다는 것을 의미한다. 고든 차일드가 작성했던 바처럼(100쪽 참조) 공통 어휘부를 조사해 보면, 바퀴나 수레 ― 이는 당시에 알려져 있지 않았던 것이 확실하다― 와 관련되는 단어를 제외하면, 거의 모든 부품을 가리키는 단어를 기록하거나 예측할 수 있다. 이 시기가 위계사회라고 말할 근거는 없지만, 부락에 rex나 raja(왕)의 소박한 원조(元祖) 역할을 하는 수장(首長)은 분명 있었을 것이다. 물론 그리스의 환경에는 더욱 북부의 인도유럽어에 나타나는 많은 수목이나 동물 명칭은 없었고, 남유럽의 인도유럽어에도 이 동식물종을 가리키는 단어도 물론 없었을 것으로 예측할 수 있다.

방사성 탄소 연대측정법을 이용하면, 유럽 전역을 통해 농경제가 확산된 과정을 추적할 수 있다. 기원전 6500년에 그리스로부터 전해 내려온 농경제가 기원전 5000년경에 유고슬라비아에 굳건히 정착되었다. 스튜어트 피곳은 이 농경제의 전파 과정을 보여 주는 지도[16]를 〈그림 7.6〉처럼 간단히 제시했다.

초기의 온대 신석기 문화는 여러 가지 다른 명칭을 지녔다. 즉 유고

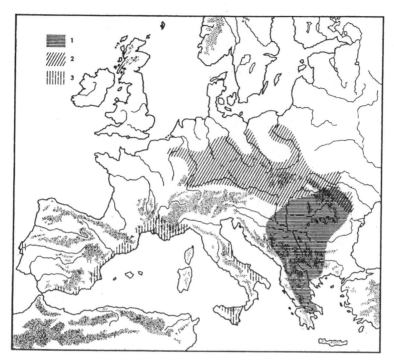

┃그림 7.6┃ 유럽의 선사 농경 확산. 1. 스타르체보와 그 인근, 2. 선형토기,
3. 새김무늬 토기(출처: Piggott).

슬라비아에는 스타르체보(Starčevo), 헝가리에는 쾨뢰스(Körös), 루마니
아에는 크리스(Criş), 불가리아에는 쾨뢰스란 명칭이 그것이다. 이들 문화
는 공통점이 많았다. 변화는 쾨뢰스 문화에서 나타나기 시작했으며, 여기
서 헝가리와 체코슬로바키아로부터 오른쪽으로 다뉴브강을 거쳐 독일과
북부 저지대 국가에 이르는 넓은 지역에 새로이 적응된 문화가 생겨났다.
이것이 선형토기 문화이다. 이미 코씬나의 저서에서 이 점을 살펴보았다.
이곳의 가옥 형태는 매우 달랐다. 가옥에는 길다란 목재틀이 있는데, 이
는 그리스의 진흙 가옥보다 중부 유럽과 북유럽의 추운 겨울에 견디기에
더욱 적합하다. 기원전 4000년경에 이 문화들 대부분이 영국 해협의 해

안에서도 발견된다. 기원전 3000년경에는 새로운 변화가 일어났고, 스칸디나비아의 초기 신석기에 앞 장에서 언급한 깔대기 비커 문화(Funnel Beaker Culture, TRB)를 형성했다. 이 문화는 먼저 덴마크에서, 그 후에 스웨덴에서도 볼 수 있다. 또 한편 선형토기 문화가 카르파티아산맥의 동부로 확산되면서 그 결과 새로운 변화가 일어나서 쿠쿠테니와 트리폴리예 문화의 초기상(初期相)이 출현했다.

지중해에서도 이와 유사한 변화 과정이 일어났다.[17] 서부 그리스의 농경제는 해상을 통해 이탈리아에 도달했고, 뒤이어 곧 사르데냐와 코르시카, 남부 프랑스, 이베리아반도의 지중해 연안에 도달했다. 이들 각 지역에는 누름무늬 토기 문화(Impressed Ware culture)를 탄생시킨 누른 자국이 찍힌 장식무늬 토기가 있다. 농경은 이베리아반도 대부분과 중부와 북부 프랑스에서 실시되었다. 이들 지역과 또한 저지대 국가들로부터 선사 농경민이 브리태인과 아일랜드에 도착했다. 이는 물론 불합리하게 보이는 아주 간단한 축약 설명이다. 몇 권의 책과 많은 대학강좌에서나 훨씬 상세하게 다루어야 할 주제를 단지 몇 쪽으로 간략하게 줄인 것이다.

이 시점에서 농경술이 남동부 유럽에서 북서부 유럽으로 확산되었는데, 이 확산은 인구확산파 모형이 주장하듯이 대구모의 농경민이 이동하면서 일어났다. 이 견해는 비판이 없는 것은 아니다. 고(故) 힉스가 그 이전의 선사 경제의 가정에 적극 의문을 제기한 것은 이 문제에 대한 그의 접근방법이 지닌 큰 장점이었다. 그가 제기한 문제 중 하나는 농경 기원이 급격한 혁명을 반영한다는 견해였다. 그는 이 문제에 대해 오랜 기간에 걸쳐 인간과 동물의 상생이 있었고, 이 상생의 결과 동물이 사육되었고, 후에 광범한 지역에서 사육이 널리 행해졌다고 주장한다. 그가 배출한 제자들의 주장에 따르면,[18] 사육 가축을 이용할 수 없어 거래나 교환을 통해 획득한 수렵채취민은 주로 농경 관습을 지방에서 채택했지만, 길들인 가축도 실제로 지역적으로 이용했다. 이러한 사례가 소, 돼지, 콩과 그 밖의 다른 작물에도 타당하게 적용될지 모르지만, 그것은 남유럽 농경민의 첫 주요 산물이었던 동식물, 즉 밀, 보리, 양과 염소와는 정확히 일치하지 않는다.

로빈 던넬(Robin Dunnell)과 그램 바커(Graeme Barker)는 보리와 일립소맥(외알보리)은 유럽에 자생하는 작물일 수 있고, 또 지역적으로 재배되었다고 주장하면서도, 빵밀과 이립밀은 그렇지 않다고 하면서 다소 유보적인 태도를 보였다. 비록 야생 보리의 흔적이 초기 구석기에 그리스의 프랑크티 동굴에서 발견되었지만, 야생 보리가 여기에서 재배되었다는 증거는 없으며, 따라서 대부분의 고식물학자는 그리스에서 재배한 곡류는 사실상 수입된 것이라는 점을 인정한다. 곡류가 유럽의 다른 지역에서 독자적으로 재배되었다는 것을 체계적으로 주장할 하등의 증거는 없다. 유럽 농업의 기본적 근간인 곡류는 수입된 것이기 때문이다.

선사 지중해 유럽의 가장 중요한 가축은 양과 염소였다. 야생 양이나 염소는 중석기와 그 이전부터 이 지역에 이미 알려져 있었다는 것은 사실이다. 여기에 대한 많은 증거가 남부 프랑스의 샤토뇌프 레 마르티그(Châteauneuf-les-Martigues) 같은 선사 발굴지에서 나온다. 그렇지만 이들이 신석기에 거기에서 이용한 사육 가축의 원형이거나 그 조상이라는 것은 불분명하다. 게데스(Geddes)[19]는 이처럼 말한다.

"세포유전학과 고생물학의 증거에 근거해서 오늘날 남부 프랑스의 후기 중석기에 양이 사육되었다거나 야생 양이 있었다는 것은 불가능해 보인다. 가축으로 기른 양의 조상은 궁극적으로 서남아시아로 거슬러 올라가는데 …"

하지만 주된 동식물이 유럽에 수입되었다고 주장하면, 그것은 선사 농경민이 이주민이라는 것을 증명하는 것과 마찬가지이다. 중석기에 지역 주민과 이웃 농경민의 교환체제가 지역 주민에게 필요한 가축을 제공하고, 이들을 이용하는 데 필요한 자극을 주었다고 적극 주장할 수 있다.

하지만 인구확산파의 비판자들은 이따금 이 점을 그리 잘 이해하지 못하는 듯하다. 바커(Barker)[20]는 이처럼 주장하기까지 한다.

> "식민지배를 위한 인구 이동이 있었다는 확실한 증거는 분명 거의 없다. 이 모형이 예견하듯이 확장되는 농업 경계지대에 땅을 갈망하는 식민지배자를 위해 특히 유럽의 그 어느 곳에, 아니면 유럽 밖의 원거주지에 급증하는 인구 결집지가 있었다는 것을 증명하는 일말의 증거도 없다 (또한 필요한 것으로 생각되지도 않는다)."

이와 같은 그의 주장은 좀 더 기본 단계에서 이 모형을 오해하고 있다. 던넬[21]은 취락이 안정적으로 정착했다면 최초의 농경민의 인구밀도는 특별히 높지도 않았겠지만, 인근의 매력적인 처녀지도 필요 없었다는 점을 정확히 지적했다. 그는 또한 유럽의 선사농경 문화는 지역적으로 차별화되었다는 점도 강조했다. 이 점은 앞에서도 지적했지만, 그는 이것을 일련의 선사 농경 패키지의 변화로도 이야기할 수 있다고 주장했다. 그는 이러한 변화를 농경민이 새로운 환경에서 농경제를 개발하면서 점차 새 환경에 적응한 것으로 간주하였다. 흥미롭게도 던넬 자신은 선형토기 사용민을 식민지배자로 보는데, 왜 이와 동일한 시각을 남동 유럽과 서부 지중해 유럽에는 적용할 수 없는지 이해하기 어렵다. 애머만과 카발리스포르차는 인구확산파 지도를 증명하기 위해[22] 유럽의 다양한 혈액군의 분포를 이용하여 유전적 친족관계를 제시하고, 그 모형이 이 관계를 가장 잘 설명할 수 있다고 주장했다. 우리의 생각으로는, 언어 및 문화와 관련한 유전적 논증은 자칫 잘못하면 해석을 틀리게 할 수 있다는 것을 경험을 통해 알 수 있다. 혈액군 데이터는 여기서 제시한 사례를 보강하는 데 이용될 수 있겠지만, 이 데이터가 관련되는 논거는 더욱 널리 평가하는 것이 현명하다. 이 혈액군 데이터는 아직 철저히 검증되지 않았기 때문이다.

하지만 유럽의 여러 지역에 농경제를 실시한 사례는 잘 정리되어 있고, 그 외의 다른 대안의 주장은 설득력이 큰 것으로 보이지 않는다.[23] 이는 인구확산파 모형을 기계적으로 적용하는 것을 의미하는 것은 아니다. 물론 지역적 변동이 있고, 장소의 변경도 있고, 소수의 개인이 더 먼 곳에서 농경지를 찾으려는 생각이 들기 전까지, 농경민이 일정 지역에 정착해서 인구가 증가하려면 상당히 기나긴 세월에 걸쳐 안정이 필요하다. 그렇다면 이러한 과정에는 일관되고 통일된 방식이 없다. 몇몇 사례는 선형토기 문화처럼 농경이 급속히 확산된 듯이 보이지만, 또 다른 사례는 농경 확산이 상당히 지체되고 오랜 세월이 걸렸다. 그런 만큼 고고학적 기록은 언제나 더 분명해지고 있다.

3. 유럽의 고대 언어

농경 확산 과정이 유럽에서 인도유럽어가 최초로 분산된 원인이라면, 각 지역의 초기 언어들의 관계를 확실히 추론해야 한다. 물론 이 추론은 유럽의 근대어들을 낳기 전까지 많은 과정과 여건에 영향을 받았을 것이다. 그러나 몇 가지 예측을 통해 여기서 제시한 설명의 타당성을 시험해 볼 수도 있다.

물론 그리스 최초의 농경민이 모두 똑같은 방언이나 동일 언어를 사용했다는 것을 의미하는 것은 아니다. 사정이야 어쨌든, 그 모든 변화를 다음과 같이 도식적으로 간략히 열거할 수 있다.

1. 아나톨리아 → 그리스(테살리아와 서부 마케도니아)

2. 북부 그리스 → 일차 온대 신석기(스타르체보, 쾨뢰스, 카라노보 등)

3. 쾨뢰스 → 선형토기 문화

4. 선형토기 문화 → 원시 쿠쿠테니-트리폴리예

5. 선형토기 문화 → 스칸디나비아(TRB), 북부 프랑스

6. 서부 그리스 → 누름무늬 토기 문화(지중해 연안)

7. 누름무늬 토기 문화 → 이베리아 신석기

8. 누름무늬 토기 문화 → 중부와 북부 프랑스

9. 북부 프랑스와 저지대 국가(선형 토기 문화) → 브리태인과 아일랜드

이들의 관계는 〈그림 7.7〉에 제시되어 있다.

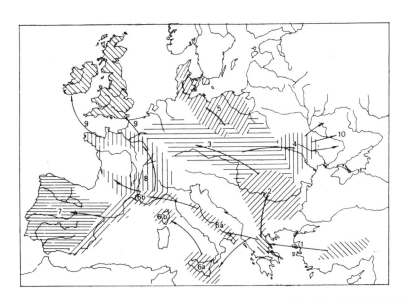

┃그림 7.7┃ 유럽의 선사 농경 확산기에 일어난 문화 변화와 언어 변화의 가상 연
쇄. 최초의 변화 1은 아나톨리아 초기 신석기에서 중부 그리스로의 변
화이다. 그 언어는 그리스어의 조상어이다. 변화 10은 동유럽 정착 농
경에서 최초의 초원지대 이동유목 경제로의 변화를 가리킨다.

분석을 위해 기원 초부터 현재 우리가 아는 유럽어들이 고찰 중인 각 지역의 최초의 농경민 언어로부터 유래했다는 아마도 미증명의 전제를 설정해 본다면, 어떤 언어 패턴이 출현할지는 매우 흥미로운 문제이다. 이 실험은 적어도 최대로 간략하다는 이점이 있다.

[변화 1]은 궁극적으로 원시 그리스어에 이를 것이다.

[변화 2]는 원시 일리리아어와, 아마도 동부의 원시 트라케어와 원시 다키아어에 이를 것이다.

[변화 3]은 중부 유럽의 언어에 이르며, 아마도 원시 켈트어와 원시 게르만어일 것이다.

[변화 4]는 오늘날 슬라브어가 사용되는 지역의 언어에 이를 것이다.

[변화 5]는 초기 원시 게르만어와 스칸디나비아어에 이를 것이다.

[변화 6]은 원시 이탈리아어(비인도유럽어인 에트루리아어는 제외)에 이를 것이다.

[변화 7]은 에스파냐와 포르투갈의 초기 언어(비인도유럽어인 바스크어와 이베리아어는 제외)에 이를 것이다.

[변화 8]은 프랑스의 원시 켈트어(또는 선켈트어)에 이를 것이다(여기에 변화 5가 기여할 수도 있다).

[변화 9]는 원시 켈트어(또는 선켈트어)와 아마도 픽트어(이것이 인도유럽어라면)를 포함해서 브리태인과 아일랜드의 초기 언어에 이를 것이다.[24]

[변화 10]은 초원 지대의 최초의 인도유럽 공통조어에 이를 것이다.

이처럼 간단한 모습이 타당하다고 상정할 이유는 없다. 왜냐하면 언어 교체의 선례도 많이 고찰해야 하고, 더욱 복잡한 다른 언어 과정도 있기 때문이다. 우선, 이들 사례는 이들 지역에 그 전에 선재하던 수렵채취민의 언어가 어떤 언어인지를 설명해 주지 않는다. 오늘날에 와서야 단지 바스크어, 이베리아어, 에트루리아어가 유럽의 오래된 비인도유럽어라는 것을 깨달았지만, 다른 비인도유럽어도 많이 있었을 것이다.[25] 이들은 지금 사용되는 언어로 생존하지도 못했고, 명문(銘文)으로 기록되지도 못했지만, 생존한 인도유럽어에 영향을 미쳤을 가능성이 크다.

둘째, 이 모형에는 그리스 최초의 농경민 언어가 인구확산파 시기에 어느 정도 변화했는지가 불분명하다. 첫째는, 초기에는 언어 변화가 거의 없었다고 가정하고, 인도유럽 공통조어와 거의 유사한 언어가 애초에 그리스로부터 스칸디나비아에 이르기까지 단지 방언적 변동 상태로 사용되었을 가능성도 있다. 다양한 인도유럽어군으로 분화된 것은 그 후 연속적으로 일어난 변화 과정이다. 둘째는, 언어는 인구분산 시기에는 아주 빨리 변화했을 가능성이 있으므로, 스칸디나비아 최초의 농경민 언어나 최초의 선형 토기 사용 농경민의 언어는 이미 처음부터 그리스 농경민의 언어와는 아주 달랐을 가능성도 있다.

극단적인 이 두 입장 사이의 중도적 입장을 독일 언어학자인 한스 크라헤(Hans Krahe)[26]가 제안한 바 있다. 그는 1957년에 중부 유럽의 강 명칭에 그리스의 선사 농경민의 언어와 유사한 점이 많이 남아 있는데, 이는 그가 고대 유럽어(Old European)로 명명한, 초기 발달단계의 인도유럽어가 그 지역에 사용되었음을 알려 주는 것이라고 지적했다. 예컨대 알바(Alba)라는 강 명칭은 에스파냐, 프랑스, 스위스, 독일에 출현하고, 아라(Ara)라는 강 명칭은 독일, 네덜란드, 영국, 스코틀랜드, 에스파냐에서 볼 수 있다. 이 책에서 우리가 제안한 모형에 따르면, 여러 인도유럽어군으로 분화되는 변화 과정이 일어나기 전에, 중부 유럽과 북유럽에 걸쳐 사용되던 초기 방언군이나 어군의 흔적이 강 명칭에 희귀하게 남아 있다가 지금까지 전해진 것으로 간단히 생각할 수 있다.

또한 이 모형에 따르면, 다양한 새 어휘들이 확산 과정에서 생겨난 것으로 추측할 수 있다. 일정 시기 이후에—그러나 이 시기 이전은 아니다— 초기 그리스에서 일어난 언어 발달에서 벗어나 분리된 언어에서 이와 같은 언어 변화가 일어났을 것이다. 이는 크라헤의 관찰, 즉 '바다', '술', '참나무', '사과' 등을 가리키는 유럽의 단어가 중부 유럽과 북유럽(일반적으로 알프스산맥의 북부)에는 발견되지만, 이보다 이남 지역에는 발견되지 않는다는 사실과도 일치한다.

마찬가지로 온화한 북유럽 지역에는 서식하지만 남유럽에는 출현하지 않는 동식물을 가리키는 특수 단어도 많이 발달한 것으로 추측할 수 있다. 그래서 기존 단어의 의미가 더 특수한 전문적 의미로 변한 단어도 있고, 또 새로이 만들어진 신조어도 생겨났을 것이다. 이런 식으로 공통 인도유럽 조어의 수목 명칭이 많이 생겨났을 것이다. 여기서 제안한 모형과 일치하는 견해를 표명하면서 크라헤는 1957년도 논문의 결론을 맺는다.[27]

"마지막으로 그 대가로 우리는 고대 유럽어 — 적어도 서부 인도게르만어에서 이를 볼 수 있다— 를 인지함으로써 인도유럽어 발달사의 선사 중간 단계가 분명해졌다. 연대기적으로 볼 때, 이 중간 단계는 비교적 동질적인 인도게르만어 조어 이후 오랜 세월이 지난 시기이자, 다른 한편으로는 최초로 분리된 개별어가 출현하기 오래전의 시기이다."

이처럼 간단하기 그지없는 기본 모형에 내재하는 또 다른 약점은 기원전 4000년경에 확립된 언어 패턴과 현 시기 초반 사이에 일어난 언어 교체를 고려하지 않는다는 점이다. 이 시기 후에 확산된 라틴어는 로망어 이후의 언어 패턴을 결정하는 데 깊이 관련했다는 사실을 알기 때문에 이와 유사한 발달이 그 이전에도 있었다고 가정하는 것이 합리적이 아닐까? 마찬가지로 헝가리어가 기원후 4세기경에 중부 유럽에 들어왔다는 주장도 잘 확립된 사실이라면, 왜 이와 유사한 사건이 그 이전 시기에는 일어나지 않았다는 것인가? 어쨌든 이 모형은 이와 같은 종류의 세부 사항을 더 정교하게 다듬을 여지가 있다. 여기서 개괄한 과정에 뒤이어 다른 후속 과정도 일어났고, 이로 인해 결과적으로 언어상(言語相)이 복잡해졌을 것이라는 점이다. 하지만 이 사실 때문에 인구확산파의 접근방법이 타당성을 잃는 것은 아니다.

더욱이 로마인과 마쟈르족이 언어 교체에 성공했기 때문에 또 다른 언어 교체가 그 전에도 반드시 있었다는 것을 의미하는 것도 아니다. 유럽에서 역사적으로 확인되는 이들 언어 교체가 제6장에서 논의한 언어 교체의 인구/생업 모형의 범주에 들지 않는다는 점에 유의해야 한다. 이것은 단지 생업 관행의 변화로 야기된 인구밀도의 실질적 변화에만 타당하게 적용된다. 그런데 최초의 농경이 확산된 이후 일어난 인구 변화에 대한 증거는 거의 없지만, 가축을 강하게 강조하는 **이차산물 혁명**을 포함해서 인구 증가를 촉발한 과정은 확실히 있었다. 하지만 그러한 언어 교체가 일반적으로 실질적인 인구 이동과 관련이 있다고 생각할 이유는 없다. 이와 반대로 우리가 지적할 수 있는 언어 교체는 **엘리트 지배 모형**에 속한다. 그러한 모형은 로마 제국처럼 무력행사로 인한 지배와 잘 들어맞는다. 이는 또한 마쟈르족과 같은 군장사회에도 타당하게 적용되는데, 특히 새로운 군사기술—이 경우에는 말의 등자—을 사용하는 기마 전투술의 지원을 받으면 더 타당하다. 이 정황들 중 첫 번째 정황은 로마 시대 이전의 유럽에는 단순히 적용할 수 없다. 두 번째, 즉 군사기술의 발달과 관련된 군장사회도 그럴 수 있다. 기원전 1000년에 기마 전사가 말을 사용한 것(등자를 이용하는 중기병일 가능성은 전혀 없지만)도 이와 마찬가지로 중요하다. 이 경우에 스키티아인과 키메리인(Cimmerians)은 동유럽에 큰 영향을 미쳤다. 이는 슬라브어의 이해에도 밀접한 관계가 있으며, 중부 유럽과 동유럽의 언어 패턴의 달라진 면모에 대한 이해와도 관계가 깊다.

그렇지만 이들 사건과는 무관하게 현재로는 유럽 선사에서 외부 집단에 의해 일어난 엘리트 지배로 인해 언어가 결과적으로 크게 교체된 흔적은 찾아보기 힘들다. 몇몇 사례는 비록 제한된 소규모이지만 역사적 사실로 확인된다. 서부 스코틀랜드의 달리아다(Dalriada) 왕국의 기원은 아마도 이와 같은 언어 교체의 한 사례일 것이다. 게일어는 아일랜드에서 이 왕국 영토에 도입되었고, 그 후 스코틀랜드 전역에 들어온 것이 거의 확실하다. 이와 유사한 사례는 남서부 영국에서 유래하는 브르타뉴어의 선사 기원이다. 이 두 사례는 좀 더 비판적으로 조사해 봐야 자세히 알 수 있겠다. 그러나 유럽의 철기시대에 영웅적 부족사회가 **전체적으로** 발달하기 전에 그러한 언어 교체의 사례는 찾아보기 훨씬 힘들다. 그리하여 유럽의 언어 패턴은 기원전 4500~1000년에는 상당히 안정된 상태를 유지했다고 볼 수 있다. 켈트인은 뒤의 제9장에서 논의할 예정이다.

이처럼 진술했지만 언어 경계 조정의 가능성, 즉 언어 경계 지대 위치가 시간이 지나면서 바뀔 가능성을 문제 삼는 것은 아니다. 우리는 시간상 일어나는 언어 진화의 통상적 과정, 즉 인접 언어의 수렴으로 나중에 동화되거나, 언어 분화로 다른 방언으로 분리되거나 심지어 다른 언어로 분리되는 과정도 예기할 수 있다. 이러한 수렴이나 분화 과정은 분명 부분적으로는 인접 지역과의 상호작용의 강도(強度)로 결정되거나, 자연적 장벽, 예컨대 산맥이나 때로는 바다 같은 장벽이 언어 경계로 이용된다는 것을 생각할 수 있다. 그리하여 이베리아는 지브랄타 해협을 두고 주고받은 상호작용이 중요한 역할을 했겠지만, 상당히 언어사가 안정되었을 가능성이 짙다. 이탈리아 역시 지역어 변이체가 많지만 안정된 지역이었을 것이다. 그리스 역시 언어가 안정되었다는 증거가 다수 있다. 하지만 동유럽은 사정이 상당히 다르며, 훨씬 더 복잡한 언어사가 예견된다.

이 가설의 장점은 그것이 유럽어 발달의 시간층을 보여 준다는 점이다. 이 가설이 크라헤의 강 명칭의 접근방법과 아주 잘 일치한다는 것은 앞에서 살펴보았다. 불가리아 언어학자인 블라디미르 게오르기에프(Vladimir Georgiev)도 지명이 언어 발달의 초기 단계를 보여 주는 데 중요하다는 점을 강조했고,[28] 흔히 선인도유럽어(Pre-Indo-European)로 분류되는 언어들이 크라헤가 제안했듯이 여러 다른 어파로 분화되기 전의 중간 단계를 보여 줄 가능성도 있다.

4. 연대 설정의 문제

초기 인도유럽어를 말하는 농경민의 확산 시기에 대해 필자가 여기서 제안하는 연대는 헤르베르트 퀸(Herbert Kühn)과 보시김페라 같은 예외가 있기는 하지만(퀸의 견해는 제11장에서 논의한다), 대부분의 학자가 제시한 연대보다 훨씬 더 이르다. 여기서 제안한 연대는 사실상 보시김페라의 이론[29]과 공통점이 아주 많다. 단지 오늘날의 연구를 통해 그리스로부터 그 밖의 유럽으로, 아나톨리아로부터 그리스로 농경이 확산, 전파된 것이 명백하다는 점만 제외하면 그렇다. 우리의 제안은 코씬나나 차일드보다는 보시김페라의 견해와 훨씬 더 공통점이 크다. 하지만 차일드의 수레 기술과 기마술 강조는 다시 후대의 엘리트 지배라는 견해와 특히 잘 들어맞는다.

반면 대부분의 언어학자가 인도유럽어가 기원전 3000년처럼 꽤 후기거나 이보다 약간 더 후기에 확산되었다는 주장을 어떻게 생각하는지는 알기 어렵다(방사성 탄소 연대측정법에 따르면, 이 연대는 몇 세기 더 이전으로 수정된다). 언어연대학을 이용하는 학자들은 이 가정에 따라 인도유럽어가 왜 비교적 후기에 확산되었는지를 알기는 아주 쉽지만, 이 가정은 언어학자들에게는 널리 비판을 받았다.

우리의 자료 분석에 따라, 인도유럽어 확산에 대해 이따금 인용되는 기원전 2500년경이란 연대는 순환적 추론에 근거한다는 점을 제시하고자 한다. 고고학자들은 때로는 이 연대를 언어 증거에 입각한 것으로 인용하기도 하고, 이 연대를 말하는 언어학자의 견해도 참고하기도 한다. 언어학적 논거는 두 가지이다. 먼저 대부분의 인도유럽어에서 '쇠'와 '청동'을 가리키는 공통조어의 단어가 없다는 것은 이들 단어가 공통 어휘부에 속하지 않으며, 따라서 원거주지에는 없었다는 표시로 본다. 이들은 라틴어 aes, 게르만어 aiz, 산스크리트어 ayas 등이 '구리', '청동', '광석', '금속'을 의미한다는 것을 지적하고, 인도유럽 공통조어가 확산하기 전에 이미 원거주지에 어떤 종류의 야금술이 있었던 지표로 간주한다. 그리하여 이들은 인도유럽어가 신석기 말경이나 동기(銅期) 초기경에 확산했을 것으로 결론짓는다. 이것은 유럽의 여러 지역에서 신석기의 인구가 그 지역의 토산(土産) 구리를 알고 있었고, 다른 여러 지역에서도 때로 밝은 색을 띠거나 금속 형태의 구리와 그 외의 금속 광석을 알고 있었다는 정황을 무시하는 것임에 틀림없다. '광석', '구리'를 가리키는 단어가 있다고 해서 그것이 구리와 야금에 대한 증거는 되지 못한다. 어쨌든 그리스와 근동[30][차탈 회육, 차요뉘(Çayönu), 알리 코시(Ali Kosh) 등]의 아주 초기의 신석기 맥락에서 볼 때 아주 단순한 구리야금에 대한 흔적은 오늘날 잘 알려져 있다. 그렇다면 이 주장은 결코 초기 신석기나 그 보다 더 이른 시기의 연대 설정을 막지는 못한다.

　이 논리적 순환은 두 번째 주장에서 더 분명하게 드러난다. 기본적으로 이 주장은 남부 러시아 또는 중부 유럽의 원거주지설을 지지하는 언어 선사 고생물학의 발견을 잠정적으로 수용하고, 후기 신석기의 언어 분산을 지지하는 코씬나 학파나 초기의 차일드, 김부타스의 결론을 수용하고 있다. 그리하여 인도유럽 조어 확산은 기원전 2500년경에 시작되었다고 한다. 이 연대는 확실한 언어학적 논증에 근거한 것도 아니고, 실제로 언어학적 주장도 전혀 아니다. 그것은 단지 상식에 근거한 결론이다. 하지만 그 주장을 고고학자들이 언어학적 증거로 받아들였고, 논리가 완전히 순환되었다. 이는 상식에 의한 합의라는 오류로 보인다.

언어학적으로 더욱 흥미 있는 다른 주장은 언어가 변하고 분지되는 속도와 관련이 있다. 분명히 6,000년이란 시간은 오늘날의 유럽 근대어가 생겨난 분지 과정으로 보기에는 너무나 긴 시간이며, 또 8,500년 전 그리스의 아주 초기 언어형이라는 개념은 비합리적이라고 주장할 수 있다. 하지만 이 견해는 선형문자 B의 해독과 그것이 드러내는 미케네 그리스어의 함축 의미를 충분히 고려하지 않은 것 같다. 왜냐하면 미케네 그리스어는 많은 경우, 그것이 마치 고전 그리스어인 것처럼 이해될 수 있기 때문이다. 아주 유사한 문장이 조금 있고, 점토판에 나오는 문자가 심지어는 근대 그리스어로도 다소 이해될 정도이다. 미케네 그리스어가 전혀 이해되지 않는 경우도 물론 많고, 심지어 고전 그리스어의 도움을 받아도 해석되지 않는 경우도 있다. 그러나 오늘날 3,300년이나 오래된 문장은 여전히 그리스어로 인정받고 있다(비록 물론 문장 해독에 문제가 없는 것은 아니지만). 미케네 그리스어는 라틴어보다는 근대 그리스어와 더욱 관계가 밀접하다는 생각은 합리적이고 타당하다. 미케네 그리스어와 라틴어는 수없이 다양한 분기 과정을 거치기는 했지만, 최초의 이론적 인도유럽어 확산 과정 이래로 이들은 아주 과거로부터 전해져 왔음에 틀림없다. 그러한 시각에서 보면, 우리가 제시한 연대는 불가능한 것은 아니다.

물론 이 영역은 언어연대학의 방법을 가장 타당하게 적용해야 할 곳이다. 언어연대학의 최초 주창자인 모리스 스와데시는 로베르토 에스칼란테(Roberto Escalante)의 계산을 따라 연표[31]를 작성했고, 이 연표에 근거해서 〈그림 5.4〉를 제시했다. 여기에서 그리스와 라틴어는 기원전 13세기보다 20세기나 더 이른 기원전 3300년경에 다른 어군으로 분리되었고, 히타이트어는 기원전 4500년경에 그리스어로부터 분리되었다. 이들 연표는 그 작성 기반으로 이용한 수지 모형의 어족과는 패턴이 완전히 일치하지 않는다. 지적해야 할 주요점은 한 언어의 단어 소실률이 다른 언어의 소실률과 같지 않다고 생각할 근거가 충분히 있다는 것이다. 스와데시의 단어 소실률을 약 2로 인수분해하면, 유럽의 선사 농경 확산에 대한 방사성 탄소 연대측정법으로 신뢰성 있게 확립한 연대와 훨씬 더 정확히 일치하는 결과를 얻을 수 있다.

연대의 정확성은 다소 의심스러운 점이 있어 언어연대학을 주의 깊게 취급해야 하지만, 이와 밀접하게 연관된 어휘통계학적 접근은 훨씬 더 엄격한 가정에 기초해 있다. 우리가 간단하게 제시한 연표는 어휘에 기초한 언어쌍의 유사성이나 친근성에 대한 척도로만 사용하면, 분명히 완전히 일치하지는 않지만 상당히 비슷한 모습을 얻을 수 있다. 그 이유는 많은 어파가 아주 옛날부터 지금까지 분지해 내려왔고, 그 결과 이들의 유사성 지수(指數)는 스와데시가 친근관계가 전혀 없는 언어들 사이에 단지 우연히 생기는 유사성의 예상치인 약 8%의 3~4배 이상은 되지 않는다. 우리가 제안하는 아주 초기의 언어 분지는 약 8,000년 이전으로 거슬러 올라가므로 그 이론적 한계는 11,700년 이전과 거의 근접한다. 그리하여 스와데시는 두 언어가 이처럼 오래된 과거에 공통 조어에서 분리되면, 어휘 소실률은 계속 축적되어 엄청나게 커지고, 소실 후 남은 8%의 유사성은 실제로 그의 언어연대학 방법의 모형이 예측하는 우연에 의한 유사성의 수치를 넘지 않는다고 제시했다. 따라서 스와데시에 따르면, 이와 같은 언어연대학 방법을 선사 시기에 적용하면 심각한 난점이 발생한다.

한마디로 말해서 우리는 어휘통계학의 방법이 어휘가 언어 유사성을 유용하게 요약적으로 잘 보여 주는 것으로 생각한다. 그러나 이 방법은 추정된 역사적 모습을 재구하는 데는 기계적으로 적용될 수 없다.

그러므로 언어연대학의 주장은 여기서 제시한 [언어 분지] 사건들의 패턴을 배제할 수 있을 만큼 아주 확고한 것이 아닌 듯하다. 이와 반대로 이들 사건을 언어연대학이 기초한 원리의 재검토에는 유용하게 이용

할 수 있다. 몇몇 언어의 안정성, 특히 그리스어의 안정성은 많은 경우에
언어 변화율이 여기서 제안한 것보다 더 빠른 것이 아니라는 것을 암시한
다. 일반적으로 필자는 어휘통계학이 언어 변화의 정확한 연대 확정보다
는 언어의 일반적 관계 조명에 더 유용한 것으로 생각한다.

5. 그리스 이전, 아나톨리아

주요한 재배 작물과 동물도 또한 아나톨리아에서 그리스로 들어왔다는 것
은 의심의 여지가 거의 없다. 이들은 작은 배를 타고 에게해를 건너온 이주
농경민이 가져왔을 가능성이 크다. 그러나 이것을 조직화된 이주나 이동으
로 생각할 필요는 없다. 농경 시기 이전에도 남부 그리스의 초기 거주민이
바다를 통해 들어온 증거가 많이 있다. 이는 흑요석으로 만든 유물— 이는
초기 그리스의 발굴지에서 발견된다— 의 분석을 통해 이들이 특히 펠로

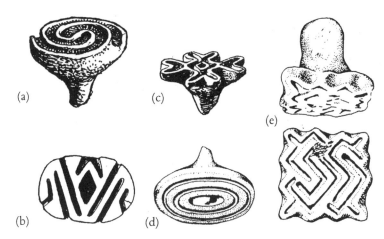

┃ 그림 7.8 ┃ 아나톨리아와 유럽에서 출토된 인장(pitaderas). (a), (b), (c)는 아나톨
리아의 차탈 회육, (d)는 알바니아의 말리크, (e)는 유고슬라비아의 테
치츠에서 출토(출처: Mellaart and Makkay).

폰네소스의 프랑크티 동굴의 중석기와 심지어 상고 후기 구석기에 멜로스 섬[32]에서 들어온 것으로 밝혀졌다. 크레타섬에는 사실 새로운 정착민이 농경 기술을 도입했음을 확신할 수 있는데, 거기에는 현재, 과거 수렵채취민의 존재를 알려 주는 흔적이 거의 남아 있지 않기 때문이다.

이러한 소규모의 이주 집단이 정확히 어디서 왔는지는 아직 알려진 바가 전혀 없지만, 학자들은 에게해에 접한 아나톨리아의 남부 해안의 선사 농경민 거주지에서 왔을 것으로 추정한다. 그들이 함께 가지고 들어온 생활양식 — 크레타섬의 크노소스 발굴지의 가장 저층에서 드러난다 — 을 보여 주는 분명한 표징이 남아 있는 까닭이다.

대부분의 연구자는 그리스 본토의 최초의 농경 관행도 또한 소규모의 이주민 집단에 의해 도입되었다고 인정한다. 이 과정은 인구확산파 모형의 해상(海上) 버전에 지나지 않는다. 이미 배를 타고 건너다닌 사람들과 그 이전에 수년에 걸쳐 이미 에게해를 건너 잠시 들어온 사람들을 가정할 수 있는데, 이들은 테살로니아, 중부 그리스, 펠로폰네소스의 농경지의 풍부한 잠재력을 이용하려고 끊임없이 이동하던 자들이었다. 지금까지 오늘날 동부 마케도니아와 트라케의 북부 에게 해안을 따라 있는 선사 농경취락의 흔적은 거의 남아 있지 않다. 그리하여 모든 증거는 북부 해안지대를 따라 확산파로 이동한 것이 아니라 바다를 건너왔음을 뒷받침한다.

네아 니코메데이아와의 비교

건축	장식품
1. 사각형 가옥 설계	6. 장식못과 못
2. 목조틀과 진흙벽	7. 점토장식 스탬프
3. 개방형 정주 설계	8. 벨트 잠금쇠

┃그림 7.9┃ 아나톨리아의 선사 농경문화의 초기 지역(빗금 부분). 네아 니코메데이
아의 농경지와 다른 초기 선사 농경지의 문화적 유사성. 구체적 유사점
은 번호로 표시(아래 설명). 카라노보는 불가리아의 전형적 초기 농경
지대이며, 수피 마굴라는 중부 그리스의 테살로니아의 많은 초기 농경
지의 전형적인 지역이다.

생업	토기 장식
4. 소	9. 백색칠과 손가락 누름
5. 돼지?	10. 크림 바탕 적색 그림
	11. 본뜬 얼굴

우리는 신석기 크레타 섬에서 사용된 언어는 아는 바가 거의 없다.
왜냐하면 이곳의 청동기 후예들은 선형 미노스 A 점토판이 보여 주듯이

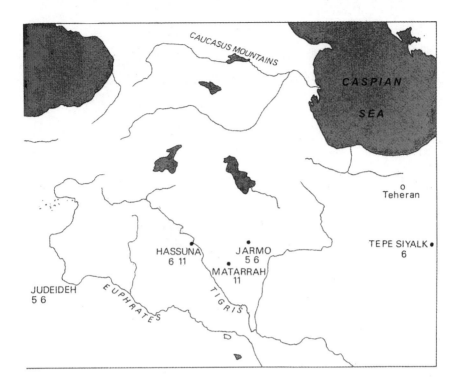

아직 해독되지 않은 채로 남아 있기 때문이다. 그러나 그리스 본토의 선사 농경민이 초기 형태의 인도유럽어를 사용했다면, 아나톨리아의 에게 해안의 선사 농경취락에 있었던 이들의 선조들 역시 이 언어를 사용했을 것이다. 이들 취락 중 그 어느 곳도 발견되지는 않았지만, 더욱 동부의 선사 농경지에 비추어 볼 때, 이들이 거기에 거주했음이 분명하다.

　　서부 아나톨리아의 선사 농경민이 현장에서 야생 토종작물로부터 농경을 개발하지 않았을 가능성이 커서 인구확산파가 더욱 동부에서, 아마도 차탈 회육 발굴지[33]가 있는 코냐(Konya) 평원이나 아니면 더욱 동부에서 시작된 것으로 가정해야 한다. 수렵채취민이 이웃 영토의 농경민과 접촉해서 농경을 채택했든, 아니면 이들이 실제로 선사 농경이 발달된 일차 핵심권역을 형성했든 이 문제는 실질적인 수렵채취민이 있었는지 여부를 결정하는 문제이다.

이 책에서 제안한 모형에 따르면, 히타이트어가 인도유럽어라는 것은 전혀 놀랄 일이 아니다. 당대의 더욱 서부의 미케네 그리스어처럼 히타이트어는 5,000여 년 전 아주 초기의 인도유럽어에서 발달한 아나톨리아 지역 자체에서 발달한 후손어이다. 아나톨리아어군의 다른 언어, 특히 루위어와 팔라이어도 마찬가지로 지금은 사라진 다른 언어들과 함께 신석기 아나톨리아의 조상어로부터 전해 내려왔을 것이다. 히타이트인이 살던 시기에 그 지역에 다른 비인도유럽어, 특히 하투사어의 존재는 아마도 농작물을 재배하던 핵심 권역의 선사 농경민 모두가 초기 인도유럽어를 사용했다는 것을 가리킨다.

물론 이 비인도유럽어 화자들이 어떤 점에서는 침입한 것으로, 즉 언어 교체가 일어난 것으로 볼 수도 있다. 이들은 북부 코카서스로부터 들어왔거나 아나톨리아의 동부 지역에서 들어왔을 수 있다. 그러나 히타이트어와 하투사어 중 어느 언어가 더욱 일찍 들어왔는지 알 수 있는 방법은 없는 듯이 보인다. 흔히 하투사어가 아나톨리아에 더 일찍 들어온 것으로 가정하지만, 그것은 단지 히타이트인이 아나톨리아에 침입해 들어온 민족이라는 가정의 결과일 따름이다. 실제로는 히타이트인이 침입자라는 개념을 입증할 수 있는 확실한 증거가 제시된 적은 없다. 아나톨리아에는 고고학적 기록이 아직 그리 완벽하지 못한 것이 사실이고, 뜻밖의 사태가 발생할 수도 있다. 선사 아나톨리아 연구의 지도적 권위자 가운데 한 사람인 제임스 멜라트(James Mellaart)가 내세운 주장, 즉 초기 청동기 시대에 민족 이동이 있었고, 언어와 관련된 파괴가 광범위하게 이루어졌다는 주장을 우리는 확신하지 않는다.[34] 다시금 그 당시 왜 대규모 사람들이 오늘날 터키의 트라케 지방인 남동부 유럽에서 아나톨리아로 이동했는지는 알기 어렵다. 우리는 오히려 히타이트어를 아나톨리아의 초기 인도유럽어의 뿌리로부터 성장해 나온, 그 지방의 토착어로 간주하고 싶다.

동부 지역을 어느 정도까지 멀리 잡아 서부로 향해 퍼지는 인구 확산 파를 추적해야 할까? 이 질문에 대한 대답은 농경 전체의 기원에 대한 우리 지식에 달려 있다. 현재로서는 **핵심 권역**은 식물 원형의 분포에 대한 연구로 접근할 수 있다. 초기 선사시대의 정확한 식물 분포가 없어서 근대의 해당 식물종의 분포도[35]가 최선의 정보를 준다.

로버트 브래이드우드(Robert Braidwood)의 용어를 빌리면, '비옥한 초승달 지대(Crescent)의 언덕 경사지'의 핵심 권역은 다시 세 부분으로 분할된다.[36] 레반트의 첫 번째 하위 지대는 예리코(Jericho)와 텔 라마드(Tell Ramad) 같은 초기 발굴지로 대표된다. 이곳 수렵채취민의 선조는 팔레스타인의 나투피아 문화(Natufian culture)에 속한다. 두 번째 하위 지대는 자르모(Jarmo)와 알리 코시 같은 선사농경 발굴지로 대표되는데, 오늘날 자그로스 산맥 북부의 카림 샤히르(Karim Shahir) 동굴의 이름을 따서 붙인 수렵채취민 집단이 그보다 먼저 거주했다. 세 번째 하위 지대는 남동부 아나톨리아에 있으며, 차요뉘와 차탈 회육 같은 발굴지이다. 이 지역은 특별한 관심을 끄는 곳으로, 이곳 수렵채취민은 그리 잘 알려져 있지 않다. 더욱이 러시아 고고학자들은 이 세 번째 지대의 동부에서 투르크메니아[37]에 이르는 핵심 권역의 네 번째 하위 지대로서 제이툰(Djeitun)과 토골록 테페(Togolok Tepe) 같은 발굴지를 주장한다는 사실에 주목해야 한다.

물론 다른 선사농경 중심지, 다시 말해서 또 다른 핵심 권역도 있는데, 예컨대 중국과 같은 곳이다. 여기서 우리가 관심을 갖는 것은 주로 고찰 중인 구체적 인구 확산파에 따르는 동식물의 범위로서, 이들은 유럽과 서부 아시아의 혼합 농경제의 근간을 형성한다. 인디아와 파키스탄의 선사농경 발달이 전적으로 독자적인 농경 기원—예컨대 중국의 농업 기원처럼—을 갖는지의 여부는 뒤에 가서 고찰할 것이다(제8장 참조). 그 대안으로 제시할 수 있는 가설은 해당 지역이 서아시아의 농경 핵심 권역의 차후 하위 지대가 될 것이라는 것이다.

그리하여 이 주장의 논리에 따르면, 동부 아나톨리아의 농경 핵심 권역의 선사 농경민은 아마도 초기 형태의 인도유럽어를 말했을 것으로 결론을 내린다.[38] 그렇지만 자그로스 지역의 선사 농경민에게도 이런 주장을 할 수 있다는 것을 알게 될 것이다. 자그로스 남부 지역과 가까운 곳이 두 군데 있는데, 수메르와 엘람이다. 여기서는 역사 시대 초기에, 기원전 3000년이 채 지나지 않아 비인도유럽어인 수메르어와 엘람어 두 언어의 존재를 기록한 증거가 있다. 레반트에서 알려진 최초의 명문은 분명 인도유럽어의 흔적을 보여 준다. 그러나 초기 셈어가 이 지역에서 이처럼 이른 시기에 사용되었는지는 불분명하다. 기원전 3000년에 북부 시리아에 사용된 에블라(Ebla)의 언어는 셈어와 친근관계가 있다. 아랍어 같은 후기 셈어와의 교체는 이들 언어가 아리비아의 더 남부 지역에서 발달했으며, 그 지역에 셈어의 원거주지를 설정할 정당성이 입증된다. 그리하여 팔레스타인의 나투피아어의 원거주지를 감히 추측한다는 것은 어렵다.

이 모든 사실은 위험한 가정이며, 특히 그처럼 시기가 너무 이르므로 거기에 대한 직접적인 언어 증거를 찾을 수 없다. 하지만 이 모형의 논리는 동부 아나톨리아를, 기원전 7000년경 아주 초기 형태의 인도유럽어 화자들이 살았던 초기 원거주지의 일부로— 반드시 아나톨리아 지방 전체는 아니지만— 확인하는 것이다.

6. 함축 의미

이 모형이 함축하는 의미는 물론 아주 의미심장하다. 인도유럽어에 대한 우리 이해와 동시에 유럽 선사와 상당한 부분의 아시아 선사에 대해서도 의미가 매우 심장하다. 유럽은 그 결과적인 모습을 보더라도 지금까지 일반적으로 인정하는 것보다 연대가 훨씬 더 오래되고, 언어도 훨씬 더 안정되어 있다(북유럽, 특히 더 구체적으로 켈트인에 대해 이 모형이 갖는 함의는 제9장에 나온다). 일반적으로 이제 갓 관찰하기 시작한 것은 여러 다른 유럽 지역의 선사는 다소 중요한 예외는 있지만, 선사 농경민 시대 이래로 상당히 오래 지속되었음을 보여 준다는 것이다. 예컨대 이주해 온 거석묘 건립자들에 대한 옛 개념은 토착 기원설 때문에 즉각 폐기해야 한다는 주장은 이미 널리 받아들여지고 있다. 마찬가지로 구리 야금도 적어도 유럽의 어느 지역(예컨대 발칸반도)은 기원이 독자적일 수 있으며, 따라서 야금술의 확산이 대규모의 인구 이동의 결과로 생각할 이유가 없다.

우리는 종형 비커 문화 복합체가 인구 이동이나 엘리트 교체를 통해서 생겨났다기보다는 상호작용과 교환 네트워크의 결과로 생겨났으며, 이와 마찬가지로 새김무늬 토기/전투 도끼 문화 복합체도 그렇다는 것을 주장했다. 제9장에서 이와 같은 주장을 골호장지 문화 복합체와 철기시대의 라텐느 문화에 대해서도 적용할 것이다.

이와 같은 관점으로 유럽의 고립을 지나치게 과장해서 주장한다거나 **독자적 발명**을 지지하려는 극단적 주장을 펴려고 하는 것은 아니다. 이것은 **분산**으로 부르곤 했던 이론, 즉 새로운 관념과 기술의 점진적 확산과도 아주 잘 조화된다. **세계체제**로 생각하려는 학자들은 유럽을 더 큰 세계체제의 근동 핵심 지역의 변방으로 간주할 수도 있겠다. 그 어느 것도 여기서 제안한 지속성이나 우리가 주장하는 언어 안정성과도 상충되지 않는다.

그렇지만 이들이 함의하는 바는 각 지역마다 그 자체의 뿌리를 찾아야 한다는 것이다. 그렇게 하지 않을 명백한 이유가 없다면 말이다. 인도유럽인의 **도래로** 사정이 상당히 크게 변했다고 선험적으로 가정할 이유는 없다. 자유롭게 '지역적인 것으로 생각하는' 새로운 사고에 대한 실례(實例)로 그리스인의 도래라는 오래된 문제를 다시 고찰하는 것이 좋겠다.

7. 그리스인은 과연 누구인가?

우리가 살펴본 바대로, 선형문자 B 석판이 그리스어의 초기 형태로 기록되었다는 것이 드러나기까지는 그리스인은 미케네 문명 말기의 암흑시대에 그리스에 들어왔다고 흔히 생각했다. 투키디데스 같은 초기 역사가들의 저서는 도리스인이 외부로부터 그리스의 오른쪽 지역에 침입했고, 이 침입을 연속적으로 침략한 물결 — 이는 그 후에 고전 시기의 다양한 방언의 생성에 책임이 있다 — 가운데 하나로 제시하는 것으로 (이 역사가들은 실제로 그렇게 말하지는 않았지만) 해석되었을 가능성이 있다.

이미 이 선형문자의 해독 이전에 미케네로부터 고전 시기에 이르는 연속 요소를 인지한 많은 학자가 있었고, 그 이전에 도래한 흔적을 탐색했다. 이들이 선호하는 침입 시기는 바퀴를 만든 미니에스인(Minyans)의 회색 토기가 처음 출현했을 시기인 중기 청동기의 초엽이었다. 차일드는 그것이 지닌 잠재적 중요성을 언급한 최초의 학자였다.[39] 오늘날 단일 토기 유형의 중요성은 일반적으로 무시되고 있다. 그 대신에 몇몇 고고학자는 기원전 2200년경 초기 청동기의 후반에 더 초기 단계를 찾으려고 했다. 이 시기에 북서부 아나톨리아의 토기와 아주 흡사한 토기군이 그리스 해안의 여러 발굴지에서 발견되었다. 이는 엘리트 지배에 의한 언어 교체의 유력한 후보가 될 수 있다. 그러한 토기가 몇몇 지역에 발견되었지만, 그리스의 다른 지역에서는 나타나지 않으므로 그 중요성을 과장했을 가능성도 있다.

그 외에 민족 이동 같은 것이 가리키듯이 외부 기원을 보여 주는 선사 그리스에서 유래하는 주요 유물군을 발견하기는 어렵다. 이에 대한 중요한 예외가 동부 마케도니아에서 출현하는데, 마리야 김부타스와 필자가 북부 불가리아 발굴지에서 발굴한 토기들과 아주 흡사한 토기와 그 외의 유물이 시타그로이(Sitagroi) 발굴지에서 두 차례나 발견되었다. 첫 번째는 기원전 4500년경의 순동기(純銅期)이고, 두 번째는 이보다 1,000년 후인 초기 청동기이다. 오늘날 확실히 그리스의 일부가 된 이 지역은 때로는 지엽적인 곳이었고, 때로는 국경 지역인 변경이라서 양쪽에 충성을 맹세했다. 그곳은 초기 고전 시기에는 트라케인에게 점령되었고, 이들은 그리스어를 모르는 이방인이었다. 분명히 이들은 오늘날의 불가리아에서 사용되는 언어와 유사한 트라케어를 말했으며, 그 기원은 더욱 이른 시기이다.

현재 우리 이해에 무리한 공백이 몇 차례 있었지만, 그리스의 역사는 이따금 인구 이동이 다소 있었지만 실질적인 연속성이 있어 보인다. 신석기 말기의 경제 쇠퇴와 후기 청동기(미케네 시기)의 체제 붕괴로 접경 지역의 국경선이 수차례 바뀌었지만, 이보다 더욱 근본적인 변화를 제시할 필요성은 없다.

이러한 고고학적 관찰은 최근 역사언어학자들의 생각과 아주 정확히 일치한다. 마이클 벤트리스의 공동 연구자이자 가장 저명한 언어학자 중의 한사람인 존 차드윅[40]은 선형문자 B의 해독에서 이처럼 말했다.

"나는 아주 조심스럽지만 확고한 기반을 가지고 이 견해를 개진했다. '그리스인이 어디서 유래하는가?'라는 질문은 무의미하다. 그리스어가 인도유럽어와 아주 확실하게 다른 어파로 분지된 후에라야 비로소 그리스인을 말할 수 있다. … 지명과 차용어에 대한 연구는 많은 사람이 생각하는 것보다는 훨씬 더 복잡하다. 이러한 종류의 언어 증거로부터 그리스에 대해 끌어낼 수 있는 유일한 확실한 결론은 이와 같다. 즉 그리스어 이전에 거기에는 적어도 어떤 언어가 사용되었으며, 이 언어는 인도유럽어가 비그리스어 기반과 접목해서 생겨난 산물이었다. 그리스어는 이미 미케네 시대에 그리스에서 사용되었다. 마지막으로 그리스 내의 그리스어 방언 분포는 미케네 문명이 붕괴된 후 뒤이어 일어난 사건들로 인해

급변했다."

인용한 이 구절에서 차트윅은 그리스어의 형성 과정은 '기원전 2000년 초엽'이며, 인도유럽어 화자들이 그리스에 도래한 것은 아마도 기원전 2000년경이나 그 직전의 어느 시기로 추정했다. 그러나 차드윅이 광범위하게 지지받는 인도유럽인의 도래에 대한 우리 가정에 어느 정도로 영감을 받았는지는 불명확하다. 도래 시기에 대한 그의 독자적인 논거는 아마도 언어가 변하는 비율에 대한 일반적 개념에 기초한 것임에 틀림없다. 우리는 이미 미케네 그리스어가 근대 그리스어만큼이나 당시의 인접 인도유럽어들과 적어도 상당히 달랐을 것이라는 견해의 근거를 제시했다. 이처럼 아주 중요하지만 논란이 있는 시기에 대한 문제를 제외하면, 차드윅의 언어학적 견해는 여기에 개진한 고고학적 주장과도 완벽하게 조화된다. 존 마이러스 경의 말대로 "그리스인은 계속 형성되는 과정에 있었다." 이 같은 지적은 유럽의 다른 언어에도 역시 적용될 수 있다.

제8장

초기 인도이란어

앞 장에서 개진한 초기 인도유럽어의 기원에 관한 모형은 유럽과 아나톨리아의 주요 인도유럽어들 사이의 근본적인 기저관계의 설명에 이용할 수 있는 기본 과정을 개략적으로 정리한 것이다. 그러나 지금까지 유럽의 언어들과 인디아의 인도유럽어와의 관계나 이들과 이란어군에 속하는 전체 언어와의 관계는 언급하지 않았다. 또한 중국 투르케스탄의 소위 토카라어 문제도 남아 있고, 후르리어와 이를 사용하는 미탄니 제국의 통치자 명칭에서 인지되는 인도유럽어 단어처럼 다양하고 훨씬 더 제한된 증거 문제도 남아 있다. 그럼 인디아로부터 논의를 시작해 보자.

1. 아리야족

『리그베다』 찬가는 지금까지 전해 내려온 인디아어의 가장 고형(古形)인 산스크리트어를 간직한 문헌으로, 훨씬 후세에 기록된 문헌이다. 인디아어에서 유래하는 가장 초기의 실제적 명문은 기원전 3세기 아쇼카(Ashoka) 대왕의 명문이다. 이것은 일반적으로 중기 인도아리야어로 분류된다. 초기 산스크리트어 문헌은 상당수가 이 시기 이후에 기록되었지만, 찬가는 기원전 5세기의 산스크리트어로 기록된 문헌이다. 산스크리트어는 당시 북서 인디아의 저명한 문법가 파니니(Panini)가 문법화했다. 언어학자 에므노(M. B. Emeneau)[1]는 이처럼 말했다.

> "고전 산스크리트어는 문법서, 즉 파니니 문법서에 의거해 그것을 다소 정확하게 따르면서 기록한 문어이다. 단지 화자의 토착어가 가끔 추가되거나 누락된 것을 제외하면, 방언도 연대적 발달도 지리적 분화도 볼 수 없다. 그것은 통일된 언어, 오직 한 방언으로만 기록된 언어이다. 그렇다면 『리그베다』를 기록한 방언은 고전 산스크리트어의 직계 조어는 아니다. 『리그베다』 작성 시기에 관련된 방언들이 틀림없이 있었다. 그 가운데 한 방언이 이 문헌의 기본 방언이고, 다른 방언은 몇 세기 후에 가서 기본적으로 고전 산스크리트어의 조어가 되었다."

고전 산스크리트어와 『리그베다』의 베다 산스크리트어의 연대차에 관해서는 견해가 다양하다. 에므노는 100~500년의 차이가 있다고 주장하고, 이 찬가의 기록 시기를 기원전 1200~1000년으로 제시했다. 그러나 내적 증거에만 기초해서 언어 변화율을 추산하는 것은 위험하며, 작성 연대가 이보다도 더 이른 시기도 충분히 가능하다.

『리그베다』의 찬가는 아주 예외적인 문학이다. 일반적으로 이 찬가는 특정 신들에게 헌납되었고, 이 신들 중 다음 신들이 아주 빈번히 등장한다.

- 인드라(Indra) : 푸른 하늘의 신, 천둥 신
- 아그니(Agni) : 불과 빛의 신
- 바루나(Varuna) : 자연과 도덕 질서를 주관하는 주신(主神)
- 미트라(Mithra) : 빛의 신
- 수리야(Surya) : 태양의 신
- 아슈빈(Asvins) : 두 마부로서, 새벽을 알리는 쌍둥이 전조(前兆)의 신
- 마루트(Maruts) : 폭풍의 신

수차례 기술되고 언급되는 제의에는 소마주를 마시는 장면이 나오는데, 소마주는 소마(soma)란 이름의 풀로 담근 신주(神酒)이며, 이상하게도 후대 학자들은 이것이 무엇인지 정확히 그 정체를 파악하지 못했다.

10권의 『리그베다』 문헌에 쓰여 있는 천 수(首) 이상의 대서사집에서 발췌한 찬가 한 편을 인용해 볼 가치가 있다. 인드라 신에게 바치는 찬가를 선택했는데, 이 찬가의 8행에 아리야족이 나온다. 이들이 『리그베다』의 산스크리트어를 말하는 민족이다. 아주 빈번하게 인드라 신은 전투 장면에 등장하며, 아리야족의 적수의 성을 쳐부순다[푸루(Puru)와 디보다사(Divodasa)/아티티그바(Atithigva)는 인드라가 총애하는 왕자들이며, 삼보라(Sambora)는 공기의 악마이며, 아히(Ahi)는 가뭄의 악귀이다].

1권, 찬가 130² 인드라

1. 우리에게 오라, 인드라여, 멀리서,
   영웅들의 군주처럼 우리에게 행동하며,
   회합으로, 집으로 오라, 왕처럼, 그의

영웅들의 군주처럼.

우리는 기분 좋은 선물을 갖고 온다,

　그대를 깨울, 샘솟는 즙을,

아들들이 부친을 초대할 때, 그대가

　힘을 가질 수 있게, 가장 너그러운 그대가

　힘을 가지도록.

2. 오 인드라여, 소마주를 마시라

　　돌로 즙을 짜고, 저수지에서 끌어올린,

　　황소가 샘을 마시고 있을 때, 몹시

　　목이 탄 황소가 샘물을.

　　그대를 기쁘게 할 달콤한 한 모금을 위해

　　　그대의 힘을 가장 강력히 소생시키기 위해.

　　적토마들이 그대를 태양으로 여기에

　　　데려오게 하라, 매일 그들이 태양을

　　　데려오는 것처럼.

3. 그는 천국에서 가져온 보물을 발견했다

　　숨겨 놓았던, 꼭꼭 감춰 두었던,

　　새의 보금자리처럼, 에워싸인

　　끝이 없는 바위 속에,

　　번개로 무장한, 최고의 앙기라스, 그는 분투한다,

　　마치 그것이, 암소 우리인 것처럼

　　그래서 인드라는 숨겨둔 음식을 내놓았다,

　　문(門) 들을 열었다, 숨겨 놓았던

　　음식을.

4. 양손에 자신의 번개를 잡고서,
   인드라는 모서리를 극도로 날카롭게 만들었다,
   던지기 위해, 아히를 살해하기 위해
   예리하게 만든 도축용 칼처럼.
   위풍당당함과 힘을 부여받은, 오
   인드라여, 당당한 권세를 부여받은,
   그대는 나무들을 쓰러뜨렸다,
   목공이 도끼를 갖고 나무들을
   쓰러뜨릴 때처럼.

5. 그대, 인드라는, 손쉽게 홍수들이
   각자 길을 자유로이 가게 했다,
   바다로 향하는 마차들처럼,
   자신의 힘을 과시하는 마차들처럼.
   그래서 홍수들은 멀리 뻗어나가며, 영원한
   끝을 향해 그들의 힘을 합쳤다,
   심지어 사람을 위해 모든 것을
   쏟아 부었던 암소들처럼, 그래,
   인간을 위해 그 모든 것을 쏟아부었던.

6. 부를 갈망하는 사람들은 그대를 위해
   이 노래를 지었다, 노련한 장인이
   마차를 만들 듯, 그래서 그들은 그대를 위해
   지었고, 지복(至福)을 얻었다.
   그대를 치장하며, 오 노래하는 이여, 무훈을
   펼치기 위한 관대한 말(馬) 처럼
   그렇다, 자신의 힘을 과시하고

상타려는 말처럼, 그렇게 말은 제각기
상을 탈 것이다.

7. 푸루를 위해 아흔 채의 요새를
산산조각 냈던, 인드라여! 그대의 친절한
하인 디보다사를 위해 그대의 화살로,
오 춤추는 이여, 그대의 숭배자를 위해.
아티티그바를 위해 그는, 강인한 자는,
산 아래에서 삼바라를 데려왔다
그의 힘으로 강력한 보물을
나눠 주면서, 그의 힘으로 모든 보물을
분배하면서.

8. 전투 중인 인드라는 아리아인 숭배자를 돕는다,
그는 모든 전투에서 가까이서
백 번을 도왔다, 천국의 빛이 승리한
그 전투들에서.
그 무법자를 괴롭히면서 그는 어스름한 거죽에
마누의 씨앗을 내준다.
그것이 활활 탈 때, 그는 갈망하는 자들을
태우고, 압제자들을
태워 버린다.

9. 새벽에 두텁게 밀랍을 바른 그는
태양의 바퀴를 찢어냈다. 붉게 빛나는, 그는
그들의 말(言語)을 차지한다, 힘의
제왕, 그는 그들에게서 그들의 말을

차지해 버린다.

그대가 맹렬히 속도를 내며, 오 현자여,

멀리서 도와주러 왔을 때,

사람들 각자의 모든 행복을 위해

이기면서, 매일의 행복을 성취하면서.

10. 우리의 새로운 찬가들로 칭송을 받은, 오 참으로

활기찬 이는, 강력해진 도움으로 우리를

구한다, 그대, 요새를 산산조각 내는 자여!

그대, 인드라여, 디보다사 종족의 찬사를 받는 이여,

천국이 나날이 커져 갈 때,

영광 속에 커져 가리라.

이 찬가는 소마주를 언급하는 전형적인 구절이다. 그리고 말과 마차를 영웅적인 전쟁과 연관 짓는 것도 그렇다. 베다 찬가를 피상적으로 독서하더라도 그것은 아리야족의 세계에 대한 명확하지만 분명 단편적인 인상을 준다(이 민족은 Aryas이며, Aryan은 이 명칭에서 파생된 형용사라는 점에 유의해야 한다).

많은 학자는 『리그베다』의 찬가에서 아주 빈번히 아리야족과 연루되어 등장하는 적(敵)이 다슈(Dasyu)라는 것을 지적했다. 어떤 주석가는, 다슈는 이 지역에 원래 살던 비베다어를 사용하던 원주민이며, 마차를 타고 침입한 호전적 아리야족의 급습으로 쫓겨난 것으로 생각했다. 필자가 아는 한, 『리그베다』 찬가에는 베다어 사용 주민이 이 지역에 침입했다는 것을 증명하는 것은 전혀 없다.[3] 이는 오히려 인도유럽인의 도래에 대한 역사적 가정(假定)에서 생겨난 것이다. 인드라 신이 요새를 파괴하고 아리야족을 도운 것은 사실이지만, 이것만으로는 아리야족이 요새가 없었다

는 것을 입증하지 못한다. 말을 이용하는 날렵한 전투(말의 용도는 일차적으로 분명 마차를 끄는 것이었다)도 찬가의 등장인물이 유목민이라는 것을 암시하지 않는다. 마차는 진정 유독 유목민과 각별히 관련되는 이동 수단이 아니다. 이 찬가는 분명 전쟁에서 명예를 획득하는 영웅사회이다. 몇몇 찬가는 내용이 반복되기는 하지만, 아주 아름다운 시편이며, 모든 찬가에 호전적인 내용만이 담겨 있는 것이 아니다.

고고학은 이 찬가의 외적 맥락을 확정하는 데 별로 도움이 되지 않는다. 거기에는 고고학적 연계가 분명히 나타나지 않기 때문이다. 즉 찬가 자체는 일반적인 언어 증거 이외의 다른 근거로는 시기를 확정할 수 없는데, 그 시기는 기원전 1000년경이나 그보다 약간 이른 시기로 볼 수 있다. 찬가의 중요성을 과소평가하면 안 된다. 이 찬가는 모든 인디아 문학의 정상에 위치하며, 힌두교의 원천이다. 그렇지만 이 찬가에서 힌두교를 명백하게 엿볼 수 있다는 말은 아니다. 힌두교의 주요 신은 브라흐마(Brahma), 비슈누(Vishnu), 시바(Shiva)이다. 브라흐마나 비슈누는 베다 문헌에 나오지만, 시바는 등장하지 않는다. 반면 『리그베다』의 많은 주요 신은 힌두교에서는 부차적이지만 계속해서 중요한 역할을 한다. 이 신들 가운데 수리야(태양 신), 인드라, 미트라가 있다.

2. 인더스 문명과 그 여파

윌리엄 존스 경이 최초로 인디아의 이 초기 문헌을 이야기했을 때, 그는 고대 인디아 문명에 대한 개념이 전혀 없었다. 수년 동안 실질적인 기록은 기원전 3세기의 아쇼카 왕조 이전을 훨씬 넘어가지 않고, 북부 인디아를 간략하게 설명한 것은 그 이전 세기의 알렉산드로스 대왕의 여행과 정복에 대해 주석가들이 남겨 놓은 기록뿐이다. 1921년이 되어 비로소 존 마셜

(John Marshall) 경[4]이 (베너지 R. D. Barnerji와 함께) 위대한 인더스 계곡 문명을 발견했다. 모헨조다로(Mohenjodaro)와 하랍파(Harappa)의 위대한 두 도시 발굴과 더불어 그는 인더스강의 홍수가 범람하던 비옥한 평야에서 벽돌로 건설한 거대한 도시를 발견했고, 고고학자들이 이미 메소포타미아 유적에서 익히 잘 알고 있던 체계적으로 설계된 시가지 배치와 도시 생활의 특징을 많이 발견했다. 이들 가운데는 토기나 청동제품과 같이 정교한 전문적 공예품도 있었고, 곳곳에 있는 성채에서 나타나는 분명 고도로 조직적인 사회구조와 거대한 공공건물도 있었다. 인더스 문명은 기원전 3000년에 이미 한동안 번성했지만, 기원전 1800년경에는 회복이 불가능할 정도로 급격하게 쇠락했다.

인더스 문명은 문자가 있는 문명이었다. 대부분의 명문은 도장석(圖章石)에 새겨져 있고, 일반적으로 각 도장석(圖章石)에는 단지 소수의 문자만이 남아 있다. 그 덕택에 문자를 아주 철저히 연구할 수 있었다. 이 문자들 가운데 400여 개의 부호가 발견되었고, 이 중 53개 부호가 통상 사용되었다. 이 부호는 미노스 선형문자 B와 같이 순수한 음절문자라기보다는 상형문자와 음절문자가 혼합된 것이 틀림없다는 것을 암시한다. 물론 알파벳 문자를 가리키는 아주 많은 부호가 있었지만, 이집트의 상형문자와 중국의 한자처럼 진정한 의미의 상형문자로 보기에는 부족하다. 이 문자를 해독하려는 노력이 다양하게 이루어졌다. 핀란드 학자 파르폴라(A. Parpola)[5]는 이 명문을 아주 명석하게 분석하려고 시도했다. 현재 많은 전문가가 도장석의 언어가 드라비다어와 관계가 있다는 가정하에 해석을 시도했다. 이 드라비다어는 근대 중부와 남부 인디아의 언어이며, 인도유럽어와는 다른 어군에 속한다. 하지만 이것도 또한 인도유럽어가 북부 인디아 대륙에 침투해 들어갔으며, 이때 드라비다어는 이미 거기에 사용되고 있었다는 가정에 입각해 있다. 이 문자에 대한 또 다른 해독 시도는 이와 다른 가정에 근거한다. 즉 이 문자는 원시 엘람어(proto-

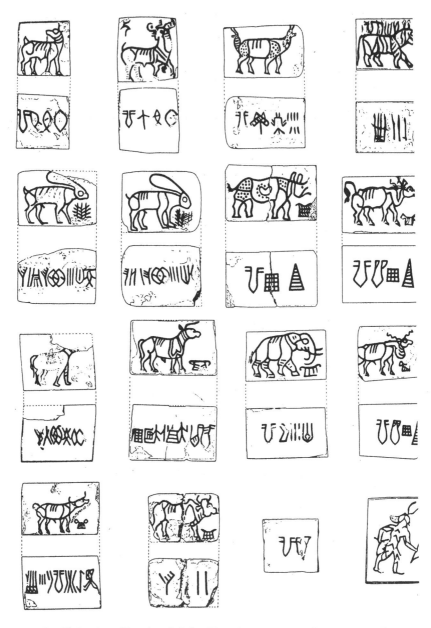

▌그림 8.1 ▌ 모헨조다로에서 출토한 동판의 인더스 문자(출처: Marshall).

Elamite), 다시 말해서 수메르 문명이 남부 메소포타미아에 번성할 당시 남동부 이란의 명문에 기록된 언어와 관계가 있다는 가정이다. 이것 또한 충분히 있을 수 있는 가정이며, 특히 원시 엘람어로 기록된 점토판이 남부 이란 고원의 테페 야히야(Tepe Yahya)란 중요한 장소에서 발견되었기 때문이다. 또 다른 시도는 인더스 계곡의 도장석 언어를 실상은 초기 형태의 인도유럽어로 가정하고, 이 명문(銘文)을 해석하려고 했다. 우리의 견해로는 이들 해독 가운데 그 어느 것도 제대로 해석한 것이 아니다. 심지어 파르폴라의 해독이나, 이 명문이 초기 드라비다어라고 주장한 러시아 학자들6의 해독도 제대로 분석한 것이 아니었다. 각 해독이 봉착한 난점은 이 문자를 제대로 해독하려면 기지(旣知)의 해독에서 출발할 수밖에 없다는 것인데, 불행히도 지금까지 인더스 계곡의 문자를 포함하는 이개어(二個語) 명문도 없고, 거기에는 지금까지 인지된 어떤 고유명사도 없었다. 그리하여 현재까지 제시된 해독은 해결책을 가정하는 정도이고, 해독 결과가 타당하다는 것을 보여 주려는 노력뿐이었다. 이들 해독은 그럴듯한 타당한 결과를 낳을 수도 있겠지만, 다분히 자기기만에 빠질 우려가 있는 해독 연습 같은 것이었고, 확실히 설득력 있는 해석인지는 불명확하다. 하지만 이러한 지적은 컴퓨터 기반의 명문 코퍼스를 만드는 학자들의 매우 귀중한 연구 작업을 무시하는 것도 아니고, 개별 부호의 발생과 공기(共起) 분석을 경시하는 것도 아니다.

물론 우리가 당면한 중요한 문제는 인더스 계곡의 도장석 명문이 인도유럽어의 초기형인가 아닌가 하는 것이다.7 어떤 의미에서 이는 놀라운 문제가 아니다. 왜냐하면 오늘날 해석 가능한 최초의 문자 기록인『리그베다』찬가가 그 지역에서 유래하기 때문이다. 학자들의 견해는 과거의 그러한 해석과는 반대되는 해석에 비중을 둔다. 그 이유가 무엇인지를 분석하는 것이 중요하다.

우선 인도유럽어 화자들은 인디아로 이동한 이주민이었다는 것이 일

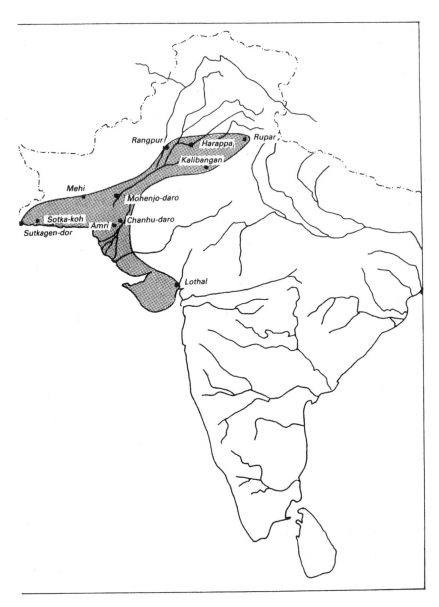

┃그림 8.2┃ 인더스 문명의 발상지(빗금 부분) 지도(출처: J. G. D. Clark).

반적인 가정이다. 이 가정으로 많은 학자는 인더스 문명이 선(先)인도유럽적인 것이며, 발화 언어로 미루어 볼 때 드라비다인의 문명으로 추정했다. 인더스 문명이 다소 갑자기 멸망했다고 한다면—이로 인해 1000년 동안 인디아에서는 도시화가 사라졌다—학자들이 금세기 초반에 팽배하던 이주민설의 분위기에 휩쓸려 문명 파괴자라는 개념으로 사고한 것은 분명 당연한 일이기 때문이다. 이들이 전투 도끼를 사용한 호전적 인도유럽인이 아니라면, 유럽 선사로부터 자연스럽게 익히 잘 알려진, 『리그베다』의 마차를 타는 호전적 인도아리야족과 관계가 있는 이 민족은 진정 누구인가? 이 생각은 모티머 휠러(Mortimer Wheeler) 경이 개진한 것인데, 그는 모헨조다로 발굴지에서 발견된 다양한 두개골 더미는 이 도시에 밀어닥친 대재앙으로 몰살당한 자들의 유해라고 가정했다.[8]

　　"7개의 강을 가진 땅과 편잡과 그 인근에 들어온 아리야족의 침입은 항상 토착민의 성벽 도시에 덮친 맹공격을 전제로 한다. 『리그베다』에서 이 도시를 가리키는 용어는 pur인데, 이는 '성채', '요새', '성곽'을 의미한다. 어떤 성채는 '광대하고', '넓다'고 불린다. 때로 성곽은 은유적으로 '철재'로 지칭되기도 한다. 가을의 요새로도 불린다. 이것은 아리야족의 공격에 대항하거나 홍수로 인해 넘치는 강물의 범람에 대비한 가을에 점유한 요새를 가리킬 수도 있다. '100개의 벽을 지닌' 요새로도 언급된다. 이 성채는 석재로 지은 것일 수 있다. 그렇지 않고 흙벽을 사용한 요새는 수식어 ama(날것의, 굽지 않은)를 통해 간접적으로 나타난다. 아리야족의 전쟁 신인 인드라는 puramdara, 즉 '요새 파괴자'이다. 그는 자신이 보호하는 아리야족, 즉 디보다사(Divodasa)를 위해 '90채의 요새'를 파괴한다. 다른 찬가에서는 이 요새는 분명 인드라가 여러 가지 방법으로 토착민의 수장 삼바라(Sambara)의 99개 성과 100개의 '옛 성'을 쳐부순 곳으로 지칭된다. 한마디로 인드라는 '세월이 옷을 갉아먹듯이 요새들을

찢어 부순다.' 이 성채 도시는 어디에 있는가, 어디에 있었는가? 과거에
는 이들 성채는 신비에 싸여 있거나 아니면 '단지 공격에 대한 방어용 피
난처, 즉 말뚝 울타리가 있고, 큰 도랑이 패어 있고, 다진 흙으로 구축한
성채'로 가정했다. 최근의 하랍파 발굴은 이 모습을 확 바꾼 듯이 생각된
다. 여기서 기본적으로 비아리야족이 건설한 고도로 진보된 문명을 볼
수 있다. 이 문명은 대규모의 방어 시설을 사용했고, 초기 아리야족이 침
입한 시기와 비슷한 때에 북서부 인디아의 수리시설(水理施設)을 지배
했던 문명으로 알려져 있다. 무엇이 이처럼 확고하게 정착한 문명을 파
괴했는가? 이 문명은 기후, 경제, 정치의 쇠퇴로 쇠약해졌겠지만, 의도
적인 대규모의 파괴로 완전히 소멸했다. 모헨조다로 후기에 남녀와 아이
들이 거기서 대량 학살된 것으로 보는 것은 결코 우연이 아니다. 여러 상
황적 증거로 인드라 신이 거기에 대한 죄를 뒤집어쓴 것이다."

우리가 살펴보았듯이 이 해석은 필시 전혀 근거가 없고, 오직 가정에
만 근거를 두고 있다. 휠러가 '7개의 강을 가진 땅, 펀잡의 ⋯ 아리야족의
침입'이라고 말하는 것은 전혀 타당하지 않다. 우리가 아는 한 『리그베다』
에서 7개의 강에 대한 열두 군데의 언급을 조사해 보면, 그 어느 곳도 침
입을 의미하는 곳이라곤 없다. 7개의 강을 가진 땅은 『리그베다』의 땅이
자 곧 현장이다. 아리야족이 거기에 이방인이었다는 것을 함의하는 것이
라고는 없다[다시우스(Dasyus)를 포함하여]. 성벽 도시에 거주하던 주민이
아리야족이 아니라 그곳의 토착 원주민이라는 것을 함의하는 것도 없다.
진실로 대부분 언급되는 것은 인드라에 대한 찬가의 첫 구절에서 보는 바
처럼 아주 일반적인 것뿐이다(1권, 찬가 102).[9]

그대 강력한 자에게 이 강력한 찬가를 보낸다, 그대의
　욕망이 내 찬사로 기뻐했기에.

인드라 안에서, 그래 그의 내면에서 힘으로 거둔 승리,

　　신들은 잔치를 벌이며 기뻐했고, 그때 소마 성주(聖酒)가 흘렀다.

7개 강이 그의 영광을 널리 널리 퍼뜨리고, 천국과

　　하늘과 땅은 그의 아름다운 모습을 드러낸다.

태양과 달이 교대로 바꿔 가며 자기 길을 달린다,

　　그래서 우리는, 오 인드라여, 바라보고 믿음을 가질 수 있다 …

『리그베다』는 아리야족에게 요새, 성곽, 성채가 없었다고 믿을 만한 근거를 보여 주지 않는다. 인더스 문명의 몰락을 조사한 최근 연구는 몰락이 단순히 한 가지 원인 때문이 아니라는 것을 보여 준다. 즉 침략한 무리로 인해 소멸한 것으로 볼 근거가 전혀 없다는 것이다. 그 대신 체제 붕괴로 소멸한 것 같으며, 그 뒤를 따라 주민이 지역적으로 이동했다. 더욱이 아리야족 침입자설의 연대는 아주 불확실하다. 인더스 문명은 기원전 1800년경에 몰락한 것으로 오늘날 확정되었다. 하지만 많은 학자는 『리그베다』의 작성 시기를 기원전 1000년경으로 잡는다. 분명히 이보다 더 이른 시기를 주장할 수도 있겠지만, 그렇게 연대를 설정하는 것은 거의 정상이 아니다. 그 연대는 하랍파와 모헨조다로 문명의 말기와 근접하고, 이 연대가 비슷하다고 해서 어느 사건이 다른 사건을 야기했다고 계속 주장할 수는 없다. 침입설은 이러한 내용을 주장한다.

　적어도 체제 붕괴 이후, 이와 같은 종류의 영웅 서사시의 작성을 보여 주는 또 다른 좋은 사례가 하나 있는데, 호메로스의 시이다. 하지만 호메로스는 붕괴되기 이전의 미케네 시대를 기억하면서 세월이 한참 지난 뒤에 재작성한 것이며, 아마도 당시 철저히 구전된 시 전통의 내용을 정착시킨 것이다. 인더스 계곡 문명과 관련하여 『리그베다』도 이와 동일한 입장이었을 것이다. 단지 체제가 붕괴된 지 더 오랜 세월에 걸쳐 이 문명이 형성되었고, 그 이전의 황금기를 실제로 묘사하는 것은 아니라는 점

만 제외한다면 그렇다. 이러한 점에서 그리스의 서사시보다 이와 훨씬 더 유사한 것은 『호메로스 찬가(Homeric Hymns)』인데, 이 찬가는 『리그베다』와 상당히 비슷하다. 이 찬가도 역시 당대를 주로 얘기하면서도 그 이전의 문헌기 시대의 문명으로 되돌아가지만, 이를 거의 언급하지 않고 있다.

3. 가설 A: 신석기의 아리야족?

이제 이 난제에 맞설 때가 되었다. 인디아와 이란의 초기 언어들을 유럽의 초기 언어들과 관계 지을 흥미로운 방안을 제안하겠다. 우리가 살펴보겠지만, 그 증거는 설득력이 그리 완전한 것은 아니지만, 4절에 전개한 다른 대안적 가설을 생각해 볼 필요가 있다. 하지만 이 두 가설 모두가 언어를 이동시키는 메커니즘을 제시하는 장점이 있다.

어느 면에서는 가장 단순한 첫째 대답은 인디아 대륙에 인도유럽어 화자들이 도착한 것은 이들이 유럽에 도착한 방식과 아주 흡사하다는 가설이다. 최근 파키스탄에서 행해진 고고학적 발굴은 그 이전에 오직 그곳에서만 재배가 가능했던 농업에 대한 아주 초기의 증거를 보여 준다. 프랑스 고고학자 장 프랑수아 자리쥬(Jean-François Jarrige)는 발루키스탄(Baluchistan. 서부 파키스탄)[10]의 메르가르흐(Mehrgarh)에서 엄청난 발굴에 성공했으며, 이제 기원전 6000년에 곡류(육열보리, 외알밀, 에머밀, 빵밀)를 경작했다는 증거가 확보되었다.

발루키스탄이 이들 작물과 다른 품종을 재배한 일차 권역의 외부인지 아닌지는 아직까지 불분명하다. 일차 권역 네 곳의 자그로스산맥 루프(loop)가 동부와 서부 파키스탄까지 확장된다고 주장할 수도 있다. 물론 지형에 따라 수정 가능성은 있지만, 인구확산파가 동부 아나톨리아 내부와 그 인근의 일차 권역으로부터 북부와 서부뿐만 아니라 남부와 동부 아나톨리아로도 퍼져 나갔을 수 있다. 이미 유럽이 인구확산과 영향으로 농경을 얼마나 급속하게 채택했는지를 살펴보았다. 메르가르흐와 그 후의 다른 유적지가 보여 주듯이, 가장 초기의 선사 농경시대로부터 초기 인도유럽어는 이러한 방식으로 인더스 계곡과 그 북부와 서부에 사용되었다는 것을 주장할 수 있다.

휠러의 논평에도 불구하고, 인더스 계곡 문명에 각별히 비아리야적인 것이 과연 무엇인가는 알기 어렵다. 이 가설에 따른다면, 인더스 문명은 베다 산스크리트어의 조상어인 인도유럽 조어를 사용했을 것으로 추정된다. 인더스 문명과 그 후의 여파까지 분명 연속적 요소는 있다. 도시생활이 끝나면서 이 문명은 완전히 단절되었지만, 레이먼드 알친(Raymond Allchin)[11]이 강조했듯이, 북부 인디아의 시골생활과 오늘날 파키스탄의 생활은 변화가 거의 없다.

특히 인더스 계곡의 사람들이 믿던 종교가 그 후에 힌두교에 영향을 미쳤을 것이라는 견해도 있다. 모헨조다로의 **대목욕탕**은 제의 목적으로 지어졌을 수도 있다.[12] 이는 오늘날 힌두교의 다양한 정화 의식을 환기한다. 인더스 계곡에서 발굴된 소수의 주요 석조물은 가공석이며, 많은 관찰자가 지적하기를 이는 남근(男根)의 의미를 갖는다고 한다.[13] 이들은 근대 힌두교 관습에 나오는 시바 신에게 바친 신성석인 **남근상**(lingam)과 아주 흡사하다. 또 다른 표지는 인더스 계곡의 인장석[14]에 나타나는 요가 자세로 좌정한 인물은 학자들에 따르면 시바 신과 동일한 모습이라고도 한다. 물론 계속 행해진 제사 의식이 반드시 언어 연속성을 가리키는 것은 아니지만, 인더스 문명권 사람들이 당시에 『리그베다』의 조어인 인도유럽어를 사용하지 않았을 내재적 이유란 없다.

레이먼드와 브리지 알친(Bridget Allchin)은 칼리방간(Kalibangan) 발굴지[15]에서 나온, 의례용으로 사용된 벽난로로 해석되는 특이한 벽난로를

지적하면서 베다 이전 시기에 인디아와 파키스탄 평원으로 인구가 이동했다는 사례를 최근에 고찰했다.[16]

> "그러한 의례용 벽난로는 하랍파 시기 초부터 보고되었다. 이는 불제단으로서 인도이란인의 국내 민간 배화(拜火)의 증거이며, 그 후 베다 문헌에 자세히 서술되어 있다. 그렇다면 그것은 인도아리야족의 초기 집단과 당시 번성하던 인더스 문명의 주민과의 문화적 접촉의 표지일 수도 있다."

알친 부부는 인더스 문명이 인도유럽어를 사용한 것으로 주장하지 않고, 그 문명 내의 요소가 이미 『리그베다』에서 본 바처럼 후기 인도아리야 문화의 특징으로 간주할 수 있다고만 제시했다. 인도아리야적 특징이 하랍파 시기까지 거슬러 올라간다는 이들의 주장은 분명 가설 A를 지지하는 것으로 간주된다.

인더스 문명 발달의 초기 기원이 메르가르흐라는 것을 매우 설득력 있게 주장할 수 있기 때문에 신석기 기원설은 아주 타당성이 있다. 물론 난점은 문제의 이 지역이 자그로스산맥에 있는 기존 선사농업 중심지의 남부와 동부에 길게 뻗쳐 있다는 점이다.

이 견해는 분명히 인도유럽어가 남부와 동부로 퍼져 나간 것과 동일한 메커니즘으로, 북부와 서부로도 확산된 것을 연결하는 장점이 있다. 물론 고대 이란어도 인도유럽어이다. 실제 큰 난점은 메소포타미아에서 기록된 선사언어에 인도유럽어로 확인할 수 있는 차용어가 극소수밖에 없다는 점이다. 동부의 초기 인도유럽어가 이 언어들과 접촉했다면 근동어에 이미 이러한 접촉을 알려 주는 표시가 남아 있었을 것이다. 남부 이란의 테페 야히야에서 발굴된 원시 엘람어는 후에 도입된 언어였지만, 원시 엘람어 점토판 역시 거기서 사용된 초기 인도유럽어를 반박하는 반증

(反證)이다.

　반면에 러시아 고고학자 마손(V. M. Masson)[17]은 카스피해 인근의 먼 북쪽에 있는 투르케메니아의 알틴 테페(Altyn Tepe)에서 발견한 인장석이 원시 인디아어(proto-Indian)의 유형이라고 제안했다. 그는 인더스 계곡의 문자에 대한 러시아 학자들의 해독을 수용하기 때문에 — 이 해독에 따르면, 그 언어는 드라비다어라고 한다 — 그는 우리가 개진한 결론과는 아주 다른 결론에 도달했다. 그러나 알틴 테페 인장과 인더스의 인장이 유사하다는 관찰을 받아들이고, 이 관찰이 언어학적인 함축 의미가 있다면, 분명 이 두 사례에서 나온 언어가 인도유럽 공통조어라는 또 다른 대안을 취할 수 있다. 투르케메니아의 발굴지에 대해서는 이 제안을 받아들이기는 어렵지 않다. 왜냐하면 제이툰에서 가장 초기의 선사 농경 시기로 거슬러 올라가는 상당한 연속성을 볼 수 있고, 또한 이 농경의 기원이 동부 아나톨리아의 인도유럽어 사용 농경민의 기원과도 연관되는 지표가 있기 때문이다. 러시아학자 마손과 사리아니디(V. I. Sarianidi)[18]가 이처럼 말한다.

　　"제이툰 문화를 받아들인 사람들이 근동의 선사 농경문화와 접촉을 가졌다는 것은 의심 없이 확증되었다 … 이란이라크권역 내에서 문자 기록이 가장 잘 보존된 지역은 자그로스산맥의 자르모, 사랍(Sarab), 테페 구란(Tepe Guran)이다. 비록 이 두 문화를 구별하는 중요한 차이점도 있지만, 이 접촉은 제이툰 문화와 유사점이 가장 분명하며, 특히 부싯돌 도구와 토기가 그렇다."

　그렇다면 가설 A는 북부 인디아와 이란의 초기 신석기까지 거슬러 올라가는 인도유럽어의 역사를 보여 줄 것이다. 유럽에서처럼 언어 분산의 결정적 과정은 선사 농경 발달에 따르는 인구학적 변화일 것이다. 이 과정을 초기 투르크메니아와 연결 짓는 것도 가능하다.

이 모든 설명이 정말 아주 가설적이라는 것을 인정해야 한다. 이 가설을 더 깊이 전개하기 전에, 초기 메르가르흐 당대와, 발루키스탄 전반의 초기 신석기에 대한 훨씬 더 포괄적인 견해도 필요하다. 발루키스탄이 선사 농업의 일차 권역 내에 있었던 것으로 드러난다면 — 이는 전적으로 가능한 생각이다 — 이 주장을 내세우기가 더욱 더 어려울 것이다.

더욱이 『아베스타』경(經)의 고대 이란어와 『리그베다』의 베다 산스크리트어는 아주 유사하다. 이들이 너무 유사해서 일반적으로 한 어군, 즉 인도유럽어족의 인도이란어군으로 간주한다. 언어연대학이 산출한 실제적인 절대 수치를 그리 신뢰하지 않더라도 노먼 버드(Norman Bird)[19] 같은 어휘통계학자는 인디아어 단어와 이란어 단어의 밀접한 공기(共起)를 보고한 바 있다. 그의 어휘 목록에 나오는 이란어 단어의 85%가 인디아어에 대응 단어가 있다는 것이다. 첫눈에 보기에도 이것은 엄청나게 높은 수치이다. 이 목록에 나오는 히타이트어 단어의 75%가 인디아어 기원의 단어와 공기한다는 사실도 지적해야겠지만, 베다 산스크리트어와 고대 이란어의 관계가 아주 밀접한 것으로 간주한다면, 이는 농업의 초기 분산 과정의 직접적 패턴에서 유래하는, 후기의 밀도 높은 상호작용을 의미하는 것이다. 선사 농경 전파 이후에 다소 지속적으로 이루어진 접촉은 이처럼 언어적으로 밀접한 친근관계를 나타내는 데 필요하다. 다행히도 그 후 여러 시기에 나타나는 이란 고원 문화의 다양한 연계가 점차 분명해졌다. 북부 아프카니스탄의 아무다리야(Amu Darya)강 안에 인더스 계곡 문화의 정착 표지가 있고, 청동기의 투르크메니아 유형의 무덤군이 발루키스탄의 메르가르흐 유적에서 보고되었다.[20] 물론 이들은 그곳의 선사 농경 유물보다 4,000년 정도 후의 것이다. 하지만 아프카니스탄과 이란 고원에는 상호작용이 끊임없이 계속 있었고, 그 지역에 인도이란어를 사용하는 공동체가 지속적으로 있었을 가능성이 크다. 더 후기에 와서 이 문화 복합체에서 중국 투르케스탄의 인도유럽어(즉 토카라어)의 출현과 직접 관련 있는 기마 유목민이 생겨났으며, 기원전 1500년경 미탄니 제국의 수장들도 이 복합 문화공동체에서 유래한다(메소포타미아의 초기 언어에 인도유럽어 단어가 거의 없거나 출현하지 않는다고들 하는 견해에 따르면, 기원전 1000년경까지 자그로스산맥의 동부 권역에 살던 이 민족은 그 지역을 고수하며 살았다). 물론 이란 고원과 메소포타미아는 교역으로 서로 많이 접촉했다. 이미 수메르 시대에 메소포타미아에 녹니 석편암을 깎아서 조각한 매혹적인 녹색 식기가 있었는데, 이는 이란고원에서 기원하는 것임에 틀림없다. 그러나 전자의 가설 A를 따른다면, 이 접촉으로 언어적인 영향은 그리 받지 않았다. 이 가설을 더 깊이 탐구하기 전에 중앙아시아 고고학을 훨씬 더 깊이 연구해야겠지만, 기원전 2000년대 초에 투르크메니아의 언어뿐만 아니라 이란 고원과 인더스 계곡에는 인도유럽어가 지배적이었다는 점은 충분히 상정할 수 있다.

말과 전차술(戰車術)의 도입으로 한동안 이 민족 일부는 메소포타미아 평원에 사는 주민보다 다소 우위를 점유할 수 있었다. 이 사실로 기원전 1500년경 이후 발견되는 다양한 인도유럽어 명칭과 단어가 설명된다. 분명 기마를 채택함으로써 초원지대의 경제는 변했으며, 기원전 1000년의 다양한 산악 유목민, 즉 사카인(Saka), 스키티아인, 키메리인, 메데스인, 토카라인은 모두 인도유럽어를 사용했고, 군사기술을 발달시켰다. 이 시기에 소위 중국령 투르케스탄의 토카라인이 이곳에 도착했을 것이다. 또한 『리그베다』에서 이야기하는 대부분의 군사 행동은 말이 끄는 마차를 이용한 것이고, 또한 미탄니 제국의 히타이트인과 후르리인의 군대도 마찬가지였다. 하지만 베다 찬가를 작성할 즈음에 사람들이 말을 타고 다녔다는 것을 강하게 암시하는 찬가 구절이 있다는 것은 흥미롭다.[21] 이는 『리그베다』의 작성 시기가 더욱 후세라는 것을 의미하며, 이 시기에 이란 고원을 접하는 모든 나라가 접촉한 데 대한 새로운 가능성이라는 것을 암시한다.

여기에는 물론 가설적인 면도 많겠지만, 적어도 일관된 전체 모습은 그려 볼 수 있고, 이 전체상은 관찰된 언어들의 분포(이들이 역사 시기에 들어섰을 때)를 즉각 이해할 수 있는 문화 변동 과정으로 설명할 수 있다. 이것이 시사하는 바처럼, 유럽의 서부 인도유럽어와 이란과 인디아의 동부 인도유럽어가 그처럼 오래 기간 계속 분리되었는지 여부가 이들 언어의 유사성을 입명하는 타당한 근거가 되는지를 판단하는 일이 남아 있다. 이는 언어학적 문제로서 그 결과는 가설 A의 생명력과 밀접한 관계를 갖는다. 기원전 1000년경 기마가 일반화되었을 때부터 상호작용이 점차 더 심하게 이루어지면서 초원지대를 넘어서 언어가 파상설처럼 발달했을 가능성이 확실해졌다. 서부 슬라브어, 아나톨리아어(그리고 아르메니아어), 이란어와 인디아어 사이에 아주 오랜 기간 인도이란어가 있었다는 전망을 가볍게 봐서는 안 된다. 분명 아리야족은 후세에 인디아에 들어온 이주자들이고, 그 적(敵)이 **토착민**이라는 가정은 인디아와 파키스탄에 대한 고고학적 이해를 크게 왜곡했다.

이 시점에서 미케네로부터 고전기까지의 그리스 과도기와, 초기 철기시대의『호메로스』찬가 및『리그베다』찬가를 비교하면,[22] 인더스 문명으로부터 베다 시기에 이르는 북부 인디아와 파키스탄의 발달 과정이 일반적으로 아주 유사할 수 있다. 그 어느 과정도 해당 지역에서 몇 세기 전에 번성했다가 그 후 몰락한 도시 문명에 대한 지적을 분명히 하지 않는다.

우리는 최근 그리스 종교의 경우, 기원전 1500년경 후기 청동기의 미케네 종교로부터 1,000년 후 그리스 고전 시기의 종교로 바뀌면서 일어난 전반적인 변화 과정을 관찰할 수 있다는 점을 주장했다. 미케네 종교와 그리스 종교는 아주 다른 신앙 체계이며, 적어도 물질적 종교 현상은 근본적으로 다르다. 그러나 그리스 종교는 **그리스인**의 민족 이동의 결과로 미케네 종교를 대체한 것이 아니다. 이는 오늘날 확실히 폐기할 수 있는 낡은 견해이며, 그 대신에 새로운 종교 요소— 전체는 아니지만 대부분은 토착 기원이다—가 출현했을 때 일어난 일련의 계기적 발달 단계를 관찰할 수 있다.

이와 동일한 방향의 추론을 인더스 문명이 1000년 이후 그 주변의 비도시 지역에 미친 영향의 결과 생겨난 변화에 적용해 보면, 상당히 많은 요인의 출현을 추적할 수 있지만, 그중 어느 요인도 외래 기원은 아니다. 분명히 외부 요인이 다소간 있기는 하다. 예컨대 마차를 끌기 위해 말을 이용하는 것이 그 한 예이다. 분명히 이와 동일한 혁신적 변화가 거의 동일 시기의 미케네 그리스에서도 관찰된다. 그리하여 이와 같은 기술 혁신이 그리스에서 인구 이동으로 일어난 중요한 변화 없이도 일어났음이 이제 분명하다. 마차가 등장한 지 몇 세기 후에 두 지역에서 새로운 전쟁 기술로서 기마가 관찰된다. 이 두 가지 기술 혁신이 인디아와 파키스탄에 더 큰 영향을 미쳤다는 것은 당연하다. 왜냐하면 이 두 곳의 광활한 지대는 그리스의 바위가 많은 산악지대보다는 말을 탈 수 있는 (그리고 마차가 달릴 수 있는) 더 넓은 지역이기 때문이다. 인디아에서 일어난 이 혁신적 변화는 그리스처럼 새로운 인구 이동이나 이주민과 억지로 결부 짓지 않는다. 새로운 군사기술의 채택으로 단지 인구가 이동했을 뿐이며, 이것도 급격한 인구 변화가 있거나 새로운 엘리트 지배가 있을 경우에만 가능하다.

이 시점에서 우리가 관찰하는 것은 새로운 이데올로기의 발달이다. 그 최고의 표현이 『리그베다』의 찬가에 나오며, 『아베스타』의 찬가에도 그대로 나온다. 이것이 하랍파의 묘지 H에서[23] 발굴된 토기에도 반영되어 있다. 이 묘지에는 말을 그린 멋진 장식 그릇이 있고, 인더스 문명의 토기 장식에서 볼 수 있는 기하학적 문양 장식 전통과는 차이가 있다(물론 그리스의 기하학적 그림이 있는 토기도 이와 유사한 지적을 할 수 있는데, 이 토기에는 호메로스 시기의 영웅이 황색 진흙 바탕에 흑색 윤곽으로 묘사되어 있다).

　다른 말로 표현하자면 『리그베다』에 표현된 새로운 종교적, 문화적 종합은 기본적으로 인디아와 파키스탄 토양의 산물이고, 말을 타고 들어온 인도아리야족의 기성 문화가 아니라는 것을 심각히 고려해야 한다. 물론 그 문화는 다른 나라, 특히 이란의 발달된 문화와 접촉해서 발달했으며, 여러 측면에서 유사한 대등정체의 상호작용으로 문화와 이데올로기가 출현했다. 말하자면 한 문화가 다른 문화에서 차용된 것이라고 주장할 필요는 없다.

　초기 인도유럽어가 기원전 6000년에 북부 인디아, 파키스탄, 이란 고원에 사용되었다는 가설은 유럽의 인도유럽어의 기원설과 서로 균형을 이루며 조화된다는 장점이 있다. 이 가설은 초기 신석기로부터 인더스 계곡 문명의 전성기에 이르기까지 인더스 계곡과 인근 지역의 연속성을 강조한다. 최근 제리지는 이 점을 강조했다. 더욱이 이 문화 연속성은 그 시기로부터 암흑기를 지나 그 후 인더스 계곡의 중심 도시 몰락에 이르기까지 단절 없이 이어지며, 도시 문명의 특징은 일련의 변형을 거치면서 후기 인디아 문명의 기초를 이룰 때까지 지속된다. 많은 학자가 이미 문명의 연속성 개념을 개진했다.

　하지만 이 가설은 치명적인 약점이 있어 보인다. 이 지역의 선사 농경민, 예컨대 메르가르흐처럼 신석기 유럽에 전파된 인구 분산의 물결에 따라 농경제를 가지고 그 지역에 이미 도착했어야 한다는 점을 선결조건으로 요구한다. 유럽에 적용되는 모형이 반드시 이란 고원의 서안을 건너서나 서안을 따라서 농업 중심지로부터 북부 지역으로 농업이 전파되는 과정에는 그리 잘 적용되지 않는다. 메르가르흐에서 재배한 야생 동식물이 그 지역에 자생한 것이었는지의 여부는 아직 미해결의 문제이다. 만약 이들이 자생한 토종이 아니라면, 가설 A는 어느 정도 지지를 받는다. 만약 자생하는 토종 동식물이라면, 재배나 사육 과정은 그 지역 역내에서 발달한 것이며, 그 지역에 전파된 인구확산파는 필요 없다는 것이 더욱 설득력이 있다. 이 경우에는 다른 설명을 추가로 찾아봐야 할 것이다.

4. 가설 B: 초원의 산악 유목민

이 가설은 가설 A에 대한 대안을 간략하게 설명하는 것이다. 우선 이 가설은 이동 유목 침략자설에 근거하는 오래된 전통적 견해와 유사하지만, 다른 측면에서 볼 때는 아주 다르다는 점을 인정해야 한다. 이 가설은 지역적 농경 기원의 가능성을 인정하고, 인도유럽어의 도래는 산악 전사의 도래와 연관되며, 이들의 생활양식은 이동 유목이었다는 것을 수용한다. 다른 말로 하면, 엘리트 지배 과정을 인정한다는 것이다.

중앙아시아 유목의 발달

기원전 2000~1000년 당시 이 지역을 다소 이해하려면 유목의 기원을 반드시 고찰해야 한다.[24] 이는 어려운 주제인데, 유목의 고고학적 흔적이 정착 농경민의 고고학적 유물보다 실질적으로 훨씬 적기 때문이다.

1) 주된 유목경제의 발달

중앙아시아와 유럽 초원지대에서 이용한 주요 가축은 일반적으로 양과 염소였고, 말은 산물(우유, 고기)뿐만 아니라 마차를 견인하는 용도로 이용하거나 짐을 실어 나르는 짐승으로도 몰고 다녔다. 중요한 점은 건조한 초원지대는 풀을 뜯어먹기에는 적합하지만, 곡류를 재배하기에는 부적합하다는 점이다. 유목경제는 보통 농경제와 공생관계에 있으며, 이는 유목민의 주된 음식이 빵이라는 점에서도 알 수 있다. 따라서 농업 관습은 유목경제의 전제조건이다. 일반적으로 유목 생활은 흔히 이동 방목보다는 이동이 훨씬 제한된 방식에서 발달한 것이다.

2) 짐을 나르는 동물로서 말의 이용

후대에 운송 수단이 발달하기 이전 단계로 말, 노새, 당나귀, 야생 당나귀를 운송용으로 사용했던 관습에 대한 증거는 아주 제한적이다. 그러나 텐트를 포함해서 다량의 장구를 수송하는 능력은 대부분의 유목경제에는 기본사항이다.

3) 바퀴 달린 수레의 사용

사륜마차[25]는 살이 달린 이륜마차가 사용되기 전에 유럽과 아시아에서 사용된 것으로 고고학적으로 확인된다. 많은 경우 짐을 나르는 동물은 말인 듯하다.[26] 하지만 몇몇 지역에서는 소도 이용되었다. 예컨대 인더스 문명[27](비록 이곳의 경제는 물론 유목에 기초한 것이 아니었지만)이 그 예이다. 어떤 경우에는 이륜마차가 더욱 흔한 일반적인 운송 수단이었지만, 그 이전의 발달 단계에서 사용된 바퀴는 바퀴살이 아니라 단단한 나무나 복합 재료로 만들어진 것도 있다.

4) 말이 끄는, 살이 달린 이륜바퀴가 달린 마차의 발달

기원전 1800년/1600년경 이전에는 그 어느 곳에서도 믿을 만한 증거로 확인되는 곳은 없다. 그러한 진화는 기원전 1600년경에 유래하는 미케네[28]의 석조 분묘, 후기의 히타이트 부조[29]와 이집트 아마르나 시기[30] 이전의 전투 장면에서 볼 수 있다. 미탄니 지방 출신의 키쿨리로 불리는 후르리인은 하투사의 히타이트 통치자들을 위해 작성한 전차마 조련술을 히타이트어로 기록했다. 『리그베다』의 찬가는 점차 빈번히 전차를 언급한다.

5) 이동이 자유로운 유목과 말탄 기사의 전투기병으로의 이용

놀랍게도 말이 마차를 몰게 된 이후 오랫동안 말을 기마로 이용했다는 증거는 거의 없다. 기마를 보여 주는 가장 초기의 그림은 거의 모두 기원전 1200년경 이후에 나타나는 듯하다. 이는 분명히 그리스— 미케네의 기마상[31]은 없다— 에서도 사실이며, 히타이트인도 마찬가지이다. 그것은 기마 전사를 보여 주는 그림들이 모두 히타이트 제국 후기에서 유래하기 때문이다.[32] 스키티아인의 예술과 메소포타미아— 아시리아 왕의 왕궁 부조가 있는 곳이다— 예술은 기마를 보여 주는 최초의 그림이다(이보다 더 이른 시기의 이집트 부조는 사실상 말을 탄 모습을 보여 주지만,[33] 초기 그림은 말을 탄 전사가 아니다).

재갈의 발명은 기마술의 근본적인 기술 혁신이며, 마차를 끄는 말은

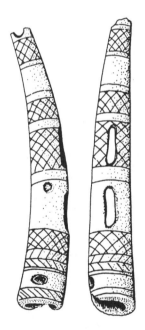

▎그림 8.3 ▎ 카르파티아 분지에서 출토한 말 재갈용 장식 가지뿔막대기. 기원전 2000년~1800년경(출처: Piggott).

처음부터 재갈을 물려 통제하지 않았다. 청동과 철제 재갈은 기마를 보여 주는 가장 풍부한 고고학적 증거이며, 이 재갈은 근동에는 기원전 1500년 경에 출현하고, 초원지대에는 이보다 좀 더 빠르고, 유럽과 중국에는 기 원전 1000년 이후에 출현했다.[34]

유럽에서 아주 초기에 발견되는 구멍 난 뼈로 만든 재갈은 사실상 말 의 재갈이지만,[35] 그 수가 많지 않고, 기술 혁신(이것이 혁신이라면)도 그 리 광범하게 퍼진 것도 아니며, 이런 용도로 사용되었는지도 불확실하다.

6) 등자를 이용한 중기병의 군사적 이용

다시 한 번 더욱 놀라운 것은 쇠로 제작된 등자[36]가 4세기에 좀 늦게 중국에서 발명된 제품이고, 유럽에서는 7세기에 최초로 출현한다는 점이 다. 그 덕택에 훨씬 더욱 가공할 만한 무기인 창을 사용할 수 있게 되었는 데, 그것은 기마자가 등자 덕택에 마상에서 낙마하는 것을 피할 수 있었 기 때문이다. 중세 암흑기 이후 유럽에 침입한 야만족은 등자 덕택에 대 단한 효과를 보았다고 한다.

이와 같은 극히 도식적인 개요를 통해 초원지대에 새로운 정착 형식 으로서의 유목(최초로 이 초원지대를 활용할 수 있었다), 기마에 기초한 이 동이 아주 자유로운 유목과, 흔히 유목과 연관되는 호전적 팽창주의 행태 가 구별된다. 기마 전사의 공격적 행동은 기원전 1000년경 이후의 유럽과 아시아 역사의 유의미한 특징이다. 중부와 북부 유럽의 빗살무늬 토기와 전투 도끼는 이처럼 대개 이 구별을 무시하는 근본적인 오해에서 기인한 다. 마찬가지로 남부 러시아의 초원지대의 쿠르간인도 기마하여 전쟁을 수행할 수 있을 때까지는 가공할 전사로 간주할 필요가 없다. 여기서 한 가지 아주 유효한 원인은 군마로 이용할 수 있는 아주 덩치가 큰 말 품종 을 개량하는 것이었을 것이다.[37] 한편으로는 단계 2)와 단계 3), 다른 한편으로는 단계 4)와 단계 5)는 대개가 이러한 요인에서 기인한다.

가설 B의 주요 관념은 전차 기술의 발달과 군사용 기마의 개발과 함께 엘리트 지배 구조의 새로운 출현 가능성이다. 이것이 기원전 2000년 후반에 일어난 언어 교체 과정의 기저가 되는 기본적인 과정이다. 그러나 정확히 어디서 이러한 혁신적 변화가 일어났는가? 이 질문은 대답하기 어려운 문제이다. 이미 말을 짐 나르는 운송 동물로 이용하고, 마차를 끄는 견인 동물로 사용하던 사람들에게서 발달한 것 같다. 따라서 이 사실은 유라시아의 초원지대로 다시 되돌아가는 것이 분명하다.

이란고원에서 말을 마차 견인용으로 이용한 이후에 말은 비로소 북부의 초원지대로 퍼진 것 같다. 분명 인더스 문명에는 말이 아니라 소를 모형 수레에 멍에를 씌워 수레를 끈 사실을 발견할 수 있다. 투르크메니아에는 이와 비견할 만한 모형이 많지만, 수레를 끄는 것은 낙타였다.[38] 이는 기원전 3000~2600년경에 이르는 시기로 거슬러 올라가는 소위 나마즈가(Namazga) 4기 시기이다. 그 직후에 메소포타미아 지방에만 우르(Ur)[39]에서 유래하는 유명한 표준 수레가 있었는데, 수레를 끄는 동물은 노새였지만, 말은 아직 이용되지 않았던 것 같다.

초원지대의 압도적인 유목경제가 일차적으로 더욱 기름진 초원지대의 외곽에서 혼합 농경제로부터 발전된 것이라면, 이와 같은 곳이 더욱 정확히는 어디인지 결정할 수 있는가? 이는 유라시아 선사의 가장 흥미로운 문제 가운데 하나이다. 지도를 고찰해 보면, 단지 네 가지 가능성이 존재한다.

a) 남부 러시아의 초원지대 외곽으로, 우크라이나의 대유라시아 초원의 서부이고, 농경 기원의 출발점은 동부 유럽의 신석기 문화, 즉 쿠쿠테니와 트리폴리예로 부르는 문화이다.

b) 흑해와 카스피해 사이의 코카서스산맥의 북부 지방. 이곳의 지역

농경은 러시아 고고학자들이 연구했지만, 시기는 그렇게 정확하지 못하다.

c) 카스피해 동부의 코펫 다그(Kopet Dag) 선을 따라 있는 투르크메니아 농경지. 제이툰 문화는 이 지역의 선사 농경민을 보여 준다[대부분의 중앙아시아는 투르크메니아 신석기에 켈테미나르 문화(Kelteminar culture)]에 지배되었으며, 토기와 부싯돌의 이색지대이다). 많은 경우, 주거나 취락은 호수와 작은 하천의 가장자리에 자리 잡았고, 수렵과 사냥이 경제의 아주 중요한 부분이었다.

d) 더욱 동부의 선사 농경지

이러한 농경지는 사실상 현재로서는 알려진 것이 없으며, 중국의 허난성(河南省) 양샤오 문화[Yangshao culture, 앙소(仰韶)]에 와서야 나타난다.

현재로는 유라시아 초원지대의 이동이 아주 자유로운 유목경제는 a)지역이 아니면 b)지역이다. 오늘날 얌노[yamno. 수혈 분묘(Pit-Grave)][40]란 명칭에 속하는 문화나 쿠르간(분묘 무덤지) 문화를 가리킨다. 방사성 탄소 연대측정법은 이 두 지역 중 어느 것을 결정하는 명백한 증거를 제공하지 못하지만, 이 가설에 따르면 유목민이 유라시아 초원지대를 서부(즉 우크라이나)로부터 지배했다. 이 이론은 1970년에 워드 굿이너프가 주장했고, 이처럼 다소 전문적인 고고학적 논의를 통해 시야가 더 크게 열렸다.

초원지대의 유목 발달은 남동부 유럽에 농경 도입만큼이나 중요한 결과를 초래했다. 왜냐하면 여기서도 이제 새로운 경제 기반이 닦였고, 그 자체로 분산파로 발달하면서 퍼져 나갔기 때문이다. 최초의 유목민의 언어는 적응하면서 급속한 농경 전파의 근간인 역동적인 인구 기반과 더불어 방사파처럼 유럽에 퍼져 나갔다. (그리스의) 선사 농경민의 언어는 유럽과 같은 방식으로 적응 이점(즉 농경 기반)을 가지고 이 지역 전체에 퍼졌다. 그리하여 이 초원지대에서는 최초의 유목민의 언어가 실제로 그 전 지역에 확산되는 계기가 되었다.

우리는 실제로 정말 그런 과정이 있었다고 주장한다. 산도르 뵈쾨니 (Sandor Bököny)[41]는 말의 선사 연구에서 말은 이미 남부 러시아 초원지대에서 이 시기 초부터 잘 알려져 있었고, (아마도 식용으로도) 이용되었다는 것을 보여 주었다. 그곳 상황은 동부 발칸의 트리폴리예와 쿠쿠테니의 초기 농경 공동체였다. 유럽과 중앙아시아의 초원지대에 최초로 문화가 통일된 것은 서부로부터 동부로 전파된, 최초의 진정한 초원지대 신석기 문화인 **얌노** 문화, 즉 쿠르간 문화였다. 우리는 아직 마차를 몰거나 기마를 하지 않는 초기 유목민의 언어가 이미 인도유럽어였다고 주장한다. 나아가 이보다 더욱 구체적인 사실이 있다. 이 인도유럽어는 초원지대의 변방에서 혼합 농경제와 함께 유목 생활로 전이되는 초기 단계의 쿠쿠테니와 트리폴리예 농경민의 언어로부터 분명 유래했을 것이다. 이 문화와 그 이전의 유럽의 선사 언어로부터 발달한 이 문화의 언어가 변화하는 과정은 제7장에서 논의했다. 슬라브어군은 트리폴리예와 쿠쿠테니 농경민의 후예가 사용한 언어와 동일 지역에서 후대에 발달한 것을 보여 준다.

문제의 이 해결책은 다른 대안인 코카서스 해결책보다는 현재로서는 고고학적으로나 언어학적으로 훨씬 더 지지를 받는다. 왜냐하면 코카서스 지방의 근대어들은 인도유럽어족에 속하지 않기 때문이다. 코카서스의 언어는 수도 상당히 많고 다양해서 이들이 후에 이 지역에 들어온 것으로 생각할 이유가 전혀 없다. 진정 이들은 지도상에서 아나톨리아의 선사 농경민과 북부의 초원지대 사이에 일종의 언어 장벽을 형성한다.

최초의 초원지대 유목민이 이미 인도유럽어를 사용했고, 남부 러시아에서 유래하여 서부로 이동했다는 사실을 받아들인다면, 나머지 그림은 아주 분명하다. 안드로노보 문화(Andronovo culture)로 불리는 그 후의 대부분의 초원지대 문화는 아주 광범한 지역에 걸쳐 상당히 통일성이 있으며, 청동기까지 지속된다. 이 시기 이전에 말은 이미 초원지대의 마차 견인에 분명히 이용되었고, 아마도 이때 군사적 의미를 갖기 시작했을 것이다. 어쨌든 이 시기에 초원지대의 유목경제는 투르크메니아와 이란고원에 영향을 미치기 시작했다고 말할 수 있다. 마손과 사리아니디가 투르크메니아에 대한 고찰에서 이처럼 말한다.[42]

"부족 집단이 남부로 이동한 것은 거의 확정적이다. 기원전 2000년은 대규모 인구 이동과 인구 변화의 시기였는데, 이는 아마도 유목민의 가축 사육과 고대 신석기 경제에 뒤이어 나타난 원시 농업의 채택으로 유라시아 초원지대에 **인구가 폭발**한 결과로 생각된다. 어쨌든 우리가 이용할 수 있는 고고학적 자료는 분명 안드로노보와 목재 분묘의 특징을 지닌 주민의 분산이다.

이들 초원지대의 부족은 서부 중앙아시아로 두 번에 걸쳐 이동했다 … 물론 이는 인도이란어군에 속하는 종족의 진화 문제와 연계해서 연구해야 한다."

우리는 초원지대에서 유목경제의 채택과 그 후의 남부 이동—이것은 엘리트 지배 모형과 더욱 밀접한 관계가 있다고 생각한다— 을 구별한다. 그러나 이와 같은 관점에서 가설 B는 이 지역의 표준적인 고고학적 해석과 상당히 많이 일치한다.

분명 초원지대의 사람들—후에 이들은 키메리인, 사르마타이이, 스키티아인으로 명명되었다—이 인도유럽어를 사용한 지 1,000여 년이 지나서 역사에 최초로 출현했다는 것은 의심의 여지가 없다.[43] 이란 고원의 민족들, 즉 메데스인, 페르시아인, 사카인(한때 스키티아인)도 마찬가지이다. 그리하여 이란어는 자연적으로 북쪽에서 들어온 초원의 기마 유목민이 이란 고원을 지배함으로써 인도유럽어가 된 것이다. 이러한 통일된 언어가 얼마나 넓게 확장되었는지는 결정하기 어렵지만, 중국 투르케스탄의 투르판 함몰지에 인도유럽어가 그 후 존재했다는 것은 상당히 시간이 오래 걸린 과정이었다는 것을 암시한다. 물론 기원 8세기에 토카라어가 기록될 즈음에, 토카라어는 이미 우랄알타이어를 사용하는 유목민들 한가운데에 인도유럽어의 소수 집단 거주지를 형성했다.[44]

기원전 1000년 중의 어느 시기에 유라시아 초원지대 동부는 아주 크게 발전했고, 그 지역의 상당한 넓은 부분에 걸쳐 우랄알타이어를 사용하는 민족이 널리 출현했다. 최초에는 유럽과 중앙아시아의 유목경제가 적어도 인도유럽어 화자들과 연관되듯이, 그 후에도 유목민은 오세티아어(Ossetian) 화자들처럼 소수의 고립 지역을 제외하고 비인도유럽어를 주로 사용하는 사람들이었다.[45] 이처럼 나중에 일어난 변화에 대한 기저의 경제적, 과정적 이유는 그리 명확하지 않다. 이 모든 사실이 단지 등자(鐙子)의 발명 덕택이라고 말하기는 어렵다. 하지만 이 문제는 현재의 연구 대상의 시간 범위를 벗어난다. 물론 이 사실은 아나톨리아 지방에서 일어난 그 후의 인구 이동—이 이동의 결과로 터키어가 채택된다—과 그곳의 인도유럽어 소멸, 핀우글어의 헝가리 침투와 기원후 1000년의 에스토니아 침입에는 전적으로 유효하고 타당하다.

다시 인더스로 방향을 바꾸어 보면, 유목 전사가 인더스 문명의 몰락—이는 아마도 체제 붕괴의 경우인 것 같다—에 책임이 있다고 생각할 이유가 있다. 그러나 이처럼 잘 조직된 이동성이 강한 부족 집단이 족장 체제를 형성하고, 인더스 지방의 무질서를 이용하여 엘리트 지배 수준까지 이르렀고, 효과적으로 이동한 것 같다. 그리하여 동유럽의 초기 언어는 분명 유라시아 초원지대로 전파되었고, 다시금 이란 고원과 파키스탄에 채택되어 인더스까지 퍼졌을 것으로 추정된다.

5. 가설의 선택: A 대 B

현재로서는 이들 두 가설 가운데서 어느 것을 어떻게 선택해야 할지는 알기 어렵다. 이 두 가설은 이 책의 주요 전제, 즉 기원전 6500년 이전에 중부 및 동부 아나톨리아가 최초의 인도유럽어 형태가 사용된 지역이라는 것을 인정한다. 거기로부터 인도유럽어와 그 후손어가 유럽으로 분산된 것은 농경 진화와 관련이 있다.

가설 A는 인도유럽 조어를 사용하는 선사 농경민의 권역이 동부 이란에서 북부 이란으로, 심지어 투르크메니아로 확장되었다는 것을 주장한다. 인도유럽어가 남부로, 이란 고원으로, 북부 인디아와 파키스탄으로 확산된 것은 이와 유사한 분산의 일부로 간주할 수 있고, 이 분산은 농경 채택과 관련된 인구학적 과정과 관계가 있다.

가설 B는 이 견해를 취하지 않는다. 그 대신에 이 가설은 동부 지역의 결정적 발달은 유라시아 초원지대의 유목이고, 이 초원지대의 서부 극단 지역에서 일어났다고 주장한다. 그리하여 초원지대의 유목민이 처음부터 인도유럽어를 사용했다고 주장한다. 대부분 말을 이용하는 효율적 군사력 덕택에 그 후 이란과 인더스를 지배했다고 한다.

물론 이 두 가지 가설을 섞을 수 있다. 가설 A를 받아들이더라도 최초의 초원지대 유목민이 정말 인도유럽어를 사용했으며, 맨 먼저 우크라이나의 초원지대에 적응했다는 주장은 여전히 유효하다. 가설 B를 받아들이면, 최초의 농경민 시기 이래 인도유럽어가 북부 이란과 투르크메니아에서 사용되었을 가능성이 충분히 있다. 따라서 인디아의 최초의 인도유럽어 화자들은 훨씬 후대에 생겨났다.

언어학적 관점에서 보면, 이 두 가설은 아주 다르다. 첫 가설은 이란, 인디아, 파키스탄의 인도유럽어는 동부 아나톨리아와 더욱 동쪽 지방의 조상어에서 유래한다는 것인데, 그것은 마치 유럽의 인도유럽어가 거의

| 그림 8.4 | 인도아리야어의 기원에 대한 다른 제안. 가설 A(실선 표시): 기원전 6000년에 아나톨리아로부터 농경 확산과 초기 인도유럽 화자의 동진. 가설 B(점선 표시): 기원전 2000년에 러시아 초원지대로부터 이란고 원과 북부 인디아로 짐운송 동물, 수레, 기마와 함께 유목경제의 침투.

동시에 중부 및 서부 아나톨리아의 조상어에서 유래한다는 것과 같다. 서부 아나톨리아어의 후손어는 유럽의 인도유럽어이고, 중부 아나톨리아어의 후손어는 히타이트어이다. 그러면 동부 아나톨리아어의 후손어는 인도이란어가 된다. 그렇다면 히타이트어와 인도이란어의 유사성이 상당히 클 것으로 기대할 수 있다. 반면 동유럽의 언어들은 원래 인도이란어와는

친근관계가 별로 없다. 그 후 이란과 인디아에 미친 초원지대의 영향으로 언어가 수렴되었겠지만, 최초의 인도유럽어는 기원전 6500년경에 분리되었을 것이다.

반면 가설 B는 인도이란어와 동부 유럽의 언어관계가 훨씬 더 밀접하며, 공통 기원은 기원전 4000년경이라는 것을 함의한다. 그러한 견해를 지지하는 증거가 다소 있다. 예컨대 동부 어군이나 **사템어군** 내의 슬라브어의 옛 분류 같은 것이다. 그렇지만 오늘은 이처럼 단순한 구별은 거의 강조하지 않는다.

고고학적으로 말해서 현재로서는 결론을 내기가 쉽지 않다. 이란고원의 초기 신석기 발달인지 아니면 인구확산파 모형에 따라 **농경 진화**의 결과로, 특히 발루키스탄의 농경 발달이 대부분 지역의 토착 농경의 **전파**로 생긴 것인지를 결정하는 것이 문제이다. 더욱 결정적인 중요한 문제는 엘리트 이동에 대한 인더스 계곡의 결정적 증거가 실제로 있는지 없는지, 이 새 엘리트들이 기원전 2000년 중엽에 그 지역의 북부 외지에서 들어온 것인지 하는 것이다. 이 문제는 가끔 제기되었다. 그러나 북부로부터 들어온 엘리트의 도래를 가리키는 흔적은 극히 소수만 남아 있다. 실제로 인더스 계곡의 메르가르흐 인근**46**에 유적이 다소 있는데, 이들은 훨씬 북부의 투르크메니아 나마즈가 문화와 아주 유사하다. 유명한 하랍파 묘지 H는 토기와 더불어 흥미로운 연구 관심사였다. 이것을 인더스 문명의 후기 발달로, 즉 당시 비도시화로 진행되던 사회나 이미 진행된 비도시 사회에서 유래하는 변화로 간주할 것인지? 그렇지 않으면 그것을 채색토기와 더불어 출처를 분명히 확인할 수 있는, 전반적으로 새로운 물질 도구를 가지고 들어온 이주민 집단에서 생겨난 것으로 간주해야 할 것인지? 이를 확신할 수는 없지만, 현재 드러난 증거로는 전자의 견해를 지지하는 것 같다.

하지만 잠정적인 결론으로 우리는 인도이란어를 고찰하면서 이 어군의 언어 분포가 적어도 세 가지 문화 과정과 경제 과정이 상호작용한 결과라고 간주하는 것이 유용한 것으로 생각된다. 우선 첫째는 농경을 영위하는 농경민이 이란의 광활한 잠재적 농경지대를 식민지배한 과정이다. 이는 이란의 영토 환경에 적합한 인구확산파 모형의 변이로서, 파키스탄(메르가르흐를 포함해서)이 있는 남부까지 멀리 확장되었다. 이는 가설 A를 지지하는 주장에 논거를 크게 의지하고 있다. 그 기원이 되는 지역은 동부 아나톨리아이며, 따라서 동부 지역은 최초의 식물 재배와 동물 사육을 위한 초기 핵심 권역 내에 있었다고 할 수 있다. 반면 현재 자그로스산맥의 서부 지역은 메소포타미아와 대부분의 레반트 지역을 포함해서 비인도유럽어를 사용한 선사 농경민이 있었던 것 같다.

둘째의 중요 과정은 러시아 초원지대의 유목 발달과 광범위한 확산이다. 그 증거로서 말의 조련은 러시아 초원지대의 서부 극지방에서 행해졌고, 유목경제는 러시아 초원지대의 서부에서 동부로 확산되었다는 것을 보여 준다. 따라서 이에 비견할 만한 유목 발달 과정이 다른 지역에서 독자적으로 일어났는지를 고찰해 봐야 한다. 현재로서 이 두 번째 유목 발달 과정의 결과로 기원전 3000년경부터 중앙아시아에 유목민이 거주한 것으로 생각할 수 있다.

셋째 과정은 엘리트 지배 과정인데, 이 과정에서 기마로 조직화된 유목민 공동체가 위계사회를 형성하여 무력을 이용해서 어느 지역을 지배한 것이다. 이것은 기원전 1000년의 사건을 두고 이야기하는 것이지만, 아마도 기원전 2000년까지 거슬러 올라갈 수도 있다. 하지만 이보다 더 오랜 과거 사건으로는 거슬러 올라가지 않는다. 왜냐하면 더욱 초기의 선사 기마 전사에 대한 증거가 없기 때문이다.

각 지역의 상황은 분명 이들 과정과 그 밖의 다른 과정에서 생겨난 산물이다. 중앙아시아는 적어도 처음에는 둘째 과정이 가장 중요한 듯이 보이고, 이 맥락에서는 토카라어의 기원에 대한 헨닝(Henning)의 연구는 아주 의미심장하다. 그는 원시 토카라인(Proto-Tocharians)과 기원전 3000년 말엽의 바빌로니아에서 기록화된 구티인(Guti)이 일치한다는 견해를 옹호했다. 그는 "우리가 구티인을 원시 토카라인으로 간주한다면, 인도유럽인 가운데서 이들과 가장 가까운 친척은 소아시아의 히타이트 제국일 것이다"라고 지적한다.[47] 하지만 우리는 유럽 초원지대의 초기 유목민과 관계가 더 밀접하다고 주장한다. 헨닝의 제안 가운데 더 세부적 사항은 문제가 있지만, 그는 "이것이 바로 내가 제안하고자 하는 학설의 핵심이다. 아마도 고고학자들은 기원전 3000년 말엽에 페르시아에서 중국 국경으로 상당히 많은 사람이 이동했다는 이론을 선호할 것이다"라고 말한다.[48] 이는 진실로 환영할 만한 일인데, 그것이 단지 우리가 확립하려는 과정의 현실과 연계될 수 있는 한에서 그렇다.

인디아와 파키스탄의 경우, 현재의 딜레마는 이들 과정 중 첫째 과정, 즉 농경 전파설에 얼마나 큰 중요성을 부여할 것인가와, 나머지 두 과정도 얼마나 중요하게 볼 것인가를 결정하는 일이다. 적어도 이러한 상황에서는 이들 과정 중 그 어느 한 과정에만 무게를 두면 문제를 적절히 설명할 수 없다는 점을 강조해야 한다. 최근에 셰이퍼(Schaffer)[49]가 잘 논평했듯이, 증거의 균형은 더욱 후기를 완전히 배제하지 않으면서도 하랍파 문명기에 인도유럽어 사용 주민이 존재했다는 설을 옹호하는 것이다. 동시에 하랍파 문명은 더욱 초기의 신석기로 회귀하는 그 이전 문명들과의 강한 연속성은 더욱더 분명하다.

인디아 증거의 난점은 베다 산스크리트어와『아베스타』경(經)의 고대 이란어 사이의 아주 밀접한 친근관계에서 생긴다. 이는 분명 이 두 지역을 연계하는 비교적 후기의 과정을 옹호한다. 그러면 엘리트 지배가 정말 기원전 1000년이나 그 이전에 있었고, 두 지역의 엘리트의 관계가 밀접한 것으로 제안하려는 경향이 있다. 그러나 이는 더 이른 시기에 북부 인디아와 파키스탄의 인도유럽어 존재설에 반하는 것은 아니라는 점을 인식해야 한다. 이런 종류의 두 차례의 인구확산파 가설은 어떠한 더 단순한 설명보다는 인디아 대륙의 복잡한 사태를 더욱 타당하게 설명할 수 있다.

무엇보다도 우리는 초기 유목고고학에 대해 훨씬 많은 것을 알아야 한다. 위에서 고찰한 6단계의 연속적 연쇄 단계가 정말로 현실과 일치하는지를 알아야 한다. 이들은 미래의 문제이다. 그동안 이 두 가설을 함께 염두에 두는 것이 유용하다. 그렇게 함으로써 두 가설이 어느 정도 신뢰성이 있다는 것을 인정하면서도 현재 우리가 아는 바가 별로 없다는 사실을 환기하는 것이 도움이 된다. 최근 몇 년간 인더스 문명의 기원에 대해 우리가 아는 바가 얼마나 많은지를 살펴보고,[50] 투르크메니스탄에서 지금 이용 가능한 중요한 증거는 주로 러시아 고고학자들의 최근 작업의 결과라는 점을 상기해 보면, 낙관론을 펼칠 근거는 분명히 있다.

제9장

켈트인의 종족적 기원

"지금 갈리아 또는 갈라티아로 불리는 종족들 전체는 미친 듯이 호전적이고, 기상이 높고, 전쟁에 재빠르지만, 직설적이고, 성질은 사악하지 않다. 이들이 소동을 일으키면, 아주 공공연히 깊이 생각할 틈도 없이 전투 연대로 집결하기 때문에 자신들보다 한 수 위의 사람들에게는 쉽게 조종당한다. 이들은 힘과 용기밖에 지닌 것이 없어서 언제 어디서고 이들을 명분을 가지고 부추기면, 곧장 위험에 맞서게 할 수 있다."

— 스트라본(Strabo)[1] 『지리지(*Geographica*)』 IV, IV. 2.

"골인은 신체적으로는 겉모습이 무시무시하고, 목소리가 우렁차고 거칠다. 이들은 상대와 대화할 때 단어는 거의 사용하지 않고, 수수께끼처럼 말하며, 대부분의 일을 슬쩍 암시만 하고, 나머지는 모두 알아서 하도록 한다. 자신은 격찬하고 상대방은 격하하려는 목적으로 흔히는 아주 과장해서 말한다. 이들은 허풍쟁이이자 협박꾼이고, 자기 극화로 과장이

심하지만, 머리회전이 빠르고, 무엇을 배우는 데는 천부적 소질이 있다. 또한 바드(Bards)로 불리는 서정시인도 있었다. 이들은 수금과 비슷한 악기에 맞추어 노래하거나, 때로 찬가나 풍자를 노래하기도 했다. 이들이 드루위드 사제(Druids)로 부르는 유별나게 공경을 받는 철학자와 신학자도 있었다."

─디오도루스 시쿨루스(Diodorus Siculus)[2]

『역사(*Bibliotheca historica*)』V. 31.

이제 유럽으로 돌아가서 아주 자세하게 조사할 목적으로 주요 지역을 선별하여 한 가지 중요한 문제를 다루는 것이 도움이 되리라고 생각한다. 우리는 소위 켈트어(Celtic languages)를 선택해서 고찰하고자 하는데, 그것은 이 켈트어의 기원이 켈트인의 기원 문제와 문헌상으로는 거의 분리할 수 없기 때문이다. 이 두 가지 문제가 진정 구별된다면, 첫째 문제는 언어적인 것이고, 둘째 문제는 민족 또는 민족들과 관련되는 종족 문제이다. 이 논의는 선사고고학의 전 영역에서 가장 흥미롭지만 경시되어 온 주제였다. 다시 말해서 러시아 고고학자들[3]은 그러지 않았지만, 서구에서는 무시를 받았던 민족 기원의 문제이다.

켈트인

호전적인 켈트인 또는 골인(이 두 용어는 고전작가 사이에서는 거의 대부분의 경우 교체해도 무방한 동일한 단어였다)에 대한 이미지는 친숙하며, 잔인함과 남성다운 열정이 흘러넘치는 모습으로 기억에 남아 있다. 이 이미지는 '쇠망하는 골(Dying Gaul)' 시기의 많은 조각상[4]에서 회화적(繪畵的)으로 잘 예시된다. 켈트인과 골인이 원거주지에서 살던 모습은 율리우스 카이사르(Julius Caesar)를 포함하여 앞에 인용한 고전작가들과 그 밖의 작가들이 상세히 묘사했다. 켈트인과 그 직계 후손이 사용하던 언어들은 살아남아서 오늘날에도 여전히 사용된다. 현재 아일랜드어, 웨일스어, 스코틀랜드에서 사용되는 게일어, 브르타뉴어(Breton)가 있고, 한편 망스어와 콘월어 같은 켈트어는 몇 세기 전까지도 사용되었다. **켈트**(Celtic)란 용어는 다른 몇 가지 함축 의미가 있는데, 기원후 1000년경 로마가 정복한 적이 있는 서유럽의 켈트 교회를 가리키기도 한다. 19세기에 켈트의 재생과 더불어 켈트성에 대한 새로운 자각이 일어났으며, 켈트 유산의 가치를 평가하고 이를 보존하려는 결정이 있었다. 웨일스 축제 아이스테드바드(Eisteddfod)는 이 시기로부터 유래한다.

고고학과 언어학은 켈트인에 대한 자료를 재빨리 기록화하고, 이들의 기원을 고찰했다. 19세기에 에드워드 뤼드(Edward Lhwyd) 같은 학자는 켈트어로 기록하려고 진지하게 노력했고, 18세기 고전시대에는 켈트인과 골인이 사용한 언어가 이 지역의 후대의 언어들과 관련이 있다는 것과, 이들이 서로 친근관계가 있다는 사실이 인식되었다. 그리하여 켈트어군을 설정하게 되었다. 인도유럽어족의 존재가 인지된 지 얼마 지나지 않아서 켈트어는 별개의 한 어군으로서 로망어군, 게르만어군 등과 함께 이들과 동등한 일반적인 어군으로 인도유럽어족에 속한다는 사실을 깨닫게 되었다.

켈트인의 기원도 물론 탐색했는데, 더 정확하게는 언어학적 문제와 고고학적 문제의 두 측면에서 연구되었다. 당시에 문화 변동의 지배적 모형은 근본적으로는 이주주의자 모형이었고, 고고학자들은 이동하는 켈트인의 **물결**로 이야기할 수밖에 없었다. 그리고 켈트어는 P-켈트어(웨일스어와 브르타뉴어가 속한다)와 Q-켈트어(아일랜드어와 스코틀랜드 게일어가 속한다)로 분류되었다. 침략자들이 물결처럼 지속적으로 침입한 결과 켈트인이 생겨난 것으로 간주했다. 라텐느 문화에 앞서는 할슈타트 문화는 켈트어를 사용하는 종족이 대표한다는 것이 일반적 인식이었다. 그렇다면 흔히 골호장지 문화로 기술되는 후기 청동기에 이들의 선조는 이주민이었고, 서유럽에 최초의 켈트어 화자로서 이동해 들어온 것인지, 아니면 그 지역에 이미 살고 있던 훨씬 이전의 고고학적 문화—아마도 새김무늬 토기 문화—를 가진 켈트인이었는지 하는 문제가 제기된다.

이 문제는 오늘날은 전혀 다른 양상으로 나타나는데, 과정주의적 접근이 이 문제를 어떻게 다루는지를 살펴보면 상당히 흥미롭다. 더욱이 앞의 두 개 장에서 전개한 관점, 즉 일반적으로 학자들이 생각하는 것보다도 훨씬 더 까마득한 과거에 인도유럽어 화자들이 유럽에 거주했다는 주장도 분명히 유효하다. 켈트인의 경우, 이 관점은 최근 역사언어학에서 전개되는 주장과도 잘 조화된다는 것을 알게 될 것이다.

먼저, 보다 더 정확하게 켈트인이 과연 어떤 사람인가를 질문해야 한

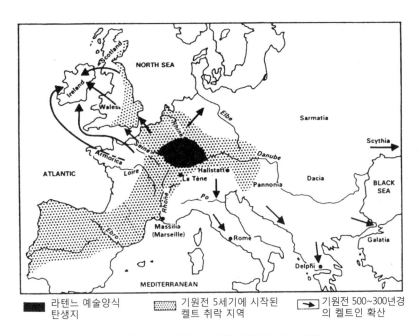

| 그림 9.1 | 뒤발이 지적한 개념적 켈트 지역.

다. 이는 곧 이 용어가 무엇을 의미하는지, 고전작가들은 무엇을 의미했는지를 묻는 것이다. 이 질문은 **민족성**(ethnicity)이라는 아주 흥미롭고도 어려운 개념에 직면한다. **민족 집단**은 무엇을 의미하는가? 민족 집단은 고고학적으로 얼마나 정확하게 인식되는가? 이 질문은 언어고고학을 논의할 때는 분명 매우 중요한 질문인데, 특히 언어는 흔히 민족성 개념을 정의하는 요인이기 때문이다.

켈트인의 경우, **켈트**란 용어는 분명히 많은 것을 의미한다. 그것은 적어도 여덟 가지 의미를 지닌 것으로 정의할 수 있다. 첫째, 로마인이 이 켈트란 명칭으로 가리키던 민족을 지칭한다. 둘째, 자신들을 가리키기 위해 이 명칭을 사용한 사람들을 가리킨다. 셋째, 현대언어학이 정의하는 어군(語群)을 가리킨다. 넷째, 프랑스 북부의 마른 문화(Marnian culture)처럼 고고학적으로 정의한 문화를 포괄하는 중서부 유럽의 고고학적 문화 복합체를 가리킨다. 다섯째, 이것은 예술 양식을 가리킬 수도 있다. 여섯째, 이 용어는 때로는 앞에 인용한 두 고전작가의 인용 구절에 나오는 바대로 켈트인의 호전적인 독립정신을 가리키기 위해서도 사용된다. 일곱째, 이는 켈트 교회라고 말할 때와 같은 의미로, 일반적으로 기원후 1000년경 켈트 예술로서의 정교한 아일랜드 예술을 지칭한다. 마지막으로, 현대사회에서 이 용어를 사용하는 일련의 용법이 있는데, 논의 중인 과거 유산에서 유래하는 자질이나 특징, 즉 켈트 유산을 가리키기도 한다. 여기서 우리 관심사는, **켈트**란 용어가 그리스와 로마 시대에 당대의 사람들과 그 지역에 어떤 방식으로 적용되었는지, 또한 지금 우리가 아는 알프스산맥 이북의 최초의 대제국을 **켈트**란 용어로 지칭하는 것이 얼마나 타당한지를 아는 것이다.[5]

민족성 – 과정주의의 견해

금세기 초반의 선사고고학의 가장 눈에 띄는 특징 가운데 하나는 지역 변동을 강조하는 전망을 제시한 것인데, 이는 주로 시간 차원뿐만 아니라 공간 차원에서도 고고학적 기록에 관심을 갖는 것이다. 이는 고든 차일드의 고고학 방법론의 중요한 일부인데, 그는 (제2장에서 살펴보았듯이) 60여 년 전에 이 관점을 인도유럽어 문제에 적용했다.[6] '그는 **문화**란 용어를 전문적이고 고고학적 의미로, 즉 '일정하게 재현되는 인공물 집합군'으로 정의했다. 그는 그 이후에 제기되는 여러 문제의 근저에 있는 현혹될 정도로 단순하고 더 진전된 단계로 나아가, 그렇게 정의한 문화 개념을 **인간집단**(또는 민족)의 개념과 동일시했다. 그는 **인간집단**(민족)이 의미하는 바가 무엇인지 명료하게 정의한 적은 없었지만, 당시의 많은 고고학자가 의미하는 바와 거의 같은 의미였다. 즉 오늘날, 때로는 이미 그 당시에 민족 집단으로 명명한 용어와 의미가 거의 같았다.

우리가 살펴본 바대로, 일반적으로 차일드는 이 개념과 유전적으로 결정된 신체 특징을 조심스레 구별했다. 비록 근대 세계에서 **민족성과 민족적**이란 용어가 때로는 사회적 의미보다도 인종적 의미로 사용되지만, 이 글에서는 인종 문제와 혼동되지 않으므로 이는 일단 제외될 수 있다.

이 시점에서 민족성, 언어, 종교, 정치조직, 물질문화를 몇 가지 중요하게 구별할 필요가 있다. 이들은 반드시 서로 연계된 것도 아니고, 연계된 것으로 기대할 필요도 없다.

정치조직체, 즉 정체(政體)는 일반적으로 명확히 한정된 지역을 점유한 사람들의 자치집단으로 정의할 수 있다. 이는 영토 개념으로 이 집단을 정의한다는 것을 의미하는 것은 아니다. 흔히 이 집단은 오히려 친족 관계로 정의된다. 정체에 대해 말할 때, 그것은 반드시 정주 집단만 고려한 것이 아니다. 수렵채취의 밴드 집단도 도시국가나 제국처럼 똑같이 정체로 간주될 수 있는데, 그것이 집단의 단위로서 기능하고, 행정적·법적 목적을 지니며, 더 큰 집단의 관할을 받지 않을 때 정체가 될 수 있다.

비록 근대 세계의 국가정부에서 실제적 정체(즉 정부)는 흔히 사실상 민족 집단이기는 하지만, 민족성은 이와 좀 다르다. 프랑스인, 독일인, 스위스인이라고들 말하는 경향이 있는데, 이렇게 말하는 것은 실제로 국적이나 민족적 소속관계를 신중하게 의식하고 말하는 것이 아니라 그저 그렇게 부르는 것이다. 반면 분리된 개별적 정치 집단을 상상하거나 암시하지 않지만, 웨일스인이나 심지어 웨일스족으로 말하는 것은 분명히 여전히 깊은 의미가 있다. 민족성과 정치조직은 대개는 일치하지만, 반드시 일치하는 것은 아니다. 그리스 도시국가의 경우처럼 많은 정체가 모여 단일 민족 집단을 형성할 수도 있다. 마찬가지로 로마 제국처럼 거대한 하나의 정체가 많은 민족 집단을 포괄할 수도 있다.

우리가 말하는 민족 집단[7]은 자신을 별개의 개별 집단으로 인식하면서 이 구별로써 그들의 생득권의 일부가 인정받는 인간집단을 의미한다. 인류학의 문헌에 민족 집단에 대한 정의가 많이 나오지만, 그중 가장 눈에 띄는 정의는 영국 인종지학자 드래갓츠(Dragadze)가 제시한 것이다.[8]

"민족 집단(ethnos)은 일정 영토에 역사적으로 자리 잡고, 비교적 안정된 언어와 문화 특성을 공유하면서 또한 자기들의 단일성과 다른 유사 집단과의 차이를 인식하고(자의식), 이것을 자신들이 부르는 명칭(민족 명칭 ethnonym)으로 표현하는 사람들의 확고한 모임으로 정의될 수 있다."

이는 매우 간편한 정의로서, 그것은 친족관계와 그 후손의 역사적 실체를 지칭하며, 공간적 측면, 언어의 공유, 흔히 종교를 포함하는 기타의 특징을 가리키기 때문이다. 그렇다면 이는 여러 집단이 진정한 민족 집단이 되려면, 반드시 자신을 스스로 자각하고 인식해야 한다는 점을 강조한다. 따라서 이러한 집단은 자신만을 위한 이름, 즉 민족 명칭을 갖는다.

우리는 언어 문제에 각별한 관심이 있는 까닭에 언어와 민족 집단이 등가적(等價的)인 것이 아니라는 점에 유의해야 한다. 다른 민족 집단이 동일한 언어를 사용할 수도 있다. 예컨대 오늘날 많은 민족이 같은 아랍어를 사용하지만 서로 다른 집단이다. 이들 중 어떤 민족은 역사와 배경이 아주 다르고, 자신들이 반드시 하나의 민족이라고는 생각하지 않는다. 그리 일반적인 것은 아니지만, 단일 민족이 서로 다른 언어를 사용하는 경우도 있다. 이는 태평양의 전통적인 통가국(Tonga)의 귀족과 평민이 그랬고, 하노버(Hanover) 왕조의 영국에서 왕족과 평민이 그랬다.

차일드가 이 문제를 논의하면서 범한 실수는 그가 정의한 **문화**와 **인간**, 즉 민족 집단을 너무 쉽게 동일시했다는 점이다. 물질문화는 인간이 만들고 사용한 모든 인공물을 포괄하며, 차일드가 노력했듯이 비연속적 공간 단위로 언제나 나눌 수 없다. 몇몇 경우에 근대 고고학자들은 선사 지도(地圖)를 **문화**로 구분했는데, 이는 그 나름대로 자의적으로 결정한 것이었다. 이 경우에 확인된 것으로 추정되는 고고학적 문화는 단지 고고학자의 분류학적 노력의 결과로 생긴 것이다. 이들 문화는 그 이상의 더 자세한 실체가 없다. 그리하여 **문화**는 문제의 그 시기에는 현실적인 실체가 없었을 가능성도 있다.

더욱이 민족성은 **정도(定度)**의 문제라는 점에 유의해야 한다. 어떤 민족 집단은 독립 의식이 매우 강하고, 그것을 갖가지 방식으로 강조한다. 이처럼 강조하는 방식에는 의상, 특이한 보석류, 특징적 장식 등이 포함되고, 이러한 것들이 이따금 고고학적으로 관찰되는 것이다. 또 다른 민족 집단은 소속 의식이 미약하고, 자신을 다른 집단과 구별하는 데 관심이 별로 없는 경우도 있다. 이들은 자기 언어와 다른 언어가 존재한다는 것을 제대로 의식하지 못할 수 있다. 그리하여 이들에게는 외부의 이방인, 예컨대 식민통치 지역을 방문한 인류학자들이 다른 부족 집단으로 분류한 집단을 별도로 지칭하는 특수한 명칭이 없다. 영국 인류학자 잭 구디[9]는 아프리카에서 그러한 부족 집단으로 알려진 로윌리인(LoWiili)을 기술했는데, 이들은 실제로 자신을 이 명칭을 지닌 부족으로 생각하지 않았다. 사람들에게 로윌리인으로 알려진 이 부족 명칭은 그 부족 집단을 가리키기 위해 그들이 지은 명칭은 아니었다. 왜냐하면 이들에게는 그러한 부족 명칭도 없었고, 사실상 안정되고 명확히 정의된 인간집단도 아니었기 때문이다. 그리하여 이것은 대개 외부인이 붙인 외재적으로 부여된 민족성으로 볼 수 있는 좋은 사례이다.

물론 고대에 민족성에 대한 수많은 사례가 실제로 있었다. 고대 그리스는 이에 대한 뛰어난 사례인데, 그리스에서는 영토정치학적 개념으로서 헬라스(Hellas)는 훨씬 나중에 가서 완성되지만, 독립된 도시국가는 시민이 모두 헬레네스(Hellenes), 즉 그리스인이라는 것을 인식했다. 예컨대 오직 그리스인만이 올림픽 경기에 참여하는 것이 허락되었다. 그리스인의 고유특성(Greekness)의 개념은 에게해에서 사회정치적 발전을 이룩하는 데 결정적인 역할을 했다는 점에는 의심의 여지가 없다.

우리는 또한 민족성이 한 차원 이상의 단계에서 작용한다는 점에 유념해야 한다. 그리스에서 많은 도시국가의 시민은 자신이 속한 도시국가에 목숨을 걸고 충성했으며, 어떤 의미에서는 민족 집단으로서의 아테네 시민, 낙소스 시민으로 생각하는 것이 오히려 더욱 타당하다. 도시국가가 발달하지 않은, 그리스의 다른 지역은 부족 단위로 남아 있었는데, 이들을 가리키는 개념은 근대 민족성의 개념이 유래하는 그리스 단어 ethnos(부족, 종족)이다. 그러나 이 부족들(ethne)의 성원 역시 자신이 그리스인이라는 의식이 있었으며, 페르시아 침공 시에 이 개념을 지지하여 전쟁에 기꺼이 참전했다.

민족이란 개념에 대한 논의가 좀 길었지만, 이는 우리가 켈트인을 어떻게 생각하는가와 밀접한 관계가 있다. 더욱이 민족 형성의 문제 전체가 고고학에서는 점차 더 중요한 개념이 되었으며, 이는 언어 일반의 문제에도 영향을 미친다. 예비 단계로서 그리스인과 로마인이 켈트인에 대해 어떻게 말했는지를 살펴보는 것이 필요한데, 그것은 이들이 후세의 저자들보다 민족 문제의 논의에서 훨씬 명료한 사고를 했거나 엄밀하게 생각했다고 생각할 특별한 이유가 없기 때문이다.

그리스인과 로마인이 본 켈트인

켈트 영토가 무엇을 의미하든지 간에 켈트 영토에 거주했던 사람들에 대한 남아 있는 최초의 설명은 고전 역사가와 지리학자들에게서 유래한다. 지난 세기에 이따금 이 작가들이 설정하려고 의도한 바가 무엇인지, 이들의 출처가 어디인지에 대한 고찰 없이 이 설명을 액면 그대로 받아들였다.

영토와 거기에 살던 사람들에 대한 설명과 함께 체계적인 지리서를 작성한다는 것은 쉬운 일이 아니었다. 고대인이 기록한 지리 기술에 대한 이해는, 아일랜드 고전학자 타이르니(J. J. Tierney)[10]가 특별히 켈트인과 관련해서 연구한 바처럼 그리스의 인종지학적 전통의 형성 과정을 고찰함으로써 크게 향상되었다. 기원전 5세기에 기록된 헤로도토스의 『역사(Histories)』는 지금까지 전해 내려오는 최초의 방대한 역사서이다. 이러한 배경을 염두에 둬야 하는 것은 그리스어와 라틴어 형태 Keltoi/Celtae, Galatai/Galli 같은 용어의 의미에 관심이 있기 때문이다. 타이르니의 글을 인용해 보자."[11]

"이 문제를 분명하게 생각해 보면, 별개의 민족지학적 집단은 카멜레온과 다소 흡사하다는 것, 즉 사실상 이 실체는 존재하지 않는다는 것이다. 그렇지만 고대인은 명칭, 즉 집단 명칭을 사용하여 지중해 유역을 둘러싸고 있던 다양한 이방인을 가리켰고, 이 집단 명칭에 기초해서 실낱같은 근거를 세웠고, 그 후 비로소 그리스 민족지학적 저술이 성장, 발달했다. 그리하여 실제의 민족지학적 상황—이는 가장 일반적인 용어로, 문명과 문화로부터 야만으로 점차 변화하는 것으로 기술될 수 있다—과, 민족지학자가 더욱 일반화된 진술과 근거 있는 주장으로 이 사실을 나타낸 도식적 표현(또는 이 표현의 결여)을 일차적으로 구별해야 한다."

실제로 특히 에포루스(Ephorus) 같은 초기 지리학자는 그리스에서 바라본 야만 세계를 네 방위 지점에 상응하는 분할된 네 구역으로 묘사했다. 즉 북쪽에는 스키티아인이 있고, 동쪽에는 페르시아인이 있고, 남쪽에는 리비아인이 있고, 서쪽에는 켈트인이 있다고 했다. 타이르니는 기원전 1세기의 민족지학적 저술에 나오는 별개의 민족 단위로서 게르만인의 출현을 논의하는 가운데서 이 점을 제대로 지적했다.[12]

"피티아스(Pytheas)에 따르면, 스키티아인은 발트해와 북해까지 서쪽으로 널리 분산되어 있었는데, 이것이 후대 작가들의 보편적 견해였다. 포시도니우스가 북부 유럽을 민족지학적으로 묘사할 때, 킴브리인, 튜튼인, 게르만인과 같은 부족과 관련해서 생겨난 유일한 문제는 스키티아인이 아니라 켈트인이 이들과 친척관계가 아닐까 하는 것이었다."

이 문제 전체는 아주 흥미로운데, 그 이유는 스트라본과 디오도루스 시쿨루스 같은 지리학자나, 심지어 카이사르로부터 전해 내려오는 주요한 기술적인 설명은 대개가 아주 초기의 설명이며, 포시도니우스가『역사(History)』제23권에서 기록한 바처럼 그 설명 전체가 고스란히 남아 있지 않은 것이 확실하기 때문이다. 포시도니우스는 기원전 135년에서 51년까지 살았고, 그 이후의 기록이 지금까지 이용 가능한 자료로 상세히 전해 내려오고 있다.

이 논의로부터 지리학 저술가들이나 이들 저술가 모두에게 **켈트**란 용어는 처음에는 북부와 서부 유럽의 모든 주민—이들의 성질이 어떠하든지—과 관련되는 꽤 광범한 지명이었다는 결론이 나온다. 그 후에 와서 그 용어는 훨씬 더 정확한 지명이 되어 로마의 속주인 골과 동일시되었다. 이러한 의미로 갈리(Galli) 또는 켈토이(keltoi)는 이베리아 주민과도 구별되었고, 브리태인과 아일랜드 섬 거주자와도 구별되었다. 초기 고전작가들이 이들에게 내재하는 **켈트적**인 특성을 간파했는지 아닌지를 질문할 수 있다. 이 문제는 곧 이 작가들이 헤로도토스가 설정한 아주 표준적인 서술 순서[13]에 따라 단지 켈트 지방의 토착민을 묘사한 것인지 아닌지 하는 것이다.

I. 국가: (1) 국경, 크기, 형태, (2) 대지의 성질, (3) 하천, (4) 기후, (5) 동물
II. 사람: (1) 인구, (2) 선사와 고대사, (3) 생활방식, (4) 관습
III. 국가의 경이들

언어가 이 기술에서 크게 부각되지 않았다는 점에 유의해야 한다. 파웰(T. G. Powell)이 지적했듯이 "자신의 언어 이외의 다른 언어는 그리스인에게 존경받지 못했으므로 야만인의 언어를 별도로 구별할 것을 고려하지 않았을 것이다." 하지만 뒤이어 나오는 파웰의 말에는 동의할 수 없다.[14]

"비록 헤로도토스는 다른 야만족을 식별하듯이 대표적인 부족을 관찰하지는 않았지만, 켈트인을 기술적(記述的) 이유에서 구별했다고 가정

하는 것이 타당하다. 따라서 켈트란 용어는 고유한 어원론적 의미로는 타당한 것이며, 반드시 켈트어 화자를 의미하는 것으로 국한할 필요는 없다. 이는 근대 학문의 사고에서 나온 개념이다."

그의 켈트어에 대한 지적은 의심의 여지없이 사실이지만, 그리스인이나 로마인이 실제로 켈트인을, 북서부 유럽의 거주자를 가리키는 명칭이상의 의미를 지닌 실체로 얼마나 깊이 생각했는지는 의심의 여지가 있다. 물론 우리가 정작 관심을 갖는 것은 타이르니가 "실제의 민족지학적 상황"으로 가리키는 것, 곧 문제의 이 시기에 그 지역에 살았던 민족 집단은 누구였는가 하는 문제이다. 여기서 우리 관심사는 논의 중인 켈트인이 자신을 어떻게 보았는가, 즉 민족성에 대한 우리의 정의가 나타내듯이 "자신들의 단일성과 다른 유사 집단과의 차이를 인식하고(자의식), 이것을 자신들이 명명한 명칭(민족 명칭)으로 표현했는가" 하는 것이다. 고전 작가들이 아마도 거의 완벽하게 정확한 많은 민족 명칭을 보고한 것은 의심의 여지가 없다. 의심스러운 것은 이 지역의 거주자들에게 자신의 고유한 지역의 민족 집단보다 더 큰 대집단에 대한 개념이 있었는가 하는 것이다. 켈트인 연구로 유명한 학자인 헨리 허버트(Henri Hurbert)는 아일랜드인에 대해 이처럼 썼다.[15]

"이 섬 주민은 정말 자신을 켈트인으로 불렀는가? 이는 별개의 문제이며, 아마도 이 질문은 제기한 적이 없었을 것이다. 아일랜드 거주자들이 스스로를 이 명칭으로 불렀는지는 지극히 의심스럽다. 더욱이 아일랜드인은 민족지학적 의미의 모든 자원을 소진한 듯이 보인다. 이들은 자신들의 특징을 구별할 때는 자신들과 관련지어 묘사했다."

지금까지 전해 내려온 세 가지 체계적인 기술에서 사용된 용어로 잠시 방향을 돌려보자. 우리가 살펴보았듯이 각 기술은 대개 포시도니우스의 『역사』에 근거를 둔 듯이 생각된다.

이 가운데 첫 번째 기술은 카이사르의 서술로서 기원전 1세기 중엽에 라틴어로 기록한 것이다. 그의 관심사는 골과 브리태인이었으며, 이베리아에 대한 기술은 없다. 잘 알려진 바대로 그는 이처럼 책을 시작한다.[16]

"골 전체는 세 부분으로 나뉘는데, 그중 한 곳은 벨가이인이 거주하고, 다른 곳은 아퀴타니아인이 살고, 세 번째 지역에는 자기들의 언어로는 켈타이인, 라틴어로는 갈리아인으로 불리는 사람들이 거주했다. 이들의 언어, 제도, 법률은 서로 달랐다. 갈리아인은 아퀴타니아인과는 가론강으로 분리되었고, 벨가이인과는 마른강과 세느강으로 분리되었다."

그 뒤의 제6권의 어느 구절에서 그는 골인과 게르만인의 관습을 체계적으로 기술했지만, 더 광범한 민족 단위의 정의에 대해서는 아무런 통찰력도 제시하지 않는다.

디오도루스 시쿨루스는 카이사르 직후에 그리스어로 책을 쓰면서 브리태인을 포함한 다양한 섬을 최초로 다루었다. 브리태인의 주민이 켈트인이나 갈라티아인[17]이라는 언급은 없다.

"우리가 들은 바로는 브리태인 주민은 토착 부족이 거주하는 생활방식과 고대의 생활양식을 그대로 답습하고 있다."

브리태인 인근에 있는 유럽 본토에 대한 기술에서 그는 최초로 합리적인 짤막한 계보[18]를 이야기하면서 그리스인이 용어상의 난점을 이처럼 극복했다는 것이다. 그는 켈티카(Keltica) 지방을 이야기하면서, 영웅 헤

라클레스가 이곳을 방문하고, 그 지방 통치자의 딸을 취해 아들을 낳았다고 한다. 그 아들의 이름은 갈라테스(Galates)이며, 그는 자기 이름을 따서 신하들을 갈라타이(Galatai)로 명명하고, 이 신하들도 그 이름을 갈라티아(Galatia)의 모든 사람들에게 붙여 주었다는 것이다. Galatia는 라틴어 Gallia, 프랑스어 Gaul에 대응하는 그리스어 명칭이다. 디오도루스는 계속해서 말하기를, "골에는 규모가 크고 작은 많은 부족이 거주했다. 규모가 가장 큰 부족은 20만 명쯤 되고, 가장 작은 부족은 5,000명이었다." 그는 갈라타이인(즉 골인)의 생활방식을 묘사하고, 이 용어 문제로 되돌아가 흥미로운 구절을 남기고 있다.[19]

"많은 사람이 구별하지 못하는 것을 구별하는 것이 유익할 것이다. 마쌀리아 위의 내륙 지방에 거주하는 사람들, 알프스산의 경사지에 사는 사람들, 피레네산의 이쪽 사면에 사는 사람들은 켈토이인으로 불리는 반면, 켈티카 영토 위쪽, 대양과 헤르키니아 산을 따라서 북으로 뻗어 있는 지역에 정착한 사람들과 이들의 모든 후손은 멀리 스키티아까지 갈라타이인으로 알려져 있다. 하지만 로마인은 이 모든 민족을 단일한 이름으로 묶어 한결같이 골인(갈라타이인)으로 부른다."

디오도루스는 카이사르의 뒤를 따라 이처럼 부족들을 구별하지만, 게르만인에 대해서는 언급이 없다는 것이 흥미롭다. 그가 에스파냐로 돌아왔을 때, 그는 용어에 대해 또 다른 흥미로운 점을 지적한다.[20]

"켈트인은 아주 충분하고 자세히 이야기했으므로, 이제 그 이웃인 켈티베리아인의 역사를 돌아보자. 고대에 이 두 민족, 즉 이베리아인과 켈토이인은 땅을 두고 오랫동안 싸웠지만, 그 후 분쟁을 해결하고 나서 그 땅에 함께 정착해 살았다. 그들은 더 나아가 교혼(交婚)에 합의하고, 서로 혈통을 섞고, 두 민족은 위에 말한 명칭을 갖게 되었다."

세 번째의 가장 자세한 기술은 지리학자 스트라본의 서술로서, 예수 시대에 그리스어로 쓴 것이다. 그는 흥미로운 세부 사실을 풍부하고 상세하게 기술하면서 서유럽의 이베리아를 다루었다. 여기에서 켈티베리아인을 언급하고, 켈트인이 이 지역에 침입하여 최후로 살아남은 사람들이라고 했다. 제3권에서 이베리아를 논의한 후에, 제4권에서 트란살피나 켈티카(Transalpina Celtica)로 돌아가서 아퀴타니아인, 벨가이인, 켈타이인을 다시 구분하고, 용어에 대해 구체적인 중요한 점을 지적했다.[21]

"이것이 내가 나르보니티스 영토 거주자들에 대해 말하려는 바이다. 이들은 이전 시대 사람들이 Celtae(Keltai)로 불렀는데, 내 생각에는 이 Celtae로부터 Galatae(Galatai)가 유래하며, 이들은 그리스인이 Celti(Keltoi)로 부르던 집단이다. 켈타이의 명성 때문이었거나 아니면 다른 그리스 주변국 사람들과 마쌀리아인이 지리적으로 인접했기 때문에 이 이름이 생겨났을 것이다."

이 흥미로운 구절은 켈트란 용어의 광범한 용법에 단서를 제공하는 것 같다. 식민지배지인 마쌀리아(마르세이유)에 살던 그리스 주민이 접촉한 최초의 야만인은 Keltoi라는 민족 명칭을 가진 부족이었고, 또한 그리스인이 이 용어를 그 전체 지역에 살던 야만인을 지칭하기 위해 사용했다는 것은 거의 타당한 말이다. 이 이야기는 그 지역의 거주자들이 스스로는 켈트인이라는 용어를 사용하지 않았다는 것과, 이 명칭은 외부에서 붙인 민족 명칭이었다는 것을 의미한다.

이처럼 주요한 고전자료에 대한 간단한 조사에서 중요한 결론을 상당수 끌어낼 수 있다. 이 자료들이 많다는 것은 어떤 의미에서는 부정적이다. 왜냐하면 고전작가들이 일차적으로 민족성에 대한 토착 의식(意識)이나 언어 변동에는 관심이 없었지만, 이들이 여전히 중요한 것은 오늘날 켈트인에 대한 많은 지배적 견해의 근거가 바로 이 기록 자료들이기 때문이다.

먼저, 브리태인이나 아일랜드의 주민이 자신을 켈트인이나 골인으로 부른 데 대한 증거는 없다. 스트라본이 브리태인을 언급할 때, 그는 분명히 이곳 주민과 본토 주민을 구별하고 있다.[22] "브리태인 주민들은 켈트인보다 키가 더욱 크다. …" 카이사르는 또 다른 유명한 구절에서 이처럼 말한다.

> "브리태인의 내륙에는 전통에 따라 그 섬의 토착민으로 자처한 부족이 거주했고, 해안지대에는 노략질을 하며 노획물을 빼앗는 벨기움에서 (ex Belgio) 이주한 부족이 거주했다. 이 부족이 브리태인에 들어갔고, 거의 모든 사람은 자기 출신지의 도시국가 명칭으로 불렸다."

용어상으로 부족 차원에서 활동한 토착민을 다시 볼 수 있는데, 앤 로스(Anne Ross)[24]는 다음과 같이 말한다.

> "브리태인 거주자들이 자신을 켈트인으로 부른 증거는 없고, 단지 카이사르만이 프랑스의 3분의 1이 켈타이인이라고 보고했다."

카이사르는 프랑스의 3분의 1이 켈타이인이라고 말했지만, 그 스스로는 토착민의 눈에 그 전체 땅을 차지한 단일한 골인이나 켈트인의 부족이 있었다는 것을 분명히 언급하지 않았다. 위에 인용한 흥미로운 구절에서 스트라본은 이 문제의 실마리를 제공한다. 그는 켈토이란 지역 부족의 이름을 야만족이 사는 내륙에 적용한 사람들은 프랑스 남부 마쌀리아에 정착한 그리스인이었다고 한다. 아일랜드 언어학자 데이비드 그린(David Greene)은 이 문제를 이처럼 편리하게 요약했다.[25]

"고전작가들이 사용한 켈토이, 갈라타이라는 명칭은 언어 화자들을 의미한 것인지는 확신할 수 없다. 왜냐하면 이 부족 명칭은 상당히 느슨하게 사용되었기 때문이다. 우리는 켈토이, 갈라타이가 원래 무엇을 의미했는지는 정말 알지 못하며, 이것이 켈트어인지, 켈트어 주민이 스스로를 이 명칭으로 불렀는지에 대한 증거는 없다."

결론은 **켈트인**(Celts)이란 용어가 고유한 민족 명칭—그 이전에 파생되었던 의미로서—이 아니라 포시도니우스 이후의 고전 지리학자들이 아주 다양한 야만 부족에게 붙인 이름이라는 생각이 강하게 든다. 그렇다고 해서 이 논의로 18세기 이후 **켈트어**로 불린 어군이 있었다는 것을 정말 부정하려는 것도 아니고, 해당 시기와 지역의 물질문화와 생활양식을 고고학적으로 중요하게 관찰할 수 없다는 것도 아니다. 그러나 이처럼 각기 타당한 다른 민족을 **켈트인**으로 함께 묶어 혼동해서는 안 된다. 문헌학자 마일스 딜런(Myles Dillon)[26]은 이처럼 말한다.

"켈트인이 의미하는 바는 켈트 방언을 사용하는 사람을 의미하며, 죽은 자를 골호장지에 매장하거나 엽형(葉形)의 칼을 가졌거나 특수한 종류의 토기를 가진 사람들을 의미하는 것은 아니다. 언어가 그 검증 기준이다. 이는 기존에 남아 있던 진실에 대한 무오류의 진술이다. 그것은 단지 언어학자들이 주장하는 용어에 합의한 용법에 불과하다."

켈트어

앞의 논의를 통해 얻은 결론은 포시도니우스의 전통을 따라 전술한 고전 작가들에게서 신빙성을 가지고 인용한 켈트란 용어를 너무 쉽게 적용해서 고고학 증거와 언어적 증거를 혼동해서는 안 된다는 것이다. 이제 특히 기원전 1000년 말과 기원후 초엽과 관련해서 언어 증거에만 초점을 맞춘다면 많은 사실을 알 수 있다.

켈트어는 중부 유럽의 서쪽으로부터 알프스 북부의 전 영토를 지나서까지 사용된 것이 분명한 것 같다. 켈트어가 북부 이탈리아에서 사용된 것은 분명하지만, 알프스 지방에서는 그 입지가 좀 복잡하다. 동부에 분포한 켈트어 화자는 규정하기가 다소 어렵다. 북쪽 스칸디나비아에는 증거가 거의 없고, 후에 게르만어가 이곳에 출현했다. 기원전 70년경 지리학자들은 골인과 게르만인을 최초로 구별했지만, 그보다 먼저 언어를 구별했던 것이 분명하다.

이베리아반도의 중부와 서부에 켈트어 사용자들이 거주했고, 이들은 분명히 고전작가들이 말한 켈티베리아인이었다. 하지만 북부에는 비인도유럽어를 사용하는 근대 바스크인의 조상이 있었던 것 같다. 이베리아반도의 동부 해안 지역에서 발견된 동전과 명문을 통해 다른 언어, 아마도 비인도유럽어인 이베리아어를 사용한 사람들이 있었다는 것을 알 수 있다.

우리가 가장 잘 아는 켈트어, 즉 오늘날 생존해 있거나 적어도 최근까지 사용된 언어들은 고전시대로부터 알려진 언어라는 것은 역설이다. 하지만 거기에 대한 설명은 간단한데, 문자 확산 때문이다. 로마가 먼저 지배했던 곳은 이베리아와 골이었고, 이곳은 문자가 맨 먼저 사용된 곳이었기 때문이다.

켈트어는 로마인이 가지 않았거나 적어도 지배하지 않은 지역에서 가장 오랫동안 생존했다. 그래서 대륙 켈트인의 언어—이런 방식으로 불렸다—는 단지 소수의 명문을 통해서만 알려졌다. 도서(島嶼) 켈트인의 언어는 아주 초기 선사시대에는 명확히 잘 확인되지 않지만, 오늘날에는 풍부한 기록이 있고, 아일랜드는 놀랄 만큼 많은 문학작품을 산출했다. 아일랜드 문학은 기원후 6세기에 최초로 글로 정착되었지만, 그 뿌리는 훨씬 이전으로 거슬러 올라간다.

만약 로마시대에 켈트어 화자의 지배를 받은 브리태인 섬들이 없었다면, 켈트어는 알려진 바가 거의 없었을 것이다. 당시 브리태인어(British)가 브리태인에서 사용되었고, 아일랜드에서는 아일랜드어가 사용되었다.[27] 물론 학자들은 이 두 언어를 각각 브리톤어(Brithonic)와 고이델어(Goidelic)로 부르는 것을 선호한다. 이들 언어는 후대에 발달한 근대어로부터 어느 정도 재구할 수 있다.

더욱 후대의 고이델어 방언은 아일랜드어, 스코틀랜드어, 게일어, 망스어이다. 마지막 두 방언은 16세기 이후 각자 고유의 역사를 갖게 된다. 스코틀랜드의 게일어는 최초에는 서부 스코틀랜드에서 사용되었고, 그 다음에는 기원 5세기에 북아일랜드에서 내려온 정주자들이 이동한 후에 더욱 널리 사용된 듯이 생각되는데, 이 점에 유의해야 한다. 이 정착민은 달리아다 왕국을 건설한 주민으로 간주되며, 엘리트 지배로 인구가 이동한 것이다.

스코틀랜드 주민은 게일어가 광범위하게 확산되기 이전까지 후기 고전작가와 후대 작가들의 지적을 따라서 일반적으로 픽트인(Picts)으로 지칭되었다. 이들을 다룬 글은 매우 많지만, 픽트인의 성질과 단일성은 의심할 여지가 상당히 있다. 가장 간단한 해석은 픽트인이란 용어가 편의상 스코틀랜드의 상당히 큰 지역과 그 주민을 가리키며, 특수한 민족적 의미는 없다는 것이다. 스코틀랜드에 무슨 언어가 사용되었는지는 불분명하다. 인명이나 지명 같은 증거가 고전작가들과 중세 초기 자료(픽트인의 연대기, 즉 9세기 중엽에 라틴 문헌에 수록된 열왕의 명단 포함)와 더 후대의 지명에 남아 있다. 이들 자료에서 끌어낸 증거로는 아마도 로마가 지배하기 전에 더 이남 지역에서 사용된 브리톤어 방언과 같은 북부 방언이라는 견해가 우세하다.

하지만 아주 짤막하지만 난해한 흥미로운 명문이 있고, 이 명문에 쓰인 글 역시 픽트어(Pictish)로 명명되었고, 주로 오감(Ogam) 문자로 기록되었다. 오감문자는 아마 4세기에 아일랜드에서 발명되어 5세기에 달리아다 주민과 함께 스코틀랜드에 들어온 것 같다. 이 명문은 여러 가지 방식으로 해석되었다. 때로는 켈트어로 기록된 것으로, 때로는 켈트어는 아니지만 여전히 인도유럽어에 속하는 언어로 기록된 것으로 해석되었다. 현존하는 최고의 권위자인 잭슨(K. H. Jackson)[28]은 이처럼 말했다.

"아마도 모든 명문은 아니지만 그중 일부 명문은 분명히 후기 픽트어에서 유래한다. 몇몇 켈트어 명칭과 게일어에서 들어온 차용어가 두 개 포함되어 있지만, 이 명문은 켈트어도 아니고, 분명 인도유럽어는 아닌 미지의 언어로 기록된 듯이 보인다."

그는 이처럼 결론을 맺는다.

"5세기 아일랜드 게일족이 도래하기 전에 북부 스코틀랜드에는 적어도 두 언어가 사용되었다. 하나는 갈로브리톤어 방언인데, 이는 안토니우스 성벽의 이남 지역에 사용되는 브리톤어와 다르다. 이와 관련은 있지만 또 다른 언어는 켈트어도 아니고, 겉보기에도 분명 인도유럽어도 아니며, 아마도 아주 초기의 스코틀랜드 주민의 발화로 추정된다."

이러한 비인도유럽어의 증거는 인도유럽어의 기원 고찰에 각별히 흥미가 있고, 잭슨의 결론은 우리가 여기서 제안한 인도유럽어 기원에 대한 견해와 아주 잘 조화되는 것 같다.

픽트어는 수수께끼로 남아 있지만, 풍부한 아일랜드어 자료는 초기 도서 켈트어에 대한 중요한 정보원이다. 전적으로 아일랜드어로 기록된 가장 초기 필사본은 12세기 이후 출현하지만, **고대 아일랜드어**로 부르는 더 초기 형태는 8세기와 9세기 라틴어 필사본으로 기록된 주해서에 나오고, 거의 모두가 유럽에 보존되어 있다. 기원후 4세기에 유래하는 오감문자로 기록된 약 300개의 아일랜드어 명문도 있다. 더 이른 시기의 아일랜드어도 있는데, 이는 이따금 **원시 아일랜드어**로 불린다. 딜런은 다음과 같이 말한다. "라틴어와 아주 가까운 언어형이 있으나, 가장 초기 필사본 형태와는 아주 다르다. 원래의 어말 음절이 상실되거나 축약되었다." 하지만 라틴어와의 관계를 추정하는 것은 인도유럽어족의 발달에 대한 해석에 근거한 것이다. 이에 따르면, **이탈로켈트어군**의 진화 단계가 있었고, 그 후 이 어군이 공통 이탈리아어와 켈트어의 두 언어로 분리되었다는 것이다. 그러나 이 해석은 오늘날 광범한 지지를 받지 못한다.

가장 일찍이 보존된 아일랜드 시는 6세기에서 기원한다. 그것은 운문이며, 일반적으로 유명 인사를 찬양하기 위해 쓰였다. 이 아일랜드 영웅시는 그리스와 베다의 작시법과 기원이 같고, 따라서 인도유럽 전승임[30]을 보여 준다. 물론 이 견해는 비판을 받고 있다. 어쨌든 이 시는 영웅사회를 반영하며, 무훈의 영광을 보여 준다. 다음의 4행시[31]는 기원후 795년에 죽은 브란 버바(Brann Berba)를 기리고 있다.

브라운가의 브란, 주군의 보호자, 사나운 침입자
냉혹한 창, 영광스러운 자, 유전으로 강한 자.
지혜의 상속자, 전사들의 태양, 만조
피투성이 늑대, 무리의 개, 잘못을 저지르지 않는.

그리고 또한 847년에 사망한 페들리미드(Fedlimid) 왕을 찬양하는 시도 있다.

페들리미드 왕
그것은 왕을 위한 단 하루의 노동이었다.
전투를 벌이지 않고 왕이 없는 코나하트를 떠나,
그리고 미스를 폐허로 만들기 위해.

브리톤어의 방언은 웨일스어, 콘월어, 브르타뉴어이다. 콘월어와 브르타뉴어는 8세기와 11세기에 전해 내려오는 극소수의 문헌에 나타나는 웨일스어와 구별되지만, 콘월어와 브르타뉴어는 훨씬 후대에 텍스트의 길이에 상관없이 모두 기록되었다.

아일랜드 문학처럼 웨일스 문학은 뛰어난 문학이다. 초기 시 중 가장 유명한 것은 「고도딘인(The Gododdin)」으로서 13세기 필사본으로 보존되어 있지만, 학자들은 7세기나 9세기의 것으로 추정한다. 그것은 무명의 젊은 전사에 대한 화려한 탄식[32]으로 시작한다.

용기가 넘치는 남자이지만 나이어린 아이이다
전투의 소음 속에서 용감하다
긴 갈기를 가진 날랜 말들
우아한 젊음 아래
밝고 넓은 들판
날랜 말의 엉덩이 위.
깨끗하고 푸른 칼들,
훌륭한 황금빛 머리칼.
그의 결혼식 잔치에 앞서

그의 피가 땅으로 흘러들었다.
우리가 그를 묻기도 전에
그는 까마귀들의 먹이가 되었다.

그래서 고이델어와 브리톤어의 초기 주요 자료는 각각 아일랜드어와 웨일스어 자료이다. 로마인과 색슨인 이전에 영국에서 사용한 브리톤어는 알려진 바가 거의 없다. 주요 정보원은 후대에 남은 지명뿐이다. 브리톤어와 고이델어의 두 방언군은 때로는 P-켈트어와 Q-켈트어로 알려져 있다. 그것은 음성 qu-가 브리톤어에는 p로 나타나는 반면, 고이델어에는 q로 남아 있다가 k로 변했기 때문이다. 그리하여 수사 '4'와 대명사 '누구'는 웨일스어로는 pedwar, pwy이고, 아일랜드어로는 cethir, cia이다.

이 두 방언군의 기원은 많은 사변만이 난무할 뿐 대부분의 학자는 지속적인 이주로 설명했다. 전통적으로 이 두 방언군은 기원전 1000년경에 확립되었고, 흔히 철기시대가 시작되면서 도서지방에 들어온 이주민의 언어로 추정된다. 하지만 앞으로 살펴보겠지만, 이 견해는 근거가 없고, 브리태인과 아일랜드에 철제 가공과 다른 당대의 기술 발달에 대한 이주주의자적 시각은 일반적으로 거부된다.

대륙 켈트어는 기원후 1000년 초엽 이후에는 생존 언어가 없는 일군의 언어이다. 따라서 정보원은 오로지 명문과 명칭 두 종류뿐이다. 수천 개의 고유명사가 남아 있는데, 지명, 인종(부족)명, 신과 인간의 명칭은 고전작가들과 다른 유럽어에 남아 있거나 이들 단어가 인용된 다른 자료에서 유래한다. 수많은 명문이 고대 골, 북부 이탈리아, 이베리아에 보존되었다. 많은 문학 텍스트가 없어 연구가 제대로 진척되지 않자 아일랜드 학자 프리온시아스 맥카나(Prionsias MacCana) 같은 학자는 이 연구를 모두 무시한다.[33]

┃그림 9.2 ┃ 보토리따 청동판. 켈티베르 문자로 된 긴 명문.

"여기서는 단지 아주 간단한 언어 흔적과 문화만이 남아 있지만, 본인은 놀랄 만큼 많은 저명학자가 기본적으로 보잘것없는 자료를 힘들여 끌어모으고, 아주 야심차게 똑같은 빈약한 자료를 열심히 조사하고 또 조사하여 다른 학자의 i에 점을 찍거나 t에 선을 긋거나 때로는 지우기도 했다는 사실을 깨달았다."

그러나 이 판단은 특이하게도 이 연구를 합리적으로 체계화하지 못했다. 골지방에 대한 연구로는 조슈아 왓머프(Joshua Whatmough)의 『고대 골의 방언(The Dialects of Ancient Gaul)』[34]이 있고, 북부 이탈리아 지방에는 소위 레폰티어 연구[35]가 있고, 이베리아에 대한 연구로는 특히 60여 년 전에 마누엘 고메스 모레노(Manuel Gomez-Moreno)의 이베리아 문자 해독과 뒤이은 안토니오 토바르(Antonio Tovar)[36]의 연구가 있다.

골의 명문은 수가 많고 유익하며, 콜리니(Coligny) 달력[37] 같은 것은 잘 알려져서 한동안 아주 자세히 주해되었다. 또 다른 명문 자료도 계속 밝혀지고 있다. 골어(Gaulish)는 대부분의 학자들이 브리톤어와 친근관계가 있는 것으로 인식한다. 특정 분류 기준의 중요성을 지나치게 강조해서는 안 되겠지만, 이 언어는 P-켈트어에 속한다.

이베리아반도의 언어 양상은 훨씬 더 복잡하다. 히스파노켈트어(더 논리적으로는 켈티베리아어로 불린다)의 켈트성을 의심하는 학자도 있다. 하지만 그러한 의심은 사라고사(Saragossa) 남방 20킬로미터 지점에 있는 중북부 에스파냐의 보토리따(Botorrita)[38]에서 발견된 청동판 명문의 발견으로 잠잠해졌는데, 이는 양면에 켈티베리아 문자로 길게 기록된 명문이다. 이 청동판 해석은 완벽하게 확실한 것은 아니지만, 토지 소유권이나 토지 보유권 관련 계약문서로 보인다. 그처럼 긴 텍스트가 발견되면서 히스파노켈트어는 깊이 연구되었고, 대륙 켈트어의 주요 어파로 확정되었다.

이베리아반도의 언어 상황은 복잡해서 좀 더 자세하게 논의할 필요가 있다. 또 하나의 언어는 루시타니아어(Lusitanian)인데, 인도유럽어와

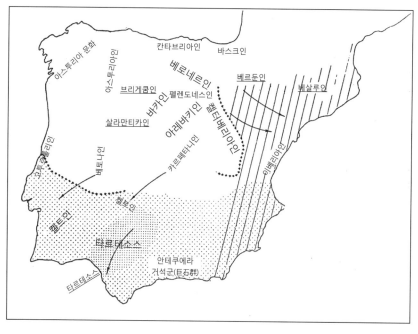

┃ 그림 9.3 ┃ 이베리아의 초기 언어 사용 주민. 비인도유럽 이베리아 화자가 거주한 지역(사선)과 타르테소스 지역(점 표시 부분)(출처: Tovar).

켈트어에 속하면서 이베리아반도의 북서부에 알려진 언어이다. 인도유럽어가 아닌 바스크어는 오늘날까지 북부 이베리아반도에 사용되는 생존 언어이다. 남부 포르투갈의 알가르베(Algarve) 지방의 남서부 극단에 이베리아어와 다르지만 더 고형으로 기록된 명문이 다수 있다. 때로는 타르테시아어(Tartessian)로 불리기도 하는 이 언어는 아마도 또 다른 비인도유럽어인 것 같다. 에스파냐의 동부 해안을 따라 발견된 명문과 동전(銅錢)에 기록된 이베리아어는 비인도유럽어라고들 단호히 주장했는데, 문법과 형태론 자료는 어느 정도 비교를 할 수 있을 만큼 충분하지만, 그것이 바스크어의 초기 조상어라는 옛 견해는 더 이상 설득력이 없다.

동부 켈트어 전역을 살펴보면, 라인강에서 아주 멀리 떨어진 동쪽에 켈트어 화자 집단이 있었다고 이야기하기는 어렵다. 달마티아의 로마 속주에 나오는 지명은 켈트어라고들 주장했지만, 학자들은 이 지명이 (인도유럽어인) 일리리아어 지명과 구별이 잘 안 된다고 생각하며, 현대 헝가리 지역인 판노니아(Pannonia)의 인명의 정체도 비판을 받고 있다.[42] 이들 지역에 켈트 주민이 존재했다는 주장은 빈번히, 그곳에서 발견된 라텐느 예술양식의 유물에 대한 논의를 근거로 제시했다.

또한 아나톨리아 지방의 갈라티아[43]에 켈트어를 사용한 사람들도 언급해야겠다. 이들에 대해서는 많은 고전작가가 보고하고 있다. 기원전 28년에 알렉산드로스 대체가 죽은 후 리시마코스(Lysimachos)의 사후에 체제 붕괴로 부를 수 있는 대혼란이 찾아왔다. 켈트 전사밴드가 남진하였고, 기원전 279년에 그리스 델피의 대성전은 약탈을 겨우 모면했다. 이 약탈자들은 그 후 마케도니아, 아나톨리아와, 더 후대에는 갈라티아 지방(그리스어 용어 Keltoia와 Galatai의 등가적 지칭을 따라)의 수장 휘하의 용병으로 일했다. 이 약탈자와 용병 밴드의 장거리 이동의 언어적 의미는 논란이 되었다. 그린(Greene)[44]은 이처럼 말한다.

"갈라티아인이 한때 켈트어 화자였다는 것은 소수의 고유명사로만 확인된다. 왜냐하면 남아 있는 극소수의 명문은 그리스어이고, 따라서 당시의 갈라티아인이 트래베리(Treveri) — 여기서 라인란트(Rhineland)의 트리어(Trier)란 지명이 유래한다— 의 언어와 거의 같은 언어를 사용했다는 성 제롬(St. Jerome)의 진술을 진지하게 받아들이기 어렵기 때문이다. 이것이 순수한 역사적 진술이 아니라고 믿기는 어렵다. 왜냐하면 성 제롬이 기원후 4세기 유럽대륙 여러 곳에서 켈트어 방언이 소멸될 즈음에 이 글을 썼다는 것을 알 수 있기 때문이다."

갈라티아 켈트인의 지위가 무엇이든 이들은 켈트어의 기원에는 특별한 의미가 없다. 왜냐하면 기원전 3세기 후반에 침략자들이 들어오기 전에 켈트어가 아나톨리아에서 사용되었다는 견해는 제시된 적이 없기 때문이다.

그리하여 우리에게 최초로 알려진 켈트어 모습은 중부 유럽과 서유럽의 주요 언어군에 속해 있을 때였다. 이베리아는 확실하고, 스코틀랜드는 다소 불분명하지만, 비인도유럽어에 속하는 언어 사용자를 여기서 엿볼 수 있다. 이들은 일반적으로 최초의 켈트어 화자가 도래하기 전에 이들 지역에 이미 정착해 있었던 것으로 추정된다.

켈트인의 예술과 고고학

언어 증거를 이용해서 예수 당시에 켈트어 사용 주민이 거주했던 영토를 확실히 지적할 수 있다는 점을 살펴보았다. 그래서 그 시기와 장소의 물질문화[45]를 연구하는 것과 우리가 거기서 발견할 수 있는 괄목할 만한 예술 양식을 특기하는 것은 아주 간단한 문제이다. 분명 '켈트' 예술은 선사 유럽의 위대한 업적 중 하나이다.[46] 고전 그리스와 로마 예술의 대표적 원형은 잠시 제쳐 두고, 이들 예술보다 더욱 상상력이 풍부하고 장식양식에 세심한 묘사를 배제하고, 선의 흐름을 즐기는 시각양식에 기꺼이 눈을 돌린다면, 이를 완벽하게 평가할 수 있다. 북부의 야만 켈트인의 예술은 분명히 일관성과 총체성이 있으며, 오늘날 적어도 더욱 절제된 로마인의 예술적 성과만큼이나 호소력이 있는 것으로 평가된다.

켈트 예술의 상당한 부분을 켈트어 화자들이 생산했다는 점에서 이를 **켈트적**이라고 볼 수 있다. 그러나 모든 예술 전체를 켈트어 사용 민족이 만들어냈다는 보장은 없다. 유명한 군데스트룹(Gundestrup)[47] 가마솥 같이 흔히 **켈트적**인 것으로 알려진 소수의 유명 작품은 아주 멀리 떨어진 동부 지역의 트라케인과 다키아인이 만들었을 수도 있다. 켈트어 사용 지방으로 알려진 모든 곳에서 라텐느 예술양식으로 된 작품이 생산된 것도 아니다. 켈트 기원을 고찰하면, 이러한 지적이 순전히 현학이라는 것을 알 수 있다. 왜냐하면 언어의 기원, 물질문화의 기원, 예술의 기원은 반드시 동일하지 않기 때문이다. 이러한 이유로 스튜어트 피곳의 저서 『드루위드 사제(*The Druids*)』에 나오는 글에 이의를 제기한 것이다.[48]

> "한 공통어를 공유하거나 단일어의 방언 변이체를 공유한다는 의미에서 이들이 단일집단(예컨대 스키티아인이나 에티오피아인처럼 별개의 집단)이라는 것은, 고전세계가 켈트인을 한 **민족**(인간집단)으로 인식한 것이나, 오늘날 고고학자가 인지하는 물질문화에 나타나는 공통의 전통에 대한 증거에서 드러난다."

이는 호전적인 이 민족의 소위 **켈트 정신**을 지나치게 강조하는 것만큼이나 위험하리만치 지나치게 단순화한 것이며, 최근 영국 고고학자 메리먼(N. Merriman)[49]이 이를 문제시한 것은 아주 당연하다. 철기시대의 중부 유럽 고고학의 가장 분명한 특징은 남부 독일과 남부 프랑스에 출현한 지배 엘리트이며, 화려하고 **웅장한 무덤**에 기록이 극명하게 남아 있다. 이 무덤은 고고학자들이 기원전 700~500년의 할슈타트 C 시기와 D 시기로 명명한 점에서 아주 괄목할 만하다. 이와 더불어 주요한 고지대 요새도 발견되었는데, 이러한 군장사회의 발달을 촉진한 요인은 이미 고도로 문명화된 남부 지역[50]과의 접촉이라는 주장이 설득력 있게 제시되었다. 즉 유라시아와, 기원전 600년경에 건설된 그리스 식민지 마쌀리아와의 접촉이 그것이다. 지역 소족장은 이들 중심지에서 공급되는 값비싼 호화품을 통제했고, 이러한 교역지배를 통해 지위를 향상하고, 영향력뿐만 아니라 많은 부를 축적할 수도 있었고, 이런 사실이 주검 매장과 함께 묻은 많은 부장품(많은 수입품도 포함해서)에 반영된 것이라고 주장했다.

기원전 500년 이후에는 다소 쇠퇴했지만, 그 이후의 라텐느 시기에 다시 **웅장한 무덤**을 볼 수 있는데, 이 시기의 많은 호사품은 지역 토산품이었고, 이들 토산품 중 상당수는 라텐느 문화로 부르는 아주 비고전적 예술양식의 걸작품이다. 제이콥스탈(Jacobsthal) 같은 저명한 학자는 이 예술양식의 발달을 세밀히 연구했다. 이 예술이 남부의 고전적 영향을 많이 받기는 했어도— 아마 아주 동쪽의 초원지대의 동물 예술에서도 다소 영향을 받았을 것이다—진정 그 지역 토착의 예술양식인 듯이 보인다.[51] 예를 들면, 남부 브리태인의 윤기 나는 청동거울 뒷면에 멋지게 새겨진 우아한 선형 장식 같은 것인데, 이곳은 남부와는 아주 멀리 떨어진 곳이다. 이는 분명히 남부 독일의 원거주지의 초기 예술에 크게 영향을 받은 것이 분명하다.

켈트 예술과 물질문화의 기원을 조사해 보면, 이 둘이 모두 지역에 뿌리를 두고 있음을 발견한다. 할슈타트 철기시대는 이와 동일한 지역의 청동기 후기의 골호장지 문화에서 전해 내려온 것으로 보이며, 이 문화 역시 남부 프랑스와 동유럽에서 널리 관찰된다. 많은 고고학자 사이에는 이 골호장지 문화를 이주로, 아마도 더 멀리 떨어진 동쪽으로부터 시작된 이주로 설명하는 것이 전통이었다. 그러나 이에 대한 증거는 그리 만족스럽지 못했으며, 오늘날 대부분의 고고학자는 이 견해를 무시한다. 발달된 청동기 시대에 흔히 매장언덕이나 분묘 아래에 그 당시 아주 광범하게 퍼진 토장 관습이 화장 관습으로 대체되었음이 분명하다. 화장에서 재는 단지에 넣고, 사람을 화장해서 납골단지에 넣지 않고 남은 유골은 묘지나 골호장지에 매장했다. 이러한 매장 관습의 변화는 아주 넓은 지역에 걸쳐 일어났고, 한 지역의 변화가 다른 지역의 변화를 무시하고 독자적으로 일어났다고 생각할 이유는 없다. 이러한 지방은 당시에는 서로 접촉이 있었다. 선사시대의 교류에 대한 증거가 이를 증명한다. 한 지역의 신조와 관습의 변화는 분명히 다른 지역에 영향을 미쳤을 것이지만, 이는 대개가 교역과 그 외의 접촉을 제외하면, 그리 중요한 민족의 이동을 의미하는 것은 아니다. 분명히 제6장에서 논의한 이주의 중요 과정을 제시할 이유는 없다. 오늘날 고고학자들은 상호작용의 모형으로 생각하려는 경향이 더욱 강하다. 이 모형에서는 정치적으로 독립된 인접 사회의 접촉은 관습과 신조의 발달에 영향을 미치는 것으로 드러났다. 그러한 공동체 간의 대등정체의 상호작용은 아마도 접촉망의 발달에 영향을 미쳤고, 이 접촉망은 기원전 2300년경에 비커 술잔을 특권의 상징으로 사용하는 관습을 촉진했을 것이다. 이는 오늘날 비커인의 이동—이는 실제로 아무런 확실한 증거가 없다— 보다도 더욱 수용이 가능한 설명으로 생각된다.

철기시대에 브리태인 제도(諸島)가 대륙에서 건너온 일련의 이주에 크게 영향을 받았다는 과거 견해는 최근에 와서 거의 보편적으로 폐기되었다. 비록 해협을 건너 상당히 큰 영향을 미친 정치적이고 교역상의 중요한 접촉이 있었지만, 그러한 이동에 대한 확실한 고고학적 증거는 없다. 브리태인섬에서 라텐느 예술양식의 지역적 변이 형태가 발달한 것은 이 양식이 섬 주민에 영향을 미쳤고, 라텐느 양식의 특권적 물품 세공

이 브리태인에 전달되었기 때문이다. 이보다 더 상세히 설명할 필요는 없다.[53]

이제 이베리아반도로 넘어가서, 여기서 켈트어 화자가 존재했다는 것은 앞의 경우처럼 이주주의자적 용어로 흔히 설명되었다. 위대한 에스파냐 학자 페드로 보시김페라는 45년 전에 영향력 있는 논문[54] 「에스파냐에 들어온 두 차례의 켈트파(Two Celtic waves in Spain)」를 썼는데, 여기에서 기원전 900년경에 밀어닥친 첫 번째 켈트파는 카탈루냐에 나타나는 골호장지 문화와 관련이 있는 것으로 보았다. 두 번째 물결은 프랑스와 독일의 철기시대의 할슈타트 문화와 관련되는데, 그가 정확히 관찰한 바대로 이 문화는 이들 지역의 라텐느 문화의 선문화로 간주된다.

이 견해는 처음 개진되었던 당시보다는 오늘날에 설득력이 떨어지는

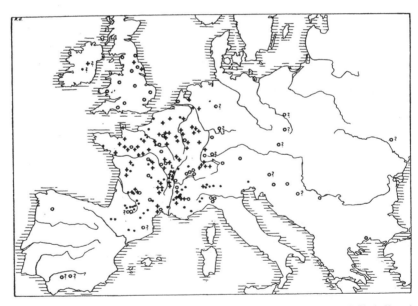

‖ 그림 9.4 ‖ 켈트 지명의 증거. –dunm으로 끝나는 명칭은 고대로부터 확인되는 지명이고, ∟은 로마시대에 확인되는 명칭이다. ✝는 중세에 확인되는 명칭이고, ·는 더 후기에만 문헌상으로 확인된다(출처: Rix).

듯하지만, 한때 브리태인 제도에 적용된 이주주의자적 견해보다는 그리 신랄하게 재평가되지 않았다. 이 견해를 더욱 엄밀히 조사하더라도 더 나을 것 같지는 않다. 분명히 예술적 견지에서 본다면, 이베리아반도는 매우 다르다. 우리가 알기로 비켈트어 사용 이베리아인이 살던 원거주지의 지중해 해안지대에는 예술이 괄목할 만큼 크게 발달했고,[55] 이는 부분적으로는 페니키아인의 교역활동과도 관계가 있다. 철기시대에 이베리아의 예술적, 문화적 독창성 가운데 상당 부분은 이런 방식으로 해석될 수 있다. 따라서 그곳에서 라텐느 문화는 중요하지 않고, 심지어 명문의 분포와 지명 연구를 해도 히스파노켈트어를 사용하는 주민이 거주하던 지역으로 알려진 곳에서도 라텐느 문화는 두드러지게 나타나지 않는다.

이 점은 단지 언어와 예술양식을 쉽게 동일시해서는 안 되며, 이들의 기원은 서로 아주 다를 수도 있다는 점을 재차 강조한 것에 지나지 않는다.

켈트의 기원

'켈트인은 누구였는가?'라는 질문은 누가 봐도 분명하지만, 정말 자칫 속을 수도 있어서 간단한 것이 오히려 더 복잡하게 보인다. 우리는 다양한 가닥을 함께 끌어내어 이들을 제7장에 제안한 인도유럽어의 기원설과 연관지어 보고자 한다. 유럽에 최초로 도래하여 초기 인도유럽어를 사용한 사람들은 선사 농경민이며, 초기 인도유럽어의 확산은 유럽 전체에 걸쳐 점진적이고 지속적인 농경 확산과 궤도를 같이한다는 것을 제안하였다. 지금까지 생존하는 비인도유럽어를 사용하는 다양한 소수 집단의 거주자는 이미 유럽에 있던 선(先)농경 집단이며, 후에 농경제를 채택했으며, 이들이 그 후로도 자기 언어를 계속 사용한 사람들로 해석되었다. 에트루리아인과 이베리아인(그리고 아마도 픽트인)은 고전시대에 들어오면서 출현한 그러한 집단의 후손이며, 바스크인은 오늘날까지 생존하고 있다. 지금까지 켈트인에 대한 논의 중 어떤 것도 이 학설에 의존한 것은 아니지만, 뒤에 나오는 부분만은 그러한 가정을 따른다. 당시의 켈트인의 언어, 예술, 고고학, 그리스와 로마의 지리학 전통의 민족명과 이 민족의 실제적 종족 인식은 조심스레 구별해야 한다는 기본 원리는 이 문제를 체계적으로 분석할 때 적용해야 한다.

우리의 주장은 이 문제를 다룬 과거의 대부분의 논의는 켈트인이 그 어디에서 도래했다는 가정이나, 적어도 그들의 조상어인 인도유럽 공통조어는 더욱 후기인 신석기 말엽에 도래했다는 가정 — 슈라더로부터 김부타스에 이르기까지 많은 학자의 주장처럼 — 에 상처를 입었다는 것이다. 최근에 안토니오 토바르, 칼 홀스트 슈미트(Karl Horst Schmidt), 볼프강 마이트(Wolfgang Meid)를 포함해서 많은 역사언어학자는 모두 켈트어 형성에 대해 더욱 고전적 견해를 가졌다. 하지만 이들은 필연적으로 고고학적 발견에 의존해야 했다. 즉 기원전 3000년에 서부 러시아 초원지대에서 기원하는 인도유럽어 화자집단이 침략했다는 기존의 잘 알려진 학설에 의존해야 했다. 우리가 살펴본 바대로, 비록 그 이론이 다른 이론만큼이나 진지하게 고찰할 만한 가치는 있지만, 오늘날 설득력을 가진 고고학의 발견을 대변하는 것으로 간주할 수 없다. 우리의 이론은 분명히 모든 고고학자에게 받아들여지거나 증거 자료가 모두 갖춰진 것으로 환영받지는 못할 것이다. 또한 이 이론은 많은 학자를 만족시키려면 극복해야 할 역사언어학적 문제도 있다. 그럼에도 이 이론이 쿠르간 이론만큼이나 고고학적 발견을 대표하는 것으로 주장할 수 있다. 우리는 역사언어학자들이 잠정적으로나마 고고학적 합의안에 지나치게 의지하기 전에 언어학적 방법 틀 내에서 해석하면 이 작업을 훨씬 더 현명하게 처리할 수 있으리라고 믿는다. 왜냐하면 현재로서는 아무런 해석의 틀이 없기 때문이다.

이 문제를 예시하기 위해서 그리고 켈트어 기원을 분석하기 위해 칼 홀스트 슈미트의 대륙 켈트어에 대한 가장 뛰어난 최근 조사를 길지만 인용하는 것이 편리하다. 물론 그의 문헌학적 주장을 비판하는 것은 아니지만, 다른 대부분의 켈트어 역사가들과 공통적으로 그는 논의의 초기 단계부터 구체적 고고학적 해석에 근거해 있다는 것을 지적할 수 있다.[56]

"고고학과 선사(先史)에 따르면, 켈트인은 청동기의 고분 문화(기원전 1550~1250년)와 골호장지 문화(기원전 13세기)의 혼합으로부터 유래한다. 이들은 오늘날의 동부 프랑스, 스위스의 북부 알프스, 남서부 독일에서 발원하여 철기시대의 할슈타트(8세기부터)와 라텐느(5세기부터) 시기에 유럽 전역과 소아시아에 걸쳐 확산되었다. 아일랜드 최초의 켈트인의 거주 시기는 불확실하다. 차드윅의 견해로는 기원전 1000년 이전의 청동기까지 거슬러 올라간다고 한다. 이베리아반도, 영국 해협과 아마도 영국 본토로 최초로 이동한 것은 기원전 5/7세기의 할슈타트 시기였을 것이다. 가장 후기의 할슈타트 족장의 무덤과 초기 라텐느 문화는 북으로는 샹파뉴와 라인강, 나헤(Nahe)와 모젤강 사이의 영토로 확장되었으며, 소위 **평묘**(Flachgräberfriedhöfer)를 가진 라텐느 B-C 문화(기원전 4~2세기)가 그 뒤를 잇는다. 킴미크가 표현한 바대로 이 시기는 "물질문화의 종족적 친근관계에 대한 역사적 관찰과 동시대적 연계를 보이면서 광범위한 지역에 걸친 통일된 문화 점유"로 특징지을 수 있다. 이 시기는 가장 넓은 지역에 걸쳐 켈트인이 확산된 것이 특징인데, 이들은 이탈리아, 발칸반도, 소아시아로 침공하였고, 보헤미아, 고지대 실레지아, 헝가리에 정착했다. 프랑스 정복은 골이란 이름에 반영되었다. 라텐느 시기에 켈트인은 브리태인, 아일랜드, 에스파냐까지 이동했고, 아일랜드와 이베리아반도의 주민에게서도 과거의 켈트층을 볼 수 있다."

이 구절에 인용된 바대로 고고학에 대한 비판은 전혀 없다는 점에 유의해야 한다. 볼프강 킴미크는 이 시기를 연구한 가장 뛰어난 고고학자이며, 그의 할슈타트와 라텐느 문화 발달에 대한 견해[57]는 확신을 가지고 따를 수 있다. 난점은 고고학적 자료와 언어학적 자료를 동일시한 데서 기인한다. 현대 학자들에게 **켈트**(Celt)와 **켈틱**(Celtic)이란 용어의 일차적 의미는 언어적인 것이라는 것에는 아무런 이의가 없다고 생각한다. 마일스 딜런[58]은 이처럼 말한다.

> "켈트인은 여러 가지 방식으로 구별된다. 즉 사회조직, 의상, 전투 방법 등이다. 이들은 초기 역사가들이 고찰한 문제였다. 하지만 이제 언어 구별이 주요한 구별이 될 것이다 … 진정 언어에 의한 정의만이 유일하게 유용한 정의이다. 왜냐하면 언어 참조를 통해 켈트 고고학, 켈트 종교를 유의미하게 말할 수 있기 때문이다. 하지만 언어를 기준으로 인정하지 않으면, 이 용어들은 순환론적 주장이 되어 버린다."

이 충고는 많은 논의에서 누락되었다. 왜냐하면 고고학은 그 당시 켈트어가 기원전 1세기에 동부 프랑스, 스위스의 북부 알프스, 남서부 독일에서 사용되던 때에 오늘날 라텐느로 알려진 물질문화가 이들 지역에 있었다는 것을 말해 주지만, 이 문제의 성질상 라텐느 문화군에 특별한 우선권을 부여하지도 않았고, 부여할 수도 없었기 때문이다.

켈트어는 당시 광범위한 지역에 걸쳐 사용되었지만, 이 넓은 지역 전체가 모두 어느 특정 지방에만 출현하는 문화와 동일한 물질문화를 보여 주지 않는다. 현재의 지식으로는, 킴미크가 할슈타트와 라텐느의 선문화는 골호장지 문화로 거슬러 올라가고, 청동기의 분묘 문화까지 거슬러 올라간다고 한 것은 아주 옳은 지적이다. 고고학은 오류가 없다. 그러나 무슨 논리로 켈트인이 이 지역이나 그 인근지역의 분묘 문화로부터 유래한다고 주장하는지 묻고 싶다. 언어학적으로는 동부 프랑스, 북부 그리스, 남서부 독일에 우선권을 부여할 근거가 전혀 없다. 고고학적 관점에서 그곳은 정말 특수한 지방이며, 가장 풍요로운 철기시대의 족장 무덤이 있는 근거지이며, 그 외에도 라텐느 예술양식의 요람일 가능성이 아주 크다. 하지만 이 예술양식의 발달과 확산에 대한 우리의 조망은 상당히 많은 사람들의 이주와는 아무 관계가 없다. 이 예술양식이 유럽을 건너서 영국으로나 아일랜드로 이동한 것으로 생각하지 않는다. 일련의 이동이나 심지어 이웃 부족을 굴복시키려는 의도를 가진 더욱 소규모의 엘리트 전사밴드라는 것은 생각조차 하지 않는다. 그리하여 이들이 인접 언어의 영향을 분명히 받았지만, 그 지방 사람과 그 이웃부족의 언어를 이동시키려는 자극과 관련된 특별한 경우가 아니다. 어쨌든 라텐느 예술양식은 진정 전파된 것이다. 하지만 교역과 모방을 통해서 한 지방의 제작자가 분명히 다른 제작자들의 최신 성과를 열심히 베껴 가면서 전파되었다.

마찬가지로 켈트인이 최초로 영국으로 이동한 것은 기원전 8세기와 7세기 할슈타트 시기에 일어났다고 진술할 근거도 오늘날에 없다. 20년 전에 그레함 클락은 유명한 「영국 선사의 침략 가설(The invasion hypothesis in British prehistory)」[59]이란 논문에서 영국 선사주민의 이주 견해를 문제시했고, 철기시대 학자인 호드슨(F. R. Hodson)[60]은 철기시대에 영국으로 이주민의 물결이 세 차례 있었다는 당시 유행하던 견해를 지지했다. 그러한 입장은 이제 거의 보편적으로 폐기되었다. 그 이전의 주창자들—이들 중에 가장 눈에 띄는 학자는 크리스토퍼 호크스(Christopher Hawkes)이다—은 변화를 설명하는 더욱 정교한 모형을 제안했다. 그는 **축적적 켈트성(cumulative Celticity)**[61]의 과정이라고 말했는데, 이는 아주 긴 시기에 걸쳐 일어난 평화스러운 접촉을 포함하는 개념이다. 이베리아반도의 켈트인에 대해서도 이와 유사한 지적을 할 수 있다.

북부 이탈리아는 아마도 경우가 좀 다를 것 같다. 켈트인의 북부 이탈리아 침입에 대한 직접적인 역사적 증거(주로 로마 역사가 리비우스[62]의 서술에 나온다)가 있다. 우리 견해에 따르면, 이것 역시 의심의 여지가 있지만 여기서는 의문을 제기할 필요는 없다. 현재의 목적을 위해 리비우스의 이야기는 켈트인 집단의 그리스 침략과 델리 신전 공격, 결국에는 아나톨리아의 갈라티아를 침입한 이야기처럼 수용될 수도 있다. 켈트어 화자의 상당수가 헝가리를 포함하여 동부 유럽에 정착했는지의 여부도 여전히 논의해야 할 주제 같다. 고고학적 용어로 라텐느 문화와 관련되는 자료들이 많이 있고, 라텐느 예술작품도 많이 있다. 하지만 라텐느 물질문화를 이용한 사람들이 반드시 켈트어 화자였다는 것을 알려 주는 원리도 없고, 그 지역의 언어 증거도 아직 그리 분명하지 않다. 켈트인의 **골 정복**에 대해서는 슈미트와 같이 아주 명석한 문헌학자가 수용한 고고학적 증거 해석이 그처럼 순진한 것이 놀랍기만 하다. 고고학에서는 그 어떤 것도 켈트어 분야에서 골의 지위를 이차적이거나 파생적인 것으로 보지 않는다.

제7장에서 우리는 초기 인도유럽어를 사용하는 최초의 사람들이 선사 농경민 시대에 서유럽에 도래했다는 것을 제안했다. 켈트어는 모두 이 초기 인도유럽어나 인도유럽제어에서 전해 내려왔을 것이다. 기원전 6000년경에 남부 프랑스에 선사농경과 관련되는 방사성 탄소 연대가 있는데, 이는 소위 **누름토기**와 관계가 있다. 이 토기는 초기 신석기에 서부 지중해에 정착한 것을 보여 주는 광범위한 특징으로, 기원전 5500년경에 에스파냐에서 발생한 초기 농경시대에도 나온다. 그러나 그곳의 조망은 그리 완벽한 것은 아니고, 이보다 더 이른 시기를 예측한다. 농경제는 기원전 5000년경 직후 북서부 프랑스에 도래했고, 남부 브리태인에는 기원전 4500년경에 도달했다. 농경은 또한 아일랜드에는 기원전 4500년경에 도달했고, 브리태인의 북단에 있는 오크니 제도에는 기원전 3500년경에

도달한 기록이 있다. 동시에 다뉴브강 계곡에 이르는 **동부 경로로도** 농경이 확산되었다. 다뉴브 I 문화(또는 선형 토기 문화)의 농경지는 기원전 5000년경에 북부 프랑스에서도 발견되고, 이와 비슷한 시기에 역시 독일과 네덜란드에도 흔히 나타난다. 영국에서 관찰되는 선사 농경민이 이 전통으로 거슬러 올라가는지 아니면 서부 프랑스의 농경민—이들이 기르던 동식물은 한때 서부 지중해에 자라던 종의 직계인 것 같다— 으로 거슬러 올라가는지는 현재 불분명하다. 하지만 언어적으로 전체 그림을 따른다면, 서부 유럽어군과 중부 유럽어군 사이에 다소 차이가 있다는 것이 논리적일 것이다. 물론 이 두 어군은 기원전 6500년경 그리스 선사 농경민으로부터 유래하는 것이지만, 그 후 1500여 년간에 걸쳐 다른 문화적, 언어적 차이가 분명 생겨났을 것이다. 그래서 선형 토기를 사용하던 농경민이 프랑스에 들어왔을 때는 이들은 서부 유럽의 방계 방언—이들은 조만간에 조우한다— 과는 사뭇 다른 방언을 사용했을 것으로 생각한다. 차후 살펴보겠지만, 이러한 그림과 관련되는 언어 배경에 대한 이해를 돕는 사항이 있다.

하지만 우선 최근에 역사언어학자들이, 킴미크의 고고학을 추종했던 슈미트가 앞에서 설정한 것보다 켈트인의 기원은 훨씬 더 먼 과거라고 생각을 바꾼 점은 주목할 만하다. 우리가 살펴보았듯이 브리태인에 대한 이주주의자적 설명에서 벗어남으로써 20년 전에 그레이엄 클라크는 선사 농경민의 도래와 로마인의 도래 사이에 단 한 가지 예외를 제외하고는 소위 브리태인 침입의 타당성을 문제시했다. 그 예외는 비커 현상으로서, 당시는 이를 여전히 이주로 간주했다. 즉 **비커인의** 이주로 말했던 것이다. 비커 현상에 대한 이러한 해석은 영국에서는 더 이상 수용되지 않았고, 대부분의 고고학자는 이제 비커를 지닌 이주민—그 규모가 어떠하든지—이라는 개념으로 사고하지 않는다. 하지만 적어도 10여 년간 비커 이주민설은 호의적으로 수용된 반면, 철기시대의 이주 물결은 거부되었다.

고고학자 스튜어트 피곳과 문헌학자 딜런은 인도유럽어와 비커의 브리태인 제도 전파와의 연관 가능성을 지지했다. 피곳은 1972년에 다음과 같이 썼다.

"켈트인의 브리태인 제도 정착은 추적하기 더욱 어렵다. 이제 우리는 극단론 가운데 어느 하나를 선택해야 할 것 같다. 기원전 2000년경에 종형 비커인이 도래했고, 이들의 매장은 개인 부장품이 있는 단일 무덤식이다. 기원전 1500년경에 출현하는 청동기의 괄목할 만한 웨섹스 문화(Wessex Culture)는 이 전통에 기반을 두고 있다. 거기서 부장품은 전사 귀족제를 암시하는데, 호메로스 시대의 사회처럼 계급화된 봉사 의무를 지닌 사람들과 … 군사 귀족과 그 아래로 장인, 농민으로 구성된 제도이다. 이것이 아일랜드 전설에 묘사된 사회이다. 그래서 왜 그처럼 이른 시기에 켈트인의 도래가 불가능했는지 그 이유는 없다. 살펴보겠지만, 오히려 이를 지지하는 듯이 보이는 언어와 문화에 대한 고찰이 있다. 기원전 6세기 중엽으로부터 초기 철기시대 사람들은 도서 켈트 세계의 주요 특징인 언덕 성채의 건설자로 출현했다. 이때부터 벨기움 침입 때까지—이 점과 관련해서 카이사르는 그 당시 직전에 벨기에 침입을 언급했다—브리태인으로 켈트인의 이주 물결이 계속해서 밀려왔다. 그러나 이제 고고학자들의 일반적 견해는 기원전 6000~2000년에 브리태인 제도로 대규모의 이주는 없었다는 것이다."

우리는 이 구절을 길게 인용했는데, 그 이유는 앞에서 인용한 칼 홀스트 슈미트의 논문보다 7년 전에 발표되었지만, 이들은 논거의 연대 순서를 보여 주고, 또한 사회적 해석을 하기 때문에 역시 흥미가 있다. 이것은 현재 영국 고고학자의 반이주주의자적 전통(또는 적어도 친이주주의자는 더 이상 아닌)에서 유래한 것이다. 반면 슈미트는 오늘날 대륙의 고고학자들이 대개 주장하는 더욱 전통적인 고고학적 입장을 견지한다. 저자는 초기 철기시대의 소위 **지속적 켈트인의 이주**를 여전히 강조하는 것에 주목해야 한다. 이 개념은 당시 크리스토퍼 호크스의 더욱 유연한 **축적적 켈트성**의 개념으로 교체되는 중이었다.

하지만 딜런의 논의에 흥미로운 점은 이러한 연대에 대한 재평가로 아주 재미있는 언어학적 입장의 변화에 이른다는 점이다.[63]

"가장 초기의 켈트인의 정착이 청동기 시대로부터 연유한다면, 그 침입자들이 고이델인인지 브리톤인인지 하는 문제는 제기되지 않는다. 브리톤인을 구별 짓는 언어 특징은 훨씬 나중의 일이며, 이들 중 어떤 언어혁신(u>i, qu>p)은 대륙의 중심부로부터 확산된 것이고, 아일랜드와 에스파냐와 같이 **측면(側面)** 지역에는 혁신의 물결이 도달하지 못했다."

이와 같은 추론의 논거는 전혀 새로운 전망을 열어 주며, 이 전망하에서 역사시대의 언어 사용 지역에 일어난 근본적 언어 변화를 생각하게 된다. 사실상 딜런은 여기서 Q-켈트어(고이델어와 히스파노켈트어)와 P-켈트어(브리톤어와 골어)를 구별하는 이론을 전개했는데, 이 이론은 인구이동에 근거하지 않는다. 그는 수지설 또는 계통수 접근방법보다는 언어 변화에 대한 파상설에 더욱 근접하는데, 파상설에서는 언어 혁신이 한 지역—여기서는 브리태인과 골—에서 일어나지만, 이 물결의 중심부에서 벗어난 외곽 지방(이베리아와 아일랜드)까지는 확산되지 않는다.

우리는 이 접근방법이 아주 유용하다고 생각하며, 켈트 현상 전체로 확장해서 적용하고 싶다. 그래서 켈트어 발달을, 일반화된 인도유럽어와는 구별되는 언어로서의 켈트어라는 의미로서 후에 이 언어가 확인된 지역에서 기본적으로 생겨난 것으로 간주하고자 한다. 이는 곧 기원전 4000년 이전에 프랑스, 브리태인, 아일랜드와 아마도 이베리아반도의 상당히 넓은 지역에도 인도유럽어 사용 화자가 있었다고 가정한다. 물론 그 이후에도 켈트어는 계속 발달했다. 언어 변화는 전체 영토 중의 특정 지역에만 특이하게 나타날 수 있다. 이것이 언어 분지 현상이며, 이 분지의 결과로 고이델어와 브리톤어가 분리되었고, 다른 변화는 영토 전체에 걸쳐 일어난 것으로 생각할 수 있다.

이러한 변화를 슈미트의 파상설로 생각하는 것이 유익하다. 어떤 경우에 파상의 물결이 가장 멀리 떨어진 켈트어 사용 지역까지 확산되어 켈트어가 함께 진화하는 현상도 있다. 만일 변화의 물결이 더 이상 확산되지 않으면, 그것은 켈트어 전체의 분화 과정을 의미하는 것이며, 켈트어를 인접 언어인 공통 이탈리아어와 게르만어와 구별짓는 데 이용된다. 그러나 변화의 물결이 아주 특정한 중심에서 출발하는 것으로 늘 생각할 필요는 없다. 여기서 다시 고고학에서 말하는 대등정체의 상호작용이라는 개념과, 상당히 넓은 지역에 걸쳐 효과적인 접촉을 일으키는 장거리 교역망이 있었다는 것을 말할 수 있다. 그리하여 어느 특정 지역을 주요 혁신의 중심지로 간주해서 언어가 발달한다고 생각할 필요 없이, 말하자면 단계적으로 일어날 수 있다. 고고학에서 우리는 지배 모형과 완전 독립 모형을 배제하고, 상호작용의 모형을 선호하고, 역사언어학에서도 초기 켈트어가 원래 사용되던 지역을 가정하는 것처럼, 전체 언어권역이 어떤 의미에서 함께 움직이는 것으로 생각할 수 있다. 그리하여 개별 방언이 분리되는 과정이 있는가 하면, 이와 동시에 이 방언들이 함께 유지되는 다른 과정도 공존한다. 그렇지만 또 다른 분화 과정에 의해 이 방언들이 다른 어군, 예컨대 이탈릭어군이나 게르만어군의 언어나 방언과 점차 구별된다.

"축적적 켈트성"

여기서 우리는 다시 크리스토퍼 호크스의 용어인 **축적적 켈트성**을 가지고
서 더욱 상호적이고 집단적 의미, 즉 **상호 축적적 켈트성**으로 이용하려고
한다. 영국은 항상 축적적 켈트 자질의 수용자로 고려하는 대신에 영국과
유럽대륙을 더욱 동일한 발판에 두고 출발하여 상호적인 축적적 켈트성을
함께 발전시켜 나가려고 한다. 이것은 결과적으로 예수 시기에 관찰할 수
있는 영국의 입장이 될 것이다. 그러면 한 지방은 언제나 공여자이고, 다른
지방은 수용자로 간주할 필요가 없을 것이다. 이러한 관점에서 단 한 지역
에 국한된 켈트인의 원거주지를 설정할 필요는 없다. 켈트인의 원거주지는
사실상 켈트어가 사용된 확장된 넓은 지역일 것이다(켈트어가 실제로 입증
가능한 후대의 이주 결과로 생겨난 것이라면, 갈라티아나 이탈리아와 같이 나
중에 따로 생겨난 켈트 지역은 언제나 제외된다). 켈트어와 게르만어의 발달
에 대한 이 견해는 에스파냐 언어학자 안토니오 토바르가 개진했다. 하지
만 그는 전통적 연대기적 전망을 받아들이고, 최초의 인도유럽 화자의 유
럽 도래를 기원전 3000년 후반으로 설정한다는 점에 유의해야 한다. 토바
르[64]는 중부와 서부 유럽의 하천 명칭에 대한 크라헤의 연구를 좀 길게 논
의하면서 많은 강 명칭이 켈트어군의 하위 개별어가 형성되기 훨씬 이전
에 인도유럽어의 초기 미분화 형태를 보여 주는 것으로 해석할 수 있다고
했다. 크라헤[65]는 1951년에 이처럼 의견을 표명했다.

> "비인도게르만어적 요소는 알프스산맥으로부터 동부와 서부로 확장
> 되는 분명한 경계선 이북의 넓은 전체 지역에서는 관찰되지 않는다. 이
> 는 곧 알프스 이북의 유럽 땅이 아주 이른 초기부터 인도게르만인의 영
> 토였다는 것을 가리킨다."

크라헤는 인도유럽어가 초기에 히타이트어, 그리스어, 아리야어로 분화한 것으로 보는 반면, 중부와 서부 지역에서 차후에 식별되는 개별어는 서로 분리되지는 않았지만, 이처럼 미분화된 지명과 하천 명칭에 나타난다고 한다. 그리하여 토바르가 개진한 조망은 서부 인도유럽어(특히 켈트어와 게르만어)를 설명할 수 있는 새로운 주민 이동에 대한 제안을 배제한다.[66]

"게르만어와 켈트어는 인도게르만인이 서부 유럽을 지배한 후 이곳에서 그 최후 형태를 갖게 된 것으로 생각한다면, 그렇게 위험한 생각만은 아니다."

그는 이 글의 전개 과정에서 수지설과 파상설의 결합을 주장했다. 초기 단계에는 가장 오래된 인도유럽어가 나뭇가지처럼 분리되지만, 그 후에 식별되는 언어들은 이차 중심지로부터 확산된 물결파에 의해 형성되었다는 것이다. 이 주장은 우리가 여기서 전개한 모습과 거의 흡사하다. 가장 이른 초기에 히타이트어와 그리스어가 분리되었고, 그 후 유럽에서 다른 유럽어들이 분화된 과정을 가정한다.

파상 모형은 앞에서 언급한 고고학적인 대등정체의 상호작용과 잘 조화되는 용어로 더욱 자세히 논의한다. 토바르는 개별어 형성의 중요한 중심지라는 개념으로 고찰하는데, **언어혁신군**(Neuerungsbündel)은 이 중심부에서 언어의 발달 과정을 준비한다는 것이다. 언어혁신의 중심지들 사이에는 **안정된 언어생활**(ruhiges Sprachleben)을 영위하는 보수적 지방이 끼어 있다. 언어 외적 요인이 이 중심지의 성질과 형태를 설명하는 요인 가운데 포함되는데,[67] 예컨대 전쟁, 종교, 경제 등의 요인을 구체적으로 지적했다. 언어 발달 과정, 토바르의 다른 은유를 이용하자면 **결정화**(結晶化) 과정에 대한 필자의 구상도 이와 거의 흡사한데, 상호작용망이 특히 강력하고 효과적인 지역이 그보다 약한 지역이 중간에 개입함으로써 다른 지역과 분리되는 것으로 가정한다.

사태가 양호한 상황에서 이처럼 강력한 접촉으로 방언이 형성되고, 지방들이 실제로 분리되면 언어가 분화된다. 단일 중심지에서 퍼져 나가는 물결파를 가정하는 대신에 우리는 오히려 상호작용망의 연계가 특히 강하고 효과적인 지역을 설정하고 싶다. 파상 모형에 대한 이러한 슈미트의 재구성은 아무튼 그의 원래 개념을 다소 수정한 것에 지나지 않는다.

이 접근방법은 게르만어[68]의 후기 분화와 관련된 토바르의 연구에 아주 자세히 설명되어 있다. 그는 중세에 **고지 독일어**(Hochdeutsch)와 카스틸랴어의 형성에도 이와 유사한 과정이 작용한 것으로 지적한다.

이처럼 과정주의적 접근은 켈트어의 발달에 적용할 수 있는 아주 적합한 모형이다. 이 접근방법은 크라헤가 설정한 초기의 서부 인도유럽 공통조어로부터 대개 현지(in situ)에서 일어난 언어 발달 과정을 더욱 일관성 있게 체계적으로 설명한다. 정말 이 접근방법은 크리스토퍼 호크스에게서 빌린 축적적 집단 켈트성[69] 용어로 적절하게 명명할 수 있을 것 같다.

견해차가 심하게 나타나는 곳은 연대뿐이다. 물론 연대가 차이 나는 이유는 토바르가 전통적 고고학의 견해를 따르기 때문이고, 여기서 제시한 전망에 따르면, 아주 초기의 연대에 속한다는 것을 인정하기 때문이다. 하지만 이 견해와 반대 견해로서 볼프강 마이트[70]의 결론을 생각할 수 있는데, 그의 견해는 토바르가 다른 면으로 긍정적으로 인용한다. 마이트는 인도유럽어 발달사의 후기를 별도로 구분하는데, 그것은 이 시기에 와서 개별어를 최초로 인지할 수 있기 때문이라고 한다. 이들 개별어 가운데 가장 최초의 언어는 히타이트어이며, 그 출현 연대는 기원전 2000년경으로서 아주 중요한 시기인데, 이 연대에 따라 그는 기원전 3000~2000년에 후기 인도유럽어 시기(Late Indo-European period)를 설정했다. 중

기 인도유럽어 시기(Middle period)는 기원전 4000년이나 아마도 5000년
으로 설정되는 반면, 초기 인도유럽어 시기(Early Indo-European period)
는 그 이전의 기나긴 시기로서 "언어 기원의 안개 속에서 헤매는(im
Nebeland der Glottogonie)"[71] 시기이다. 토바르와 마이트는 중부 유럽과
서유럽의 미분화된 인도유럽어는 후기에 속한다고 생각한다. 이러한 견
해는 여기서 우리가 전개한 견해와 거의 일치되는 견해이며, 마이트의 연
대는 궁극적으로 기원전 6000년 이전의 인도유럽어가 아나톨리아에서 기
원한다는 것과 배치되지 않을 것이다.

그리하여 저명한 언어학자들의 발견은 우리가 여기서 전개한 고고학
적 견해와는 아주 효과적으로 조화된다. 물론 이 언어학자들이 우리의 고
고학적 견해를 반드시 수용한다는 것을 의미하는 것은 아니다.

그러면 켈트인은 누구였는가?

여기서 우리가 옹호하고, 대부분의 언어학자가 지지하는 더욱 정확하고
엄밀한 의미로서의 켈트란 용어는 켈트어를 말하는 사람들에게 적용할 수
있다. 켈트어는 언어 분화나 결정화(結晶化) 과정을 통해서 알프스산맥의
북부와 서부에서 사용한, 분화된 초기 인도유럽어에서 발생한 것으로 보
인다. 그것은 강 명칭에도 여전히 남아 있다. 도서 켈트어와 대륙 켈트어는
기원전 1세기에 이들이 사용되던 지역에서 발달했으며, 그 후의 잔존 지역
에서도 여전히 사용되었다. 물론 스코틀랜드 게일어와 브르타뉴어는 기원
후 5세기경에 엘리트 지배 과정을 통해 현재의 사용 지역으로 이동했을 수
도 있다. 초기 인도유럽어가 그보다 훨씬 이후에 개별어로 분화했지만, 기
원전 4000년경 가장 초기의 인도유럽어 화자들이 지금의 지역에 도래했을
것이다. 그러나 매우 실제적 의미에서 켈트어로 된 것은 이때이고, 축적적

켈트성의 과정을 겪으면서 계속 발달했다. 켈트어는 훨씬 나중에 이탈리아에 도래했는데, 레폰티어가 왜 켈트어 형성 과정에 참여하지 못했는지에 대해서는 명확한 이유가 없다. 로마의 약탈과 델피의 공격, 소위 아나톨리아의 갈라티아로 주민이 이동한 후 일어난 모험에 찬 사건은 이 과정에 속하지 않는다. 이들 중 몇몇 사건은 알렉산드로스 대제의 짧은 치세 말에 체제 붕괴의 결과로 일어난 것으로 볼 수 있다.

하지만 넓은 의미에서 켈트라는 용어는 켈트어 화자의 관습, 물질문화, 예술에 충분히 적용할 수 있다. 예컨대 고전예술의 질서와 규율을 라텐느 예술의 선형운동과 상상력과 합리적으로 대조할 수 있다. 켈트예술은 분명히 고대세계의 주요 예술양식의 하나로 자리매김한다. 이 예술 문화의 기원은 이들의 영토에서 발견되며, 따라서 우리가 정의한 바대로 켈트어 화자에게서 나타난다.

하지만 몇몇 학자가 그러하듯이, 켈트어의 기원을 알프스산맥 이북에 한정된 특정 지역에 인위적으로 아주 협소하게 국한하는 견해는 받아들일 수 없다. 분명히 이 지역은 철기시대의 귀족적 부족장제가 최초로 관찰된 곳이고, 라텐느 예술이 발달한 곳이지만, 켈트인의 유일한 최초 원거주지라고 유별나게 독자적으로 주장할 근거는 없기 때문이다.

제10장

인도유럽 신화

70년 전 학술지 『켈트 연구(*Etudes Celtiques*)』의 창시자인 조제프 방드리
에스(Joseph Vendryes)[1]는 「인도이란어와 켈트어의 등가 어휘」란 논문을
발표했다. 그는 이 논문에서 초기의 선사 언어들이 무엇보다도 제의(祭儀)
및 종교와 관련되며, 따라서 이 두 영역과 언어에 공통된 종교 전통과 관련
해서 서로 아주 유사한 용어가 존재한다고 제안했다. 이 증거에 따르면, 브
라만(인디아의 베다 산스크리트 문헌에 나오는 승려), 초기 이란의 『아베스
타』의 마법사, 로마 종교의 **제관**(祭官, flamines)과 교황, 초기 켈트인의 드
뤼드 사제는 각기 종교 공동체에서 매우 비슷한 역할을 했다는 것과, 이 역
할은 그보다 더 이른 시기의 선사 인도유럽 사회의 제도에서 유래하며 공
통 기원을 갖는다는 의견을 제시했다. 이는 매우 고무적인 제안으로서 많
은 학자를 열광시켰다. 초기 아일랜드와 인디아의 법률 문헌[2]에도 이와 비
견할 만한 유사한 제안이 제시된 바 있었다. 즉 이 법률 문헌이 법전으로

구성되었고, 신성한 기원을 가지며, 오직 특권을 지닌 카스트만이 이를 해석한다는 것이다. 이 두 나라에는 법학교가 있었고, 교사와 학생의 관계, 최종 계승권을 가지는 것도 유사했다.

그 이후에 법률과 종교뿐만 아니라 사회조직과 신화도 이와 같은 방식으로 많이 비교했다. 그리하여 여러 종교의 신앙과 행동이 형식적으로 유사한 것은 각 종교의 기원이 같기 때문이라는 주장에 그럴듯하게 이용되었다. 많은 경우, 이 유사성은 인도유럽 조어의 언어와 문화의 유사성이 지닌 공통 배경 때문에 생겨난 것이라는 견해가 제시되었다. 이 가정은 흔히 이 유사성이 공통의 언어 유산이 생겨난 초기 인도유럽 사회로 거슬러 올라간다고 주장한다.

이 견해가 매우 그럴듯하게 보이는 것은 그러한 공통의 언어 유산의 기저에 있는 역사적 실체가 초기 인도유럽어를 사용하는 조직화된 부족민이 비교적 후기에 와서 유럽과 서부 아시아로 확산된 것으로 이해하기 때문이다. 적어도 첫눈에는 이 부족의 확산이 인도유럽어의 근대적 분포에 책임이 있고, 공통 인도유럽 전승의 일부로 간주할 수 있는 제도, 관습, 믿음, 신화 등의 전체 현상과도 관계가 있는 것처럼 보인다.

하지만 오늘날 그러한 견해를 지지하기에는 심각한 난점이 있다. 왜냐하면 농경 확산의 개념과 인도유럽어의 동반 확산의 개념은 언어 공동체는 제대로 설명할 수 있지만, 추정된 공유 사회제도는 명확히 설명하지 못하기 때문이다. 기원전 6000년에 이들 사회는 아주 단순한 공동체였고, 이들이 브라만, 드뤼드, 훨씬 나중의 제관, 교황과 관련되는, 그와 같은 종류의 전문화되고 분화된 사회구조를 가진 것으로는 가정할 수 없다. 이처럼 유사한 제도가 추정된 공통 인도유럽 사회구조에서 기원한다기보다는 다양한 유형의 우연의 일치나 유사한 발달로 생겨날 수도 있다는 질문을 제기할 시점이다.

하지만 이렇게 말하는 것은 최근 아주 널리 인정받는 주요 학문 성과에 간접적으로 엄청난 피해를 끼칠 수도 있다. 지난 50년 동안 특정 학문으로서 신화 연구는 거의 대부분 프랑스의 저명한 초기 인도유럽 문화학자인 조르주 뒤메질(George Dumézil)이 지배하다시피 했다. 그는 초기 저작에서 베다 인디아, 초기 로마와 다른 유럽 문화의 신화를 비교하고, 방드리에스와 다른 학자들의 뒤를 따라 베다의 브라만과 라틴의 제관[3]을 논의했다. 1930년 이후 그는 직접 신화를 비교하는 것을 넘어 논의 중인 이 인도유럽 지역의 신화와 제도에서 인지한 유사 구조를 이용해서 엄청나게 방대한 작업을 했다. 그러면서 그는 인도유럽적 사고 구조에 내재하는 기저의 **삼분 이데올로기**(tripartite ideology)라는 개념을 개발했다.[4]

이러한 그의 견해는 인상적이고 엄청난 양의 저술을 통해 발표되었고, 그 대부분이 인도유럽 사회의 구조와 신화의 범위를 훨씬 뛰어넘는 방대한 것이었다. 주요 요점을 짧게 요약하기는 어렵지만,[5] 북부 인디아의 옛 인도유럽어를 사용한 공동체부터 논의를 시작하는 것이 가장 효과적일 것 같다.

고전 인디아의 사회조직은 계층 체제에 근간을 두며, 이 사회조직은 네 개의 주요 카스트로 구성된다. 즉 브라만/사제, **크샤트리야**/전사, 바이샤/경작농민, **수드라**/하층민으로서 다른 계급을 섬기는 자들의 네 계급이다. 뒤메질은 주로 앞 세 계급을 다루었고, 네 번째 계급은 하층민이어서 다루지 않았다. 뒤메질에 따르면, 고대 산스크리트 종교 문헌을 분석해 보면, 이 카스트 조직을 반영하는 가장 초기의 인디아 제신(諸神)을 볼 수 있다고 한다. 즉 신은 삼차원의 위계로 기능적으로 분화된 계층을 구성한다. 이들 신 가운데 가장 높은 신은 두 신의 결합으로 나타나는 지고의 통치(統治) 신인 미트라와 바루나이다. 뒤메질은 이들을 브라만 카스트의 집단 표상으로 간주하고, **제1기능**인 주권과 종교의 직능을 구현하는 것으로 간주했다. 그 아래 계층에는 전쟁의 신 인드라가 있고, 이는 **제2기능**으로서 크샤트리아 카스트에서 보는 바대로 전사(戰士)의 직능을 구현한다.

최하위 계층에는 아슈빈과 여신 사라사바티(Sarasavati)를 포함하는 신들이 있다. 이들 신은 **제3기능** 바이샤로서 생산 계급의 직능을 구현하며, 예컨대 출산과 행복 같은 다른 여러 속성과도 연관이 있다.

이 삼분 기능의 구조가 갖는 흥미로운 점은 아마도 그 구조가 다른 초기 인도유럽 사회 구조의 기저로 보인다는 점이다. 예컨대 뒤메질은 삼분 체제가 초기 로마에서 소위 고대의 삼위(三位)의 신 유피테르(Jupiter, 지고의 신), 마르스(Mars, 전쟁의 신), 퀴리누스(Quirinus, 생산 보호의 신)에 표현되었다고 본다. 이와 유사한 분류는 켈트사회(카이사르[6]는 이 사회에 나타나는 드뤼드, 기사, 평민에 대해 언급한 바 있다)와 그 후의 게르만사회에도 적용할 수 있다. 물론 이처럼 단도직입적인 짧은 진술에 뒤메질이 포괄하려고 한 깊고 넓은 학식과 그가 이용한 엄청나게 방대한 양의 자료를 포함하기란 불가능하다.

하지만 여기에 현재 우리 관심사가 갖는 진정한 난관이 있다. 즉 이 삼분 기능의 구조에 묘사된 사회가 계층적 위계사회라는 것이다. 인류학의 용어[7]로는 이 사회는 성층사회이다. 이는 곧 이들이 소위 국가사회로 불리는 주요 속성을 보여 준다는 것을 의미한다. 물론 고대 그리스와 로마는 문제의 이 시기에는 진정한 국가사회였고, 인디아 역시 카스트제가 완전히 정착되었을 때는 국가사회였다. 물론 『리그베다』가 작성된 그 이전의 사회조직에 대해서는 논란의 여지가 있지만, 카이사르 당시의 초기 켈트사회는 일반적으로 인류학적 용어로 말하면 확연한 사회위계를 반영하는 군장제로 간주되었고, 일반적으로 국가사회의 특징인 중앙집권 제도는 없었다. 국가사회는 우선 기원전 1세기에 골에 출현했고, 이 당시나 그 후에 나머지 대부분의 켈트 세계에 출현했다는 주장이 설득력 있게 제시되었다.[8] 초기 아일랜드 서사시에 표현된 공동체가 군장사회나 국가사회로 발전한 것으로 간주해야 하는지의 여부는 여전히 논란이 분분한 문제이다.

하지만 진정한 어려움은 이 사회 발달의 그 이전 단계에 있다. 왜냐하면 인도유럽어의 분포가 기원전 3000년처럼 후대의 뒤늦은 인구 분산에 기인한다고 하더라도, 고고학적 지식에 비추어 볼 때 인도유럽인이 이미 그러한 복잡한 제도를 가졌다고 볼 수 없기 때문이다. 우리가 이처럼 비교적 후대의 연대를 수용하더라도, 예컨대 김부타스가 제안한 바대로 쿠르간 문화를 출발 기원으로 생각하더라도, 이들은 분명 국가사회는 아니며, 군장사회의 특징인 개인의 우세한 지위를 보여 주는 물질문화의 증거도 거의 없다. 물론 이 책에서 제안한 더욱 이른 초기의 연대를 따르더라도 이 난점은 더욱더 복합적으로 커진다. 우리가 기원전 6000년과 5000년 당시의 최초의 선사 농경민을 유럽의 가장 초기 인도유럽어 화자로 생각한다면, 그 사회는 일반적으로 평등한 농민으로 구성된 사회이다. 위에 지적했듯이 농경민사회에는 아마도 어떤 방식으로든 상하 위계는 없었을 것이다. 분명히 이들의 문화는 이 사실을 반영하지 않는다. 하지만 이는 이들에게 사회조직이 없었다는 것을 의미하는 것은 아니며, 분명 개별 공동사회에는 흔히 실질적 지도자는 있었겠지만, 그곳에 세습 수장(首長)이 있었다고 제안할 이유는 없다. 분명 전체 인구를 전사, 제관, 평민의 기능적으로 분화된 세 부류로 구분할 만한 정당한 근거는 없다. 이들 용어가 출현하는 연대는 매우 불분명하다.

비록 이 난점은 분명히 뒤메질의 전체 이론과 상반되는 아주 강한 주장을 대변하지만, 그는 결코 이러한 난점을 겪어 본 적이 없다. 그의 삼분분류의 실제적 의미는 그리 구체적이지 않기 때문이다.[9]

> "(이 삼분 구조는) … 물론 이러한 관념이 생겨난 구체적 형태나 다른 형태에 대해 우리에게 많은 것은 알려 주지 않는다."

그러나 그는 몇 군데에서 기저의 역사적 실체를 설정하고 있음은 분

명히 밝히고 있다.[10]

> "가장 오래된 옛 로마인으로 볼 수 있는 움브리아인이 인도이란인이
> 가졌던 개념을 이탈리아로 들어오면서 가져왔고, 인디아인도 이 기반 위
> 에서 특히 그 사회질서를 구축하고 있었다."

그리하여 그는 이 구절에서 이탈리아에 들어온 최초의 인도유럽인을
상정하며, 우리가 이 책에서 제안한 모형에 따르면, 이들은 기원전 5000
년의 최초의 선사 농경민인 것이 분명하다. 마리야 김부타스가 제안한 쿠
르간 침입설을 따르더라도 그것은 기원전 2000년이나 더 앞선 연대를 가
정한 것이고, 따라서 우리가 잘 아는 바대로 이탈리아 초기 청동기의, 기
껏해야 가장 미미한 군장 조직을 갖춘 사회를 다루는 것이다.

이러한 논평은 단지 현학을 위한 것만이 아니다. 이는 뒤메질 신화학
의 전체 구조의 가장 기본적인 토대인 역사적 실체를 문제시하는 것이다.
기원전 1세기에 조금 앞서 인디아, 로마, 골의 사회제도와 비슷하게 관찰
된 성층사회가 기원전 4000년은 차치하고 기원전 2000년대의 이들 사회
에 공통적이었다거나 이들보다 훨씬 이른 초기 선사사회에 공통적이었던
것은 아니다.

뒤메질이 이러한 근본적인 문제를 파악하지 못한 것은 참으로 이상
한 일이다. 왜냐하면 켈트인이나 인디아인처럼 공간상 아주 멀리 떨어진
인도유럽어 집단의 사회제도가 공통 기원으로 거슬러 올라가는 공통 형
식을 지닌다면, 그 공통 조상사회가 어떤 것이었고, 언제 번성했는지, 어
디에 자리 잡고 있었는지 등의 개념도 어느 정도 분명히 있어야 하기 때
문이다. 이는 뒤메질이 한 차례도 제안한 적이 없는 역사적 실체이다. 공
통 인도유럽인은 정말 구름처럼 아주 모호한 실체로 남아 있다. 이제 비
판자들은 다음 사실에 충분한 이유가 있음을 잘 알 수 있다. 즉 이러한 다

양한 사회 형태를 공유한 선사 인도유럽 공통사회란 없었다는 것과, 뒤메질과 그의 추종자들이 공통 인도유럽적인 것으로 간주한 공유 신화요소도 없다는 것이다. 초기 선사 인도유럽 사회의 **공유 제도**라는 견해를 주장하는 주창자들이 자신들은 고고학자가 아니며, 만족스러운 대답을 할 수 없노라고 정당하게 답변하더라도, 만족스러운 대답이 있을 수 있고, 또한 공유한 이 공통의 인도유럽 신화 개념 자체는 극히 최근에 만든 이론적 구성일 수도 있다는 가능성을 적어도 깊이 생각해야 한다.

하지만 여기서 이러한 해결책을 채택한다는 것은 반드시 이 유사점들이 최초로 기록화되었을 당시에 많은 인도유럽 사회 간에 흥미로운 유사성이 있었다는 것을 부정하는 것은 아니다. 방드리예스와 뒤메질 외에도 에밀 벵베니스트(Emile Benveniste)[11]는 인도유럽 사회를 철저히 연구한 책을 저술했고, 인도유럽 사회의 공통 제도를 지적했다. 하지만 우리가 과정주의 인류학의 관점을 채택한다면, 문자 시기가 도래할 무렵에 인도유럽 세계의 여러 지역사회가 이와 같은 종류의 일반적 유사점을 보여준다는 것은 전혀 놀랄 일이 아니다. 베다 찬가에 묘사된 초기 인디아 사회나 초기 문헌에 나타나는 호메로스 시대의 그리스, 켈트인의 아일랜드, 북구 전설의 북유럽은 어떤 의미에서 **영웅사회**로 특징지을 수 있다. 하지만 이것이 반드시 이들 사회에 나타나는 이러한 **영웅적** 특징이 공통 기원에서 유래한다는 것을 의미하는 것은 아니다. 이들은 모두가 군장사회(최근 인류학자들이 선호하는 용어를 사용한다면)였다. 인도유럽 세계의 많은 지역에서 사회조직이 발달하고 기술이 전문화되면서 정치제도가 출현하는 것을 목격할 수 있다. 마찬가지로 종교 역할도 더욱 전문화되고, 때로는 정치적 역할과 결부되기도 한다. 예컨대 폴리네시아 사회는 최초로 쿡(Cook) 선장이 묘사하고, 현대 인류학자들[12]이 훨씬 깊이 이해한 바대로 많은 특징을 드러낸다. 이는 반드시 폴리네시아의 종교 구조에만 해당하는 것이 아니라 그 사회적 실체에도 분명히 적용된다. 더욱이 문제의 이들 많은 나라에서 오늘날 고고학은 실제로 복잡한 사회 발달을 추적할 수 있다. 이는 특히 북서 유럽에는 분명한 사실이다. 여기서는 신석기 시대의 기념 거석 건립자들[13](스톤헨지를 세운 자들을 포함해서) 사이에 위계사회의 옛 기원을 살펴볼 수 있고, 그 후의 더욱 발달된 계급사회의 모습은 청동기의 부유층의 매장지에 흔적이 보존되어 있다. 중부 유럽의 할슈타트와 라텐느 철기시대의 사회는 놀랄 만큼 발달했다. 여기서는 전사와 아마도 사제가 존재했다는 것을 진정으로 말할 수 있다. 캐럴 크럼리(Carole Crumley)와 대프니 네시(Daphne Nash)[14]가 보여 주었듯이, 기원전 1세기에는 분명 사회성층이 상당히 발달한 국가사회가 존재했다. 이탈리아 본토에도 이와 유사한 지적을 할 수 있는데, 여기서는 기원전 1000년에 위계사회가 최초로 두드러지게 나타났다. 인디아도 마찬가지이다.

여기서 제시하는 해결책은 이들 사회의 구조가 유사하다는 것은 인정하지만, 동시에 이러한 많은 유사점이 과연 공통 인도유럽 사회의 전승의 결과인지는 의심해 봐야 한다는 것이다. 이들 사회는 야만적 영웅사회, 즉 비도시의 영웅사회였다. 이들에 대해 우리가 아는 지식은 주로 서사시를 통해 전해 내려왔다. 『리그베다』, 호메로스나 아일랜드의 서사시 같은 것이 그 예이다. 서사시는 전쟁을 칭송하고, **제2기능**(전사 직능)이 군림하는 사회를 보여 준다. 이것을 해당 시기의 메소포타미아의 군장사회와 비교해 보아도 이와 유사한 지적을 할 수 있다.

하지만 더 큰 문제가 있다. 왜냐하면 다양한 신화에서 보이는 표면상의 동일한 사실이 정말 진정한 등가물인가 하는 것이 불분명하기 때문이다. 뒤메질 자신이 강조했듯이, 그의 연구방법의 기본 특징(이 점에서 그것은 모든 구조주의자의 방법과 유사하다)이 한 곳의 A와 다른 곳의 A를 비교하는 것이 아니다. 오히려 그것은 첫 맥락에서 A, B, C 사이의 구조적 관계를 다른 맥락에서 A', B', C' 사이의 구조적 관계와 비교하는 것이다. 이 경우에 많은 구조주의자적 방법에 대한 비판자들이 지적한 것처럼, 등가성(等價性) 주장의 기반을 검증하기란 매우 어렵다. 레비스트로스(Lévi-Strauss)의 추종자들이 선호한 양분 대립과 관련해서 어니스트 겔너(Ernest Gellner)[15]는 다음과 같이 말한다.

"이 문제에서 구조주의자들은 직관을 지나치게 적극 믿고, 이 신뢰성이 독자에게로 확장되기를 기대하는 것 같다. 양분 대립은 많은 문헌에서 분명히 나타나지만, 그 누구도 다양한 구조주의자를 동일한 문헌을 가진 곳에 모두 넣어 문을 잠그고, 이들이 모두 결국 같은 양분 대립을 가지고 작업하는지를 관찰하면서 이 문제를 테스트한 적은 없다."

특히 게르만 신화 해석과 관련해서 최근 이와 관련되는 사실을 페이지(R. I. Page)[16]가 논문 「뒤메질 재론(Dumézil revisited)」에서 지적했다. 그는 몇몇 학자가 "뒤메질의 북유럽 연구를 고찰하면서 그가 사실에 근거를 둔 것인지 아니면 견해에 근거를 둔 것인지를 궁금해한다"고 썼다.

뒤메질이 인도유럽 집단에 공통되고, 또한 실제적으로 이 집단에만 국한된 것이라고 주장한 삼분 체계는 존 브라우(John Brough)[17]가 아주 냉소적으로 비판했다. 그는 독창적 귀류법의 접근방법을 이용하여, 구약성서 기록자들이 인도유럽 전통이 아니라 셈족의 전통에 입각해서 성서를 기록했지만 성서 텍스트가 뒤메질이 인도유럽 사회에만 (오직 고유하게 있는) 특유한 삼분항과 꼭 같은 방식으로 해석된다는 것을 보여 주었다. 뒤메질은 이러한 비판을 상세히 반박하면서 브라우의 분석의 결점을 지적하고, 그가 밝혀낸 다수의 요소가 접촉과 교류를 통해서 인도유럽 전통에서 차용된 것일 수도 있다는 의견을 피력했다.

좀 의아하지만 이와 다소 유사한 의심스러운 사례를 뒤메질의 제자이자 열렬한 지지자인 아츠히토 요시다(Atsuhito Yoshida)[18]가 이런 방식으로 분석했지만, 그 의도는 아주 달랐다. 그는 일본의 초기 신화를 뒤메질의 시각으로 고찰하고, 구약성서에 대해 존 브라우가 얻은 결론처럼 아주 의아한 결론을 내렸다.

"사실상 일본 신화는 세부적으로나 전체적으로 인도유럽인의 세 사회 직능의 이데올로기가 제공하는 설명 틀을 따라 조직되어 있다. 더욱이 그것은 그 기원이 확실히 인도유럽적 근원으로 거슬러 올라가는 주제를 다수 내포한다."

그는 초기 신화에 이처럼 추정된 인도유럽적 요소가 들어 있는 이유에 대한 역사적 설명으로 스키티아 유목민과 한국의 (비인도유럽) 주민과의 접촉설을 제시하고, 이로부터 인도유럽적 요소가 기원후 6세기에 일본국의 형성 초기에 일본으로 전파되었을 것이라고 주장한다. 흔히 그렇듯이, 비전문가가 그 증거를 정확히 평가할 입장은 아니지만, 이 이야기는 내재적으로 설득력이 없다. 초기 일본국의 형성에 결정적 역할을 했던 한국 이주민의 개념은 최근에 학적 자격을 갖춘 전문가가 문제를 제기했다.[19] 따라서 일본 신화의 삼분구조의 모습은 브라우가 셈족을 의도적이고 경솔하게 추정한 것처럼 우연한 것이며, 인도유럽 신화 체계와는 전혀 상관없는 것이라는 불안한 의혹에 빠져 있다. 하지만 이번에는 뒤메질 사단(師團)에서 연구하는 권위 있는 연구자가 이 주장을 개진했으며, 브라우의 사례처럼 간단한 연습으로만 치부할 수 없다. 뒤메질 학파의 주장이 지나치게 과장된 것이라는 생각을 떨칠 수 없다. 이러한 상황에서 이 뒤메질 제자의 견해와 이 책에서 개진한 인도유럽 기원에 대한 견해의 양립 불가능성을 결정적 반론으로서 고려하지 않을 수 없다.

이러한 지적은 광범위한 신화 연구에 기여한 뒤메질의 상당한 공헌을 의도적으로 부정하려는 것이 아니다. 그는 정말 구체적으로 아주 광범위한 구조주의자적 접근방법을 통해서 지금까지 어떤 방법보다 더욱 효과적으로 다양한 신화에 구현된 관계를 깊이 연구할 수 있었다. 그러나 다른 위대한 프랑스 학자이자 신화 연구자인 클로드 레비스트로스는 우리가 논의 중인 종류의 구조적 상동(相同)관계를 더욱 일반적 요인에서 기인하는 것으로 간주하고, 기원이 되는 구체적이고 역사적인 공동사회로 귀착시키지 않았다는 점에 유의해야 한다. 그래서 역사언어학의 분야에서는 이들을 지나치게 중요하게 평가해서는 안 될 것이다.

이와 거의 동일한 지적을 특징적인 인도유럽 사회의 친족관계 체계를 밝히는 연구자들[20]에 대한 대답으로 제시할 수도 있다. 영국 사회인류학자 잭 구디[21]는 초기 인도유럽 사회는 **가부장적** 특징을 지닌다는 빈번히 제기된 주장을 문제시했다. 이 주장은 주로 다양한 언어에 공통된 친족 용어가 있다는 점에 근거한다. 또한 아일랜드와 인디아의 초기 법률체계[22]의 유사하고도 밀접한 관계를 지지하려는 주장도 이와 같은 분석으로 명백히 밝힐 수 있다. 문제의 몇 가지 특징은 많은 초기 법률 체계에 공통적일 수 있고, 이것은 단지 비교적 후대에 와서 성문법에 의존하여 기록된 것이다. 이것 역시 전문가의 영역이고, 아마추어가 논평할 수는 없지만, 이처럼 보다 광범위한 비교의 시각에서 이 문제를 검토한다면 흥미로울 것이다.

구체적 어휘 항목을 비교하면, 인도유럽적 공유요소는 쉽게 폐기할 수 없다. 뒤메질과 그의 추종자들이 지적한 삼분관계의 유사성 가운데 몇 가지는 우연일 수도 있고, 또 다른 것은 평행한 발달 과정의 산물일 수도 있고, 또 다른 것은 아마도 전체적으로 볼 때 레비스트로스가 논의한 종류의 구조적 유사성이겠지만, 문제의 어떤 단어가 분명히 인도유럽 공통조어에서 기원한다면 경우가 다르다. 예컨대 벵베니스트[23]는 라틴어 rex(왕), 아일랜드어 ri, 산스크리트어 어근 raj-(근대 인디아어 raja의 어근이다)의 잘 알려진 관계를 아주 상세하게 논의했다. 물론 우연히 생긴 친근관계가 없는 언어들 사이에 언어적 유사성이 다소 있을 수 있다는 점은 인정해야 한다. 예컨대 페르시아어 bad는 영어 단어 bad와 동일한 의미를 갖지만, 이들은 친근관계가 없다. 이는 우연한 동형어의 사례이다. 그러나 그러한 것은 뱅베니스트가 인용한 이 사례나 다른 사례에만 그런 것은 분명히 아니다. 하지만 여기서 문제는 단어 그 자체가 아니다. 왜냐하면 우리는 인도유럽어 간에 공통의 어근을 지닌 많은 단어를 예측할 수 있기 때문이다. 그 난점은 오히려 개념과 의미이다. 국가 수장으로서 왕은 평등사회에서는 예상할 수 없다. 아일랜드와 베다 인디아 사회(로마사회도 역시)는 평등사회에서 발전했다.

어쨌든 왕권 제도나 형식적인 세습 유형의 족장제 없이는 인도유럽어 공통조어에 속하는 공통 기원의 단어는 '수장' 또는 '유력자'를 의미했을 가능성이 없다는 것을 배제하지 못한다. 비록 대다수의 후기 인도유럽어에서는 그렇지 않았지만, 사회가 복잡해지고 성층사회가 발달하면서 가장 유력한 사람을 가리키는 용어가 한두 사례에서 유지되고, 등급이 상향 조정되었다는 점에 유의해야 한다. 이처럼 진보된 사회 개념을 가리키는 동일 어휘를 한 두 언어에서 발견한다는 것은 놀랄 일이 아니다.

이와 유사한 주장은 역시 신을 가리키는 관련 단어에도 적용할 수 있다. 일례를 들면 그리스 신 제우스(Zeus), 베다의 신 디야우스(Dyaus), 라틴인의 신 유피테르이다. 이들의 공통 어근은 어떤 종류의 초기 신의 명칭이었을 것이다. 이것이 존재했다는 것은 문제의 이 시기에 이들 지역의 제신 사이의 의미적 등가성과, 심지어 이들에게 형식상의 제신이 존재했다는 것을 함의하는 것은 아니다. 뒤메질[24]은 이처럼 말한다.

"가장 논란이 되는 등식은 그 자체가 기만적이라는 것이 드러났다. 베다의 디아유스, 즉 '하늘'은 그리스의 제우스나 로마의 유피테르와 아주 다르게 개념화되었고, 이들을 비교해서 우리가 얻는 지식은 거의 없다."

따라서 이처럼 여러 어군으로 분화되기 이전에 초기 형태의 인도유럽어를 사용한 집단의 사회제도에 대한 어휘 분석 방법으로 배울 수 있는 것이라고는 거의 없다. 문제는 단순히 어휘 변화뿐만 아니라 또한 의미 변화의 문제이기도 하기 때문이다. 하지만 뱅베니스트의 주요 저작의 각 주제를 통해서 분명히 공통 어근을 지닌 풍부한 어휘를 발견할 수 있다는 점은 인정해야 한다.

호메로스 그리스어뿐만 아니라 고대 아일랜드어와 베다 산스크리트어에도 나타나는 초기 운율 형식을 서로 연관된 것으로 볼 수 있다는 흥미로운 가능성 역시 제기되었다.[25] 비록 엄밀하게 평가하기는 어렵지만, 이는 매력적인 제안이다. 세계의 다른 지역의 많은 농부가 그러했듯이, 최초의 선사 농경민은 아마도 서정적 운문으로 된 구전문학을 가졌을 것이라는 것은 내재적으로 가능하다. 따라서 어떤 특정한 운율 형식이 수천 년에 걸쳐 보존되었을 가능성이 있다. 그것은 여전히 괄목할 만한 유사성이다.

하지만 각 개별 사례에서 이 신화 분야의 전문가가 지배적인 역사적 합의에 크게 영향을 받았다는 결론은 피하기 어렵다. 유목 기마민족이 이동하는 과정에서 전파된 호전적 인도유럽 사회라는 개념은 물론 매우 매력적인 개념이다. 차일드와 그 후 김부타스가 설정한 상당한 분량의 고고학적 자료와 더불어 그 개념은 권위 있는 역사적 방법론적 틀을 제공하며, 이 틀 내에서 친족 체계, 법률, 사회제도 등의 전문가들이 연구할 수도 있다. 이러한 연구는 전적으로 타당하다. 왜냐하면 이처럼 다양한 전문 분야에서 이루어진 관찰은, 초기 선사 인도유럽인의 원거주지를 청동기 초기 직전의 서부 러시아 초원지대의 어느 곳으로 설정하는 인도유럽적 현상에 대한 역사적 해명과 분명히 양립 가능한 것이기 때문이다.

이러한 다양한 분야의 학문의 관찰과 초기 인도유럽어의 기원에 대한 전통적 견해 사이의 양립 가능성을, 전통적 견해를 지지하는 데 쉬이 이용해서는 안 된다. 왜냐하면 우리가 보여 주려고 노력한 바처럼, 만일 인도유럽어의 분포에 대한 다른 설명—훨씬 더 오래된 연대를 보여 주는 설명이다—을 제시한다면, 이들 중요한 인접 분야의 학문이 제기하는 심각한 난관은 거의 없어지기 때문이다. 이러한 양립 가능성은 아주 쉽게 조정할 수 있다. 겉모습으로 보이는 대부분의 난관은 사실상 전통적인 역사적 견해를 수용한 결과로 생겨난 것이며, 이를 거부하고 이 책에서 제안한 다른 대안을 수용한다면 적절하게 조정할 수 있다.

뒤메질과 그의 동료들이 제시한 많은 주장은 분명히 연대와 조화하기에는 매우 어려운 듯이 보인다. 그렇다면 위에 지적한 바대로, 뒤메질이 인지한 많은 유사점이나 표면상의 유사성은 사실상 공통 인도유럽어의 문화권에서는 공통의 기원에서 유래하는 것으로 설명할 수 없다.

그렇다면 바로 이것이 우리가 이 책에서 제시하는 결론이다. 뒤메질은 그가 인식하려고 추구한 문화 형식 간의 다양한 유사성 뒤에 놓인 구체적이고 역사적인 실체의 문제를 회피함으로써 그는 스스로 훨씬 자유로워졌고, 아마도 엄밀한 과학적 방법보다는 신중한 방법을 취한 것으로 여겨진다. 결과적으로 그의 많은 신화 해석도 문제시해야 하고, 인도유럽어가 사용된 다른 인도유럽 사회의 조직과 신화 사이에 인지되는 유사성도 더욱 조심스레 설명해야 할 것이다.

또한 더욱 긍정적 해석 작업에 착수해야 하는 것도 있다. 왜냐하면 우리의 견해는 사제, 왕, 전사의 공통 인도유럽적 배경과는 양립할 수 없지만, 공유하는 문화 배경이 정확히 무엇인지에 대한 질문은 여전히 남기 때문이다. 우리가, 인도유럽어가 많은 지역에 확산된 것은 농업 발달과 연계된 인구학적 과정에서 기인한다는 견해를 택한다면, 농경민이 자신의 언어 외에 함께 가지고 온 공통의 문화 요소가 과연 무엇인지를 질문하는 것은 아주 타당하다. 당연히 공통의 제도가 있었고, 공통된 신념 체계가 있었을 것이다. 비록 그것이 농경민의 신념 체계이고, 고도의 계급

사회 구조를 지닌 호전적 유목민의 신념 체계는 아니었겠지만, 벵베니스트가 착수한 것과 유사한 종류의 초기에 공유한 어휘에 대한 예리한 분석과 해석은, 그러한 재구가 가능하다면 이러한 타당한 질문에 대한 해답을 줄 것이라고 믿는다.

하지만 우리는 그러한 해석 작업이 인도유럽 사회의 일반적 성질에 대해 사전(事前)에 몇 가지 가정을 전제할 필요가 있다는 것을 이제 안다. 그리고 초기 선사 농경민의 세계와 양립 가능한 사회의 재구를 시도할 필요도 분명히 있다. 공통 인도유럽어의 기원에 대해 보다 명료한 그림을 그리려면, 이것이 인도유럽학의 연구 가치가 있는 새로운 주요 과제이다. 하지만 이 과제는 더 큰 방법론적 인식과, 아마도 보다 더 세심하고 신중한 태도가 필요할 것이다.

제11장

고고학과 인도유럽어 기원: 평가

"내가 학문 생활에서 썼던 그 어떤 논문도 이 논문처럼 어려운 것은 없었다. 나는 여기서 언어학에 위대한 공헌을 한 수많은 유명하고 존경받는 언어학자들과 논쟁했다. 이번에도 역시 그들은 때로는 아무도 전혀 다룬 적이 없는 학문 분야를 연구하면서 엄청난 과업을 달성했다. 그들의 노력의 결과가 그렇게 신랄하게 비판을 받는 이유는 무엇인가? 분명히 이처럼 중요하고 믿을 수 없으리만치 지난한 문제를 다룰 때 언어학자는 여느 때보다 더 엄밀하게 연구하고, 역사학자는 사변을 지양하고 구체적 역사적 조건에서 실제의 사람들을 표상하려고 노력해야 한다. 그러면 모든 불가능한 해결책은 사라지고, 오직 가능한 해결책만이 드러날 것이다."

—I. M. 디아코노프, 1984, 75.

위의 글에서 러시아의 뛰어난 언어학자 디아코노프가 표현한 자신 감의 부족은 분명히 그와 우리가 고찰하는 이 분야에 적절한 말이다. 왜 냐하면 이는 과거 여러 세대의 석학들이 수없이 논의해 온 의문점이며, 이 책에 제시한 입장도 대부분 학자의 입장과 일치하지 않는다. 그렇다면 우리가 여기서 제시한 견해의 논쟁적 성격을 무시해서도 안 되며, 이들 을 더욱 자세히 적용한 곳에서 부딪힐 수도 있는 난제도 과소평가해서는 안 된다. 우리가 다루는 주제는 오늘날 인도유럽어로 분류된 모든 언어 를 남김없이 포괄하는 광범한 것이고, 뿐만 아니라 서유럽에서부터 아나 톨리아, 레반트, 중앙아시아, 인디아 대륙, 신장 사막을 거쳐서 오늘날 중 국 인민공화국에 이르는 대부분의 구세계의 복잡다단한 선사고고학도 포 함하기 때문이다. 우리는 언어학자라고 할 수 없기에 그러한 주제를 잠시 다루는 것이 다소 무모하다. 개진된 견해의 불가피한 결과에 대해 지금은 깊이 잘 천착된 몇몇 중요 학문 분야에서 이의를 제기한다면, 이 연구는 아무쪼록 무모하고 사소한 작업이 되지는 않을 것 같다.

앞의 여러 장에서, 역사언어학자들이 일반적으로 선사고고학자들이 제공한 몇몇 전제를 받아들이고, 선사고고학자들이 언어학자들의 전제를 수용하는 그러한 논리 체계 가운데서 전통적 견해들이 어떻게 구축되었 는지를 살펴보았다. 이러한 전제 가운데는 거의 문제시되지 않는 몇 가지 결정적인 것도 있고, 전체 추론의 논증 과정에서 치명적인 약점이 있는 것도 있다. 오늘날 그 누구도 이와 같은 문제를 다루는 중요한 연구와 직 접 관련 있는 모든 분야에 걸쳐 전문적 식견을 가진 전문가는 없다. 그렇 지만 그 결과는 그러한 연구 분야의 전체 영역에는 기본적으로 중요하다. 여기서 제시한 견해와 이를 뒷받침하는 논거들이 다소간 무게가 있다면, 그 결과는 이와 같은 모든 분야에 아주 귀중한 타당성을 갖는다. 이들은 분명 유럽과 인디아 사회의 기원에 대한 우리의 사고방식에 중요한 의미 가 있다. 어떤 의미에서 이 접근방법이 갖는 함축 의미는 더 깊은 곳에 있다. 즉 이들은 고고학과 언어의 관계를 고찰하는 방법과 관련이 있다. 그리하여 결론적으로 우리는 인도유럽어와 아주 무관한 어군과 좀 더 광범한 연관성을 지닌 견해를 옹호하고, 어떤 의미에서는 세계적인 기반에 적용할 수 있는 견해를 옹호하는 데서 제기되는 함축 의미를 고찰할 것이다.

앞의 여러 장에서 초기 선사 언어의 기원에 대한 연구의 참신한 접근 방법을 옹호했고, 이와 동시에 언어가 발달하고 변화하는 과정을 다시 고찰했다. 또한 당연히 최근에 발달한 사회언어학도 존중했고, 선사고고학에 대한 과정주의적 접근방법도 채택했다. 구체적 선사 언어나 어군에 대한 고고학적 기록에서 직접적 증거를 발견하리라고는 예측할 수 없지만, 우리는 진정 인구 변화와 사회 변화의 과정을 연구할 수 있다. 이들 지역에서 이들의 변화 과정을 비록 가설적이기는 하지만 언어 변화와 상관 지을 수 있다.

후술할 인도유럽어에 대한 구체적 제안의 한계가 무엇이든 여기서 옹호하는 접근방법은 실제로 초기 선사 언어의 기원을 계속 연구할 수 있는 유일하고 타당한 방식을 제공한다고 분명하게 주장한다. 이 주장에 대한 비판자들은 제7장에서 제시한 제안에 당연히 이의를 제기할 수 있지만, 이들이 제6장의 제안을 합리적으로 수용 가능한 것으로 생각하지 않는 것은 다소 의외라고 여긴다.

우리는 구체적 해결책을 제안하면서 청동기 초기인 기원전 3000년 이후 그 언젠가 전체 유럽에 인구와 언어의 심층 변화가 있었다고 개진한 주장은 수용하기 어렵다고 생각한다. (이 주장들은 언어 선사 고생물학에서 생겨난 것으로, 그러한 변화를 잠정적으로 지지하는 선사고생물학에 대해서는 제2장과 제4장에서 비판했다.) 이러한 해결책에 대한 주요한 반대 이유는 고고학적인 것이다. 즉 그 당시의 고고학적 기록에서 그러한 결론을 정당화할 만한 심층적이고 광범위한 변화는 전혀 없었던 것 같다는 점이다. 비커 현상과 새김무늬 토기의 증거가 최근까지 그러했던 것처럼 광범위한 인구이동을 가리키는 것으로 받아들인다면, 이 경우는 여전히 옹호할 수도 있다. 그러나 우리가 살펴보았듯이 오늘날 고고학자들은 그러한 해석을 점차 지지하지 않는 경향이 있다.

유럽 선사를 개괄하면서 우리는 농경 확산 시기까지 곧장 거슬러 올라갈 때까지는 한때 사회적, 인구학적 결과에 아주 심대한 영향을 미치면서 지리적으로 아주 광범하게 언어 변동을 근본적으로 일으키는 과정을 관찰하거나 일련의 과정을 관찰할 수 있다는 것은 믿지 않는다. 물론 이러한 점이 수용된다고 하더라도 다른 가능성도 여전히 남아 있다. 문제의 이 변화들이 농경 확산 이전에 일어났다는 것은 여전히 논리적으로 가능하다. 이 가능성으로 그 주장을 구석기까지 끌고 갈 수 있다. 또한 물론 몇몇 학자가 그랬듯이 초기의 인도유럽어나 인도유럽어들의 확산에 의한 설명이 올바른 접근방법이 아니라고 주장할 수도 있다. 다소 다른 어떤 의미에서는 더욱 정태적인 모형도 제시할 수 있다.

언어-농경 가설은 유럽에 농경이 들어온 것이(이란과 인디아는 뒤에 가서 다시 언급할 것이다) 다양한 지역에 살던 기존의 중석기 주민이 필요한 동식물 자원을 단순히 획득한 것이 아니라 수 세대에 걸친 농경민의 끊임없이 계속된 이동을 통해 이루어졌다는 것을 주장한다. 어떤 개인도 새로운 농경지를 찾아 수 킬로미터 이상을 이동할 필요가 없고, 애머만과 카발리스포르차가 우아한 파상 모형에서 보여 준 바대로, 그러한 점진적이고 지속적인 이동의 결과로 새로운 주민이 확산되었고, 이들의 혈통은 주로 지속적인 농경 세대를 거쳐서 최초의 선사농경 지역과 당시에 살았던 이들의 인구까지 역추적하는 것이 가능하다.

그렇게 단도직입적으로 표명된 이 주장은 간결성이라는 장점은 분명히 있지만, 원거주지 모형이 도대체 무엇인지를 제대로 인지해야 한다. 비판자들은 우리가 전혀 예기하지 못한 곳에 있는 원고향(Urheimat), 즉 원거주지에 최초의 공통 인도유럽 조어를 사용하던 화자 집단인 **원주민**(Urvolk)을 복원하는 것 이상의 어떤 것도 아니라고 말할 수도 있다. 어느 정도는 그러한 관찰이 비합리적인 것은 아니다. 우리는 정말 기원전 6000년경에 동부 아나톨리아와 동부와 남동부의 인근 지역에—아마도 그 이외의 다른 곳은 아닐 것이다—오늘날의 모든 인도유럽어의 조상이 되는 언어를 말하던 사람들이 있었다고 주장했다. 그러한 것이 정말 일종의 **원거주지** 모형은 맞지만, 그것은 한물 지나간 전통적 종류의 이주주의자 모형은 분명 아니다. 이 모형은 아마도 호전적 유목민과 어떤 방식으로 연계된 다소 불분명한 핵심 지역에서 일어난, 설명되지 않는 급격한 발흥도 가정하지 않는다. 이와 반대로 그것은 초기 인도유럽어의 확산을 농경 채택과 밀접한 연관성을 지닌, 잘 정의된 인구학적 과정과 연계한다. 유목 발달은 타당하지만, 이것은 차후에 일어난 사건이며, 최초에는 러시아 초원지대의 서부에서 그 지역의 정주 농경사회에서 이미 이용하던 가축에 의존했다고 주장할 수 있다. 여기서 방향성이 있는 과정을 말한다면, 유목은 동부 유럽에서 **동쪽으로** 확산된 것이지 그 반대 방향은 아닌 것 같다. 어쨌든 러시아 초원지대 서부의 동유럽 여러 곳에서 뒤이어 채택한 유목경제는 유럽 전체에 근본적으로 영향을 미친 과정은 아니었다.

우리가 개괄한 바대로 이 가설은 적어도 한 가지 중요한 점에서 분명히 취약점이 있다. 왜냐하면 어쨌든 서유럽에서 일어난 농경제의 확산은 비록 농경민의 이동거리가 짧다고 해도 이동이 함께 수반되었는지가 아주 불분명하기 때문이다. 우리가 살펴본바, 그러한 주장은 오히려 남동부 유럽에서 훨씬 쉽게 수용될 수 있다. 그리스의 초기 신석기를 연구하는 학자들은 새로운 곡류 작물이 길들인 양, 염소와 아마도 소와 더불어 아나톨리아로부터 이 지역으로 수입된 것이라는 점에 동의한다. 에게해에서 볼 수 있는 것과도 같은 취락 상황과 취락 거주자를 관찰하는 것이 현재 실제로 가능하다. 이것은 곧 실제로 소수 집단의 농경민이 기르던 동식물을 싣고 배를 타고 이동했다는 것을 말하는 것이다. 인구확산파 모형도 또한 발칸반도로의 농경 전파를 설명하는 데 적합하고, 특히 대상문토기(帶狀紋土器, Bandkeramik)를 가진 다뉴브강의 초기 농경민이 북해와 거의 영국 해협까지 확산된 현상을 설명하는 데도 적합하다.[1] 영국에 도착한 최초의 농경민은 작은 배를 타고 영국 해협을 건넜는데, 이는 마치 이들의 옛 조상들이 2,000여 년 전에 [아나톨리아에서] 에게해를 건넜던 것과도 같다. 그렇지만 우리는 여기서 다른 대안을 제시할 수도 있다. 지금까지는 아주 희귀한 증거로 남아 있기는 하지만, 남동부 유럽은 기본 가축의 야생종이 발견되는 곳이자 최초의 가축 사육이 이루어진 핵심 권역에 속한다는 것이다.[2]

하지만 서부 지중해에서는 인구확산파 모형을 훨씬 쉽게 문제시할 수 있고, 기존의 중석기 주민의 인구 회복력과 **문화적응**, 즉 농경제의 채택 과정에 걸린 장기간의 시간을 강조하는 것은 더욱 쉽다. 진실로 최근 대부분의 전문가가 이 특성을 강조하고,[3] 대개가 이러한 토착 과정으로 생각하는 것을 더 선호한다. 휘틀은 이처럼 쓰고 있다.[4]

> "대부분의 서부 지중해 지역에서 일어난 점진적 변화는 현재 이러한 (초기 선사농경의) 2,000년간의 가장 놀라운 특징으로 남아 있으며, 유럽의 다른 지역과 괄목할 정도로 대조된다. 물론 남동부 이탈리아 사회 기원에 대한 견해에 따라 다르기는 하지만, 관찰된 모든 변화는 외부 사건보다는 오히려 역내(域內) 사건의 맥락에서 고찰될 수 있다."

분명히 이 과정은 복합적 과정이며, 농경의 채택과 발달은 동남부로부터 균일하게 확산된 과정의 결과로서 꾸준히 일정하게 완만히 일어난 것은 아니라는 점을 인정할 수 있다. 인구확산파 모형은 일부 지역에서 실제 일어난 것처럼 결코 그 과정을 상세히 기술하려는 것이 아니라 일반적인 기저의 메커니즘을 이해하려는 것이다. 아마도 비인도유럽어를 사용한, 농경제를 채택한 기존의 중석기 사회는 다른 특별한 사정의 변화가 없는 한 지금까지 미경작된 땅을 점유한 다른 농경민처럼 똑같은 인구 증가 과정을 겪었을 것이라는 점에 유의해야 한다. 그리하여 부분적 문화적 응의 모형은 궁극적으로 인도유럽어들이 농경민의 확산에서 유래하지만, 다른 지역어도 같이 잔존하면서 그 사이에 넓은 고립 지역이 생겨났다는 것을 예측한다.

서유럽의 초기 실상은 그러한 모자이크 형태 같은 것이었을 것이다. 지역적 차이로 어떤 지역은 농경제 확산으로 농경을 빨리 채택하고, 다른 지역은 외지에서 들어온 이주자들이 상당한 인구 증가 없이 그대로 인구를 유지하면서 농경이 점진적으로 서서히 발달했을 것이다. 중요한 비인도유럽어인 에트루리아어가 중부 이탈리아에 있었다는 현상은 이 견해를 채택해야 비로소 설명할 수 있다. 이는 바스크인에게도 적용되고, 또한 이베리아반도의 초기의 다른 비인도유럽어에도 마찬가지로 적용된다. 이베리아반도의 비인도유럽어는 기원전 마지막 몇 년간의 명문 파편을 통해서 희미하게 알 뿐이다

사실상 우리가 오늘날 보는 인도유럽어의 분포는 지우고 다시 쓴 일종의 고문서와도 같은 모습이다. 그 밑그림은 초기 선사농경 시대에 확립된 것이지만, 그 세부 그림은 수천 년에 걸쳐 지속된 수많은 과정의 산물이다. 이 과정들은 몇몇 방언과 언어에 중요한 단서를 전혀 남겨 놓지 않고 어쩔 수 없이 소멸되었을 것이다. 생존하지 못한 인도유럽어도 분명 있었을 것이고, 또한 다른 사회적, 인구학적, 언어적 과정의 결과로서 수백 년, 수천 년 동안 생존하다가 소멸된 원주민 언어도 역시 있었을 것이다(따라서 우리의 가설에 따르면, 비인도유럽어이다). 바스크어와 에트루리아어는 현재 지식에 남은 빙산의 일각일 뿐이고, 많은 또 다른 비인도유럽어가 그 이후 수천 년간 잔존했겠지만, 이들은 이제는 시간의 수면 아

래로 홀연히 사라져 버렸다.

따라서 여기서 개괄한 전체 모습은 많은 최초의 학자들이 채택한 유럽 농경의 기원에 대한 더욱 정교한 이론과 반드시 배치되는 것은 아니다. 그것은 관련된 지역적 다양성과 그러한 복합적 과정을 인정하는 것과 분명히 부합한다. 이러한 전체 모습은 서부 지중해의 농경이 전적으로 토착 과정의 결과라고 내세우는 주장이나, 당시 외부에서 들어온 주민의 상당한 인구 증가 없이 지역주민이 농경제를 채택했다는 주장과 얼마나 적절하게 잘 조화되는지는 알기 어렵다. 여기서 제안한 일반적 개요에 따르면, 그 모습은 기원전 4000년경의 후기 신석기 상황을 결과적으로 낳는데, 각 지역 내의 복잡한 문제는 있었겠지만, 이 시기에 남동부, 동부, 중부 유럽의 주민은 인도유럽어를 사용했을 것이고, 서부 지중해와 대서양 유럽에는 중석기 조상으로부터 유래하는 비인도유럽어 화자들이 거주했을 것이다. 이처럼 복잡한 상황을 강조한다고 해서 이 문제가 더욱 복잡해지는 것은 아니다. 인도유럽어의 기원에 대한 필자의 이론은 아마도 바커(Barker)나 루스웨이트(Lewthwaite)[5]와 같이 박식한 학자들이 주장하는 서부 지중해의 신석기 역내 기원설과 사실상 양립이 불가능하다. 그것을 인정하는 것이 좋을 것이다.

초기 인도유럽어는 기원전 7000년에 동부 아나톨리아에서 사용되었다는 가설은 분명히 러시아 학자 감크레리츠와 이바노프의 최초 저서에서도 개연성이 상당히 크다. 이들의 연구는 필자의 연구보다 범위가 훨씬 더 광범하고, 인도유럽어의 자음 체계 발달과 수정된 문법 구조의 양면에 대해 근본적으로 새로운 언어 이론을 제시한다. 이들은 다양한 논거를 들어 공통 인도유럽 조어가 사용된 최초의 원거주지를 동부 아나톨리아로 설정했다. 즉 이는 곧 우리가 아주 다른 논거로 주장한 원거주지의 지역과 정확히 일치한다. 즉 "최초의 인도유럽인의 원거주지는 동부 아나톨리아 내에 포함된 한 지방과 일치하는데, 곧 기원전 5000~4000년의 남부 코카서스와 북부 메소포타미아이다."[6] 비록 우리가 제안한 연대보다 늦기는 하지만, 이들이 제시하는 연대는 대부분의 학자보다 더 시기가 이르다는 점에 유의해야 한다. 이들의 논거는 주로 언어학적인 것으로, 무엇보다도 많은 인도유럽어가 공유하면서 또한 초기 단계에 지역적 근접성을 지지하는 데 이용되는 다양한 셈어 차용어에 의거해 있다. 따라서 이들의 언어학적 논거와는 완전히 독립적으로 우리가 고고학적 논거로 얻은 결론과 거의 완전히 동일한 결론을 얻었다는 것은 상당히 고무적인 일이다.

하지만 동시에 이들의 해결책은 한 가지 주요한 점에서 우리의 해결책과 근본적으로 다르다. 이들은 히타이트어가 역내에서 지역적으로 진화했다고 보았고, 그리스에서 그리스어의 위치는 아나톨리아에서 서쪽으로 이동한 결과로 간주하지만, 이들은 그 외의 인도유럽어는 일련의 복잡한 이주 과정을 통해 목적지에 도달했고, 이주 과정의 결과로 처음에는 (동쪽 끝까지 확장된 루트를 통해) 그처럼 많은 과거 학자가 기원을 설정한 북부 흑해 지역에 이르렀다고 한다.[7] "흑해 지방과 볼가강 초원지대의 북부 지방은 고대 유럽 언어의 근본적인 (이차적이지만) 공통 원거주지로 간주될 수도 있다." 물론 이 입장은 앞에서 제기한 고고학적 반론과 배치되며, 여기서는 수용할 수 없다. 그러나 이들의 저서에서 끌어낸 놀라운 고무적인 사실은, 언어 상황은 아주 유연해서 분명 그러한 권위 있는 유명한 언어학자들이 관례적으로 용인한 것보다 훨씬 더 이른 선사 시기에 동부 아나톨리아에 원거주지의 핵심 지역을 제안했다는 점이다. 이들의 저서는 분명히 서구 언어학자들에게 널리 수용되고 있다.[8]

동시에 이들은 우리가 선별한 것과 같은 근거에서 [더욱 기술적(技術的)이고 언어학적인 근거에 기초해서] 러시아 학자 디아코노프[9]에게 신랄하게 비판받았다.

"근본적인 질문을 제기해야만 한다. 누가 이주했는가? 왜 이주했는 가? 이주자 중 얼마나 많은 자가 거기에 있었는가? 이는 실제로 주민이 이주한 것인가 아니면 어느 한 주민에게서 다른 주민으로 언어가 전이된 것인가? 이들은 어려운 문제이지만, 적어도 유라시아 전역에 걸쳐 인도 유럽어가 확산된 것과 같은 복잡한 역사적 문제를 해결하려면 적어도 던 져 봐야 할 질문이다."

여기서 디아코노프가 옹호하는 견해가 정확히 이 책의 핵심 취지이 다. 즉 그러한 언어 변화의 저변에 깔려 있는 실체에 인간적 용어로 (그리 고 고고학적 용어로) 어떤 의미를 부여할 수 있는 과정주의적 접근방법을 택하는 것이 필요하다는 것이다. 이 모든 이유로 여기에 대담하게 개진한 언어-농경 이론은 적어도 유럽에는 명백하게 지지할 수 있는 주장이라고 생각한다.

하지만 이 러시아 언어학자들의 저서가 언어학적 관점에서 인도유럽 어 문제를 유의미하게 재개한 것이라는 점에는 의심의 여지가 없다.[10] 우 리는 더 큰 진보가 이루어지려면, 그 점이 필요하다고 생각한다.

토카라어와 더불어 인도이란어의 상황은 더욱 복잡하며, 유목경제의 발달은 적어도 중앙아시아에서는 중요 요인이었다는 데는 의심의 여지가 없다. 러시아 초원지대의 서부 극지역에서 경제적 적응이 이루어졌고, 이 것이 동쪽으로 확산된 것으로 보인다는 점은 살펴보았다. 그러한 견해는 전통적인 차일드와 김부타스의 주장과는 확연히 다르다. 북부 인디아 대 륙에서 사용된 최초의 인도유럽어는 기원전 6000년에 일찍이 농경확산과 의 결과로 거기에 들어왔는지의 여부는 현재로서는 매우 불확실하다. 기 원전 3000년의 이동유목 경제의 후기 확산과 그 후의 기마에 토대한 더욱 고차원의 사회조직은 전체 그림의 일부임에 틀림없지만, 기원전 3000년 처럼 아주 일찍이 인더스 문명에서 사용된 언어가 인도유럽어였다는 것은 전적으로 가능한 일이다.

또한 이와 유사한 언어-농경의 설명이 훨씬 더 이른 최초의 선사 시기에 분명히 얼마나 유효한 것인지를 살펴보면 흥미롭다. 북아메리카에 들어온 최초의 유럽 이주민은 곡류, 양과 소에 기반을 둔 거의 동일한 농경제—이는 약 1만 년 전의 근동에서 유래한다—를 가지고 거기에 들어갔다. 물론 다양한 전반적인 지역적 요인으로 북아메리카 지역의 세부 역사는 각기 매우 달라졌지만, 여기서는 동부에서 서부로 인구확산파가 일어났다. 오스트레일리아, 뉴질랜드, 남아메리카의 많은 곳에서도 이와 아주 유사한 관찰을 할 수 있다. 이들 각 지역의 경우에 새로운 농경 패턴의 확산과 연관해서 인구학적 과정에 의해 인도유럽어는 지배 언어가 되었다.

물론 이 나라들은 기술(技術) 같은 차이점도 있고, 유입된 이주민은 고도의 계급사회였으므로 엘리트 지배의 요인도 아주 중요한 요인이었다. 선사 유럽의 입장을 제국주의적 식민시대의 유럽 팽창과 동일시하면, 이는 전적으로 잘못된 것이다. 또한 우리는 밀, 보리와 인도유럽어 사이에 다소 신비한 연관성을 주장하려는 것도 아니다. 밀과 보리는 메소포타미아와 레반트 지역의 셈어와 확고하게 연관되어 있다. 요점은 단지 언어 확산은 이해할 수 있는 사회적, 인구학적, 경제적 과정—고고학자들은 이 과정을 연구하고 이해하려고 한다—과 진실로 관련이 있다는 것이며, 바로 이것이 우리의 주장의 요체이다. 제시한 해결책에 대한 세부 사항은 계속 탐구해야 할 과제로 남아 있고, 더 많은 연구를 통해 보완될 것이다. 더욱 중요한 것은 이 핵심 원리이다.

앞의 여러 장에서 개진한 중심 논지가 수용되면—분명히 불확실한 것으로 남아 있는 다양한 세부 사항에 대한 견해가 무엇이든 상관없이—그것이 관련 지역과 초기 언어 발달에 대한 우리 이해에 미치는 결과는 아주 심대하다. 왜냐하면 이것은 단순히 선사 전문가들에게 까다로운 문헌학적 문제가 아니기 때문이며, 그것은 또한 민족과 국가의 초기 역사가 중요한 것으로 사료되는 모든 연구 영역에도 영향을 미치기 때문이다.

그렇다면 우리는 광활한 엄청난 시간 깊이에 직면하는데, 근대 유럽 세계의 인도유럽 선조는 모두 유럽 땅에서 기원전 7000~6000년 이전으로 거슬러 올라간다. 우리 이론은 진정 궁극적으로는 아나톨리아 기원설을 주장하는 것이며, 인도유럽어가 공유한 언어 통일성이 대개 유래하는 것은 이러한 공통의 기원 때문이다. 그러나 이 기원은 아득히 먼 옛 기원, 즉 언어적 친족성의 공통 요소이다. 그러나 다른 많은 유사점은 이와 같은 공통 기원에서 기인하는 것이 아니라, 말하자면 공통의 **생활사**에서 유래한다. 초기 농경으로부터 철기시대의 사회를 거치는 철기 사용의 발달 경로는 유럽의 많은 지역에서 여러 방식으로 동일했다.

우리가 생각하기에 이것은 주로 공유한 환경 조건과 수천 년의 역사에 걸친 공유 경험에서 유래한다. 그 대부분은 특별히 **인도유럽적인 것이**라고 할 것이 없다.

중요한 특징, 어떤 점에서는 역설적인 특징은 이처럼 인도유럽어의 기원에 대한 자세한 고찰이 어떤 의미에서 우리가 공유한 인도유럽적 유산의 의미를 크게 강조하지 않는 데 이용된다는 것이다. 이 유산은 진정 오늘날의 모든 유럽어와 그 조상어가 공유하는 공통적인 언어 구조와 어휘이다. 그리고 기원전 9000~8000년경에 인도유럽 조어 방언의 가상적 어군까지 곧장 거슬러 올라간다. 하지만 초기 선사 인도유럽어가 현재 고찰 중인 유럽의 여러 나라에서 최초의 농경제 발달만큼 오래전에 사용되었다면, 그리고 그것이 공유 인도유럽적 유산에 이르게 된 결정적 과정이라면, 분명 언어적으로는 매우 풍부하기는 하지만 그 공동체나 공동체적 연대의식은 문화적으로 오히려 단순하다. 여기서 말하는 공동체는 제한된 범위의 가축과 재배작물, 제한된 범위의 수공업 기술을 가진 단순한 소작 농경민을 의미한다. 이들은 일반적으로 길쌈, 토기 제조, 다른 농경 기술을 보유하고 있었지만, 이들은 평등사회였다. 어쨌든 처음부터 이들을 **부족**으로 부르는 것은 사태를 과장해서 말하는 것이다. 왜냐하면 초기시대에는 다른 공동체들이 사회적 유대로 그렇게 강하게 결속된 것이 아니기 때문이다. 이와 반대로 이들은 아마도 개별 취락이나 이웃 공동체의 자율성을 강조하는 **분절사회**로 더욱 만족스레 기술된다. 당연히 이 공동체들 사이에 연계와 혼인 교환은 있었지만, 적어도 초기에는 **부족**으로 부를 만큼 더 큰 지역 연대로 생각하는 것은 잘못일 것이다.

계급사회의 발달과, 결국은 **군장사회**의 발달을 가진 더욱 정교한 사회조직은 몇몇 지역에서 단지 그 후에야 출현한다는 것이 이 견해에 내포되어 있다. 초기 역사시대나 문제의 이들 지역에서 우리가 파악할 수 있는 호전적 수장, 전사귀족 같은 위계의 경향은 원래부터 공유하던 인도유럽 유산의 일부는 아니었으며, 이 유산은 최초의 선사 농경민과 이들의 평등사회와 연관 지을 수 있다. 이것은 여기 개진한 견해의 피할 수 없는 결과인 듯하다. 그러나 어떤 면에서는 혁명적인 견해이다. 왜냐하면 초기 선사 인도유럽 사회에 관심을 두고 이와 정반대의 결론에 도달한 일련의 학문이 최근 몇 십 년에 출현했기 때문이다. 우리 생각에 그 약점은 인도 유럽인의 추정된 공동체적 특징 배후에 구체적인 역사적 실체가 있는지에 대한 근본적인 역사적 질문은 거의 고려하지 않았다는 것이다.

우리가 살펴보아야 할 세 가지 이유가 남아 있다. 언어 기원, 언어 분산과 고고학과 언어 연구의 관계가 그것이다. 이들을 요약해서 여기서 간단히 다룰 수 있을 뿐이지만, 그렇게 함으로써 차후에 더 많은 연구가 깊이 있게 이루어져야 할 영역을 지적해 보고자 한다.

고고학과 언어의 기원

언어의 기원 문제는 학문 자체만큼이나 오래된 것이며, 언어의 다양성이라는 더욱 구체적 문제도 물론 이 기원과 분리할 수 없다. 불행히도 언어 산출의 물리적 면모, 즉 해부학적 여러 면모는 이에 대한 분명한 정보를 거의 주지 않는다. 약 300만 년 이전의 오스트랄로피테쿠스의 시대 이래로 알려진 인류는 성대(聲帶)를 통해 어떤 형태의 발화를 산출하는 데 충분한 자질을 선천적으로 부여받았다. 인간적 의미에서 발화 가능성을 부여받았다는 것은 논쟁의 소지가 있다.[11] 그런데 문제는 오히려 신경생리학적인 것이다.

그리하여 언어 문제는 오늘날 단순한 신체 문제와 관련된 것이라기보다는 더 결정적인 상징능력의 문제를 제기하는 것으로 간주된다.[12] 언어는 의사소통의 수단일 뿐만 아니라 개인의 상징 개념을 다루는 장치이며, 그러한 장치로써 언어는 구조화된 사고에 필수적이라고 주장한다. 이 관점을 따른다면, 적어도 추론, 개념화에 유효한 능력 개발은 인간의 행동 패턴에 반영된다고 이의를 제기할 수도 있다. 물론 이들을 물질 유물을 통해 연구할 수 있다. 그러한 것이 오늘날 널리 받아들이는 의견이다. 당연히 그것은 물질문화의 상징적 측면을 크게 강조하지만 상부 구석기의 동굴 예술, 즉 회화와 작은 소지품에서 보는 바대로 초기 회화는 강조하지 않는다.[13]

현대의 많은 연구자는 우리가 아는 바대로 언어 발달과 신체적으로 완전한 현생인류, 즉 약 4만 년 전의 **슈퍼지능** 인간의 출현을 동일시하려는 경향이 있다. 여기서 이러한 동일시는 슈퍼지능 인간의 신체 특징의 출현이 상부 구석기에서 보는 새로운 진화 차원의 행동 발달과 대략 시간적으로 같은 시기라는 현재의 견해에 기초해 있다. 서부 유럽에서 신체적 의미로 슈퍼지능 인간은 오리냑[페리고르 I (Perigordian I)] 물질문화와 등치될 수 있고, 이보다 더욱 동쪽은 그라베트(Gravette) 물질문화와 동일시된다. 이보다 더 이전의 덜 변화한 무스티에(Moustier) 물질문화는 유럽과 기타 지역의 현생인류의 선조인 네안데르탈인, 즉 **네안데르탈 지능인간**과 동일시될 수 있다. 현재 연구의 매우 흥미로운 측면은 이와 같은 상관관계의 타당성에 대한 탐구인데, 이 관계는 어떤 점에서 의문시되었다. 더욱이 9만 년 전이라는 훨씬 더 오래된 과거에 현생 인류의 남부 아프리카 출현에 대한 증거가 점차 많이 나타나고 있으며, 이들의 행동 패턴의 변화는 도구 제조에 반영되어 함께 출현한다. 이 행동 패턴은 그 이전 인류의 행동 패턴과 대조되는데, 과거 인류의 행위는 그 이전에 생각한 것보다 훨씬 더 단순한 것으로 최근 학자들이 재평가하고 있다.

그러한 문제는 현재 열렬히 탐구하는 중이어서 확고한 결론을 끌어내기란 시기상조이지만, 상징 개념 능력의 강력한 도구로서 인간 언어의 발달은 **슈퍼지능 인간**의 출현과 연관 가능성이 있다는 것은 오늘날 아주 확실하다. 이 견해에서 보면, 그 이전의 인류는 정말 매우 제한된 언어능력을 가졌던 것 같다.

그러한 결론은 역사언어학에 즉각적인 함의를 갖는다. 왜냐하면 이같은 결론은 이 주제가 영향을 미치는 잘 정의된 시간 틀을 설정하기 때문이다. 현대적 의미에서 서로 다른 언어들의 분화 과정은 인간집단과 더불어 모든 지역에서 약 4만 년 전부터 진행된 것으로 생각할 수 있다.

분명 **슈퍼지능** 인간의 지리적 확산에 대한 역사적 재구는 고고학적 수단을 통해 착수할 수 있다는 것은 의심의 여지가 없다. 진실로 이 과정은 형질인류학(즉 유골을 포함한 신체 형태)이 상부 구석기의 잘 정의된 물질문화와 등치된다면 훨씬 간단해질 것이다. 완전한 현생인류가 아프리카에서 최초로 출현해서 거기서 약 4만 년 전에 분산했는지의 여부는 여전히 논란이 있지만, 이는 더 많은 연구로 해결해야 할 과제이다. 우리 생각으로는 이 시간대를 역사언어학이 탐구할 수 있는 시간 틀로 가정할 수 있다.

물론 일반적 의미의 인간의 언어능력의 기원 문제와 다양한 개별어와 어군의 기원 문제를 구별해야 하겠지만, 이와 동시에 이 두 가지 문제는 분리할 수 없을 정도로 밀접하게 연관되어 있다. 오늘날 인간은 선천적인 언어능력을 가지고 있으며, 개인의 초기 언어 발달에서 적어도 한 언어로 말하고, 정상적으로는 자기 주위에서 사용하는 언어로 말하도록 보장하는 언어능력이 있다. 개별 개념을 지칭하는 구체적 단어의 정확한 형태는 대부분의 경우 자의적이다. 그러므로 언어 표류의 경향이 있는 경우, 직접 접촉하지 않는 집단들 사이의 언어 형태는 점차 다양하게 분화하며, 따라서 언어의 다양성 출현은 어쩔 수 없는 불가피한 일이다. 그러므로 언어의 다양성은 인간의 발화능력의 완전한 발달만큼이나 이른 시기에 출현했을 것으로 예측할 수 있다.

그러면 우리가 현재 논의 중인 현 세계의 다른 언어 집단을 추적할 수 있으려면 얼마나 과거로 거슬러 올라가야 하는가 하는 문제가 제기된다. 기원전 8000년경 농경 발달과 관련한 인구학적 과정에서 인도유럽어족의 기원을 찾기보다는 이보다 훨씬 더 이전 시기로 거슬러 올라가 그 시기를 확정 짓고, 이들을 슈퍼지능 인간의 확산과 연결 지어야 하는가? 분명히 이는 과거의 몇몇 고고학자가 선택한 입장이고, 선험적 근거에서 즉각 폐기되었다.

물론 그러한 견해는 언어연대학의 방법에서 끌어낸 결론과도 배치된다. 제5장에서 어휘통계학이 언어들 사이나, 아니면 적어도 언어의 어휘들 간의 유사성과 차이점을 양적으로 측정하는 방도로 실용적 가치가 있을 수 있는 반면, 언어연대학의 기저가 되는 언어 변화의 일정한 비율이 매우 의심스러운 것이라고 결론지었다. 그리하여 우리는 초기 인도유럽어 방언들의 분화 시기를 기원전 5000년이 아니라 1만 년 전으로 설정하는 것은 어휘통계학적 고찰과 배치되지는 않지만, 이 사건을 4만 년 이전의 더 과거로 거슬러 올라가 설정한다면 난점이 초래된다고 주장했다.[14]

다른 한편으로 이보다 더욱 과거로 회귀해서는 안 될 것 같다. 세계의 주요 어족의 분리는 이 초기 시기보다는 더욱 오래된 과거의 일이겠지만, 이들 어족 내의 언어 분화는 상부 구석기 시기와 이보다 더 이른 시기를 통해서 훨씬 후대에 일어났을 가능성이 있다. 구석기 연구(비록 우리가 살펴본 바대로 이들 몇몇 연구는 그 이전의 연구자들이 이미 예측했다)의 최초 발달이라는 맥락에서 보면, 현재로서 이들은 비교적 새로운 생각이다. 현재로서는 일관된 시간 틀에 연구의 초점을 두고 광범한 전반적 연구 분야라는 것을 인식하는 것으로도 충분하며, 이 시간 틀 내에서 지구적 차원에서 언어 분화의 전체 모습을 언젠가는 그려 볼 수 있을 것이다. 우리가 강조한 바대로 그러한 연구 계획은 기저에 작용하는 사회적, 경제적, 인구학적 과정을 심각하게 고려해야 할 것이다. 그렇게 함으로써 보다 구체적인 방식으로 이용 가능한 고고학적 증거에 노력을 집중할 수 있을 것이다.

고고학과 언어 분산: 특히 폴리네시아어와 반투어와 관련하여

인도유럽어의 문제와 여기서 제시한 그 해결책은 지구상의 다른 곳에서 출현하는 한두 가지 문제에 대해 많은 유사점을 제시하므로 간단히 논의할 가치가 있다. 폴리네시아어(Polynesian)의 경우, 일반적으로 인정되는 대강의 해결책은 근거가 충분하고, 폴리네시아어 연구보다는 인도유럽어 연구에 더욱 유용한 것으로 생각된다. 하지만 반투어(Bantu)의 경우 전체적 사안이 논란이 많으므로 인도유럽어와 반투어 문제를 나란히 두고 비교하는 것이 서로에게 유익하다.

폴리네시아어

폴리네시아어 사용 공동체는 쿡 선장 시대 이래로 알려졌다. 실제로 이들 언어 가운데 가장 다른 언어들 관계의 유사성은 인도유럽어의 하위 어군 중의 한 어군(예컨대 로망어군) 내의 관계와 비교할 수 있다. 이들 관계는 모두 예컨대 힌디어와 그리스어의 관계보다 훨씬 더 가깝다. 폴리네시아어는 훨씬 더 큰 분류군인 오스트로네시아어족(Austronesian family)에 속하며, 여기에는 약 800개의 언어가 있고[역주: Ethnologue는 1,256개, Burst(2003)는 1,257개의 언어로 제시], 인도네시아, 필리핀, 미크로네시아, 폴리네시아, 그 밖의 지역에서 사용된다.[15] 반면 오스트레일리아, 대부분의 뉴기니아, 솔로몬 제도의 상당 지역의 언어들은 오스트로네시아어와 친근 관계가 없다. 이들 언어의 관계는 〈그림 11.2〉에 요약되어 있다.

폴리네시아어는 비록 더 큰 오스트로네시아어족 내에 다소 소규모의 어파를 형성하지만, 중부 및 동부 태평양의 도서에 분포하는 모습은 특히 유익하다. 특히 태평양고고학의 발전으로 이들 지역의 대부분 섬의 최초

┃ 그림 11.1 ┃ 주요 오스트로네시아의 언어 구분을 보여 주는 태평양 지도
(출처: Jennings).

식민지배 시기가 이제 확정되었다.[16]

최초의 이곳 정착민들의 물질문화와 경제를 이제 탐구할 수 있다. 대부분의 경우, 문제의 섬의 최초 주민은 현재의 거주민의 조상이라는 것이 분명하고, 역사적 재구는 이제 점차 논란의 여지가 없어진 것처럼 보인다. 그러나 이것은 과거에 전혀 논란이 없었다는 것을 의미하는 것은 아니다.

서부 폴리네시아의 최초의 거주민은 기원전 1300년경에 통가 섬에 도착했음이 이제 분명해졌다. 관련 유물군은 라피타 문화(Lapita culture)로 알려졌고, 좀 더 이른 시기에 훨씬 더 서부인 피지(Piji)에서 관찰된다. 서부 폴리네시아 전체는 더욱 근세(기원후 1세기 이전에)에 식민화되었고,

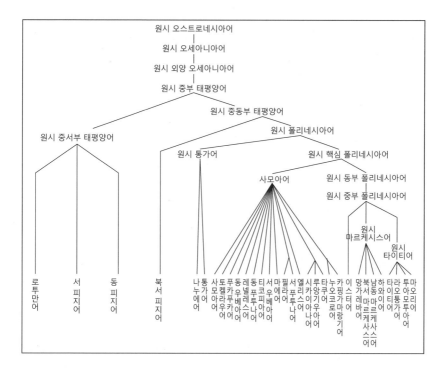

┃ 그림 11.2 ┃ 피지와 폴리네시아어의 수지 그림(출처: Bellwood).

섬의 경제는 원예 경제였다. 이들은 기원전 3000년경에 동남부 아시아의 여러 섬에 이미 이용했던 작물(재배한 타로 토란, 얌, 빵나무 열매, 코코넛)과 돼지, 개를 길렀다. 물질문화는 토기, 석제도구와 (인구 분산에 결정적으로 중요한) 돛을 단 현외장치 카누 등이었다.

동부 폴리네시아의 초기 정착은 마르케사스 제도, 타히티, 하와이, 이스터섬에서 기원후 300~700년경에 시작되었다. 뉴질랜드는 기원후 1100년경에 이주민이 도착했다.

이것은 이전에 인구가 전혀 거주하지 않은 지역의 초기 식민지배의 과정이다. 이러한 점에서 그것은 분명히 초기 농경 발달 시기에 유럽에 영향을 미쳤던 인구학적 과정과는 현저히 다르다. 하지만 이와 동시에 이러한 과정이 또한 언어의 급속한 확산과 다수의 지역어로의 분화 과정이기도 하며, 농경제(또는 원예 경제)의 확산과 결과적으로 특정 동식물 재배의 확산과도 연관이 있음을 이해해야 한다.

특히 언어 분화 과정을 유럽의 확산 과정과 비교하는 것이 유익하다. 폴리네시아에는 다른 모든 언어 분산처럼 **창시자 효과**가 분명히 드러난다.[17] 공여자 지역에서 생겨난 언어 분리는 (연쇄형의 계열에서 이 연쇄의 각 고리가 후속 고리의 **공여자** 역할을 하는 과정을 염두에 둔다면) 그 지역에만 전형적인 것은 아니다. 왜냐하면 어느 지역 내에서도 당연히 문화적으로나 언어적으로 일정한 변동 범위가 있기 때문이다. 그리하여 수용자 지역은 비교적 소수의 개인 집단('창시자들')에 지배되는데, 이들의 언어와 물질문화는 그들이 유래하는 지역에 완전히 전형적인 것도 아니다. 이러한 방식으로 시간이 지나면서 지역적 표류와 분기로 인해 아주 명확한 차이점이 나타나기 시작한다. 이러한 과정은 생물 진화 일반의 작용에서 널리 잘 알려진 것이다. 이는 인간 문화에만 독특한 특징적인 것은 아니다.

따라서 폴리네시아어 사례와 인도유럽어 사례를 비교하는 것은 유익하지만, 이와 동시에 폴리네시아어의 지리적 변동 패턴은 인도유럽어의

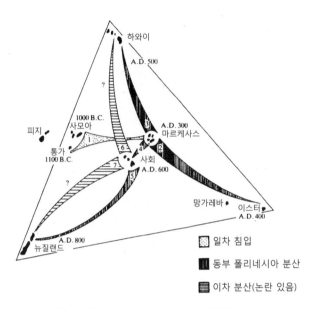

하와이

A.D. 500

?

1000 B.C.
사모아

피지

통가
1100 B.C.

A.D. 300
마르케사스

사회

A.D. 600

망가레바

이스터
A.D. 400

?

A.D. 800
뉴질랜드

일차 침입

동부 폴리네시아 분산

이차 분산(논란 있음)

┃그림 11.3┃ 고고학적 해석과 방사성 탄소 연대 측정법에 기초한 초기 주민의 태평양 제도 발견의 연대 도표. 통가섬은 기원전 1200년경에 피지에 정복당한 것으로 보인다(출처: Jennings).

경우보다 훨씬 더 적절하게 언어 확산 모형의 기대치와 일치한다. 어휘통계학적 연구를 폴리네시아어에 적용해 본다면, 일반적으로 언어의 유사성 패턴은 언어 분산의 경로 패턴을 따른다. 그리하여 가장 잘 알려진 언어들은 공통조어로부터 가장 나중에 분리된 언어들이며, 언어 분산의 재구 경로에서 어느 정도 예측이 가능하다. 우리가 살펴본 바대로 인도유럽어는 이처럼 아주 명료한 패턴이 나타나지 않지만, 이러한 패턴을 이용하여 언어 분산의 잠정 경로와 이 분산의 역사적 연쇄는 어휘통계학적인 유사성을 예측할 수 있다.

반면 게르만어와 같이 인도유럽어의 특정 하위어군 내의 모습을 살펴보면, 보다 더 이해 가능한 유사성 관계의 패턴이 출현한다. 언어들이 역사적으로 더 이상 분명히 소실되지 않고, 훨씬 더 크게 달라지면 난점이 나타난다. 이 현상은 오스트로네시아어의 사례에서도 어느 정도 적용되고, 이러한 비교는 분명히 유익하다. 그것은 바로 폴리네시아에서는 고고학적, 언어학적 증거가 아주 분명히 일치되기 때문이다.

반투어

아프리카의 반투어의 사례는 아주 다른 경우인데, 왜냐하면 언어학적, 고고학적 모습이 아직 그리 명확하지 않기 때문이다. 하지만 아주 분명한 것은 중부와 남부 아프리카의 광대한 지역에 걸쳐서 언어학자들이 단일 어족에 속하는 것으로 분류한 언어들이 사용된다는 점이다.[18]

인도유럽어의 경우처럼 그러한 현대적 언어 분포가 언어 분산의 과정─그 최초의 일차 발생지를 찾아야 한다─의 결과라는 가정이 널리 받아들여지지만, 인도유럽어의 경우처럼 이 가정을 의문시해 볼 필요가 있다는 점에 유의해야 한다. 루왕가 루니고(Lwanga-Lunyiigo)는 이처럼 제안했다.[19]

"반투어를 말하는 흑인들이 고대로부터 동부 아프리카의 대호수 지대로부터 자이레의 대서양 해안에 이르는 아주 넓은 띠 모양의 영토를 차지했고, 추정하는 바처럼 서부 아프리카로부터 중부, 동부, 남부로 주민이 이동하지 않았다."

그가 원거주지 확산 모형을 반박하지 않고, 상당한 언어 통일성이 출현하는 훨씬 더 광대한 지역을 옹호하는 한, 그의 입장은 인도유럽어 연구에서 취한 트루베츠코이의 입장과도 비교할 수 있다.

다시 한 번 언어학자들은 추정된 원거주지를 가리키는 언어학적 증거에 대한 해석에 의견이 일치하지 않는다. 그린버그(Greenberg)[20]는 원초적 중심 지역을 현대의 가장 다양한 언어군이 분포하는 지역에 인접한 것

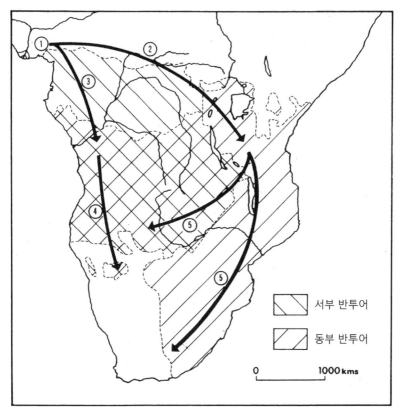

┃ 그림 11.4 ┃ 아프리카 반투어의 확산(C. Scarre가 연구해서 그린 그림).
　　　　　　1. 초기 반투어의 원거주지: 아프리카 초기 철기제조 시대의 거점
　　　　　　2. 호수 사이 지역으로 철기 제조의 확산: 동부 반투어의 형성 초기
　　　　　　3. 콩고와 그 너머로 초기 농경과 철기 제조의 확산 : 서부 반투어
　　　　　　4와 5. 철기 제조와 소 유목, 동부 반투어의 더욱 광범한 확산

으로 보는 반면, 거스리(Gusthrie)[21]는 원고향은 현대어가 공통 반투어군과 가장 고비율의 단어를 가진 지역에서 찾는다. 다시 많은 주장이 순환, 반복되고, 고고학자들은 가정을 권위 있는 언어학자들에서 인용하고, 역으로 언어학자들도 그렇게 한다고 말할 수 있다. 이에 대해 바시나(Vasina)[22]는 이처럼 말한다.

"언어학의 우위로 놀랄 만한 상황이 발생한다. 고고학자는 언어학자의 결론을 이용하여 그 추론을 물질문화에 기초를 두고, 언어학자는 고고학자의 결론에서 출발해서 반투어의 하위어군이나 어파의 화자들을 지리적 영역에서 확인하려고 한다."

여기서도 역시 언어를 물질문화의 구체적 측면—이 경우는 철제 가공—과 일치시키려는 경향이 있다. 때로는 반투족의 호전적 성향이 있다는 것을 주장의 근거로 제시하기도 한다.

그렇지만 최근에 올리버(Oliver)와 필립슨(Philippson)[23]은 현재 분포하는 반투어의 북서 지역에서 초기 반투어가 최초로 확산된 것과 그곳 농업의 착수와 길들인 염소의 활용을 연결 지으려는 노력이 있었다고 지적한다. 그 후속 단계인 기원전 1000년 초에, 오늘날 반투어 사용 권역의 동부 지대에 새로운 곡류를(수수를 포함) 재배했고, 가축 양의 사육이 철제 가공과 함께 발달했다.

이 주장은 아직 인구학적 용어로 완전하게 체계화되지 않았지만, 이들은 일관된 과정적 원인을 언어 변화의 기저에 잠재하는 사회적, 인구학적 힘으로 설정하고 있다는 장점이 있다(제6장에서 옹호한 바처럼). 여기서도 인도유럽어의 사례처럼 언어군의 확산은 수렵채취민보다는 농경제의 확산과 연관되어 있다. 이처럼 더욱 최신 이론의 발전이 있기 전에는, 이들 다양한 반투어 부족의 호전적 특성, 철제 무기와 도구의 소지 같은 것 이외에 이주에 따른 확산 주장은 체계적 근거가 없다고 확실히 반대할 수 있다. 이제 기저에 있는 언어 확산의 잠재적 역동적 힘을 고려한다면, 이 사례는 훨씬 더 타당한 생명력을 지닌다.

물론 우리는 이러한 다양한 가설을 지지하기 위해 제시된 고고학적 증거의 장점을 평가할 입장이 아니고, 또한 더욱이 언어학적 주장을 내세울 입장도 아니지만, 인도유럽어 문제에 대한 이 책의 논의가 반투어 연구에도 확실히 적용되는 일반적 유효성이 있다고 생각한다. 이는 언어 확산에 작용하는 인구학적 과정의 탐구에 우선권을 두고, 따라서 고찰 중인 여러 지역의 생업 경제의 재구에 우선권을 둔다. 엘리트 지배 모형이 기원전 4000년의 초기 인도유럽인에게 부적합하듯이 초기 반투어군에도 부적합하다. 폴리네시아어의 경우는 초기 식민지배화의 사례가 되겠지만, 여기서도 언어 교체를 다룰 때면 새로운 버전의 생업/인구학적 모형을 찾아야 한다는 것은 분명하다. 그렇다면 이 두 가지 문제의 실제적인 유사성, 특히 그 해결책에 대한 언어학자와 고고학자의 접근방법이 유사하다는 것이 분명하다. 지리적 지역 연구자들은 개별적으로 다른 지역 연구자의 실수와 진보에서 무언가를 배울 것이 분명 있을 것 이다.

고고학과 언어 연구의 관계

지난 세대에 언어학 연구는 혁명을 거쳤고, 상징과 개념을 사용하는 인간 능력과 점차 분리불가한 것으로 보이는 이례적이고 유일무이한 언어능력—어떤 의미에서 인간의 가장 중요한 차별적 표지—에 대해 훨씬 더 깊이 있게 생각하는 것을 배웠다. 고고학 역시 중요한 진보를 경험했으며, 선사고고학의 대규모 프로젝트는 인간의 출현과 뒤이은 발달을 보다 더 고차원에서 이해하게 했고, 연구가 성공적으로 잘 수행되어 이러한 경로를 따라 형성된 획기적 발견 가운데 몇 가지는 점차 상당히 분명해졌다.

이 책을 쓰면서 이 책의 기저 교훈을 더욱더 확실히 파악하게 되었는데, 그것은 두 학문이 아주 의미심장하게 서로 상호작용을 제대로 하지 못했다는 것이다. 비록 우리의 주된 관심사는 단일한 인도유럽어족이었고(그렇지만 주요 어족이다), 이를 논의하는 과정에서 당면한 문제는 다른 어족의 논의에서 야기되는 문제와 거의 흡사했다. 인도유럽어는 놀랄 만큼 유리한 장점이 있는데, 이는 셈어와 공유하고, 중국어와 또 다른 한두 어족과도 공유한 장점이다. 즉 해당 어족의 화자들에게 있는 초기 문자 진화를 통해서 연구할 수 있는 상당한 시간 깊이를 지닌다. 그러나 이러한 이점에도 불구하고 대부분의, 아마도 거의 모든 논의가 이들 언어 발달에 대한 지배적인 견해에 극도로 불만스러워한다는 결론은 피할 수 없다.

이와 같은 인도유럽어의 구체적 사례에서 우리는 지금까지 언어 자체 연구, 즉 역사언어학에서 얻은 결론과 고고학의 물질적 증거를 서로 조화할 타당한 방법이 지금까지 없었다는 것을 보이려고 노력했다. 이는 곧 이 두 부류의 증거를 이용하려는 설명이 구체적 실체가 거의 없거나 아예 없었다는 것을 의미한다. 이와 같은 주장을 전제하면서 우리는 분명히 고고학적 증거와 추론 영역이 언어학적 추론 과정보다 우위에 있다는 것을 주장하는 것은 아니다. 이와 반대로 이 전체 연구에서 일차적 난관은 초기의 (비문자) 시대의 고고학적 증거가 당시 사용된 언어에 대해 직접적으로 말해 주는 바가 전혀 없다는 것이다. 적어도 고고학적 유물, 즉 물질문화는 연대기적 작업틀 내에 확고하게 자리 잡고 있다. 우리는 언제 이 사물들이 제조되고 매장되었는지를 말할 수 있다. 역사언어학은 더욱 최신 증거들부터 초기의 선사 언어형을 구성하는 것이 합리적이고 타당하더라도 이를 연대기적 작업틀 내에 확고히 결정할 수 있는 방법이 없다는 약점이 있다. 확고한 절대적 연대를 제시하는 언어연대학의 주장은 강력하게 폐기될 수도 있다(하지만 이는 어휘통계학과 다른 계량적 접근방법이 언어관계에 빛을 던져 줄 수 있다는 것을 부인하는 것이 아니라 이들의 연대를 확정 지을 수 없다는 것이다).

결국 역사언어학자에게는 언어적으로 정해진 시간 계획에 따르는 개념적 세계 속에서 작업하려는 유혹이 있고, 달력상에서 확고한 시간 계획이 실현되는 물질적 대상의 물리적 외부 세계에서 인구이동, 영향, 환경 변화에 대한 주장이 실제적으로 무엇을 의미하는지를 아주 강력하고 명료하게 질문하지 않으려는 유혹이 있다. 뒤메질과 그의 추종자들의 연구를 비판한 것은 폐쇄된 다소 은밀한 신화 세계에서 작업하려는 이와 같은 의도이다. 이들은 시간과 공간에 뿌리가 없는 공통 인도유럽 사회와 신앙의 황금지대에서 작업한다. 그것은 마치 오스트레일리아 원주민이나 아서(Arthur) 왕의 서사에 나오는 카멜롯(Camelot)의 꿈의 시대 같은 것이다. 정말 너무나 그렇게 함으로써 언제나 어디에서와 같은 산문적 질문을 한다는 것은 거의 무례한 것 같다.

그러나 언제, 어디에서는 고고학자들이 산문식으로 던지기 좋아하는 질문이며, 이에 대한 대답은 갖춰져 있다. 진정한 문제는 이 두 세계의 주장을, 두 분야의 담론을 건설적으로 관계를 맺도록 구성하는 것이다. 우리는 그렇게 하는 방법론이 개발될 수 있다는 것을 지적하려고 노력했다. 이 과제는 **변화 과정** 사이의 관계를 더 잘 이해함으로써 착수할 수 있다. 즉 한편으로는 언어적 과정과, 다른 한편으로는 고고학적 기록에 물질적 흔적을 남기는 과정이 그것이다. 이들을 중개하는 현상은 대개 사회적, 인구학적 현상이다. 언어 변화는 사회의 다른 특징과는 상관없이 허공에서 일어나지 않는다. 그것은 사회언어학에서 최근에 얻은 교훈이다. 언어 변화와 관련이 있거나 이 변화를 가속화하는 사회 내의 다른 요인은 물질 세계에도 동시에 영향을 미치며, 고고학적 기록에서 그 흔적을 발견할 수 있다. 이것은 더 많은 연구를 요구하는 연관관계이며, 우리는 그러한 진보가 이루어지리라고 낙관한다.

물론 회의론자는 그러한 연구 계획의 실현 가능성에 대해 아주 조심스러울 수 있다. 우리 스스로는 두 학문이 중요한 진보를 하려고 하는 찰나에 있음을 낙관한다. 다음 10년이나 20년 후에 현생인류인 **슈퍼지능** 인간이 출현한 시기와 장소를 훨씬 더 잘 알 수 있을 것 같다. 또한 발달하는 기호학 같은 분야에서 이루어지는 차후의 연구로 언어능력(그리고 개

넘 능력)과 인간 행동의 다른 면모의 상관관계를 훨씬 더 적절히 잘 이해할 수 있을 것이다. 이러한 진보가 이루어지면, 인간 행동의 분석을 통해서 구석기 시대의 물질적 인공 유물에 반영된 바대로 언제 완전한 현생인류의 언어적 개념 능력이 출현했는지 그 시기를 좀 더 정확히 알 수 있을 것이다.

이런 시기가 오면 다양한 인간 언어의 진화와 발달의 전체 과정을 설정하는 새로운 시간 틀을 구축할 수 있을 것이다. 현재로서는 어쨌든 전 세계의 대부분의 지역에 유효한 시기는 약 4만 년 전인 것처럼 보인다. 그러한 시간 틀 내에서 인도유럽어의 진화뿐만 아니라 광범한 어족과 다른 주요 어군 사이의 모든 관계를 설정하는 것이 가능할 것이다. (우리는 이들 관계를 여기서 다루지 않았는데, 그 이유는 주로 현재 그러한 논의의 바탕이 되는 방법론에 확신이 없기 때문이다.) 그러면 현재까지 실행이 가능했던 것보다 더욱 유익한 선사고고학과 역사언어학을 상호 접근시킬 수 있다. 일관된 방법론에 기초하고 회의적 평가에 열려 있는 그러한 접근론 대신에 우리는 지금까지 보다 순진하게 서로의 신화에 기초해서 연구해 왔다. 인도유럽어의 영역에서 언어학자들은 거의 한 세기 이전의 고고학적 정통성을 추종하려고 했고, 반면 고고학자들은 역사언어학자들의 결론을 액면가 그대로 채택하여 그들이 전혀 문제시되지 않았던, 하지만 어떤 경우에는 정당하지 못한 고고학적 가정에 토대해 있음을 이해하지 못했다.

물론 이 모든 것이 왜 조금이라도 문제시되는지를 의심하는 학자도 있을 것이다. '왜 우리는 사이렌 요정들이 무슨 노래를 불렀는가?'에 관심을 갖는가? 아니면 호레이스 월풀(Horace Whirlpool)이 간결하게 말했듯이, "얼마나 어색하고 어설픈 사람이 예술의 동틀 무렵이나 쇠락하는 시기에 있었는지를 아는 데는 아무 관심이 없다." 그러나 많은 사람이 오늘날 다른 견해를 가지고 있다. 우리의 정체성, 아니면 적어도 정체의식이 우리 자신의 과거에 놓여 있음을 꽤 많이 알고 있다. 오늘날의 우리는 우리가 되어 온 과정의 결과이다. 이를 이해하기 위해, 그리고 이러한 과정을 이해하기 위해 우리의 과거는 어떠했으며, 우리가 어디서 유래했는지를 알 필요가 있고, 아니면 적어도 이해하기 시작할 필요가 있다.

인간집단에 대해 사고하는 관례적 방식이나 가정하는 방식, 즉 인간집단을 서로 다른 분리된 **민족**(인간집단)으로 구별하는 것이 기계적으로 건전하다는 것은 상당 부분 19세기의 산물이다. 그것은 어느 정도는 고전적인 역사가와 지리학자의 견해에서 나온 것이며, 이들이 가진 종족성이나 국민성의 개념은 즉각 그들이 서술하는 때로는 멀리 떨어진 곳의 사람들에게 투사할 수 있는 것으로 가정하는 경향이 있었다. 19세기와 그 이전에 유럽 여행가들은 여러모로 고전시대의 지리학자들이 그랬던 것처럼 **저 바깥에**, 저 너머 세계에 대해 이 같은 견해를 가졌다. 문명화된 세계 저 너머에는 무례한 야만족이 우글거리는 이상한 나라들이 있고, 이들을 분류하고, 명명하고, 집단으로 나누어 어떤 의미로 범주화해서 다스리거나 지배하려고 했다.

이제 우리가 보여 주려는 바는 이러한 문제를 재고해야 하며, 특정 인종 집단과 그들의 추정된 이주를 강조하기보다는 오히려 작용하는 기저의 경제적, 인구학적 과정을 강조해야 한다는 것이다. 우리의 의도대로 언어 변화의 정확한 메커니즘이 무엇인지를 질문해야 한다. 즉 이 메커니즘이 어떤 사회적 실체에 대응하는지, 고고학적 기록에 반영된 이 사회적 실체를 어떻게 발견할 것을 기대해야 하는지? 이러한 개념을 인도유럽 공통조어 문제에 적용하면, 이들은 인도유럽어의 기원에 대한 통상적 견해가 건전한 것이 아니라는 생각을 갖게 된다. 그 대신에 선사시대 인구의 생활방식을 변화시킨 결정적으로 중요한 사건, 즉 농경의 개시를 유럽과 근동의 선사에서 발견할 수 있다. 농경 발달에 대한 고고학적 증거는 분명한 개요를 제시하기에 충분하며, 기본적인 곡류 작물인 밀과 보리가 아나톨리아에서 그리스로 확산되고, 유럽을 지나 브리테인과 아일랜드까지 이르게 된 과정은 오늘날 확실히 기록화할 수 있다. 그러한 심원한 경제적, 인구학적 변화는 문제의 이들 지역 내에 사용된 언어에 아주 중요한 함의를 가졌음에 틀림없다. 그러면 최초의 선사 인도유럽어는 최초의 재배 식물과 가축 사육과 함께 기원전 6000년경에 아나톨리아에서 유럽으로 건너왔으며, 이들은 사실상 유럽의 최초의 선사 농경민의 언어였을 가능성이 매우 크다. 우리의 제안은 이것이 바로 인도유럽 공통조어의 문제 해결책에 대한 열쇠라는 것이다. 그러한 견해는 인도유럽어의 역사 이해에 수많은 결과를 초래한다. 이들 중 몇 가지 결과는 앞에서 지적했다. 다른 결과는 역사언어학자와 고고학자 또는 이 두 분야의 연구자들이 함께 연구해야 할 필요가 있다. 왜냐하면 아주 오래전부터 고고학자와 언어학자는 서로 상대방의 과거에 대한 견해를 신뢰하는 것으로 그쳤기 때문이다. 이제 그 과제는 이처럼 서로 다른 견해를 조화하는 데 필요한 방법론을 개발하는 것이다. 그리고 결국 이 견해들을 양립 불가능하게 만든 기성의 선입견을 밝혀내고, 이들을 재조사하고 다시 선정하는 것이다.

주해

서문: 세이렌 요정들은 무슨 노래를 했는가?

1. Browne 1658, 5장.
2. Shakespeare, 『햄릿(*Hamlet*)』 2막, 2장.
3. Myres 1930; Childe 1950.
4. Childe 1926.
5. Kossinna 1902.
6. Myres 1930, 538.

제1장   인도유럽 조어 문제의 개요

1. Jones, Sir W. 1786, Jones 1807과 Lehmann 1967, 7-20에 재수록.
2. 편리한 영어판 『아베스타(*Avesta*)』는 Darmesteter 1884와 1887, Mills 1887 참조.
3. 동사 'to bear, to carry'에 대해서는 Childe 1926, 14; Bodmer and Hogben 1943, 189 참조.
4. Young 1813.
5. 『리그베다 찬가(*Hymns of the Rigveda*)』의 영역본은 Müller 1891, Oldenberg 1897, Griffith 1973 참조.
6. Schlegel 1849.
7. Bopp 1816.
8. Darwin 1859.
9. 『창세기(*The Book of Genesis*)』 9장에서 이를 분명하게 설명한다.

> 9.18   방주에서 나온 노아의 아들들은 셈과 함 그리고 야벳이었고, 함은 가나안의 아비니라.

9.19　노아의 이 세 아들들로 좇아 백성이 온 세상에 퍼지니라.

이 설명은 10장에서도 계속되고, 여기서 야벳의 후손들이 맨 먼저 열거되고 결론을 맺는다.

10.5　이들로부터 여러 나라 백성으로 나뉘어서 각기 방언과 종족과 나라 대로 바닷가의 땅에 머물렀더라.

그리고 햄과 셈의 후손들도 비슷하게 열거되어 있다. 그 뒤의 11장에서는 언어 기원(Glottegenesis)을 전혀 달리 설명하고 있다. 비록 이 두 가지 기원이 양립할 수는 있지만, 이는 분명히 신화 전통이 다른 것이다.

11.1　온 땅의 언어가 하나였고, 말이 하나였더라…

11.6　여호와께서 가라사대, 이 무리가 한 족속이요 언어도 하나이므로 이같이 시작하였으니 이후로는 그 경영하는 일을 금지할 수 없으리로다.

11.7　자 우리가 내려가서 거기서 그들의 언어를 혼잡케 하여 그들로 서로 알아듣지 못하게 하자 하시고.

11.8　여호와께서 거기서 그들을 온 지면에 흩으신 고로 그들이 성 쌓기를 그쳤더라.

11.9　그러므로 그 이름을 바벨이라고 하니, 이는 여호와께서 거기서 온 땅의 언어를 혼잡케 하셨음이라. 여호와께서 거기서 그들을 온 지면에 흩으셨더라.

10. Pictet 1877 참조.
11. Schrader 1890. 인도유럽어 연구의 초기 발달에 대한 훌륭한 개관은 Mallory 1973 참조.
12. Kossinna 1902.
13. Childe 1915.
14. Childe 1925.
15. Childe 1926.
16. 선사 그리스에 대한 인도유럽인의 영향에 대해서는 Green 1981, 18 참조.
17. Childe 1926, 212.
18. Childe 1950.

19. Bosch-Gimpera 1960, 1961; Devoto 1962; Hencken 1955.

20. Gimbutas 1968, 1970, 1973a, 1973b, 1977, 1979, 1980.

21. Gimbutas 1970, 156.

22. Friedrich 1970b, I; Friedrich 1970a 참조.

제2장 고고학과 인도유럽어

1. Vansina 1965.

2. Daniel 1962, 30-9.

3. Renfrew 1974b, 12.

4. Childe 1929, v-vi.

5. Childe 1956, III-3I.

6. MacKendrick 1962, 162-5.

7. Coldstream 1971.

8. Bloch 1960.

9. Malone and Stoddart 1985.

10. 켈트 고고학의 초기 역사는 De Navarro 1936이 잘 개관하고 있다.

11. Collis 1984.

12. 탁월한 서평은 Champion et al., 1984 참조.

13. Gamkrelidze and Ivanov 1983a와 1983b; 또한 1984b.

14. Sayce 1927, Mallory 1973, 45에서 재인용.

15. Dhar 1930.

16. Koppers 1934.

17. W. Schmidt 1949.

18. Diakonov 1984.

19. Kühn 1934.

20. Schwantes 1958.

21. Kossinna 1902.

22. Schrader 1890.

23. Childe 1926, 183-4, 188.

24. Childe 1926, 196-8.

25. Sulimirski 1933.

26. Childe 1950.

27. Gimbutas 1960; 1968; 1970; 1973a; 1973b; 1979; 1980.

28. Gimbutas 1970, 184.

29. Gimbutas 1973b, 166.

30. Piggott 1965; Piggott 1983에는 없다.

31. Bosch-Gimpera 1960.

32. Devoto 1962.

33. Hencken 1955.

제3장 소멸한 언어와 잊힌 문자: 인도유럽어, 과거와 현재

1. Demoule 1980.

2. Müller 1891; Oldenberg 1897; Darmsteter 1887; 1894; Mills 1887.

3. Herodotus, 『역사』 제I권(Godley 1920, 1-272).

4. Garcia Silva Figueroa, 1620, 『페르시아 진기록(De Rerum Persicarum Epistola)』, Antwerp, Pope 1975, 85에서 재인용.

5. 문자와 해독에 대한 일반적인 논평은 Gelb 1963; Pope 1975 참조.

6. Pope 1975, 112.

7. Goyvaerts 1975, 224. 이 어군의 근대 인디아어파에 속하는 다른 언어들은 다음과 같다(Lockwood 1972, 192-252): Sindhi, Lahnda, Panjabi, Gujurati, Matchi, Rajasthani, Bhili, Khandeshi, Bihari, Oriya, Western Pahari, Kuamoni, Garhwali, Nepali, Assamese, Sinhalese, Maldivian. 다른 근대 페르시아어로는 다음과 같은 언어가 있다. Balochi, Tati, Talishi, Gilani, Mazandarani, Gorani, Zaza, Pashto, Yaghnobi, Mamjani, Yidgha, Parachi, Ormuri, Pamir.

8. 히타이트 문명과 언어의 발견에 대한 이야기는 Ceram 1956에 잘 나와 있다. 히타이트 고고학에 대해서는 Gurney, 1962 참조.

9. Gurney 1962, 6; Pope 1975, 141.

10. Hrozný 1915.

11. Hrozný 1917. Ceram 1975, 82에서 재인용.

12. 보가즈쾨이 점토판에 나오는 (어떤 경우에는 짤막하게) 8개 언어는 다음과 같다.
    1) 악카드어(셈어).
    2) 설형 히타이트어(Hittite), 히타이트어 또는 네사어(Nesite)라고도 한다.
    3) 수메르어(비인도유럽어).
    4) 후르리어(Hurrian, 비인도유럽어).
    5) 루위어(Luwian). 점토판이 아니라 인장과 명문(銘文)에 새겨진 설형 히타이트어는 루위어 방언으로 기록되어 있음에 유의하라.
    6) 팔라이어(Palaic. 루위어처럼 아나톨리아어, 즉 인도유럽어에 속하며, 히타이트어와 관계가 있다).
    7) 원시 히타이트어(Proto-Hittite) 또는 하티어(Hattie, Hattian으로도 불린다. 비인도유럽어).
    8) 앞의 언어와는 다른 언어로 된 인도유럽어 용어들이 승마술에 대한 논저에 나오는데, 이는 키쿨리(말 조련사)가 히타이트어로 기록했다. 키쿨리(Kikkuli)는 미탄니 영토에서 유래하는 후르리어이다.
13. Crossland 1967, 9-16. 출처가 있다; Gurney 1962, 6장; 개관에 대해서는 Lockwood 1972, 259-74.
14. Kossinna 1902.
15. Forrer 1922.
16. Goyvaerts 1975, 222. 몇몇 다른 아나톨리아어도 있는데, 이것은 이른바 '신아나톨리아어'이다. 이들은 고전 시기에 사용되었고, 이들에 대한 지식은 별로 많지 않다(Lookwood 1972, 266). 이들 언어에 카리아어(Carian)와 리디아어(Lydian)도 속하며, 그 후에 그리스어로 교체된 일련의 언어도 있는데, 이들 언어는 다음과 같다. Bithynian, Cappadocian, Cataonian, Cilcician, Isaurian, Lyaconian, Mariandynian, Mysian, Pamphylian, Paphlagonian, Pisidian, Phrygian, Pontic. 비티니아어(Bithynian)와 르리기아어(Phrygian)는 일반적으로 트라케어(Thracian. 때로는 아르메니아어와 함께)와 함께 분류되어 트라코프리기아아족(Thraco-Phrygian family)을 구성한다. 이는 나중에 언급할 것이다. 물론 아르메니아어도 살아 있는 언어이다.
17. Myres 1930.
18. Evans 1895; 1909; 1952; Pope 1975, 8장과 9장; Hooker 1980, 7-18.

19. Chadwick 1961; Ventris and Chadwick 1973.

20. Chadwick 1961, 71.

21. Chadwick 1961, 135와 147.

22. Hopkirk 1984는 이야기를 잘 구성하고 있다.

23. Stein 1912.

24. Strabo, 『지리서(*Geography*)』 II, 8.2(Jones 1928, 261).

25. von Le Coq, 1928; Hopkirk 1984, 10장.

26. Hoernle 1911; 1916.

27. Sieg and Siegling 1921; Sieg, Siegling and Schulze 1931.

28. Keith 1938; Bosch-Gimpera 1960, 46-8; Lockwood 1972, 253-8; Lane 1970.

29. Sinov 1963, 221.

30. Goyvaerts 1975, 222.

31. 초기 이탈릭어에 대한 주요한 논의 가운데는 Pulgram 1958, 1978; Conway, Whatmough and Johnson 1933; Devoto 1974; Lejeune 1971; 1974가 있다. 라틴어에 완전히 지배되기 전까지 이탈리아의 언어 풍경은 엄청나게 다양했고, 이 책의 핵심 문제에도 큰 관심사가 된다. 이탈리아 반도 언어들 중에 사어가 된 언어는 에트루리아어(Etruscan), 움브리아어(Umbrian) 외에도 Pulgram(1978)은 다음 언어를 구별한다.
    리구리아어(Ligurian): 소량의 주해와 소수의 지명을 포함한 희귀 자료를 통해 알려짐. "이 방언에 대해 아는 바가 거의 없을지라도 그것이 인도유럽어라는 것을 배제할 수 없다."(Pulgram 1978, 35)
    레폰티어(Lepontic): 소수의 명문으로부터 알려짐. "아마도 켈트어(Keltic, Gallic)와 이탈릭어 사이에 끼어 있다." Lejeune (1971)은 이를 켈트어로 간주한다.
    라에티어(Raetic): 로마인에게 라에티인(Raeti)으로 알려진 부족과 관련됨. 이들의 언어는 인도유럽으로 추정된다.
    베네치아어(Venetie): 이탈릭어의 특징을 가진 인도유럽어(Lejeune 1974).
    동부 이탈릭어(East Italic): 피케눔(Picenum)의 언어. 텍스트 자료는 어떤 것도 해석되지 않는다. 풀그람(Pulgram)은 이 언어를 인도유럽으로 간주하는 것에 회의적이다.

메사피어(Messapic): 칼라브리아(Calabria)의 초기 언어. 몇몇 고대 작가는 그 화자들이 일리리아에서 칼라브리아로 왔다고 하지만, 일리리아어에 대한 직접적 증거 자체는 아주 희귀하다. 풀그람의 논평(1978, 63): "메사피어를 미지의 '일리리아어'와 연결 짓는 것은 무모한 일 같다."

그 외에 적어도 시칠리아에 한 언어가 있다.

시칠리아어(Sicel 또는 Sicilian): 이 언어가 기록된 세 개의 명문이 알려져 있고, 많은 논문에서 이 언어를 연구했으나, 주로 종족 명칭을 곡예하듯 다루었다. 인도유럽어로서의 지위는 불확실하다.

32. Devoto 1974.

33. Pallottino 1975; Devoto 1943, 1944, 1963.

34. Goyvaerts 1975, 223.

35. Goyvaerts 1975, 224. 그리스어를 생략했는데 이상하게도 슬라브어로 목록에 열거되어 있다.

36. 에트루리아어의 뛰어난 입문은 Pallottino 1955, 10장-12장; Pallottino 1975 참조. 존 레이(John Ray)를 포함하여 소수 학자들은 에트루리아어를 인도유럽어로 간주하는데, 아나톨리아어로도 생각한다는 점에 유의해야 한다. 이는 서부 아나톨리아의 리디아로부터 이동했다는 학설과 조화된다.

37. Tovar 1970; 1977b; Stevenson 1983, 30-3; Collins 1986.

38. Lockwood 1972, 175-82. 고고학적 배경에 대해서는 Burney and Lang 1971, V장 참조.

39. Lockwood 1972, 172-5; Hencken 1955, 38.

40. Stevenson 1983, 44.

41. Hrozný 1931; Conteneau 1948; Kammenhuber 1961.

42. Lesny 1932; Gelb 1944; O'Callaghan 1948.

43. 기원전 14세기 히타이트-미탄니 조약에 나오는 인도유럽 신들의 명칭 또한 고려해야 한다. Thieme 1960 참조.

44. 히타이트어와 인디아의 초기 선사 언어의 심원한 기저 관계에 대한 더 많은 문제 역시 논의되었다. Sturtevant 1947, 1962; Bonfante 1946; Pisani 1949; Adrados 1982.

45. 이 그림은 앞의 논의에 근거하며, Stevenson(1983)와 Goyvaerts(1975)를 포함해서 여러 가지 수지 모형을 종합하고 있다. 이들의 기원에 대한 모형으

로서가 아니라 편의상 언어 목록의 작성이나 분류로 생각해야 한다.

제4장 원거주지 문제

1. Müller 1888.

2. Montagu 1964.

3. Lehmann 1973, 232.

4. Lehmann 1973, 233.

5. Fraser 1926, 266-7.

6. Goody 1959.

7. Lehmann 1973, 232.

8. Piggott 1950, 246.

9. Friedrich 1970a ; 1970b.

10. Fraser 1926, 266-7.

11. Friedrich 1970b.

12. Childe 1926, 91-3.

13. Barth 1961, 9-10.

14. Pulgram 1958, 146-7.

15. van Wijngaarden-Bakker 1974 ; Champion et al. 1984, 207 ; Bökönyi 1979.

16. Sangmeister 1963.

17. Clark 1966.

18. Shennan 1977 ·

19. Renfrew 1974, 74.

20. Shennan 1982, 159 ; Shennan 1986.

21. Burgess and Shennan 1976.

22. Whittle 1981, 335.

23. Gallay 1981.

24. Shennan 1986.

25. Neustupný 1969.

26. Häusler 1981.

27. Tilley 1984, 121, 142.

28. Menk 1980, 361.

29. Gimbutas 1970.

30. Sherratt 1981.

31. Goodenough 1970, 258, 262; 또한 Anthony 1986 참조. 흑해 형식의 쿠르간 매장법의 서부 전파가 있었다는 사실은 헝가리 증거로 기록되었다 (Ecsedy 1979).

제5장 언어와 언어 변화

1. 언어학과 역사언어학에 대한 유용한 입문서는 Lehmann 1973; Bynon 1977; Stevenson 1983; Lyons 1981 참조. 더 오래되기는 했지만 여전히 유용한 고전적 연구는 de Saussure 1959; Meillet 1934; Bloomfield 1935; Meillet 1970이다.

2. Lehmann 1973, 8.

3. Schleicher 1863.

4. Lehmann 1973, 7-8.

5. Bloomfield 1935, 310.

6. Bloomfield 1935, 311.

7. Bynon 1977, 218.

8. J. Schmidt 1872.

9. Bloomfield 1935, 316.

10. Lehmann 1973, 27.

11. Kilian 1983, 13.

12. Scherer 1968, 215의 Trubetskoy 1939.

13. Scherer 1968, 216의 Trubetskoy 1939.

14. 지역언어학에 대해서는 Masica 1976; Emeneau 1980 참조.

15. Bloomfield 1935, 317.

16. Lehmann 1973, 57.

17. K. H. Schmidt(1977, 5)는 언어 비교와 유형에 대한 논의에서 유익하게도 로만 야콥슨(R. Jakobson)을 인용한다. "언어 분류의 '세 가지' 기본적인 주

요 방법에 대해 계통적 방법은 친근관계로 작업하고, 지역적 방법은 유사관계(affinity)로, 유형론적 방법은 동형관계로 작업한다." 분류는 자연적인 작업이 아니라 경우마다 그 결과를 지배하는 주요 역할을 하는 일련의 가정이 있음을 기억해야 한다.

18. Bynon 1977, 198-215; Labov 1966; Goyvaerts 1975, 156-83.

19. Bloomfield 1935, 464(존 레이는 이집트 민중어들이 규칙에 대한 예외라고 친절히 알려 준다. 극소수의 차용어를 가지고 있기 때문이다.)

20. Narroll 1964; Barth 1969; Dragadze 1980.

21. Swadesh 1972; Lees 1953; Rea 1973; Swadesh 1960.

22. Bynon 1977, 268에서 인용.

23. Lees 1953.

24. 제안된 공식은 $t = \log c / 2 \log r$이다. 여기서 c는 (100개 단어 목록에서) 통계 단어 퍼센트이고, r은 상수로서 분리된 지 1,000년 후에 유지되는 통계 단어 수의 측정된 퍼센트이다.

25. Rea 1973; Tischler 1973; Bird 1982; Robin 1973.

26. Kruskal, Dyen and Black 1971; Dobson 1981; Cavalli-Sforza and Feldman 1981, 27-9.

27. Sokal and Sneath 1973.

제6장 언어, 인구, 사회조직: 과정주의 접근

1. 고고학에서 모형의 이용에 대한 일반적 논의는 Clarke 1972 참조.

2. Bynon 1977, 256-61; Hymes 1971; Taylor 1956; Hall 1958.

3. Clark 1966.

4. Shennan 1986; Burgess 1980.

5. Ammerman and Cavalli-Sforza 1984, 63; Hassan 1981.

6. Hassan 1981.

7. Phillipson 1977, VIII장; Guthrie 1970; Mann 1970; Ehret and Posnansky 1982.

8. Ammerman and Cavalli-Sforza 1973; 1979; 1984.

9. Ammerman and Cavalli-Sforza 1973, 344.

10. Alexander 1977; 1978.

11. Fried 1967.

12. Service 1962.

13. Renfrew 1979.

14. Renfrew 1978, 그림 4.

15. Krader 1955, 1959; Barth 1961; Khazanov 1984, 52, 57, 63, 80.

16. Diakonov 1984, 62.

17. White 1980, 42; 또한 Littauer 1981. 기마와 관련된 더 최근의 모형은 Anthony 1986 참조.

18. Goody 1971, 46.

19. Champion 1980, 42.

20. Childe 1958, 70.

21. Childe 1936; 1942.

22. Lattimore 1937; 1940; Watson 1971.

23. Binford 1968.

24. Roux 1966, 135-48.

제7장 유럽의 초기 언어 분산

1. J. M. Renfrew 1973.

2. Hansen and Renfrew 1978.

3. Theochares 1973.

4. Ammerman and Cavalli-Sforza 1973, 350-1.

5. Barker 1985; Ammerman and Cavalli-Sforza 1984.

6. Ammerman and Cavalli-Sforza 1973; 1979; 1984.

7. Bodmer and Hogben 1943, 309-42.

8. Tringham 1971, 68.

9. Péquart et al., 1937; Péquart 1954; Roche 1965; 또한 아일랜드어는 Burenhult 1980, 113과 Burenhult 1984, 138-9 참조.

10. Srejović 1972.

11. Higgs and Jarman 1969.

12. Barker 1985, 252.

13. Rodden 1965.

14. Nandris 1970.

15. Sherratt 1982.

16. Piggott 1965, 59; 또한 Clark 1965 참조.

17. Phillips 1975.

18. Higgs 1972; 1975; Dennell 1983; Barker 1985.

19. Geddes 1985, 28; 또한 Geddes 1980. (이 참고문헌은 Sebastian Payne이 알려 주었다.)

20. Barker 1985, 251.

21. Dennell 1983, 156-7.

22. Ammerman and Cavalli-Sforza 1984, 99-100.

23. 아일랜드는 Woodman 1976, 303 참조. "요컨대 이용 가능한 희소한 증거는 이러한 생활양식의 변화는 사고가 아니라 사람들의 도래로 야기된 것이라는 것을 가리킨다."

24. Jackson 1955 참조.

25. 예컨대 에트루리아어와는 별개로 이탈리아와 시칠리아의 초기 언어 가운데 "리구리아어, 시칠리아어 또는 (피케눔의) 동부 이탈릭어"가 인도유럽어였는지는 아주 불확실하다."(Pulgram 1978)

26. Krahe 1954; 1957.

27. Krahe 1957, 454.

28. Georgiev 1961; 1973.

29. Bosch-Gimpera 1960; 1961. J. Neustupný(1976, 14)는 농경 확산과 유럽의 인도유럽어의 상관관계를 제안했다.

30. Wertime 1964.

31. Swadesh 1960, 345.

32. Aspinall, Feather and Renfrew 1972.

33. Mellaart 1967.

34. Mellaart 1962; 1964; 1981.

35. Zohary 1969.

36. Mellaart 1975.

37. Masson and Sarianidi 1972.

38. 이 견해와 Gamkrelidze and Ivanov(1983a; 1983b; 1984)가 최근에 제안한 견해의 유사점은 제11장에 더 자세히 논의된다.

39. Childe 1915.

40. Chadwick 1973, 255.

41. Myres 1930, 538; 최초의 반대 견해는 Sakellariou 1980 참조.

제8장 초기 인도이란어

1. Emeneau 1966, 123, 127.

2. Griffith 1973, 90-1.

3. 차토파댜야(Chattopadyaya)는 저서의 한 개 장 「리그베다-삼히타의 다사와 다슈(Dasa and Dasyu in the Rigveda-Samhita)」(1976, 206-14)에서 이 용어들은 초자연적 존재, 구체적으로 악마를 가리킨다는 것을 제시한다. 이 잠정적인 독해는 이들을 그 지역의 베다 이전의 원주민(아마도 드라비다어를 사용한 자들)으로 간주하려는 학자들의 주장의 약점을 지적한다. 인간이든 악마든 이들은 아리야족의 기원을 어떻게 이해하든 간에 상관없이 추정된 이주민으로서의 지위는 전적으로 언어적 가정에 입각해 있다.

4. Marshall 1924.

5. Parpola 1971; Koskenniemi et al., 1973.

6. Alekseev et al., 1969; Zide and Zvelebil 1976.

7. Rao 1973; 1982.

8. Wheeler 1947, 78-82.

9. Renou 1969(Griffith 1973, 65).

10. Jarrige 1985.

11. Allchin 1982.

12. Allchin and Allchin 1982, 182, 그림 7.11; Agrawal 1982, 165.

13. Allchin and Allchin 1982, 213, 그림 8.18; Marshall 1931, 58.

14. Agrawal 1982, 154: Allchin and Allchin 1982, 211, 그림 8.16.

15. Thapar 1973.

16. Allchin and Allchin 1982, 303.

17. Masson 1981.

18. Masson and Sarianidi 1972, 45.

19. Bird 1982.

20. Jarrige 1980.

21. 예컨대 『찬가』 CLXII, 17, "If 만일 어떤 자가 앉자마자 그대를 거세게 발뒤꿈치나 채찍으로 고통을 주었다면 …"(Griffith 1973, 108).

22. 『호메로스의 찬가 Homeric Hymns』(Evelyn White 1914, 286-463)에서 아테나가 '도시의 수호자'(erusíptolin)란 수식어를 갖지만(『찬가』 XI과 XXVIII), 도시생활에 대한 표지는 거의 없다.

23. Sankalia 1973 ·

24. Khazanov 1984, 98; Briant 1982; 또한 Anthony 1986.

25. Piggott 1983, 57, 63, 103; Wiesner 1939.

26. Piggott 1983, 29.

27. Allchin and Allchin 1982, 190. 그림 7.17.

28. Marinatos and Hirmer 1960, pl. 146, 147; 메소포타미아는 Littauer and Crouwel 1979 참조.

29. 히타이트 전차는 이집트 부조에서 나타난다. 예컨대 Akurgal 1962, pl. 3; Meyer 1914, 13, 그림 4; 후기의 히타이트 부조에서 나오는 것은 예컨대 Akurgal 1962, pl. 105; Meyer 1914, pl. VI-VIII.

30. Childe 1958b, 727, 그림. 527; 기원전 약 1450년 아메노피스 4세 (Amenophis IV) 치하에서 더 초기의 수레 광경이 나온다.

31. Potratz 1939; Briant 1982. 미케네 그리스의 기마상은 후기 헬라스 IIIB 시대에서 유래하는 작은 테라코타로 만든 작은 조각상에 나온다(Hood 1953).

32. 예컨대 Meyer 1914, 60, 그림 48. 메소포타미아에서 나온 문헌 증거는 기마가 기원전 2000년 초에 알려졌다는 견해를 제시한다(Littauer and Crouwel 1979, 67).

33. Wiesner 1939, pl. III. 5. 확실한 출처 없는 목재 모형(Metropolitan Museum, New York)에 대해서는 Zeuner 1963, 20, 그림 12.12 참조. 그 연대는 기원전 1580년으로 제시되었다.

34. Potratz 1966; Littauer and Crouwel(1979, 61)은 북부 코카서스의 부드러운 입안 재갈과 함께 뺨에 부착하는 딱딱한 금속막대의 초기 출현을 지적한다.

35. Piggott 1983, 87-90; Lichardus 1980. 이들을 재갈로 사용했을지라도 기마
    보다는 수레에 사용했을 것이다. 또한 Anthony 1986 참조.
36. White 1962; Littauer 1981.
37. Bökönyi 1978.
38. Masson and Sarianidi 1972, 120; 낙타는 Bulliet 1975 참조.
39. Childe 1958b, 718, 그림 517; Littauer and Crouwel 1979, 25.
40. Childe 1957, 149-58; Gimbutas 1970.
41. Hančar 1256; Bökönyi 1974, 238, 트리폴리예 B 문화의 맥락이 제안되
    었다. 또한 Bökönyi 1978 참조. 스레드니 스토크 문화의 아주 초기의 길들
    인 말의 뼈들이 발굴된 지역이 있는 곳은 데레이브카이다(Telegin 1986).
    Merpert(1977, 377)가 기록하듯이, "나는 스레드니 스토크 문화를 만들어
    낸 것은 볼가강에서의 이동이라고는 생각하지 않고, 그러한 주장은 틀린 것
    으로 간주한다. 스레드니 스토크 문화와 기본적으로 상관관계를 갖는 것은
    드니에프르의 신석기이다." 또한 Anthony 1986 참조.
42. Masson and Sarianidi 1972, 153.
43. Lockwood 1972, 233; Talbot Rice 1957, 39.
44. Sinov 1963.
45. Lockwood 1972, 246.
46. Jarrige 1980.
47. Henning 1978.
48. Henning 1978, 219.
49. Shaffer 1984.
50. Allchin and Allchin 1982; Agrawal 1982; Possehl 1982.

제9장 켈트인의 종족적 기원

1. Strabo IV. iv. 2, Tierney 1960, 267에서 재인용.
2. Diodorus Siculus V. 31, Tierney 1960, 251에서 재인용.
3. Dragadze 1980; Bromley 1974; Gellner 1980, xi.
4. Hubert 1934a, 권두 삽화; Moreau 1958, pl. I.
5. Powell 1958, 13.

6. Childe 1929, v-vi.

7. Narroll 1964; Barth 1969.

8. Bromley and Kozlov, Dragadze 1980, 162에서 재인용.

9. Goody 1967.

10. Tierney 1960.

11. Tierney 1960, 198-9.

12. Tierney 1960, 199-200.

13. Tierney 1960, 190 참조.

14. Powell 1958, 17.

15. Hubert 1934a, 24.

16. Caesar, 『갈리아 전기(*De Bello Gallico*)』 I, 1(Edwards 1963, 3에서 재인용). Hubert(1934a, 22)는 카이사르의 Celtae와 Galli의 구별의 중요성을 무시한다. "기껏해야 이 구절은 카이사르가 갖는 단어의 두 가지 다른 발음이 있는 것으로 생각한 것을 의미할 수도 있다."

17. Diodorus Siculus V.21(Oldfather 1939, 155에서 재인용).

18. Diodorus Siculus V.24(Oldfather 1939, 163).

19. Diodorus Siculus V.32(Oldfather 1939, 181).

20. Diodorus Siculus V.33(Oldfather 1939, 185).

21. Strabo 4.1.14(Jones 1923, 211에서 재인용).

22. Strabo 4.5.2(Jones 1923, 255에서 재인용).

23. Caesar, 『갈리아 전기(*De Bello Gallico*)』 V. 12(Edwards 1963, 249에서 재인용).

24. Ross 1974, 33.

25. Greene 1964, 14.

26. Dillon, 〈켈트인의 도래〉 강의, Evans 1977, 67에서 재인용.

27. 켈트어와 관련된 지식을 편리하게 이용할 수 있는 간략한 요약은 Greene 1964; Dillon and Chadwick 1972, 1장과 9장; Greene 1977 참조; 대륙 켈트어와 관련해서 우리는 Evans 1979, Tovar 1977c, and Schmidt 1979의 견해를 따랐다.

28. Jackson 1955, 151, 152.

29. Dillon and Chadwick 1972, 199.

30. Watkins 1963 ; 1970.

31. Dillon and Chadwick 1972, 220에서 인용.

32. Dillon and Chadwick 1972, 208에서 인용.

33. Evans 1977, 66에서 인용.

34. Whatmough 1970.

35. Lejeune 1971.

36. Tovar 1949 ; 1977b, 1977c.

37. Powell 1958, pl. 76.

38. Fleuriot 1975와 de Hoz 1982에는 더 많은 참고문헌이 있다.

39. Untermann 1963 ; de Hoz 1982.

40. Tovar 1970.

41. Filip 1977 참조.

42. Szabo 1971.

43. Stahelin 1907.

44. Greene 1964, 14.

45. Powell 1958 ; Filip 1977.

46. 초기 켈트 예술에 대한 최초의 논의는 Hawkes 1976 ; Frey 1976 ; Schwappach 1976 참조. 주로 Jacobsthal(1944)을 이용한다.

47. Filip 1977, pl. 24 and 25 ; T. Taylor(개인적 의견 교환).

48. Piggott 1968, 25.

49. Merriman(근간).

50. Wells 1980, 여러 곳.

51. Hawkes 1976 ; Champion and Champion, 1986.

52. Renfrew and Cherry 1986.

53. Hawkes 1973 ; 1976.

54. Bosch-Gimpera 1940.

55. Arribas 1964.

56. Schmidt 1979, 190-1(참고문헌 생략).

57. Kimmig 1962.

58. Dillon and Chadwick 1972, 2-3.

59. Clark 1966.

60. Hodson 1964.

61. Hawkes 1973.

62. Livy, 『로마사(*History of Rome*)』 V권. xxiii.

63. Dillon and Chadwick 1972, 205.

64. Tovar 1977a.

65. Krahe 1957 ·

66. Tovar 1977c, 49.

67. Tovar 1977a, 29.

68. Tovar 1975.

69. Hawkes 1973.

70. Meid 1975.

71. Meid 1975, 209.

제10장 인도유럽 신화

1. Vendryes 1918.

2. Dillon and Chadwick 1972, 11과 88; Binchy 1943; Benveniste 1969a, 3장과 1969b, 3장.

3. Dumézil 1935.

4. Dumézil 1958.

5. 편리한 요약은 Littleton(1973)에 나온다. 여기서 우리의 요약을 빌려 왔고, 또한 Riviére(1973)에도 나온다. 뒤메질의 연구에 대한 (전적으로 우호적인) 논의에 대해서는 Bonnet(1981) 참조.

6. Caesar, 『갈리아 전기 *De Bello Gallico*』 VI. 13: 드루위드, 기병, 평민 (druides, equites, plebs).

7. 예컨대 Service 1962; Fried 1967; Renfrew 1982 참조.

8. Crumley 1974; Nash 1978; Frankenstein and Rowlands 1978.

9. Dumézil 1958, 18.

10. Dumézil 1968, 15.

11. Benveniste 1969a, 1969b.

12. Sahlins 1958; Oliver 1974.

13. Renfrew 1984, 6~8장; Bradley 1984.

14. Crumley 1974; Nash 1978.

15. Gellner 1982, 122.

16. Page 1979, 68.

17. Brough 1959.

18. Yoshida 1981, 321.

19. Barnes 1986.

20. Benveniste 1979a; Friedrich 1966.

21. Goody 1959.

22. Binchy 1943; Binchy 1970; Watkins 1970.

23. Benveniste 1979b, 1장.

24. Dumézil 1968, 11.

25. Watkins 1963, 194; Kurlowicz 1970.

제11장　고고학과 인도유럽어 기원: 평가

1. Tringham 1971, 68-70; Champion et al., 1984, 100, 120; Whittle 1985, 65.

2. Dennell 1983, 63.

3. Barker 1985, 71과 252-3; Mathers 1984.

4. Whittle 1985, 112.

5. Barker 1985; Lewthwaite 1981.

6. Gamkrelidze and Ivanov 1983b; Diakonov 1984, 54 참조.

7. Gamkrelidze and Ivanov 1983b, 75.

8. Greppin(1986)의 Gamkrelidze and Ivanov 1984b 서평 참조.

9. Diakonov 1984, 53.

10. 감크레리츠/이바노프와 디아코노프의 입장 차이는 각자의 역사 해석을 예시하기 위해 준비한 지도를 비교해 보면 더욱 분명히 드러난다. 이들은 자신들의 대작 Gamkrelidze and Ivanov(1984b, 956)에서 히타이트어, 하티어, 팔라이어, 루위어는 아나톨리아를 본향으로 갖는 것으로 제시하고, 미탄니 제국의 언어들은 동부에 위치시키고, 공통(원시) 그리스어 또는 선 그리스어

는 서부 아나톨리아어에 위치시킨다. 이 다양한 언어의 근대 후손어가 사용되는 지역으로 이들 언어를 이동시키는 것은 단지 아주 단거리 이동을 요구할 뿐이다. 그러나 고대 유럽의 방언의 선조어들은 광범한 장거리 이동을 해야만 했다. 아주 광범위한 지역을 가리키는 화살표로 표시하고, 이 언어들이 카스피해 동부로부터 아랄해를 건너고, 서쪽에서 볼가강을 건너 드니에프르강에 이르는 것으로 나타낸다. 그리고 드니에프르강에서 마침내 2차 중심지에 이르고, 여기에서 이들 언어가 그 이후 분산되었다고 하는데, 이는 이 책에서 비판한 전통적 견해와 아주 흡사하다.

Diakonov(1984: 76, 77)는 두 지도와 함께 대안적인 가설을 제시한다. 그는 발칸반도에 자리를 잡고, 에게해에서 카스파티아에 이르는 넓은 원형(북부 그리스의 상당 부분, 세르비아, 불가리아, 루마니아를 포함하는)으로서, 그는 이것을 "기원전 5000년 공통 유럽어 지역의 중심부와 그로부터의 확장"으로 명명했다. 그의 두 번째 지도는 "기원전 3000년 이후 분명한 공통어 사용 화자들의 이주"를 보여 준다. 여기서 유럽어들은 현재 위치에 이르는 경로를 따르는 반면 공통 인도이란어는 드니에프르강을 건너 '서부에서 동부로' 이동해서 초원지대에 들어갔다. 그의 건전한 과정주의적 접근에도 불구하고 디아코노프는 필자의 생각에 따르면, 이 과정에서 인구(人口)의 남부(그리스로 향한) 이동과 히타이트-루위어 방언 지대인 남동부(아나톨리아로 향한)로의 이동을 포함하여 왜 발칸반도가 외부로 뻗은 이동의 중심지가 되는지를 분명히 설명하지 못한다. 우리가 전적으로 동의하는 것은 서부에서 러시아 초원지대로 이동한 식민지배이고, 이는 유목의 발달과정을 나타내는 과정이라는 것이 그의 견해이다.

우리의 가설은 감크레리츠/이바노프의 저서 출간과 이 책에 대한 디아코노프의 논평 이전에 세운 것이기는 하지만, 그것은 사실상 이 두 가지 모형의 특징을 보여 준다. 이 가설은 앞의 두 저자의 초기 시기와 동부 아나톨리아 핵심 권역, 그리고 그리스로 주민이 이동했다는 주장과 일치한다. 또한 농경 확산과 더불어 그리스로부터 남동부 유럽으로 초기 인도유럽어의 방언들이 더욱 멀리 전파되었다고 전제한다. 그리고 여기서 이 가설은 디아코노프가 제시한 해결책과 많은 공통점이 있다. 물론 기저의 사회경제적 과정은 다른 과정이며, 이는 더욱 분명하다는 것이 우리의 주장이다.

하지만 우리는 이 논평을 하면서 기본적으로는 고고학적 증거를 참고했다.

이 세 명의 러시아 언어학자들은 일련의 언어학적 주장을 펼치지만, 이를 평가할 수 있다고는 생각하지 않는다. 이러한 점에서 고무적인 것은 세 입장의 의견 수렴 정도이다.

11. Passingham 1981. 하지만 네안데르탈인을 지지하기 위해 그 반대론은 Lubermann and Crelin 1971이 제기했다.

12. Parker and Gibson 1979; Brown 1981. 선사시대의 두뇌 크기와 형태는 Falk 1983; Holloway 1983; Isaac 1976; Tobias 1981 참조.

13. Marshack 1976.

14. Mallory 1976 참조.

15. Blust 1976.

16. Bellwood 1978.

17. Clark and Terrell 1978.

18. Phillipson 1976; 1977; 1985; Ehret and Posnansky 1982.

19. Lwanga-Lunyiigo 1976, 282.

20. Greenberg 1972.

21. Guthrie 1962; 1970.

22. Vansina 1984, 131, Holl 1985, 146에서 재인용.

23. Oliver 1966; 1979; Phillipson 1976.

참고문헌

Adrados F. R., 1982, 'The archaic structure of Hittite: the crux of the problem', *Journal of Indo-European Studies* 10, 1-35.

Agrawal D. P., 1982, *The Archaeology of India*, London, Curzon.

Akurgal E., 1962, *The Art of the Hittites*, London, Thames & Hudson.

Alekseev G. V., Knorozov Y. V., Kondratov A. M. and Volchov B. Y., 1969, *Soviet Studies on Harappan Script*, Coconut Grove, Florida, Field Research Projects, Occasional Paper no. 6.

Alexander J. A., 1977, 'The frontier concept in prehistory: the end of the moving frontier', in J. V. Megaw(ed.), *Hunters, Gatherers and Farmers beyond Europe*, Leicester University Press, 25-40.

Alexander J. A., 1978, 'Frontier theory and the beginnings of farming in Europe', in D. Green, C. Haselgrove and M. Spriggs (eds), *Social Organisation and Settlement,* B.A.R. International Series 47 (i), Oxford, British Archaeological Reports, 13-30.

Allchin B. and Allchin R., 1982, *The Rise of Civilisation in India and Pakistan*, Cambridge, Cambridge University Press.

Allchin F. R., 1982, 'The legacy of the Indus civilisation', in G. L. Possehl (ed.), *Harappan Civilisation, a Contemporary Perspective,* Warminster, Aris & Phillips, 325-34.

Altmann G., 1973, *Allgemeine Sprachtypologie*, München, UniTaschenbücher.

Ammerman A. J. and Cavalli-Sforza L. L., 1973, 'A population model for the diffusion of early farming in Europe', in C. Renfrew (ed.), *The Explanation of Culture Change, Models in Prehistory,* London, Duckworth, 343-58.

Ammerman A. J. and Cavalli-Sforza L. L., 1979, 'The wave of advance model for the spread of agriculture in Europe', in C. Renfrew and K. L. Cooke (eds), *Transformations, Mathematical Approaches to Culture Change,* New York, Academic Press, 275-94.

Ammerman A. J. and Cavalli-Sforza L. L., 1984, *The Neolithic Transition and the Genetics of Populations in Europe,* Princeton, Princeton University Press.

Anthony D. W., 1986, 'The "Kurgan culture", Indo-European origins and the domestication of the horse: a reconsideration', *Current Anthropology* 27,

291-314.

Ardener E., 1972, 'Language, ethnicity and population', *Journal of the Anthropological Society of Oxford* 3, 125-32.

Arribas A., 1964, *The Iberians*, London, Thames & Hudson.

Aspinall A., Feather S. W. and Renfrew C., 1972, 'Neutron activation analysis of Aegean obsidians', *Nature* 237, 333-4.

Barker G., 1985, *Prehistoric Farming in Europe*, Cambridge, Cambridge University Press.

Barnes G. L., 1986, 'Jiehao, Tonghao: peer relations in East Asia', in C. Renfrew and J. F. Cherry (eds), *Peer-Polity Interaction and Sociopolitical Change*, Cambridge, Cambridge University Press.

Barth F., 1961, *Nomads of South Persia*, Oslo, Oslo University Press.

Barth F. (ed.), 1969, *Ethnic Groups and Boundaries*, Oslo, Oslo University Press.

Bellwood P., 1978, *The Polynesians*, London, Thames & Hudson.

Benveniste E., 1969a, *Le vocabulaire des institutions indo-européennes, I, économie, parenté, société*, Paris, Editions de Minuit.

Benveniste E., 1969b, *Le vocabulaire des institutions indo-européennes, II, pouvoir, droit, religion*, Paris, Editions de Minuit.

Binchy D. A., 1943, 'The linguistic and historical value of the Old Irish law tracts', *Proceedings of the British Academy* 29, 195-228.

Binchy D. A., 1970, 'Celtic suretyship, a fossilized Indo-European institution?', in G. Cardona, H. M. Hoenigswald and A. Senn (eds), *Indo-European and Indo-Europeans*, Philadelphia, University of Pennsylvania Press, 355-68.

Binford L. R., 1968, 'Post-Pleistocene adaptations', in L. R. and S. R. Binford (eds), *New Perspectives in Archaeology*, Chicago, Aldine, 313-41.

Bird N., 1982, *The Distribution of Indo-European Root Morphemes*, Wiesbaden, Ottoa Harrassowitz.

Bloch R., 1960, *The Origins of Rome*, London, Thames & Hudson.

Bloomfield L., 1935, *Language*, London, Allen & Unwin.

Blust R., 1976, 'Austronesian culture history: some linguistic inferences and their relations to the archaeological record', *World Archaeology* 8, 19-43.

Bodmer F. and Hogben L., 1943, *The Loom of Language, a Guide to Foreign Languages for the Home Student*, London, Allen & Unwin.

Bökönyi S., 1974, *History of Domestic Mammals in Central and Eastern Europe*, Budapest, Akademiai Kiado.

Bökönyi S., 1978, 'The earliest wave of domestic horses in East Europe', *Journal of Indo-European Studies* 6, 1-16.

Bökönyi S., 1979, 'Copper age vertebrate fauna from Ketegyhaza', in I. Ecsedy (ed.), *The People of the Pit-Grave Kurgans in Eastern Hungary*, Budapest, Akademiai Kiado, 101-18.

Bonfante G., 1946, 'Indo-Hittite and areal linguistics', *American Journal of Philology* 67, 289-310.

Bonnet J., et al., 1981, *Pour un Temps: Georges Dumézil*, Paris, Centre Pompidou.

Bopp F., 1816, *Uber das Conjugationssystem der Sanskritsprache in Vergleichung mit jenem der griechischen, lateinischen, persischen und germanischen Sprache*, Frankfurt am Main, Andrea.

Bopp F., 1839, *Die Celtischen Sprachen in ihrem Verhältnisse zum Sanskrit, Zend, Griechischen, Lateinischen, Germanischen, Litauischen und Slawischen*, Berlin.

Bosch-Gimpera P., 1940, 'Two Celtic waves in Spain', *Proceedings of the British Academy* 26, 29-148.

Bosch-Gimpera P., 1960, *El Problema Indoeuropeo*, Mexico, Direccion General de Publicaciones.

Bosch-Gimpera P., 1961, *Les Indo-Européens*, Paris, Payot.

Bradley R., 1984, *The Social Foundations of Prehistoric Britain*, Harlow, Longman.

Briant P., 1982, *État et pasteurs au Moyen–Orient ancient*, Cambridge, Cambridge University Press.

Bromley Y. (ed.), 1974, *Soviet Ethnology and Anthropology Today,* The Hague, Mouton.

Brough J., 1959, 'The tripartite ideology of the Indo-Europeans, an experiment in method', *Bulletin of the School of Oriental and African Research* 22, 69-85.

Brown R. W., 1981, 'Symbolic and syntactic capacities', *Philosophical Transactions of the Royal Society of London,* Series B 292, 197-204.

Browne T., 1658, *Hydriotaphia*, Urne Buriall, London.

Buchvaldek M., 1980, 'Corded ware pottery complex in Central Europe', *Journal of Indo-European Studies* 8, 361-92.

Bulliet R. W., 1975, *The Camel and the Wheel*, Cambridge, Mass., Harvard University Press.

Burenhult G., 1980, *The Archaeological Excavations at Carrowmore, Co. Sligo, Ireland, Excavations Seasons* 1977-9, Stockholm, Verlag G. Burenhult.

Burenhult G., 1984, *The Archaeology of Carrowmore,* Stockholm, Verlag G. Burenhult.

Burgess C. B., 1980, *The Age of Stonehenge,* London, Dent.

Burgess C. and Shennan S., 1976, 'The beaker phenomenon, some suggestions', in C. Burgess and R. Miket (eds), *Settlement and Economy in the Third and Second Millennia B.C.* (B.A.R. 33), Oxford, British Archaeological Reports,

309-26.

Burney C. and Lang D. M., 1971, *The Peoples of the Hills, Ancient Ararat and the Caucasus,* London, Weidenfeld & Nicolson.

Bynon T., 1977, *Historical Linguistics,* Cambridge University Press.

Caskey J. L., 1960, 'The Early Helladic period in the Argolid', *Hesperia* 29, 285-303.

Cavalli-Sforza L. L. and Feldman M. W., 1981, *Cultural Transmission and Evolution: a Quantitative Approach,* Princeton, Princeton University Press.

Ceram C. W., 1956, *Narrow Pass,* Black Mountain, London, Gollancz.

Chadwick J., 1961, *The Decipherment of Linear B,* Harmondsworth, Penguin.

Chadwick J., 1963, 'The prehistory of the Greek language', *Cambridge Ancient History* II, Ch. XXXIX, Cambridge, Cambridge University Press.

Chadwick J., 1973, Discussion of V. I. Georgiev, 'The arrival of the Greeks, linguistic evidence', in R. A. Crossland and A. Birchall (eds), *Bronze Age Migrations in the Aegean,* London, Duckworth, 254-5.

Champion T. C., 1980, 'Mass migration in later prehistoric Europe', in P. Sörbom (ed.), *Transport Technology and Social Change,* Stockholm, 33-42.

Champion T. and Champion S., 1986, 'Peer-polity interaction in the European iron age', in C. Renfrew and J. F. Cherry (eds), *Peer-Polity Interaction and Sociopolitical Change,* Cambridge, Cambridge University Press, 59-68.

Champion T., Gamble C., Shennan S., and Whittle A., 1984, *Prehistoric Europe,* London, Academic Press.

Chattopadhyaya K., 1976, *Studies in Vedic and Indo-Iranian Religion and Culture* I, Varanasi, Varanasi Mudran Sansthan.

Childe V, G., 1915, 'On the date and origin of Minyan ware', *Journal of Hellenic Studies* 35, 196-207.

Childe V. G., 1926, *The Aryans, a Study of Indo-European Origins,* London, Kegan Paul, Trench & Trubner.

Childe V. G., 1929, *The Danube in Prehistory,* Oxford, Clarendon.

Childe V. G., 1936, *Man Makes Himself,* London, Watts.

Childe V. G., 1942, *What Happened in History,* Harmondsworth, Penguin.

Childe V. G., 1950, *Prehistoric Migrations in Europe,* Oslo, Aschehoug.

Childe V. G., 1956, *Piecing Together the Past,* London, Routledge & Kegan Paul.

Childe V. G., 1957, *The Dawn of European Civilization* (6th edition), London, Routledge & Kegan Paul.

Childe V. G., 1958a, 'Retrospect', *Antiquity* 32, 69-74.

Childe V. G., 1958b, 'Wheeled Vehicles', Ch. 27 in C. Singer, E. J. Holmyard and A. R. Hall (eds), *A History of Technology* I, Oxford, Clarendon, 716-29.

Clark J. G. D., 1966, 'The invasion hypothesis in British Prehistory', *Antiquity* 40, 172-89.

Clark J. G. D., 1965, 'Radiocarbon dating and the expansion of farming from the Near East over Europe', *Proceedings of the Prehistoric Society* 21, 58-73.

Clark J. T. and Terrell J., 1978, 'Archaeology in Oceania', *Annual Review of Anthropology* 7, 293-319.

Clark R., 1979, 'Language', in J. D. Jennings (ed.), *The Prehistory of Polynesia,* Cambridge, Mass., Harvard University Press, 24970.

Clarke D. L. (ed.), 1972, *Models in Archaeology,* London, Methuen.

Coldstream J. N., 1977, *Geometric Greece,* London, Methuen.

Collins R., 1986, *The Basques,* Oxford, Blackwell.

Collis J., 1984, *The European Iron Age,* London, Batsford.

Conteneau G., 1948, *La Civilisation des Hittites et des Hurrites du Mitanni,* Paris, Payot.

Conway R. S., Whatmough J., and Johnson S. E., 1933, *The Prae-Italic Dialects of Italy,* published for the British Academy by Oxford University Press.

Crossland R. A., 1967, 'Immigrants from the north', *Cambridge Ancient History* I, Ch. XXVII, Cambridge, Cambridge University Press.

Crumley C. L., 1974, *Celtic Social Structure: the Generation of Archaeologically Testable Hypotheses from Literary Evidence* (Anthropological Papers, Museum of Anthropology, University of Michigan 54), Ann Arbor, University of Michigan.

Daniel G. E., 1954, 'Who are the Welsh?' (Sir John Rhŷs Memorial Lecture), *Proceedings of the British Academy* 40, 145-67.

Daniel G. E., 1962, *The Idea of Prehistory,* London, Watts.

Darmesteter J., 1884, *The Zend-Avesta Part II, The Sirozahs, Yasts and Nyayis,* Oxford, Oxford University Press.

Darmesteter J., 1887, *The Zend-Avesta Part I, The Vendidad,* Oxford, Oxford University Press.

Darwin C., 1859, *The Origin of Species by Means of Natural Selection,* London, Murray.

De Navarro J. M., 1936, 'A survey of research on an early phase of Celtic culture', *Proceedings of the British Academy* 22, 3-47.

Demoule J.-P., 1980, 'Les Indo-européens ont-ils existé?' *L'histoire* 28, 109-20.

Dennell R., 1983, *European Economic Prehistory, a New Approach,* London, Academic Press.

Devoto G., 1943, 'Pelasgo e peri-indeuropeo', *Studi Etruschi* 17, 359-67.

Devoto G., 1944, 'Etrusco e peri-indeuropeo', *Studi Etruschi* 18, 184-97.

Devoto G., 1962, *Origini indeuropeo*, Florence, Instituto Italiano di Preistoria e Protoistoria Italiana.

Devoto G., 1963, 'Etrusco e peri-indeuropeo II', *Studi Etruschi* 31, 93-8.

Devoto G., 1974, *Le Tavole di Gubbio*, Florence, Sansoni.

Dhar L., 1930, *The Home of the Aryas*, Delhi, Imperial Book Depot Press.

Diakonov I. M., 1984, 'On the original home of the speakers of Indo-European', *Soviet Anthropology and Archaeology* 23, 2, 5-87. (Translated from *Vestnik drevnei istorii* 1982, 3, 3-30 and 1982, 4, 11-25).

Dillon M. and Chadwick N., 1972, *The Celtic Realm* (2nd ed.), London, Weidenfeld & Nicolson.

Dobson A. J., 1978, 'Evolution times of languages', *Journal of the American Statistical Association* 73, 58-64.

Dolukhanov P., 1979, *Ecology and Economy in Neolithic Eastern Europe*, London, Duckworth.

Dragadze T., 1980, 'The place of "ethnos" theory in Soviet anthropology', in E. Gellner (ed.), *Soviet and Western Anthropology*, London, Duckworth, 161-70.

Dumézil G., 1935, *Flamen-Brahman* (Annales du Musée Guimet, Bibliothèque de Vulgarisation 51), Paris.

Dumézil G., 1958, *L'idéologie tripartie des Indo-Européens*, Bruxelles, Berchem Latomus.

Dumézil G., 1968, *Mythe et Épopée I, L'idéologie des trois fonctions dans les épopées des peuples indo-européens*, (4th ed.), Gallimard.

Dyen I., 1970, 'Background "noise" or "evidence" in comparative linguistics: the case of the Austronesian-Indo-European hypothesis', in G. Cardona, H. M. Hoenigswald and A. Senn (eds), *Indo-European and Indo-Europeans*, Philadelphia, University of Pennsylvania Press, 431-40.

Ecsedy I., 1979, *The People of the Pit-Grave Kurgans in Eastern Hungary* (Fontes Archaeologici Hungariae), Budapest, Akademiai Kiado.

Edwards H. J., 1963, *Caesar, the Gallic War*, Loeb Classical Library, London, Heinemann.

Ehret C., 1976, 'Linguistic evidence and its correlation with archaeology', *World Archaeology* 8, 5-19.

Ehret C. and Posnansky M. (eds), 1982, *The Archaeological and Linguistic Reconstruction of African History*, Berkeley, University of California Press.

Emmeneau M. B., 1966, 'The dialects of old Indo-Aryan', in H. Birnbaum and J. Puhvel (eds), *Ancient Indo-European Dialects*, Berkeley, University of California Press, 123-38.

Emmeneau M. B., 1980, *Language and Linguistic Area*, Stanford, Stanford

University Press.

Evans A. J., 1895, 'Primitive pictographs and a prae-Phoenician script from Crete and the Peloponnese', *Journal of Hellenic Studies* 14, 270-372.

Evans A. J., 1909, *Scripta Minoa* I, Oxford, Clarendon Press.

Evans A. J., 1952, *Scripta Minoa* II, (edited by J. L. Myres), Oxford, Oxford University Press.

Evans D. E., 1977, 'The contribution of (non-Celtiberian) Continental Celtic to the reconstruction of the Celtic "Grundsprache"', in K. H. Schmidt (ed.), *Indogermanisch und Keltisch,* Wiesbaden, Ludwig Reichert, 66-88.

Evans D. E., 1979, 'The labyrinth of Continental Celtic', *Proceedings of the British Academy* 65, 497-538.

Evelyn-White H. G., 1914, *Hesiod, the Homeric Hymns and Homerica,* (Loeb Classical Library), London, Heinemann.

Falk D., 1983, 'Cerebral cortices of East African early hominids', *Science* 221, 1072-74.

Filip J., 1977, *Celtic Civilisation and its Heritage*, Wellingborough, Collett's.

Fleuriot L., 1975, 'L'inscription celtibère de Botorrita', *Études Celtiques* 14, 405-42.

Forrer E., 1922, 'Die Inschriften und Sprachen des Hatti Reiches', *Zeitschrift der deutschen morgenlandischen Gesellschaft* 76, 174-269.

Frankenstein S. and Rowlands M. J., 1978, 'The internal structure and regional context of Early Iron Age society in southwestern German', *Bulletin of the Institute of Archaeology* 15, 73-112.

Fraser J., 1926, 'Linguistic evidence and archaeological and ethnological facts', *Proceedings of the British Academy* 12, 257-72.

Frey O.-H., 1976, 'Du premier style du Style de Waldalgesheim', in P.-M. Duval and C. Hawkes (eds), *Celtic Art in Ancient Europe,* London, Seminar Press, 141-56.

Fried M. H., 1967, *The Evolution of Political Society,* New York, Random House.

Friedrich P., 1966, 'Proto-Indo-European kinship', *Ethnology* 5, 1-36.

Friedrich P., 1970a, 'Proto-Indo-European trees', in G. Cardona, H. M. Hoenigswald and A. Senn (eds), *Indo-European and IndoEuropeans*, Philadelphia, University of Pennsylvania Press, 11-34.

Friedrich P., 1970b, *Proto-Indo-European Trees,* Chicago, Chicago University Press.

Gallay A., 1981, 'The western Alps from 2500 to 1500 BC (3400 to 2500 BC), traditions and cultural changes', *Journal of Indo-European Studies* 9, 33-55.

Gamkrelidze T. V. and Ivanov V. V., 1983a, 'The ancient Near East and the Indo-European problem', *Soviet Studies in History* 22, 1-2; 3-52 (translated from *Vestnik drevnei istorii* 1980, 3, 3-27).

Gamkrelidze T. V. and Ivanov V. V., 1983b, 'The migration of tribes speaking the Indo-European dialects from their original homeland in the Near East to their historical habitations in Eurasia', *Soviet Studies in History* 22, 1-2; 53-95 (translated from *Vestnik drevnei istorii* 1981, 2, 11-33).

Gamkrelidze T. V. and Ivanov V. V., 1984a, 'The problem of the original homeland of the speakers of related dialects and on the methods of its determination', *Vestnik drevnei istorii* 1984, 2, 107-22.

Gamkrelidze T. V and Ivanov V. V., 1984b, *Indoevropeiskii Yazik i Indoevropeitsyi,* Tbilisi, Publishing House of the Tbilisi State University.

Geddes D., 1980, 'De la chasse au troupeau en Mediterranée occidentale: les débuts de l'élevage dans le bassin de l'Aude', *Archives d'Écologie Préhistorique* (Toulouse) 5.

Geddes D., 1985, 'Mesolithic domestic sheep in west Mediterranean Europe', *Journal of Archaeological Science* 12, 25-48.

Gelb I. J., 1944, *Hurrians and Subarians,* (Studies in Ancient Oriental Civilisation 22), Chicago, Oriental Institute.

Gelb I. J., 1963, *A Study of Writing,* Chicago, University of Chicago Press, 2nd edition.

Gellner E., 1980, Preface, in E. Gellner (ed.), *Soviet and Western Anthropology,* London, Duckworth, ix-xvii.

Gellner E., 1982, 'What is structuralisme?', in C. Renfrew, M. Rowlands and B. A. Segraves (eds), *Theory and Explanation in Archaeology,* New York, Academic Press, 97-124.

Georgiev V. I., 1961, *La Toponymie Ancienne de la Péninsule Balkanique et la Thèse Mediterranéenne,* Académie Bulgare des Sciences, Sofia.

Georgiev V. I., 1973, 'The arrival of the Greeks in Greece: the linguistic evidence', in R. A. Crossland and A. Birchall (eds), *Bronze Age Migrations in the Aegean,* London, Duckworth, 24354.

Gimbutas M., 1960, 'Culture change in Europe at the start of the second millennium B.C.', in A. F. C. Wallace (ed.), *Men and Cultures: Selected Papers of the Fifth International Congress of Anthropological and Ethnological Sciences,* Philadelphia, 1956, Philadelphia, University of Pennsylvania Press, 540-52.

Gimbutas M., 1963, 'The Indo-Europeans, archaeological problems', *American Anthropologist* 65, 815-36.

Gimbutas M., 1968, 'Die Indoeuropäer: archäologische Probleme', in A. Scherer (ed.), *Die Urheimat der Indogermanen,* Darmstadt, Wissenschaftliche Buchgesellschaft, 538-71.

Gimbutas M., 1970, 'Proto-Indo-European culture: the Kurgan culture during the 5th to the 3rd millennia B.C.', in G. Cardona, H. M. Koenigswald and A. Senn (eds), *Indo-European and Indo-Europeans*, Philadelphia, University of Pennsylvania Press, 15598.

Gimbutas M., 1973a, 'Old Europe c. 7000-3500 B.C., the earliest European cultures before the infiltration of the Indo-European peoples', *Journal of Indo-European Studies* 1, 1-20.

Gimbutas M., 1973b, 'The beginning of the bronze age in Europe and the Indo-Europeans 3500-2500 BC', *Journal of Indo-European Studies* 1, 163-214.

Gimbutas M., 1977, 'The first wave of Eurasian steppe pastoralists into Copper Age Europe', *Journal of Indo-European Studies* 5, 277-338.

Gimbutas M., 1979, 'The three waves of the Kurgan people into Old Europe', *Archives suisses d'anthropologie générale* 43, 113-17.

Gimbutas M., 1980, 'The Kurgan wave migration (c. 3,400-3,200 B.C.) into Europe and the following transformation of culture', *Journal of Near Eastern Studies* 8, 273-315.

Godley A. D., 1920, *Herodotus* I, (Loeb Classical Library), London, Heinemann.

Goodenough W., 1970, 'The evolution of pastoralism and IndoEuropean origins', in G. Cardona, H. M. Hoenigswald and A. Senn(eds), *Indo-European and Indo-Europeans*, Philadelphia, University of Pennsylvania Press, 253-66.

Goody J., 1959, 'Indo-European Society', *Past and Present* 16, 88-92.

Goody J., 1967, *The Social Organisation of the LoWiili*, Oxford, Oxford University Press.

Goody J., 1971, *Technology, Tradition and the State in Africa*, Oxford, Oxford University Press.

Goyvaerts D. L., 1975, *Present-Day Historical and Comparative Linguistics*, Ghent, Story-Scientia.

Green S., 1981, *Prehistorian, a Biography of V. Gordon Childe*, Bradford-on-Avon, Moonraker Press.

Greenberg J., 1972, 'Linguistic evidence concerning Bantu origins', *Journal of African History* 13, 189-216.

Greene D., 1964, 'The Celtic languages', in J. Raftery (ed.), *The Celts*, Cork, Mercier Press, 9-22.

Greene D., 1977, 'Archaic Irish', in K. H. Schmidt (ed.), *Indogermanisch und Keltisch*, Wiesbaden, Ludwig Reichert, 11-33.

Greppin J. A. C., 1986, 'Language on the move', *Times Literary Supplement*, 14 March 1986, 278 (Review of Gamkrelidze and Ivanov 1984b).

Griffith R. T. H., 1973, *The Hymns of the Rigveda*, Delhi, Motilal Banarsidass

(Revised edn, 1st edn 1889).

Gurney O., 1962, *The Hittites*, Harmondsworth, Penguin.

Guthrie M., 1962, 'Some developments in the prehistory of the Bantu languages', *Journal of African History* 3, 273-82.

Guthrie M., 1970, 'Contributions from comparative Bantu studies to the prehistory of Africa', in D. Dalby (ed.), *Language and History in Africa*, London, Frank Cass, 20-33.

Hachmann R., 1971, *The Germanic Peoples*, London, Barrie & Jenkins.

Hall R. A., 1958, 'Creolized languages and "genetic relationships"', *Word* 14, 367-73.

Hančar F., 1956, *Das Pferd in prähistorischen und frühe historishen Zeit*, Wien, Herold.

Hansen J. and Renfrew J. M., 1978, 'Palaeolithic-neolithic seed remains at Franchthi Cave, Greece', *Nature* 271, 349-52.

Harrison R., 1974, 'Origins of the Bell Beaker culture', *Antiquity* 48, 99-109.

Hassan F., 1981, *Demographic Archaeology*, New York, Academic Press.

Haüsler A., 1981, 'Zu den Beziehungen zwischen dem nordpontischen Gebiet südost- und Mitteleuropas im Neolithikum und in den frühen Bronzezeit und ihre Bedeutung für den indo-europäische Problem', *Prezgled Archaeology* 29, 101-49.

Hawkes C. F. C., 1973, 'Cumulative Celticity in pre-Roman Britain', *Études Celtiques* 13, 2, 607-28.

Hawkes C., 1976, 'Celts and cultures: wealth, power and art', in P.-M. Duval and C. Hawkes (eds), *Celtic Art in Ancient Europe*, London, Seminar Press, 1-21.

Hencken H., 1955, *Indo-European Languages and Archaeology*, (American Anthropologist Memoir 84), New York, American Anthropological Association.

Henning W. B., 1978, 'The first Indo-Europeans in history', in G. L. Ulmen (ed.), *Society and History, Essays in Honour of Karl August Wittfogel*, The Hague, Mouton, 215-30.

Higgs E. S. (ed.), 1972, *Papers in Economic Prehistory*, Cambridge, Cambridge University Press.

Higgs E. S. (ed.), 1975, *Palaeoeconomy*, Cambridge, Cambridge University Press.

Higgs E. S. and Jarman M. R, 1969, 'The origins of agriculture: a reconsideration', *Antiquity* 43, 31-41.

Hodson F. R., 1964, 'Cultural groupings within the British pre-Roman iron age', *Proceedings of the Prehistoric Society* 30, 99-110.

Hoernle A. F. R, 1911, 'The "unknown languages" of Eastern Turkestan II', *Journal of the Royal Asiatic Society* 1911, 447-77.

Hoernle A. F. R, 1916, *Manuscript Remains of Buddhist Literature Found in Turkestan,* Oxford, Clarendon.

Holl A., 1985, Review of D. W. Phillipson, *African Archaeology,* in *L'Ethnographie* 1985, 141-8.

Holloway R. L., 1983, 'Cerebral brain endocast pattern of Australopithecus afarensis hominid', *Nature* 303, 420-22.

Hood M. S. F., 1953, 'A Mycenaean cavalryman', *Annual of the British School of Archaeology at Athens* 48, 84-93.

Hooker J. T., 1980, *Linear B: an Introduction,* Bristol, Bristol Classical Press.

Hopkirk P., 1984, *Foreign Devils on the Silk Road,* Oxford, Oxford University Press.

Howells W., 1973, *The Pacific Islanders,* London, Weidenfeld & Nicolson.

Hoz J. de, 1982, 'Cronica de linguistica y epigrafia de la Penisula Iberica', 1981, *Zephyrus* 34-5, 295-311.

Hrozný B., 1915, 'Die Lösung des hethitischen Problems', *Mitteilungen der deutschen Orientgesellschaft* 56, 17-50.

Hrozný B., 1917, *Die Sprache des Hethiter, ihr Bau und ihre Zugehörigkeit zum indogermanischen Sprachstamm,* Leipzig.

Hrozný B., 1931, 'L'entrainement des chevaux chez les anciens indo-européens d'après un texte Mitannien-Hittite provenant du 14eme siècle avant J. C.', *Archiv Orientalni* 3, 431-61.

Hubert H., 1934a, *The Rise of the Celts,* London, Kegan Paul, Trench & Trubner.

Hubert H., 1934b, *The Greatness and Decline of the Celts,* London, Kegan Paul, Trench & Trubner.

Hymes D. (ed.), 1971, *Pidginisation and Creolisation of Languages,* Cambridge, Cambridge University Press.

Isaac G. L., 1976, 'Stages of cultural elaboration in the Pleistocene: possible indicators of the development of language capabilities', in S. R. Harmad, H. D. Stentis and J. Lancaster (eds), *Origins and Evolution of Language and Speech,* (Annual of the New York Academy of Sciences 280), Lancaster N.Y., 275-88.

Jackson K. H., 1955, 'The Pictish language', in F. T. Wainwright (ed.), *The Problem of the Picts,* Edinburgh, Nelson, 129-66.

Jacobsthal P., 1944, *Early Celtic Art,* Oxford, Clarendon.

Jarrige J.-F., 1980, 'The antecedents of civilisation in the Indus valley', *Scientific American* 243 no. 2, 122-33.

Jarrige, J.-F., 1985, 'Continuity and change in the north Kachi Plain (Baluchistan, Pakistan) at the beginning of the second millennium B.C.' (Unpublished paper delivered in Cambridge on 24th April 1985).

Jennings J. D. (ed.), 1979, *The Prehistory of Polynesia*, Cambridge, Mass., Harvard University Press.

Jones H. L., 1923, *The Geography of Strabo* II (Loeb Classical Library), London, Heinemann.

Jones H. L., 1928, *The Geography of Strabo* V (Loeb Classical Library), London, Heinemann.

Jones Sir W., 1786, Third anniversary discourse: 'On the Hindus', reprinted in *The Collected Works of Sir William Jones* III, 1807, London, John Stockdale, 23-46.

Keith A. B., 1938, 'The relation of Hittite, Tocharian and IndoEuropean', *Indian Historical Quarterly* 14, 201-33.

Khazanov A. M., 1984, *Nomads and the Outside World,* Cambridge, Cambridge University Press.

Kilian L., 1983, *Zum Ursprung der Indogermanen*, Bonn, Habelt.

Kimmig W., 1962, 'Die Herkunft der Kelten als historischarchäologisches Problem', in M. Renard (ed.), *Hommages à Albert Grenier* II, Bruxelles, Latomus, 884-99.

Kohl P. L. (ed.), 1981, *The Bronze Age Civilisations of Central Asia, Recent Soviet Discoveries,* Armonk, N.Y., M. E. Sharpe.

Koppers W., 1934, 'Die Indogermanenfrage im Licht der vergleichenden Völkerkunde', *Congrès International des Sciences Anthropologiques et Ethnologiques,* London, Royal Anthropological Institute, 185-7.

Koskenniemi S., Parpola A. and Parpola S., 1973, *Materials for the Study of the Indus Script* I, *A Concordance of Indus Inscriptions*, Helsinki, Suomalainen Tiedrakatemia.

Kossinna G., 1902, 'Die indogermanische Frage archäologisch beantwortet', *Zeitschrift für Ethnologie* 34, 161-222 (reprinted in A. Scherer, 1968, *Die Urheimat der Indogermanen,* Darmstadt, Wissenschaftliche Buchgesellschaft 25-109).

Krader L., 1955, 'Ecology of central Asian pastoralism', *South Western Journal of Anthropology* 4, 301-26.

Krader L., 1959, 'The ecology of nomad pastoralism', *International Social Science Journal* 1959, 499-510.

Krahe H., 1954, *Sprache und Vorzeit*, Heidelberg, Quelle & Meyer.

Krahe H., 1957, 'Indogermanisch und Alteuropäisch', *Saeculum* 8, 1, 1-16 (reprinted in A. Scherer (ed.). 1968, *Die Urheimat der Indogermanen,* Darmstadt, Wissenschaftliche Buchgesellschaft, 426-54).

Kruskal J. B., Dyen I. and Black P., 1971, 'The vocabulary method of reconstructing language trees: innovations and large-scale applications', in F. R. Hodson, D. G. Kendall and P. Tautu (eds), *Mathematics in the Archaeological and Historical Sciences,* Edinburgh, Edinburgh University Press, 361-80.

Kühn H., 1934, 'Herkunft und Heimat der Indogermanen', in *Proceedings of the First International Congress of Prehistoric and Protohistoric Sciences* (London 1932), Oxford, Oxford University Press, 237-42.

Kurlowicz J., 1970, 'The quantitative meter of Indo-European', in G. Cardona, H. M. Hoenigswald and A. Senn (eds), *Indo-European and Indo-Europeans,* Philadelphia, University of Pennsylvania Press, 421-30.

Labov W., 1966, *The Social Stratification of English in New York City,* Washington D.C., Center for Applied Linguistics.

Lane G. S., 1970, 'Tocharian: Indo-European and non-Indo-European relationships', in G. Cardona, H. M. Hoenigswald and A. Senn (eds), *Indo-European and Indo-Europeans,* Philadelphia, University of Pennsylvania Press, 73-88.

Lattimore O., 1937, 'Origins of the Great Wall of China, a frontier concept in theory and practice', *Geographical Review* 27, 529.

Lattimore O., 1940, *Inner Asian Frontiers of China,* Oxford, Oxford University Press.

Le Coq A. von, 1928, *Buried Treasures of Chinese Turkestan,* London, Allen & Unwin.

Lees R. B., 1953, 'The basis of glottochronology', *Language* 29, 113-25.

Lehmann W. P., 1967, *A Reader in Nineteenth Century Historical Indo-European Linguistics,* Bloomington, Indiana University Press.

Lehmann W. P., 1973, *Historical Linguistics, an Introduction,* New York, Holt, Rinehart & Winston.

Lejeune M., 1971, *Lepontica,* Paris, Société d'édition Les Belles Lettres.

Lejeune M., 1974, *Manuel de la langue vénète,* Heidelberg, Carl Winter, Universitätsverlag.

Lesny V., 1932, 'The language of the Mitanni chieftains: a third branch of the Arya group', *Archiv Orientalni* 4, 257-60.

Lewthwaite J., 1981, 'Ambiguous first impressions: a survey of recent work on the early neolithic of the West Mediterranean', *Journal of Mediterranean Anthropological Archaeology* I, 292-307.

Lichardus J., 1980, 'Zur Funktion der Geweihspitzen des Typus Ostdorf', *Germania* 58, 1-24.

Liebermann P. and Crelin E. S., 1971, 'On the speech of Neanderthal man', *Linguistic Inquiry* 11, 203-22.

Littauer M. A., 1981, 'Early stirrups', *Antiquity* 55, 99-105.

Littauer M. A. and Crouwel J. H., 1979, *Wheeled Vehicles and Ridden Animals in the Ancient Near East,* Leiden, Brill.

Littleton C. S., 1973, *The New Comparative Mythology,* Berkeley, University of California Press.

Lockwood W. B., 1972, *A Panorama of Indo-European Languages,* London, Hutchinson.

Lwanga-Lunyiigo S., 1976, 'The Bantu problem reconsidered', *Current Anthropology* 17, 282-5.

Lyons J., 1981, *Language and Linguistics,* Cambridge, Cambridge University Press.

MacKendrick P., 1962, *The Greek Stones Speak,* London, Methuen.

Mallory J., 1973, 'A short history of the Indo-European problem', *Journal of Indo-European Studies* 1, 21-65.

Mallory J. P., 1976, 'Time perspective and proto-Indo-European culture', *World Archaeology* 8, 44-56.

Malone C. and Stoddart S. (eds), 1985, *Pattern in Protohistory: Papers in Italian Archaeology IV,* (BAR International Series 245), Oxford, British Archaeological Reports.

Mann W. M., 1970, 'Internal relationships of the Bantu languages: prospects for topological research', in D. Dalby (ed.), *Language and History in Africa,* London, Frank Cass, 133-45.

Marinatos S. and Hirmer M., 1960, *Crete and Mycenae,* London, Thames & Hudson.

Marshack A., 1976, 'Some implications of the paleolithic symbolic evidence for the origin of language', *Current Anthropology* 17, 274-82.

Marshall Sir J., 1924, 'First light on a long forgotten civilisation', *Illustrated London News,* 20 Sept. 1924, 528-32.

Marshall Sir J., 1931, *Mohenjo-Daro and the Indus Civilisation* I, London, Probsthain.

Masica C., 1976, Defining a Linguistic Area: South Asia, Chicago, Chicago University Press.

Masson V. M., 1981, 'Seals of a Proto-Indian type from Altyndepe', in P. L. Kohl (ed.), *The Bronze Age Civilisation of Central Asia, Recent Soviet Discoveries,* Armonk, N. Y., M. E. Sharpe, 149-64.

Masson V. M. and Sarianidi V. I., 1972, *Central Asia, Turkmenia before the Achaemenids,* London, Thames & Hudson.

Mathers C., 1984, 'Beyond the grave: the context and wider implications of mortuary practices in south-eastern Spain', in T. F. C. Blagg, R. F. J. Jones and S. J. Keay (eds), *Papers in Iberian Archaeology* (B. A. R. International

Series 193), Oxford, British Archaeological Reports, 13-46.

Meid W., 1975, 'Probleme der räumlichen und zeitlichen Gliederung des Indogermanischen', in H. Rix (ed.), *Flexion und Wortbildung*, Wiesbaden, Ludwig Reichert, 204-18.

Meillet A., 1934, *Introduction à l'étude comparative des langues Indo-Européennes*, Paris, Hachette.

Meillet A., 1970, *The Comparative Method in Historical Linguistics*, Paris, Champion.

Mellaart J., 1960, 'Anatolia and the Balkans', *Antiquity* 24, 270-8.

Mellaart J, 1962, 'Anatolia c. 4000-2300 B.C.', *Cambridge Ancient History* I, Ch. 18, Cambridge, Cambridge University Press.

Mellaart J., 1964, Anatolia c. 2300-1750 B.C., *Cambridge Ancient History* I, Ch. 24, Cambridge, Cambridge University Press.

Mellaart J., 1967, *Catal Hüyük, a Neolithic Town in Anatolia*, London, Thames & Hudson.

Mellaart J., 1975, *The Neolithic of the Near East*, London, Thames & Hudson.

Mellaart J., 1981, 'Anatolia and the Indo-Europeans', *Journal of Indo-European Studies* 9, 135-49.

Menk R., 1980, 'A synopsis of the physical anthropology of the Corded Ware complex on the background of the expansion of the Kurgan cultures', *Journal of Indo-European Studies* 8, 361-92.

Merpert N. J., 1977, Comments on 'The chronology of the Early Kurgan tradition', *Journal of Indo-European Studies* 5, 373-8.

Merriman N., 1987, 'Value and motivation in prehistory: the evidence for "Celtic spirit"', in I. Hodder (ed.), *The Archaeology of Contextual Meanings*, Cambridge, Cambridge University Press, 111-6.

Meyer E., 1914, *Reich und Kultur der Chetiter*, Berlin, Verlag Karl Curtius.

Mills L. H., 1887, *The Zend-Avesta, Part III, The Yasna, Visparad, Afrinagan, Gahs, and Miscellaneous Fragments*, Oxford, Oxford University Press.

Montagu M. F. A., 1964, *The Concept of Race*, New York, Free Press.

Moreau J., 1958, *Die Welt der Kelten*, Stuttgart, Gustav Kilpper.

Müller F. M., 1888, *Biographies of Words and the Home of the Aryas*, London, Longmans Green.

Müller F. M., 1891, *Vedic Hymns, Part I, Hymns to the Maruts, Rudra, Vayu and Vata*, Oxford, Oxford University Press.

Myres J. L., 1930, *Who were the Greeks?*, Berkeley, University of California Press.

Nandris J., 1970, 'Groundwater as a factor in the First Temperate Neolithic settlement of the Koros region', *Zbornik Narodnog Muzeja* (Beograd) 6, 59-73.

Narroll R., 1964, 'On ethnic unit classification', *Current Anthropology* 5, 283-312.

Nash D., 1978, *Settlement and Coinage in Central Gaul, c. 200–50 B.C.* (BAR Supplementary Series 39), Oxford, British Archaeological Reports.

Neustupý E., 1969, 'Economy of the corded ware cultures', *Archeologicke Rozhledy* 21, 1, 43-68.

Neustupý J., 1976, 'Archaeological comments to the IndoEuropean problem', *Origini* 10, 7-18.

O'Callaghan R. T., 1948, *Aram Naharaim: A Contribution to the History of Upper Mesopotamia in the Second Millennium B.C.* (Analecta Orientalia 26), Rome, Pontificium Institutum Biblicum.

Oldenberg H., 1897, *Vedic Hymns, Part II, Hymns to Agni (Mandalas I to V)*, Oxford, Oxford University Press.

Oldfather C. H., 1939, *Diodorus of Sicily*, III (Loeb Classical Library), London, Heinemann.

Oliver D., 1974, *Ancient Tahitian Society*, Honolulu, University Press of Hawaii.

Oliver R., 1966, 'The problem of the Bantu expansion', *Journal of African History* 7, 361-76.

Oliver R., 1979, 'Cameroun: the Bantu cradleland?', *Sprache und Geschichte in Afrika* 1, 7-20.

Page R. I., 1979, 'Dumézil revisited', *Saga-Book* 20 (Viking Society for Northern Research), 49-69.

Pallottino M., 1955, *The Etruscans*, Harmondsworth, Penguin.

Pallottino M., 1975, *The Etruscans,* London, Allen Lane.

Parker S. T. and Gibson K. R., 1979, 'A developmental model for the evolution of language and intelligence in early hominids', *The Behavioral and Brain Sciences*, 2, 337-408.

Parpola A., 1971, 'Computer techniques in the study of the Indus script', *Kadmos* 10, 10-15.

Passingham R. E., 1981, 'Broca's area and the origins of human vocal skill', *Philosophical Transactions of the Royal Society of London*, Series B 292, 167-75.

Péquart M. L. N., Péquart S. J., Boule M. and Vallois H. V., 1937, *Téviec: station-nécropole mésolithique du Morbihan* (Archives de l'Institut de Paléontologie Humaine, Mémoires 18).

Péquart M. and Péquart St-J., 1954, *Hoëdic, deuxième station-necropole du mésolithique cotier Armoricain,* Anvers, De Sikkel.

Phillips P., 1975, *Early Farmers of West Mediterranean Europe*, London, Hutchinson.

Phillipson D. W., 1976, 'Archaeology and Bantu linguistics', *World Archaeology* 8, 65-82.

Phillipson D. W., 1977a, 'The spread of the Bantu languages', *Scientific American* 236 no. 4, 106-14.

Phillipson D. W., 1977b, *The Later Prehistory of Eastern and Southern Africa*, London, Heinemann.

Phillipson, D. W., 1985, 'An archaeological reconsideration of Bantu expansion', *MUNTU* 2, 69-84.

Pictet A., 1877, *Les origines indo-européens*, Paris, Sandoz et Fischbacker.

Piggott S., 1950, *Ancient India*, Harmondsworth, Penguin.

Piggott S., 1965, *Ancient Europe*, Edinburgh, Edinburgh University Press.

Piggott S., 1968, *The Druids*, London, Thames & Hudson.

Piggott S., 1983, *The Earliest Wheeled Transport from the Atlantic Coast to the Caspian Sea*, London, Thames & Hudson.

Pisani V., 1949, La question indo-hittite et le concept de la parenté linguistique, *Archiv Orientalni* 17, 2, 251-64.

Polomé E. C., 1984, Introduction to Diakanov 1984, 3-4.

Pope M., l975, *Decipherment*, London, Thames & Hudson.

Possehl G., (ed.), 1982, *Harappan Civilisation, a Contemporary Perspective*, Warminster, Aris & Phillips.

Potratz H. A., 1939, *Das Pferd in der Frühzeit*, Rostock.

Potratz J. A. H., 1966, *Die Pferdetrensen des alten Orient* (Analecta Orientalia 41), Rome, Pontificium Institutum Biblicum.

Powell T. G. E., 1958, *The Celts*, London, Thames & Hudson.

Pulgram E., 1958, *The Tongues of Italy*, Cambridge, Mass., Harvard University Press.

Pulgram E., 1978, *Italic, Latin, Italian*, Heidelberg, Winter.

Rao S. R., 1973, 'The Indus script, methodology and language', in Agrawal D. F. and Ghosh A. (eds), *Radiocarbon and Indian Archaeology*, Bombay, Tahta Institute, 323-40.

Rao S. R., 1982, *The Decipherment of he Indus Script*, Bombay, Asia Publishing House.

Rea J. A., 1973, 'The Romance data of the pilot studies for glottochronology', in T. S. Sebeok (ed.), *Current Trends in Linguistics II: Diachronic and Typological Linguistics*, The Hague, Mouton, 355-68.

Renfrew C., 1964, 'Crete and the Cyclades before Rhadamanthus', *Kretika Chronika* 18, 107-41.

Renfrew C., 1973, 'Problems in the general correlation of archaeological and linguistic strata in prehistoric Greece: the model of autochthonous origin', in R. A. Crossland and A. Birchall (eds), *Bronze Age Migrations in the Aegean*, London, Duckworth, 263-76.

Renfrew C., 1974a, 'Beyond subsistence and economy: the evolution of social organisation in prehistoric Europe', in C. B. Moore (ed.), *Reconstructing Complex Societies*, (Supplement to the Bulletin of The American Schools of Oriental Research 20), 69-96.

Renfrew C., 1974b, 'British prehistory, changing configurations', in C. Renfrew (ed.), *British Prehistory, a New Outline*, London, Duckworth.

Renfrew C., 1978, 'Dags att omvärdera folkvandringarna', *Forskning och Framsteg* 1978, 8, 24-30.

Renfrew C., 1979, 'Systems collapse as social transformation', in C. Renfrew and K. L. Cooke (eds), *Transformations, Mathematical Approaches to Culture Change*, New York, Academic Press, 27594.

Renfrew C., 1982, 'Socio-economic change in ranked societies', in C. Renfrew and S. Shennan (eds), *Ranking, Resource and Exchange*, Cambridge, Cambridge University Press, 1-8.

Renfrew C., 1984, *Approaches to Social Archaeology*, Edinburgh, Edinburgh University Press.

Renfrew C., 1985, 'Archaeology and the Indo-European languages: an unresolved problem', Paper delivered at the Fiftieth Anniversary Conference of the Prehistoric Society, Norwich, 30 March 1985.

Renfrew C., 1985, *The Archaeology of Cult: the Sanctuary at Phylakopi* (British School of Archaeology at Athens Supplementary Volume 18), London, Thames & Hudson.

Renfrew C., 1986, 'Peer-polity interaction and sociopolitical change', in C. Renfrew and J. F. Cherry (eds), *Peer-Polity Interaction and Sociopolitical Change*, Cambridge, Cambridge University Press.

Renfrew J. M., 1973, *Palaeoethnobotany*, London, Methuen.

Rivière J.-C., 1973, 'Pour une lecture de Dumézil', *Nouvelle École* 21-22, 14-79.

Rix H., 1954, 'Zur Verbreitung und Chronologie einiger keltischer Ortsnamtypen', in W. Kimmig (ed.), *Festschrift für Peter Goessler*, Stuttgart, Kohlhammer, 99-107.

Robertshaw P. T. and Collett D. P., 1983, 'The identification of pastoral peoples in the archaeological record: an example from East Africa', *World Archaeology* 15, 69-78.

Robin C., 1973, 'Lexicostatistics and the internal divisions of Semitic', in J. and Th. Bynon (eds), *Hamito-Semitica*, The Hague, Mouton.

Roche J., 1965, 'Observations sur la stratigraphie et la chronologie des amas coquilliers de Muge' (Portugal), *Bulletin de la Société Préhistorique Française* 62, 130-8.

Rodden R. J., 1965, 'Nea Nikomedeia, an early neolithic village in Greece', *Scientific American* 212 (4), 83-91.

Ross A., 1974, *Pagan Celtic Britain*, London, Cardinal.

Roux G., 1966, *Ancient Iraq*, Harmondsworth, Penguin.

Rutter J. B., 1979, *Ceramic change in the Aegean early bronze age,* (University of California at Los Angeles, Institute of Archaeology Occasional Paper 5), Los Angeles, University of California.

Sahlins M., 1958, *Social Stratification in Polynesia*, Seattle, University of Washington Press.

Sakellariou M., 1980, *Les Proto-Grecs,* Athens, Ekdotike Athenon.

Sangmeister E., 1963, 'La civilisation du Vase Campaniforme', in *Les Civilisations Atlantiques: Actes du Premier Congrès Atlantique,* Brest 1961.

Sankalia H. D., 1973, 'The "Cemetery H" culture', *Puratattva* 6, 12-19, reprinted in G. Possehl (ed.), 1979, *Ancient Cities of the Indus*, New Delhi, Vokas Publishing House, 322-7.

Saussure, F. de, 1959, *Course in General Liuguistics* (ed. C. Bally and A. Sechehaye), New York, McGraw Hill.

Scherer A. (ed.), 1968, *Die Urheimat der Indogermanen*, Darmstadt, Wissenschaftliche Buchgesellschaft.

Schlegel F. von, 1849, *The aesthetic and miscellaneous works of Friedrich von Schlegel,* London, Bohn.

Schleicher A., 1863, *Die Darwinsche Theorie und die Sprachwissenschaft*, Weimar (French edition 1868, *La Théorie de Darwin et la Science du Langage* in *Receuil de Travaux Originaux au Traduits relatifs à l'Histoire Littéraire* I, Paris, Franck).

Schmidt J., 1872, Die *Verwandtschaftsverhältnisse der indogermanischen Sprachen,* Weimar, Böhlau.

Schmidt K. H., 1977, *Der Sprachvergleich* (Innsbrücker Beitrage zur Sprachwissenschaft 17), Innsbrück, Institut für Sprachwissenschaft.

Schmidt. K. H., 1979, 'On the Celtic languages of continental Europe', *Bulletin of the Board of Celtic Studies* 28, 189-205.

Schmidt W., 1949, 'Die Herkunft der Indogermanen und ihr erstes Auftreten in Europa', *Kosmos* 45, 116-18 and 159-60 (reprinted in A. Scherer (ed.), *Die Urheimat der Indogermanen,* Darmstadt, Wissenschaftliche Buchgesellschaft, 312-23).

Schrader O., 1890, *Prehistoric Antiquities of the Aryan Peoples*, New York, Scribner & Welford.

Schwantes G., 1958, *Die Indogermanen im Geschichte Schleswig Holsteins*, Neumünster, Karl Wacholtz Verlag.

Schwappach F., 1976, 'L'art ornamental du "premier style" celtique', in P.-M. Duval and C. Hawkes (eds), *Celtic Art in Ancient Europe*, London, Seminar Press, 61-109.

Service E. R., 1962, *Primitive Social Organisation*, New York, Random House.

Shaffer J. G., 1984, 'The Indo-Aryan invasions: cultural myth and archaeological reality', in J. R. Lukacs (ed.), *The People of South Asia, the Biological Anthropology of India, Pakistan and Nepal*, New York, Plenum Press, 77-90.

Shennan S. J., 1977, *Bell Beakers and their Context in Central Europe: a New Approach* (unpublished Ph. D. dissertation, University of Cambridge).

Shennan S. J., 1982, 'Ideology, change and the European early bronze age', in I. Hodder (ed.), *Symbolic and Structural Archaeology*, Cambridge, Cambridge University Press, 155-61.

Shennan S., 1986a, 'Interaction and change in third-millennium-B.C. western and central Europe', in C. Renfrew and F. Cherry (eds), *Peer Polity Interaction and Sociopolitical Change*, Cambridge, Cambridge University Press, 137-48.

Shennan S., 1986b, 'Central Europe in the third millennium B.C.: an evolutionary trajectory for the beginning of the European bronze age', *Journal of Anthropological Archaeology* 5, 115-46.

Sherratt A., 1981, 'Plough and pastoralism: aspects of the secondary products revolution', in I. Hodder, G. Isaac and N. Hammond (eds), *Pattern of the Past: Studies in Honour of David Clarke*, Cambridge, Cambridge University Press, 261-305.

Sherratt A., 1982, 'Mobile resources: settlement and exchange in early agricultural Europe', in C. Renfrew and S. Shennan (eds), *Ranking, Resource and Exchange*, Cambridge, Cambridge University Press, 13-26.

Sieg E. and Siegling W., 1921, *Tocharische Sprachreste*, Berlin, Gruyter.

Sieg E., Siegling W. and Schulze W., 1931, *Tocharische Grammatik*, Göttingen, Vanbenhoeck & Ruprecht.

Sinor D., 1963, *Introduction à l'Étude de l'Asie Centrale*, Wiesbaden, Harrasowitz.

Sokal R. R. and Sneath P. H. A., 1973, *Principles of Numerical Taxonomy*, San Francisco, Freeman.

Srejović D., 1972, *Europe's First Monumental Sculpture: New Discoveries at Lepenski Vir*, London, Thames & Hudson.

Stähelin F., 1907, *Geschichte der Kleinasiatischen Galater*, Leipzig, Teubner.

Stein Sir A., 1912, *Ruins of Desert Cathay*, London, Macmillan.

Stevenson V. (ed.), 1983, *Words, an Illustrated History of Western Languages*, London, Macdonald.

Sturtevant F. H., 1947, 'Hittite and areal linguistics', *Language* 23, 376-82.

Sturtevant F. H., 1962, 'The Indo-Hittite hypothesis', *Language* 38, 105-10.

Sulimirski T., 1933, 'Die schnurkeramische Kultur und das indoeuropäische Problem', *La Pologne au VIIe Congres des Sciences Historiques* 1, Warsaw, 287-308 (reprinted in A. Scherer (ed.), *Die Urheimat der Indogermanen*, Darmstadt, Wissenschaftliche Buchgesellschaft, 117-40).

Swadesh M., 1960, 'Unas correlaciones de arquelogia y lingüistica', Appendix to P. Bosch-Gimpera, *El Problema Indoeuropeo*, Mexico, Direccion General de Publicaciones, 345-52.

Swadesh M., 1972, *The Origin and Diversification of Language* (ed. by J. Sherzer), London, Routledge.

Szabó M., 1971, *The Celtic Heritage in Hungary*, Budapest, Corvina.

Tablot Rice T., 1957, *The Scythians,* London, Thames & Hudson.

Taylor D., 1956, 'On the classification of creolized languages', *Word* 12, 407-14.

Telegin D. Y., 1986, *Dereivka: A Settlement and Cemetery of Copper Age Horse-Keepers on the Middle Dnieper*, (B. A. R. International Series 287), Oxford, British Archaeological Reports.

Thapar B. K., 1973, 'Synthesis of the multiple data as obtained from Kalibangan', in D. P. Agrawal and A. Ghosh (eds), *Radiocarbon and Indian Archaeology*, Bombay, Tata Institute, 264-71.

Theocharis D. (ed.), 1973, *Neolithic Greece*, Athens, National Bank of Greece.

Thieme P., 1960, 'The "Aryan" gods of the Mitanni treaties', *Journal of the American Oriental Society* 80, 301-17.

Tierney J. J., 1960, 'The Celtic Ethnography of Posidonius', *Proceedings of the Royal Irish Academy* 60, C, 189-275.

Tilley C., 1984, 'Ideology and power in the middle neolithic of southern Sweden', in D. Miller and C. Tilley (eds), *Ideology, Power and Prehistory*, Cambridge, Cambridge University Press, 111-46.

Tischler J., 1973, *Glottochronologie und Lexicostaitik.* (Innsbrücker Beiträge zur Sprachwissenschaft II), Innsbrück, Institut für Sprachwissenschaft.

Tobias P. V., 1981, 'From palaeo-anatomy to culture', in *Actas, X. Congreso, Union Internacional de Cierzcias Prehistoricas y Protohistoricas*, Mexico 1981, Mexico City, UISPP, 120-48.

Tovar A., 1949, *Estudios sobre las primitivas lenguas hisparnicas*, Buenos Aires, Coni.

Tovar A., 1970, 'Basque language and the Indo-European spread to the west', in G. Cardona, H. M. Hoenigswald and A. Senn (eds), *Indo-European and Indo-Europeans*, Philadelphia, University of Pennsylvania Press, 267-78.

Tovar A., 1975, 'Die späte Bildung des Germanischen', in H. Rix (ed.), *Flexion und Wortbildung*, Wiesbaden, Ludwig Reichert, 346-57.

Tovar A., 1977a, *Krahes alteuropäische Hydronymie und die westindogermanischen Sprachen* (Sitzungsberichte der Heidelberger Akademie der Wissenschaften, Philosophische-historische Klasse 1977, Abh. 2), Heidelberg, Winter.

Tovar A., 1977b, *Einführung in die Sprachgeschichte der iberischen Halbinsel* (Tübinger Beiträge zur Linguistik 90), Tübingen, Gunter Narr.

Tovar A., 1977c, 'Indogermanisch, Keltisch, Keltiberisch', in K. H. Schmidt (ed.), *Indogermanisch und Keltiberisch*, Wiesbaden, Ludwig Reichert, 44-65.

Tringham R., 1971, *Hunters, Fishers and Farmers of Eastern Europe 6000-3000 B.C.*, London, Hutchinson.

Trubetzkoy N. S., 1939, 'Gedanken über das Indogermanenproblem', *Acta Linguistica* I, 81-9 (reprinted in A Scherer (ed.), 1968, *Die Urheimat der Indogermanen*, Darmstadt, Wissenschaftliche Buchgesellschaft, 214-23).

Untermann J., 1963, 'Estudios sobre las areas Iingüisticas preromanas de la peninsula iberica', *Archivos de Prehistoria Levantina* 10, 195-62.

Vansina J., 1965, *Oral Tradition*, London, Routledge.

Vansina J., 1984, Western Bantu expansion, *Journal of African History* 25, 129-45.

Vendryes J., 1918, 'Les correspondences de vocabulaire entre l'indo-iranien et l'italo-celtique', *Mémoires de la Société Linguistique de Paris* 20, 265-85.

Ventris M. G. F. and Chadwick J., 1973, *Documents in Mycenaean Greek*, Cambridge, Cambridge University Press (2nd edition).

Vouga P., 1923, *La Tène, Monographie de la station publiée au nom de la Commission de Fouilles de la Tène*, Leipzig, Hiersemann.

Watkins C., 1963, 'Indo-European metrics and archaic Irish verse', *Celtica* 6, 194-249.

Watkins C., 1970, 'Studies in Indo-European legal language, institutions and mythology', in G. Cardona, H. M. Hoenigswald and A. Senn (eds), *Indo-European and Indo-Europeans*, Philadelphia, University of Pennsylvania Press, 321-54.

Watson W., 1971, *Cultural Frontiers in Ancient East Asia*, Edinburgh, Edinburgh University Press.

Wells P., 1980, *Culture Contact and Culture Change: Early Iron Age Central Europe and the Mediterranean World*, Cambridge, Cambridge University Press.

Wertime T., 1964, 'Man's first encounters with metallurgy', *Science* 146, 1257-67.

Whatmough J., 1970, *The Dialects of Ancient Gaul*, Harvard, Harvard University Press.

Wheeler R. E. M., 1947, 'Harappan chronology and the Rigveda', *Ancient India* 3, 78-82 (reprinted in G. L. Possehl (ed.), *Ancient Cities of the Indus*, New Delhi, Vikas, 288-92).

White L., 1962, 'The origin and diffusion of the stirrup', in L. White, *Mediaeval Technology and Social Change*, Oxford, Clarendon, 14-28.

Whittle A., 1981, 'Later neolithic society in Britain, a realignment', in C. L. N. Ruggles and A. W. R. Whittle (eds), *Astronomy and Society in Britain during the period 4000-1500 B.C.* (B.A.R. 88), Oxford, British Archaeological Reports, 297-342.

Whittle A., 1985, *Neolithic Europe, a Survey,* Cambridge, Cambridge University Press.

Wiesner J., 1939, 'Fahren und Reiten in Alteuropa und im Alten Orient', (Das Alte Orient 38, 2-4), Leipzig, J. C. Hinrechs.

Wijngaarden-Bakker L. H. van, 1974, 'The animal remains from the Beaker settlement at Newgrange, Co. Meath', first report, *Proceedings of the Royal Irish Academy* 74C, 313-83.

Woodman P. C., 1976, 'The Irish Mesolithic/Neolithic transition', in S. J. De Laet (ed.), *Acculturation and Continuity in Atlantic Europe* (Dissertationes Archaeologicae Gandenses 16), Brugge, Tempel, 296-307.

Yoshida A., 1977, 'Japanese mythology and the Indo-European trifunctional system', *Diogenes* 98, 93-116.

Yoshida A., 1981, 'Dumézil et les études comparatives des mythes japonais', in J. Bonnet el al., *Pour un Temps: Georges Dumézil*, Paris, Centre Pompidou, 319-24.

Young T., 1813, 'Mithradates oder allgemeine Sprachenkunde', *The Quarterly Review* 10, 250-92.

Zeuner F. E., 1963, *A History of Domesticated Animals*, London, Hutchinson.

Zide A. R. K. and Zvelebil K. V. (eds), 1976, *The Soviet Decipherment of the Indus Valley Script,* The Hague, Mouton.

Zohary D., 1969, 'The progenitors of wheat and barley in relation to domestication and dispersal in the Old World', in P. J. Ucko and G. W. Dimbleby (eds), *The Domestication and Exploitation of Plants and Animals,* London, Duckworth, 47-66.

찾아보기

ㅎ